国家社科基金项目（立项编号：08CKS007）

哲学与社会发展文丛

李永杰 著

现代社会组织与社会和谐发展

Modern Social Organizations and
Harmonious Development
of Society

社会科学文献出版社
SOCIAL SCIENCES ACADEMIC PRESS (CHINA)

本文丛出版由世纪金源董事局主席黄如伦先生
提供资助经费，谨此表示深深的谢意！

总　序

在美丽的榕城白马河畔，有一个由中青年哲学学者组成的学术团队，他们以理性的激情，把哲学反思的视野投向当代社会发展，试图以"哲学与社会发展文丛"为题陆续推出他们的研究成果。在与他们作深入交谈中，我深深地被他们的哲学学养和睿识以及他们对哲学与时代的那份眷注、担当的情怀所打动，欣然应邀为该文丛作序。

改革开放三十多年造就了中国社会实践的辉煌，也极大地推动了哲学研究的发展。从历史反思到实践观念，从体系创新到问题意识，从经典诠释到话语建构，哲学在把握时代的同时也被时代所涵养化育，呈现多样化的研究面相。中国社会在由传统社会向现代社会的变革转型过程中，哲学发展面临着机遇和挑战。哲学不应该以思辨的精神贵族自期自许，而应该回归生活世界。诚如维特根斯坦所言的"贴在地面行走，而不在云端跳舞"，哲学应当"接地气"——在时代变革与发展的实践中获得鲜活厚实的"地气"。社会发展是我们这个时代的一个主题，哲学必须也能够以其理性的力量在反思、把握社会发展的规律、特点、趋势中获得自身发展的生机活力，拓展出新的问题域。

当代中国社会正面临着一个全面而又深刻的变革、转型和发展的历史进程，改革与发展给中国社会带来巨大进步的同时，也日益显现、暴露出发展中存在的问题和矛盾。发展的现代性问题在当代中国并非一个遥远的"他者"，而是有了其出场的语境。诸如：社会阶层的分化，利益结构的重组，经济社会结构的转型，公平正义问题，社会失范问题，发展可持续性问题，以及资源、环境、生态问题等，社会发展是以问题集呈现在世人面前。问题表明发展对理论需求的迫切性。当代社会发展的整体性、复杂性、长期性、风险性需要克服单线性的进化论发展观，对社会发展的把握也不能停留在具体的经验实证的认识层面上，全新的社会发展需要全新的发展理念来烛引，对发展的具体的经验的把握必须上升到哲学的总体性的层面上来。因为，在对社会发展的不同学科、不同视角、不同维度、不同层次的研究中，哲学的视角具有总体性、根本性、基础性、前提性、方向性的特点，它是以理性的反思和后思的方式对社会发展的前提、根据、本质、价值、动力、过程、规律、趋势、模式和方法等作出整体性的观照。这种反思使我们能够超越和突破对社会发展的经验的、狭隘的眼界，在总体性、规律性、价值性和方向性意义上获得对当代社会发展的理性的自觉性和预见性。在这个意义上，唯有哲学，才能够对当代社会发展既在后思的意义上充当黄昏后才起飞的"密纳发的猫头鹰"，又在前引的意义上充当报晓的"高卢雄鸡"。

福建省委党校、福建行政学院哲学部的中青年哲学学者正是在上述的意义上试图以哲学的多视角的反思性方式介入对当代社会发展问题的研究，在社会发展的元理论研究与问题研究、反思性研究与规范性研究、社会发展的一般规律与特殊规律、本质与价值、方法与模式、历史与逻辑、比较与反思以及社会发展的世界经验与中国经验等方面拓辟哲学观照当代社会发展的问题域。他们有着共同的学术愿景：立足于当代中国社会发展的实践，在理论与实践、思想与学术之间形成互动的张力，对时代实践的要求作出哲学的回应，从中寻找哲学自身的生长点，造就一个哲学研究的学术团队，形成自己的研究方向和特点。

在一个急功近利、浮躁虚华的年代，他们以一种哲学的淡定和从容来反思时代，充当哲学"麦田的守望者"。我祝愿他们，并相信通过他们的努力有更多的哲学学术成果问世。就像白马河畔那根深叶茂的榕树一样，有他们哲学思考的一片榕荫绿地。

李景源

2014.5.6

序

　　李永杰的《现代社会组织与社会和谐发展》一书即将出版，他邀我作序。作为他的博士生导师，我很高兴看到他在学术研究道路上的扎实进步，更为他的每一个新成果感到无比欣慰。永杰是 2006 年取得博士学位的，这部 40 多万字的著作是在他的博士论文基础上拓展丰富而成。他毕业以来一直以社会组织为主要研究方向，一步一个脚印走过了八年，其间还成功申报并完成了一项相关内容的国家社科基金课题，逐渐使研究更加成熟。这部著作正是他多年心血的体现。

　　社会组织的发展壮大是我国社会转型中出现的必然趋势。

　　首先，现代社会发展呼唤社会组织。在现代社会中，人的多方面、多层次需要日益增长，满足人的各种需要是社会发展的迫切使命。然而，现代社会中的政治组织和经济组织的活动场域和能力都是有限的，政府无法满足整个社会对所有公共产品的需要，市场也由于其逐利性而难以提供无利或微利的私人物品，这就是政府和市场的"失灵"之处。因此，相当一部分社会需求就必须以另外的方式、由另外的机构来提供。社会组织的存在，可以有效地弥补政府"失灵"和市场"失灵"的状况，满足那些政府无力提供、市场不愿提供的物品需求。另外，一些发达国家所走过的现代化道路也表明，社会组织的发展壮大是现代化的一个必然趋势。

　　其次，我国的社会结构转型为社会组织发展提供了必要的空间。改革开放之前，我国是一个高度一元化的社会，政治因素控制着各个领域，社会空间极度缺乏。改革开放逐渐释放了社会空间，政府把很多管不好也不该管的权力下放给社会，同时积极创造条件，通过法律的、体制的、经济

1

的、文化的各种途径，支持社会组织的健康成长，这就为社会组织的发展壮大提供了广阔的空间。

最后，社会组织还承担着诸多的社会功能。比如，它可以孕育理性、平和的公民意识；可以促进人际交往，提升社会认同，增强社会整合力和凝聚力；可以积聚社会资本，促进经济发展；可以传播正能量，为冰冷的经济理性增加几分人性的温情；等等。

积极促进社会组织的发展壮大在中央文件中有着明确的表述。《中共中央关于全面深化改革若干重大问题的决定》提出，"要激发社会组织活力"，"适合由社会组织提供的公共服务和解决的事项，交由社会组织承担"，尤其要"重点培育和优先发展行业协会商会类、科技类、公益慈善类、城乡社区服务类社会组织"。① 现实中，我国的社会组织也确实得到了蓬勃的发展，其发展前景是十分光明的。但是从目前来看，我国的社会组织还有许多不成熟的地方，还存在自主性不强、身份不明晰、公信力比较弱等诸多问题，还需要不断探索适合我国国情的发展途径和方式。在这种情况下，对社会组织进行深入的理论研究就是学界的一个重要任务了。

永杰的这部著作以《现代社会组织与社会和谐发展》为题，较为全面地探讨了社会组织对社会和谐发展的积极意义；在全面论述的基础上，作者对若干十分重要而此前不太受关注或学界讨论不够充分的问题进行了更为深入的研究，此为本书的特色。

第一，探讨了社会自身的自致和谐问题。社会和谐发展已经成为理论界的热点议题了，但既有的研究多从政府的角度，自上而下地研究社会和谐发展问题。应该说，这种研究是非常必要的。在我国，政府是促进社会和谐发展的主导力量，但这并不意味着其他方面就不重要了。社会和谐发展需要整合众多的社会因素，社会组织的重要性和特殊性恰恰在于它是来自社会自身的自致和谐力量。社会也是一种有机体，它自身的发展也会产生平衡与协调，社会组织作为社会的重要因素，它对社会和谐发展的促进作用是社会自生自发秩序的表现。社会和谐发展既离不开政府的引导与推动，也需要社会自身积极作用的充分发挥。这部著作重点探讨了后者的积极作用，应该说，这是有重要的理论和现实价值的。

---

① 《中共中央关于全面深化改革若干重大问题的决定》，人民出版社，2013，第50页。

第二，探讨了公民意识对社会和谐发展的意义。作者将社会和谐分为前现代的社会和谐与现代的社会和谐。在前现代社会中，若专制君主体恤民情，而老百姓也愿意服从其统治，这样的社会状态也不失为一种和谐。但我们所追求的并不是这种前现代的社会和谐，而是现代的社会和谐，只有公民意识才是社会和谐的现代性保证。前现代的社会和谐是"统治"—"服从统治"的和谐，而现代的社会和谐则是多元而又相互协调的和谐，是真正的"和而不同"。公民权利意识的觉醒使得社会分化为利益多元化的社会，而公共精神的孕育又催生了公民关注公共利益的意识。权利意识和公共精神是公民意识的主要内容，健康的公民意识有助于形成多元而又相互协调的利益格局，是社会和谐的现代性文化基础。但公民意识不是凭空产生的，它是在人们的公共实践活动中逐渐孕育的，社会组织是培育公民意识的重要平台。随着社会组织的发展壮大，人们参与社会组织活动的机会越来越多，理性的权利意识和公共精神就会随着参与组织活动的增多而逐渐发展起来。

第三，探讨了社会结构的和谐。很多对社会和谐的探讨都把注意力放在了如何化解社会矛盾上，这当然没有错，尤其在社会矛盾凸显的今天，但社会和谐还有更加深层次的问题，那就是社会结构的和谐。诚如作者在本著中所指出的，社会矛盾的化解只是社会和谐的微观层面，社会结构的和谐是社会和谐的宏观层面。如果一个社会仅仅实现了微观层面的和谐，而社会结构是不和谐的，那这样的社会还不是真正的和谐。作者指出，现代社会应该是政治、经济、社会等领域相对分离而又各司其职、相互配合的社会，而改革开放前高度政治一元化的社会不能算是和谐的社会结构。我国的社会转型在一定程度上就是从一元化的社会结构向诸领域分离的多元社会结构的转变，社会组织的发展状态既是这一结构转型的结果，又反过来促进了社会结构的进一步分化。从这个意义上说，社会组织的发展壮大促进了社会结构的和谐。

永杰的这一研究选题充满了挑战，理论思考的深化和实证研究的开拓都还有提升的余地，正因为如此，这部理论与实际结合的前沿问题探索之作非常值得一读。希望永杰以此作为进一步研究的起点，继续努力攀登新的理论高峰。

丁东红

2014 年 6 月 16 日

目录
Contents

导　言

政治系统和经济系统是社会大系统中极其重要的两个子系统，但是政治和经济并不能囊括社会大系统的所有方面，二者之外还存在一个内容纷繁复杂的社会组织。在现代社会中，社会组织是最主要的结构性要素，这些组织是整个社会系统中十分重要的有机组成部分。本研究就是试图探讨现代社会组织在社会和谐发展过程中所扮演的角色。

一　问题的提出

社会需要和谐发展，这已经成为诸多论者的共识，但以何种方式推进社会和谐发展则仁者见仁、智者见智。已有的研究多呈现如下几种倾向。

第一，多从执政党发展战略的角度来研究社会和谐发展。已有的研究大多数都从提高执政党执政能力的角度来研究如何推进社会和谐发展。这种研究路向非常必要，因此没有一个正确的、有力的领导核心，和谐社会的构建只能是一纸空文，但是党和政府在社会发展中不可能也不应该包办一切，如果政府试图包办一切，既做"掌舵人"，又做"划桨人"，则可能会影响社会活力，甚至导致社会活力窒息、体制僵化。社会组织是来自民间的一支重要力量，也是社会和谐发展的一支新生力量。党的十六届四中全会的报告中也提到了构建和谐社会要发挥各种社会组织的积极作用，这说明党中央非常重视现代社会组织在推进社会和谐发展中的作用。所以，我们应该重视这方面的研究。

第二，多从建构主义的角度探讨社会和谐发展，缺乏社会自致和谐的研究。建构主义强调人为因素在社会发展中的作用，而自致和谐则更多地强调社会和谐发展的"自生自发秩序"（哈耶克语）。人为因素确实会对社会发展产生重大影响，"人类史同自然史的区别在于，人类史是我们自己创造的，而自然史不是我们自己创造的"。[①] 但人的自觉因素是有限度的，人的理性不是万能的。哈耶克说："如果我们把人类文明完全说成自觉的理性的产物或人类设计的产物，或者我们自以为完全有能力自觉地重建或维持我们在不知道自己做了什么的情况下建立起来的东西，我们就太不自量力了。我们的文明虽是个人知识积累的结果，然而获得这种结果，靠的并不是自觉地把所有这些知识集中在哪个人的头脑中，而是由于它包含着我们在并不理解的情况下使用的符号、包含着各种习惯和制度、工具和观念，这使社会中的人能够不断从一个知识整体中获益，但不管他是什么人，都不可能完全掌握这个知识整体。"[②] 马克思也说过，无论哪一个社会形态，在它所能容纳的全部生产力发挥出来以前，是绝不会灭亡的；而新的更高的生产关系，在它存在的物质条件在旧社会的胎胞里成熟以前，是绝不会出现的。所以人类始终只提出自己能够解决的任务，因为只要仔细考察就可以发现，任务本身只有在解决它的物质条件已经存在或者至少在形成过程中的时候才会产生。他还说："我的观点是把经济的社会形态的发展理解为一种自然史的过程。不管个人在主观上怎样超脱各种关系，他在社会意义上总是这些关系的产物。"[③] 在社会和谐发展中强调政府的作用实际上就是强调人为因素，就是强调社会的发展需要人为地控制着、引导着发展，没有真正激发社会发展的自致和谐机制，现代社会组织的发展就是社会发展的自致和谐机制，社会的自致和谐机制是社会和谐的重要机制。

第三，多从自上而下的角度探讨社会和谐发展，缺乏自下而上的研究视角。和前两点相近，已有的研究多从政府的角度，自上而下地探讨社会和谐发展问题，建构相应的和谐发展机制，很少关注如何真正调动社会自身的和谐因素，而自身的和谐因素如果能够被充分调动起来，其和谐促进作用将是巨大的。自上而下的和谐机制是政府驱动型的和谐机制，自下而上的和谐机制则是公众参与性的和谐机制。前者政府主动，民众被动；后

---

① 马克思：《资本论》第 1 卷，人民出版社，2004，第 429 页注释。

② 〔英〕哈耶克：《科学的反革命》，冯克利译，译林出版社，2003，第 87~88 页。

③ 《马克思恩格斯选集》第 2 卷，人民出版社，1995，第 101~102 页。

者相反，民众主动，政府处于整体协调的位置。这两个机制是相辅相成、辩证统一的，不可偏废。但现阶段，不管是理论还是实践，都偏重于前一个机制，而忽视后一个机制。实际上，后一个机制也是非常重要的，如果没有后一个机制的协助，政府的自上而下机制也很难真正发挥作用，而且后一个机制作用的发挥是低成本的，甚至不需要动用政府的公共财政。

基于上述认识，笔者认为，从现代社会组织的角度探讨社会和谐发展是一个新的、具有前瞻性的而且有价值的角度。

二　本研究的问题域

本研究主要从现代社会组织的角度（自下而上）来探讨社会和谐发展，但为了使本研究的研究目标更为明确，我们需要对问题的研究范围作一个框定。

首先，本研究的地域范围限定为中国。现代社会组织对社会和谐发展的意义可以是中国范围的问题，也可以是世界范围的问题，而且社会组织与全球化发展的关系也是意义重大的问题，相应的研究也有一些了，比如萨拉蒙的《全球公民社会——非营利部门视界》、李惠斌主编的《全球化与公民社会》、赵可金的《全球公民社会与民族国家》等。但本研究的主要问题域是中国，探讨中国现代社会组织的发展对中国社会和谐发展的意义，引用国外经验也是为了分析中国的问题。

其次，本研究选定三个最重要的问题展开探讨。即便是以中国为地域范围来探讨现代社会组织对社会和谐发展的意义，也有难以计数的问题需要探讨，单单一个课题难以穷尽其问题，而且如果过于求全责备，也无法深入探讨问题，所以本研究选择了三个最为重要的问题来作深入的探讨。第一个问题是现代社会组织对于公民意识培育的积极意义。公民意识是社会和谐的现代性保障，现代社会组织积极培育公民意识也就意味着社会组织间接地为社会和谐发展培育了文化基础。第二个问题是现代社会组织化解社会矛盾的机制。第三个问题是现代社会组织对于社会结构和谐的意义。选择问题作为深入研究的切入点，有助于深入研究，也可以避免泛泛而谈、大而无当。

最后，本书所开展的研究具有一定的前瞻性。虽然现阶段已经有相当数量的社会组织发挥了令世人瞩目的积极作用，慈善组织、救济组织、志愿者组织等已经成为妇孺皆知的概念了，其弘扬正气、增加社会正能量的价值也获得了社会的充分认可和赞誉，但是，现阶段我国的社会组织总体上还不成熟、不健全，很多积极作用还没有发挥出来（下文有详细论述）。但这并非意味着本书所进行的研究是空中楼阁，现代社会组织对社会和谐发展的积极作用会随着我国现代化的逐渐成熟而逐渐发挥出来。发达国家现代化的经验也表明，如果社会组织的作用能够充分发挥出来，那将是一股巨大的积极力量。

三　现代社会组织在社会和谐发展中的作用定位

现代社会组织是政治、经济之外的第三部门，它对社会发展的促进作用不同于经济系统和政治系统。市场经济是迄今为止最高效的资源配置方式，它最大的特点就是不需要政府过多干预，自行通过市场机制合理地配置资源并使经济高效地运行。但市场并不能解决所有的社会问题，典型问题就是公共物品的提供问题，由于公共物品具有"非排他性"，即出资提供公共物品的人不能阻止别人对该公共物品的使用，而利益最大化又是市场经济运行的核心机制，公共物品不能保证提供者的私人利益最大化，所以市场中的"理性人"不愿意提供公共物品，总是在等待别人来提供，自己好"搭便车"。这就是在公共物品提供方面的市场失灵。市场失灵的地方正是政府起作用的地方，提供公共物品是政府的一项重要职能。政府起作用靠的是强制性的公权，它对社会的控制与管理具有别的组织所不可比拟的效用，尤其在社会秩序、国防安全的维护等公共物品的提供方面。但是如果政府管得太多，权力触角向社会伸得太远、太深，社会就会出现自主能力差、效率低下等问题，所以在一定情况下，政府也会出现失灵现象。[①] 现代社会组织是非营利的非政府组织，它具有政府和市场所不具备的特征，所以它对社会的作用也不同于政府和市场。它是民间的组织，贴近民众，了解社会问题，能够更有效地针对问题灵活地提出解决方案；它是非政府组织，没有政府机构的垂直管理官僚体制，而是平等地协商、诚

---

① 政府失灵的具体含义可参阅本书第一章"政府失灵论"部分。

恳地交往，能够有效地沟通各个群体，形成良好的矛盾化解机制；它是中介组织，在一定程度上可以形成有效的缓冲机制，以缓和社会矛盾；它是非营利组织，可以避免市场唯利是图的缺点，为社会提供优质、高效的公共产品与服务；它是社会组织，它解决问题是社会自身在解决问题，是自致的和谐，可以降低行政成本，提高政府效率。现代社会组织具有许多政府和市场不具备的优点，这些优点决定了它对经济社会和谐发展具有巨大的促进作用。

尤其重要的是，现代社会组织在解决具体社会问题，促进社会和谐发展方面起着重要作用，它关注弱势群体，维护社会公正，增进社会信任，是表达诉求的重要方式；它以社会制约权力，促使小政府、大社会的格局形成，提高政治合法性，改善政治文化，提高政府效率，维护政治稳定；它有利于形成健康的市场经济，有利于政府形成合理的经济政策，有利于协调经济发展，有利于维护环境，促进可持续发展；它能够弘扬传统文化中的精华，培育强大的民族精神，能够吸取世界各国的优秀文化以发展自己的文化；它更能够促进社会事业的发展，在扶危济贫、灾难救助等方面都有重要作用。所以现代社会组织与社会和谐发展的关系是一项具有重大理论和现实意义的课题。

关于本书，有两点需要在这里交代清楚。

第一，笔者的研究虽然表明，现代社会组织是社会和谐发展重要的积极力量，是政府的有益补充，但是这一积极力量的充分发挥是有条件的，那就是要有成熟的公民社会。只有在成熟的公民社会中，现代社会组织的积极作用才能够充分发挥出来。现阶段的我国正处于社会转型期，旧的计划经济时代的社会结构、社会体制正在被解构，而新的现代化的社会结构及社会体制还没有最终成形，诚如秦晖所说："没有'权力只能用于公益'的现代民主国家和'私益只能出自自愿交易'的现代市场经济，现代的第一、第二部门就都说不上形成，也不可能存在真正意义上的'以志愿求公益'的第三部门。"① 我国民主政治制度还不完善，社会主义市场经济体制也不完善，所以，公民社会还很不成熟，可以说我们才刚刚迈进公民社会的门槛。现代社会组织的法律制度不健全，对现代社会组织的监管不科

---

① 秦晖：《共同的底线》，江苏文艺出版社，2013，自序第4页。

学，资金缺乏、人才缺乏、相应文化环境缺乏等问题还在困扰着社会组织的发展，社会组织的公信力不高，公民的公共精神、公民意识还不成熟等，这些都是我国社会组织不成熟的表现，这种不成熟直接影响了社会组织促进社会和谐发展的作用的发挥。应该说，本书是站在应然的角度来探讨的，具有一定的前瞻性，虽然现阶段我国公民社会的积极作用还没有充分发挥，但是随着我国改革开放的深入和社会组织的发展壮大，社会组织的成熟是历史的必然，其积极作用是会得到充分发挥的。

第二，即便是成熟的社会组织，其积极作用也不是万能的。一些学者在探讨社会组织的时候总是有意无意地拔高社会组织的积极作用，似乎社会组织什么都可以做。这种观点有失偏颇，社会组织，即便是成熟的社会组织也存在不足，它虽然在微观的具体领域里面可以发挥积极作用，但是无法掌控、整合社会宏观层面的东西；虽然每个组织可以在自己的业务范围内做得很好，但是组织间的协调不一定能做好；虽然它可以弥补政府失灵和市场失灵的不足，但殊不知公民社会组织也会出现志愿失灵的情况；①等等。有学者指出，慈善事业是"救济式福利"而不是"权利式福利"，政府才是权利式福利的提供者，政府的政策要覆盖大众，无法给予那些需要特别救济的弱势群体以特殊的照顾，而慈善则是政府救济照顾不到的"小众"的事业，慈善事业的"社会捐款—慈善组织—救济弱者"的救济路径是政府"税收—财政—公共支出"救济路径的补充，是对政府的拾遗补阙，但这是必不可少的，因为它关乎社会稳定，也关乎一个社会的文明程度。② 社会组织仅仅处于政府的有益补充这个位置，而且，在缺乏正确引导和规范的情况下，一些社会组织还有可能演变成反政府组织，在所谓的"颜色革命"中，社会组织就发挥了推波助澜的作用。也就是说，社会组织虽然是社会和谐发展的积极促进力量，但其作用是有限度的，不宜无

---

① 萨拉蒙认为，从慈善组织的角度看，志愿失灵表现为：慈善不足、慈善活动的狭隘性、慈善组织的家长作风和慈善组织的业余性。而 John Hawks 则从实际现象出发，列举了美国第三部门发展中的几大难题：滥用减免特权，名不副实；工资、行政费用过高；贪污屡禁不止；不公平竞争；涉足党派政治，变成特殊利益集团；设置骗局，引君入瓮；等等。这些都是美国公民社会存在的较为普遍的问题，而且美国的公民社会已历经一二百年的发展，是成熟的公民社会。参见孙春苗《论行业协会——中国行业协会失灵研究》，中国社会出版社，2010，第 32 页。

② 陈统奎：《慈善观念维新》，《南风窗》2011 年第 7 期。

限度地拔高，它不能替代政府。如果我们对社会组织促进社会和谐发展的作用作出一个合理定位的话，那应该是：它是政府的有力补充，可以协助政府做很多政府做不好的事情。

四　研究意义

理论意义：①为和谐社会的研究提供了新的角度。现有的和谐社会研究大都是从总体上或者从政府的角度来研究和谐社会的，这种研究是非常必要的，也为本书的研究提供了很多借鉴，而本书则是从现代社会组织的角度、从民间自下而上的角度来研究社会和谐发展的，这一角度在此前并不多见。②为和谐社会的构建提供理论依据。党中央非常重视社会组织在社会主义和谐社会构建中的作用，但是社会组织到底是怎样促进社会和谐发展的，它对政治、经济、文化和社会事业都有哪些作用，我们对这些理论问题的研究并不是非常成熟。任何重大的社会实践都必须有正确的理论来指导，本书的研究有望在提供理论指导方面作出一定的贡献。

现实意义：促使政府转变对社会组织的认识，重视社会组织的发展，并力图收到如下效果：①有利于社会问题的解决。我国正处在社会转型的关键时期，各种社会矛盾凸显，问题层出不穷。面对庞杂的社会问题，政府不可能面面俱到地全部妥善解决，现代社会组织在解决这些问题上有着政府机构所没有的优点，它能够及时有效地化解矛盾，维护社会的稳定。②有助于经济社会和谐发展。在我国社会发展当中，一个突出的矛盾就是社会事业滞后，本书的研究将有助于社会事业的发展，促使社会事业的发展与经济发展、政治发展相适应。③有助于政治和谐、经济和谐、社会事业和谐。现代社会组织种类繁多，它涉及社会的方方面面，它的发展有利于制约政府权力，有利于小政府、大社会格局的形成，有利于经济的健康发展，有利于社会事业和谐健康地发展。

五　研究方法

本书的主要研究方法如下。

（一）系统分析和结构—功能的方法

社会是一个复杂的系统，探讨社会的和谐发展必然要涉及社会系统的方方面面，所以系统分析方法是本书的主要研究方法之一。系统分析方法认为，任何系统都是由元素组成，元素与元素之间形成相对固定的关系，这些相对固定的关系又形成系统的结构，元素、元素与元素之间的关系、系统的结构这三者是系统的骨架。在复杂的系统中，元素与元素组成子系统，子系统与子系统之间形成固定的结构进而形成整个大系统。按照系统论的观点，一个系统要和谐，首先需要各个元素本身的和谐；如果系统中的元素不和谐，作为整体的系统也不会和谐发展。其次，系统和谐还需要元素与元素之间关系的和谐，也就是结构和谐；如果系统的结构不和谐，那么由元素的和谐所积累的系统能量就会由于系统的结构不和谐而内耗掉。系统论必然涉及结构—功能方法，结构—功能主义是西方社会学的一个主要理论流派，首先由美国社会学家帕森斯（Talcott Parsons）提出。该理论认为，社会是具有一定结构的系统，社会的各个部分以有序的方式相互关联，并对社会整体发挥必要的功能，任何部分的变化都会影响社会整体，进而使社会形成新的平衡。系统分析方法贯穿本书的始终，现代公民意识的探讨是为社会和谐发展提供合格的现代公民，为系统和谐提供健全的个体要素，矛盾化解机制实际上就是协调各要素之间的关系。本书第五章"现代社会组织的发展壮大有助于社会结构和谐"则是运用结构—功能方法的集中体现，社会组织本身就是社会结构中的一个部分，它对于整个社会结构的发展具有重要意义。也只有从结构—功能的方法论高度，我们才能够梳理清楚现代社会组织对社会结构和谐的意义。在笔者看来，如果整体结构不和谐、不协调，即便是单个的社会元素再和谐，社会整体也很难说是和谐的，由个体元素和谐所汇集的力量将会在不和谐的结构中被内耗掉，所以，结构和谐是社会和谐发展十分重要的方面，研究社会和谐发展离不开结构—功能的方法。

（二）历史借鉴方法

"以史为鉴，可以知兴替"，以发达国家的现代化为历史借鉴可以让我们少走弯路。原发现代化国家所走过的路表明，一个强大的公民社会对于民主政治的发展，对于市场经济的发展，对于社会的发展，对于教育、文化、学术的发展都具有重要意义，我们应该借鉴吸收原发现代化国家的这些成功经验，以促进我国社会和谐发展。所以在探讨现代社会组织与社会和谐发展方面，我们需要借鉴西方原发现代化国家的经验，吸取其失败的教训。比如在美国的经济社会快速发展中，各种社会组织起到了不可估量的作用，美国的政治、经济、文化的发展在不同程度上都与其国内发达的现代社会组织有关，社会组织承担了大量的公共事务，对此托克维尔的名著《论美国的民主》给予了充分的表述和肯定。我们的发展固然不能照抄照搬别国的经验，但是它们在现代化过程中的一些成功经验我们是可以借鉴。当然在社会发展方面，拉美一些发展中国家的发展也为我们提供了教训，"拉美陷阱"就是典型的例子，这些经验和教训都是我们探讨社会和谐发展的重要借鉴。本研究不是纯思辨的选题，需要实证案例分析和比较研究，所以历史借鉴的方法是本研究所必需的一种方法。本研究在探讨公民意识、社会矛盾化解机制和社会结构和谐上都有吸收借鉴发达国家经验的成分。因为现代社会组织本身就是一个外来词，国内现代社会组织理论也大都吸收借鉴了西方学者的理论，所以探讨中国的现代社会组织不可能不吸收借鉴西方发达国家公民社会发展的经验和教训。

（三）社会调查法

风笑天著《社会学研究方法（第三版）》指出："调查研究（survey research）指的是一种采用自填式问卷或结构式访问的方法，系统地、直接地从一个取自某种社会群体的样本那里收集资料，并通过对资料的系统分析来认识社会现象及其规律的社会研究方式。"[1] 即有目的、有计划地，全面、系统地搜集研究对象的现实状况或历史材料的方法，其具体的研究方法包括历史研究法、观察研究法、访谈法、问卷法、个案法等。调查研究法不仅需要获取丰富的大量资料，还要对所搜集的资料进行分析、综合、比较、归纳，以发现存在的问题，或者获取规律性、本质性的认识。本研究探讨现代社会组织在社会和谐发展中的积极作用，这是一个很实在的现实问题，离不开社会调查法，研究中所提出的每一个观点都需要相应的实

---

[1]　风笑天：《社会学研究方法（第三版）》，中国人民大学出版社，2009，第159页。

证材料作支撑，为了做到这一点，本研究主要以福建晋江等地的社会组织为例，进行较为深入的调查研究。但这里需要说明的是，本研究的总体研究框架不同于社会学研究框架，这是一项偏重于规范性研究的课题，只是在规范性的研究中采用了一些实证研究材料作支撑，而且这是一项涉及全国范围的研究，如果是纯社会学的研究，笔者也无法承担这一任务。基于这样的现实，笔者一方面尽量多地对一些现代社会组织开展社会调查，但在力所不及的情况下，也采用了大量的较为权威的二手材料，吸收借鉴了其他学者对现代社会组织所作的社会学研究，尤其是对于一些社会组织所作的个案研究。随着公民社会问题研究日益成为学界热点，社会组织个案研究的成果也越来越多，这些成果为笔者提供了丰富的研究资料，本书的很多观点都是在学界已有成果的基础上提出来的，而且，学界的已有研究也为本研究提供了丰富翔实的实证素材。

（四）辩证思维法

唯物辩证法是马克思主义哲学的主要内容之一，是我们认识世界、改造世界的思想武器。它包括对立统一规律、质量互变规律、否定之否定规律等规律，还包括原因与结果、形式与内容、可能性与现实性、现象与本质、必然性和偶然性等范畴。这些规律和范畴的方法论意义在于，要用普遍联系、永恒发展的观点来看问题；要用二分法的观点看问题，既看到问题积极的方面，又看到问题的消极方面；要有重点地看问题，区分两点中的重点；要具体问题具体分析；等等。这些方法论原则对于搞研究具有重要的指导意义。本研究偏于实证，但实证研究也离不开辩证思维的指导。在社会和谐发展上，我们要区分重点和非重点，党和政府当然是社会和谐发展的主导力量，社会组织只是有益的补充；我们要用发展的眼光看问题，虽然现阶段社会组织还不成熟，还存在公信力差、法治生态不尽如人意等问题，但现代社会组织的发展壮大是我国社会转型的必然趋势；我们既要看到社会和谐发展的表面，也要看到社会和谐发展的本质，社会结构、社会和谐的现代性等问题就属于本质层次的范畴了；等等。可以说，每个问题的深入研究都渗透着辩证思维的因素，所以辩证思维的方法是本研究的一个重要方法。

（五）文献参考法

任何研究都需要参考大量的国内外相关文献，明了国内外相关的研究达到了何种程度，如果所探讨的问题在学术界已经有了令人信服的解答，研究也就没有什么意义了，而学界研究的尚付阙如或相对薄弱则是课题研究的"合法性"之所在。本研究主要以理论分析为主，也兼具实证分析，这不仅需要参阅大量的理论文献，还需要借鉴大量的实证研究成果，所以文献参考法是本研究的一项基本方法。本研究所参考的文献可以分为两类：一类是有关现代社会组织、社会和谐、公民意识、人民内部矛盾、社会结构和谐的理论著作和论文等文献；另一类是有关现代社会组织积极作用的个案研究。第一类文献为本研究确定理论分析框架提供了理论借鉴；第二类文献则为本研究的深入探讨提供了部分实证材料，因为就本研究的基本框架来说，我们无法对所涉及的所有种类的现代社会组织都进行实证调查，所以有关一些公民组织的个案研究就为本研究提供了可资借鉴的二手资料及经验。比如对阿拉善SEE生态协会的个案研究（《为公益而共和——阿拉善SEE生态协会治理之路》一书和《生态保育的民主试验——阿拉善行记》一书等）、对慈善发展指数的实证研究（《2001—2011中国慈善发展指数报告》一书）以及《商会蓝皮书》《公益蓝皮书》《慈善蓝皮书》《民间组织蓝皮书》《基金会蓝皮书》等蓝皮书系列的文献，为本研究的深入思考和探讨提供了资料和素材。

六 本研究的预期创新之处

本研究是在大量地吸收借鉴前人研究成果的基础上进行的，可以称得上有一点新意的地方主要有：

第一，选题的视角比较新。社会和谐发展的研究已经很多了，但大都是从政府的角度，以自上而下的立场探讨社会和谐发展，而本研究则主要是从现代社会组织的角度，从民间的角度，以自下而上的立场来探讨社会和谐发展。

第二，本研究探讨社会和谐发展时比较集中地关注了社会和谐的现代性问题。一谈到和谐发展，很多人都关注现实中诸多的、令人棘手的问题应该如何化解，言下之意即和谐是无矛盾的状态。无矛盾的状态虽然很稳定，但并不一定都是我们所追求的和谐状态。封建社会中也存在太平盛世，在这种状态下，统治者比较体恤民情，减赋减役，而臣民也拥护其统治，整个社会和谐、稳定、繁荣。但这不是我们所追求的和谐状态，我们所追求的是现代性的社会和谐，而现代性的社会和谐就应该以公民意识为精神基础。

第三，本研究探讨了社会结构的和谐。整个社会的和谐不仅包括微观层面矛盾的化解，也包括社会结构的和谐，如果仅仅保证微观层面上的无矛盾，而社会结构不合理，那这样的社会也是不和谐的，甚至是非常不和谐的。现代社会组织的发展壮大对于社会结构的和谐具有重要的意义。

第一章　基础理论的梳理

为了深入探讨现代社会组织在社会和谐发展中的作用，我们首先要界定清楚一些基本概念，本章试图从公民社会理论演变史的宏观角度廓清现代社会组织基本理论，并在此基础上探讨现代社会组织的中国视域。然后从中外思想史的角度梳理有关社会和谐的理论，并在此基础上界定社会和谐发展的内涵。在完成了这两项任务之后，笔者将综述现代社会组织对社会和谐发展的作用的已有研究成果。

第一节　公民社会理论的历史由来

现代社会组织是公民社会的核心要素，甚至有论者将二者之间画等号。① 所以考察现代社会组织理论的来龙去脉就需要对整个公民社会理论的历史演变有一个总体性的把握。明确提出现代社会组织是公民社会中的核心性结构要素这一判断是现代以来的事情，在古代公民社会理论和近代公民社会理论那里，现代社会组织都没有作为相对独立的要素明确地被提出来，所以公民社会理论的历史演变也就是现代社会组织理论逐渐形成的过程。本节试图按照社会史和观念史相结合的办法对公民社会理论的历史演变进行逻辑梳理，需要说明的是，公民社会是一个外来概念，所以本节的梳理也主要限于对西方社会尤其是西欧社会历史的梳理。

①　何增科：《公民社会与民主治理》，中央编译出版社，2007，前言第 2 页。

一　古希腊罗马的公民社会理论

古希腊社会政治的最大特点，也是最具魅力的地方就是其城邦政治。城邦形成于公元前 8～公元前 6 世纪的古希腊，与原始社会的氏族组织不同，城邦是政治社会，其内部关系不是天然的血缘关系，而是政治关系；其政府和法律不是家庭和氏族的权威，而是政治性的公共权威。政治秩序和政治关系不是天然的，而是人为的。[①]　而且由于古希腊的城邦规模不大，比较适合直接民主的存在，所以其直接民主的政治设计也能够得以存续。

城邦是古希腊时代政治制度的基础，了解古希腊的社会现实不能不探讨希腊城邦制度。我们首先了解城邦的基础——公民。希腊的城邦存在三种社会地位截然不同的人，那就是奴隶、自由人和公民。其中奴隶被排斥在城邦的政治生活之外，他们没有财产，其人身依附于主人，只能算作主人"会说话的工具"。根据来源的不同，奴隶可以分为两类：一类是通过战争获取的战俘，这些奴隶直接成为整个城邦的奴隶，也被称为国家奴隶；另一类是私人奴隶，也就是归私人所有的奴隶，其中还有一部分是契约奴隶，即欠债的自由人，根据契约在一定时期内为偿付债务而依附于主人，主人可以支配其劳动，占有其劳动成果，但并不能像对待其他财产那样将其随意买卖、处罚，甚至剥夺其生命。[②]　奴隶制度在当时是一个普遍流行的制度，在雅典的全体居民中，大约有 1/3 的人口是奴隶。[③]　奴隶连做"人"的资格都没有，自然也没有权利参与公共事务。自由人主要是留居本城邦的外邦人或者以缴税而获准在希腊城邦中居住的非希腊人。像雅典这样的商业城市里，自由民的数量非常大，而且其中很多并非暂时居住，但是由于当时并不存在法定形式的入籍，因此即使接连几代居留下来的外邦人也仍然是非公民的自由人。[④]　虽然自由人比奴隶具有更多的自由，但是他们不管居住的时间有多长，也无权参与所居住城邦的公共事务。公

[①]　参阅徐大同主编《西方政治思想史》，天津教育出版社，2002，第 11 页。
[②]　王乐理主编《西方政治思想史》第 1 卷，天津人民出版社，2005，第 40 页。
[③]　〔美〕乔治·霍兰·萨拜因：《政治学说史》上册，盛葵阳、崔妙因译，商务印书馆，1986，第 23 页。
[④]　〔美〕乔治·霍兰·萨拜因：《政治学说史》上册，盛葵阳、崔妙因译，商务印书馆，1986，第 24 页。

民是城邦中的成员，他们有权参与城邦的政治生活，这种参与政治的权利是根据出生而获得的一种特权，一个希腊人如果其父母是城邦的公民，他也就是城邦的公民。他一旦达到18岁成年，就有资格参与公共事务和担任公职。亚里士多德曾认为，公民资格的最高标准是能担任陪审团的职务。① 城邦的公民虽然有奴隶服侍，但他们并非我们所想象的那样悠闲。"雅典的有闲阶级其人数不会比现在一个同等大的美国城市的有闲阶级多，因为古代希腊人并不富裕，赖以维持生活的经济来源所余无几。如果他们比现代人有更多余暇的话，那是因为他们喜爱有余暇的生活——他们的经济机构不是运转得非常紧凑——他们是以较低的消费水平来换得余暇的。"② 但是城邦的公民不能仅仅是沉迷于商业活动的人，正如阿伦特所说，商业活动只能算作私人领域，是一个受着必然性支配的领域，一个没有体现自由和平等的领域。作为合格的公民应该积极参与公共生活，贡斯当所谓的古代人的自由是积极的自由也说明了古代公民对政治充满激情这一点，积极公民是城邦的直接民主政治制度得以运转和存续的基础。孟德斯鸠在《论法的精神》中说道："一个共和国的不幸，就是它不再有阴谋秘计的时候。这情形发生在人们用金钱腐化了人民的情况下。这时人民变得冷静了，热衷于金钱而不再热衷于国事。他们不关心政府和政府所打算做的事情，而是安静地等待着报酬。"③ 如果公民们只热衷于赚取私人的钱财，沉浸在私人领域之中，而无心于公共领域，那么城邦的民主制度就名存实亡了。在古希腊城邦中，奴隶和自由人没有公民资格，不得参与该城邦的公共事务，更不可能担任该城邦的公职，只有享有公民资格的人才能参与该城邦的公共事务并担任公职。而城邦的公民也都将参与公共事务作为自己最荣耀的事情。他们以在广场上讨论公共事务为荣，而以沉浸在私人事务中为耻辱，这就是城邦政治的基础。了解了城邦政治的基础之后，我们还需要了解城邦的政治制度是如何运转的。

雅典城邦采用了直接民主的制度，伯里克利在《在阵亡将士葬礼上的

① 〔美〕乔治·霍兰·萨拜因：《政治学说史》上册，盛葵阳、崔妙因译，商务印书馆，1986，第24~25页。

② 〔美〕乔治·霍兰·萨拜因：《政治学说史》上册，盛葵阳、崔妙因译，商务印书馆，1986，第23页。

③ 〔法〕孟德斯鸠：《论法的精神》上册，张雁深译，商务印书馆，1959，第14页。

演说》中将雅典城邦的民主政治概括为：政权是在全体公民手中，而不是在少数人手中，解决私人争执的时候，每个人在法律上都是平等的。雅典城邦民主制度是建筑在公民之间参与城邦政治生活时的平等关系基础上的，这种平等关系首先是公民在法律面前的人人平等，其次是公民参与政治生活的机会平等。伯里克利说："让一个人负担公职优先于他人的时候，所考虑的不是某一个特殊阶级的成员，而是他的真正才能。任何人，只要他能够为国家有所贡献，决不会因为贫穷而在政治上湮没无闻。"① 民主的价值观念就这样在城邦确立了下来，但就民主政治而言，更重要的还是一套能够保障民主价值理念落到实处的制度规范。当时城邦政治制度最主要的特征是：政体以直接民主为基本原则。古希腊的城邦规模适中，这是直接民主得以存在的基础，正如托克维尔时代的美国实行乡镇自治的一个前提条件是乡镇的规模适中一样。古希腊的城邦制度，尤其是雅典的城邦制度是从原始氏族社会的公众会议、氏族军事首领与氏族长老裁判议事会的传统组织方式开始，经过长期渐进演变和两次重大改革而最终确立的。② 在城邦中，全体年过 20 岁的成年男性组成"公民大会"，每年"公民大会"定期举行 10 次会议，"公民大会"通过的法令就相当于现在的法规条令，体现了"公民大会"的公共权力。但是，直接民主毕竟不能常设，所以城邦也部分地采取代议制形式，"雅典的政体令人感兴趣之处并不在于全体人民的'大会'，而在于为了使法官和官吏向公民集体负责并接受其控制而设计出来的政治手段。为了实现这一点而采取的手段就是代表制"，即"选拔出一个其规模足以充分而全面地代表整个公民集体的机构，并允许这个机构在某一事件中或在一段短时期里以人民的名义行事。这个机构任期短，而且通常由条文规定不得再当选；这就是为其他公民敞开道路，有机会轮流来处理公共事务"。③

实现这种轮流处理公共事务的主要机构就是"五百人议事会"。"五百人议事会"和一些拥有庞大的由人民大众选出来的陪审团是雅典重要的统治机构。在希腊，一切形式的城邦中都存在某种议事会。众所周知，民主和效率是负相

---

① 〔古希腊〕修昔底德：《伯罗奔尼撒战争史》，谢德风译，商务印书馆，1960，第 130 页。
② 王乐理主编《西方政治思想史》第 1 卷，天津人民出版社，2005，第 441 页。
③ 〔美〕乔治·霍兰·萨拜因：《政治学说史》上册，盛葵阳、崔妙因译，商务印书馆，1986，第 26 页。

关关系，如果让庞大的"公民大会"来处理事务，效率必将十分低下，于是，城邦制度的设计者们采用代议制和轮流当政这个大家所喜欢的办法使人数减少到适合工作的规模。具体的方式是，将雅典人划分为 10 个部落，每个部落提供 50 名议事会的成员来组成"五百人议事会"，任期 1 年，每个部落的 50 名成员只在一年的 1/10 时间内当政，在某部落当政期间，其他 9 个部落各派 1 个议事会成员参与当政，当政部落的"五十人委员会"以整个"五百人议事会"的名义处理政务。当政部落中的 50 个议事会成员用抽签的办法轮流担当主席，时间为 1 天。议事会的一个主要任务就是提出措施供全体公民大会考虑。议事会的任务还包括：起草供"公民大会"讨论的措施；各级官员都接受它的管辖；可以监禁公民，甚至判处公民死刑；本身可以作为一个法院进行审判或者将犯人交给一个通常的法院去处理；全权管理财务、处理公共财产和征税等等，雅典的舰队及其武器也均直接由它控制。但是其权力最终需要依赖于"公民大会"。而且一切重大问题，"诸如宣战、媾和、结盟、征收直接税或一般法律条令的制定，都要求提交'公民大会'以得到公众的批准"，"不论怎么说，一切法令都是以'议事会'和人民的名义通过的"。①

城邦制中实行地方自治。我们还是以雅典为例，雅典为了实行地方自治，将整个城邦划分为大约 100 个市区，或者称作选区、教区、镇区都可以，这些区域是地方自治的行政单位。② 实际上，西方众多政治哲学家都认为，地方自治是实现民主的重要形式，而雅典的这种地方自治正是实现雅典直接民主的基础。当然，雅典的直接民主不限于地方自治，全城邦的公共事务也都采用直接民主的方式来议定。

我们再看看雅典的法院。"雅典的法院毫无疑问是整个民主制度的拱顶石。它们占有的地位不是任何现代政府中的法院所占有的地位可以比拟的。"因为雅典的法院除了审判民事或刑事案件之外，还有"大大超过这一范围的权力，而这种权力，按照现代观点显然具有一种行政或立法的性质而不是司法的性质"。③ 也就是说，法院行使某些行政或立法的权力。它

---

① 〔美〕乔治·霍兰·萨拜因：《政治学说史》上册，盛葵阳、崔妙因译，商务印书馆，1986，第 28~29 页。

② 〔美〕乔治·霍兰·萨拜因：《政治学说史》上册，盛葵阳、崔妙因译，商务印书馆，1986，第 26~27 页。

③ 〔美〕乔治·霍兰·萨拜因：《政治学说史》上册，盛葵阳、崔妙因译，商务印书馆，1986，第 29 页。

拥有 6000 名陪审员，其审判职能就是表决，表决嫌疑人是否有罪，如果有罪，等到每一方提出自认为公正的惩罚方案后再表决哪一种惩罚方案最合适。除了审判功能之外，法院还控制官员，控制的方式主要有：首先，法院在某候选人就职之前有审查权；其次，一个官员在任期结束的时候法院有权责成他对他的所作所为做一次检查；最后，每个官员在任期结束的时候，要专门查对他的账目和检查他经手的公款。法院不仅可以监控行政人员，还有控制法律的权力，因为法院不仅能审判一个人，还可以审判一项法律，这使得法院的地位甚至和"公民大会"平分秋色，议事会或"公民大会"的决定可能会受到法院的审判，甚至否决。① 所以，在一定程度上，雅典的政治制度也有权力制约权力的成分。

古希腊公民积极参与公共事务的意识成就了古希腊的直接民主，而古希腊的直接民主又强化了公民的积极参与意识，成就了积极参与公共事务的积极公民。雅典人有一个基本的信念，那就是，表现人的本质特性的领域不是私人领域，而是公共领域，因为在私人领域中，人受着需要的支配，也就是受着必然性的支配，人的生活不可能是自由的；相反，只有公共领域才是自由的领域，真正的人应该走向公共领域，在公共领域中表现自己的德性，追求伟大的荣誉，积极参与公共事务才是人的自由的伟大事业。所以在古希腊雅典的建筑中，家庭设计得非常狭小，即便富裕之家也是如此，因为人的本质彰显之所不在家庭，而在广场，在对公共事务的积极参与。这是古典共和精神的体现，它强调个体要重视公共领域甚于私人领域，只有参与政治的人才是真正的人，亚里士多德总结这种精神时说出了"人天生是一种政治动物"② 这一名言。

与古希腊的社会政治相适应，古代的公民社会主要指与自然状态相对应的有政府存在的社会状态。在亚里士多德的著作里，Civil Society 主要指的是"城邦"，也就是整个社会，而不是现在公民社会概念所指称的内容。公元前 1 世纪，西塞罗将其转译成拉丁文 Societes Civilis，不仅意指单一的国家，而且也指业已发达到出现城市文明的政治共同体的生活状况。③ 何

---

① 〔美〕乔治·霍兰·萨拜因：《政治学说史》上册，盛葵阳、崔妙因译，商务印书馆，1986，第 30 ~ 31 页。
② 〔古希腊〕亚里士多德：《政治学》，颜一、秦典华译，中国人民大学出版社，2003，第 4 页。
③ 邓正来：《邓正来自选集》，广西师范大学出版社，2000，第 4 页。

增科指出："西塞罗是同时在市民社会、政治社会和文明社会三重意思上使用这一概念的理论家中的最典型的代表。在西塞罗看来，市民社会作为一种城市的文明政治共同体，与野蛮人的社会或野蛮状态有着重要的区别。首先，它作为一种城市文明，有着自己的都市文化、工商业生活等；其次，它作为一种政治文明，有着自己的法律和政府，这些都是人民的共同财产，共和国乃是'人民的事业'；最后，它是一个道德的集体，其目的在于实现公平和正义的原则，它用道德的纽带把人们联系起来。"①

总之，古希腊罗马时代，公民社会就是指人类有政府存在的文明状态，它的内容囊括了社会的经济、政治、文化等所有方面，是公民社会理论未分化的历史阶段。

二　中世纪的公民社会理论

"中世纪"概念源自文艺复兴的人文主义者之口，他们对古希腊罗马文化极为崇敬，进而认为，古希腊罗马文化随着西罗马帝国的崩溃而衰弱是人类的悲哀，人类从此进入了黑暗时代，直到近代文艺复兴对古希腊罗马文化的发掘才使人类重见光明，这一割裂古希腊罗马文化与近代文化的时期就是中世纪。② 中世纪从时间上肇始于西罗马帝国灭亡的公元 476 年，结束于15 世纪的文艺复兴。③ 而西罗马帝国的灭亡则根源于日耳曼民族的入侵，日耳曼民族在当时是蛮族，其入侵属于落后民族对先进民族的征服。丛日云教授指出，在古代世界，落后民族征服先进民族往往出现两种情况：第一种情况是，被征服的文明仍有很强的生命力，征服民族接受了被征服者的文化并被同化；第二种情况是，征服者彻底毁灭了原来的文明，而这种情况下，后人只能从废墟中找到那个文明的一些蛛丝马迹。日耳曼人对罗马的征服则处在两者之间，起初，刚刚走出丛林的日耳曼人根本不懂得先进文化的价值，其落后的野蛮性毁坏了先进文明，但毕竟日耳曼人和罗马人在种族上同根同

---

① 何增科：《公民社会与民主治理》，中央编译出版社，2007，第 4 页。
② 参阅丛日云主编《西方政治思想史》第 2 卷，天津人民出版社，2005，第 1 页。
③ 按一般西方人的理解，从文艺复兴（或宗教改革）起，西方就进入了现代（modern，亦翻译为"近代"）社会。参阅丛日云《西方政治文化传统》，吉林出版集团有限责任公司，2007，第 341 页。

源，文化气质也息息相通，所以随着日耳曼民族文明程度的提升，他们开始接受甚至开始沉迷于古典文化。① 中世纪继承了罗马的一些文化要素，比如在中世纪占主导地位的基督教就吸收大量古典思想的内容，基督教用斯多葛的一些思想来充实自己，也正是这样，斯多葛的一些开明思想，诸如自然法思想、人的精神自由和平等的思想等，还有罗马法的一些观念也深深地渗入基督教神学当中，比如最权威的《圣经》拉丁文译本中大量使用了罗马法的概念。② 基督教在一定程度上就是古典文化的载体，日耳曼人用武力征服了罗马，而基督教则用古典文化征服了日耳曼人，两者的结合使得古典文化以新的方式走向新生。而且，罗马法在一些地方仍有残留，这些罗马法的残留为日后古典文化的复兴提供了绵延不绝的文化脉络。

虽然古典文化的一些成分被中世纪所继承，但这种继承也进行了一定程度的"修正"。如果站在近代自由主义的立场来看，古希腊罗马的古典共和主义是一种强调共同体而抹杀个体独立地位的哲学，其对美德的崇尚在近代甚至早在古罗马衰亡之时就开始式微了。正如阿伦特所说，亚里士多德的"人天生是一种政治动物"这一命题被塞尼加翻译成"animal cocialis"（政治的动物），后来又被托马斯·阿奎那阐扬成为"人按其本性便是政治性的，亦即是社会性的"，"这样一来，他们便用社会性置换了政治性。这种无意识的置换比任何精神建构的理论都更加明确地透露出，希腊人对政治的原初理解在很大程度上已经丧失"。③ 也就是说，看似不经意的译法的改变实际上意味着古希腊那种对公共领域的热切关注已经悄然消解。具体来说，阿伦特认为基督教的兴起是公共领域式微的标志，"基督徒对公共领域采取一种敌视态度，至少早期基督徒希望尽可能地去过一种远离公共领域的生活，这可以理解成倾心于善工（独立于任何信念和期望）的一个自然结果。因为，一旦善工被公开出来为众人所知，它就失去了它那特殊的善的品质，就不再是仅仅为了善的缘故而做的事情了。当善被公开地展示出来时，它就不再是善了"。④ 在公共领域中展示的善不是真正的善，诚如我国

① 参阅丛日云《西方政治文化传统》，吉林出版集团有限责任公司，2007，第342页。
② 参阅丛日云《西方政治文化传统》，吉林出版集团有限责任公司，2007，第343页。
③ 〔美〕汉娜·阿伦特：《公共领域和私人领域》，刘锋译，载汪晖、陈燕谷主编《文化与公共性》，三联书店，2005，第58页。
④ 〔美〕汉娜·阿伦特：《公共领域和私人领域》，刘锋译，载汪晖、陈燕谷主编《文化与公共性》，三联书店，2005，第103页。

先秦思想家老子所说："上德不德，是以有德。下德不失德，是以无德。"①即真正有道德的人，虽然自己的行为是高尚的，但自己并没有意识到自己在做高尚的事情，是无意为善而为善；而那些心中有了道德善恶的观念的人，懂得高尚的行为是社会所期许和赞美的，在这个基础上才去行善，那就不是真正的善了，那种善不是为了善而善，而是为了善背后的某种功利，所以就不是纯粹的善了。也就是说，善欲人知，不是真善，中国古代的道德观念在这一点上和阿伦特的观点是相一致的，这种观念鼓励人们隐匿德性，不鼓励人们走向公共领域，尤其在公共场所大肆展现自己的德性是不受道德所鼓励的。古典共和主义那种在公共领域展现自我德性的观念逐渐让位于基督教隐匿的善的观念，公共领域逐渐式微了。

由古典文化对公共领域的青睐到中世纪对个体内在私人性的沉迷实现了文化上的一次跃迁，正是这种跃迁为近代自由主义的兴起奠定了精神基础。泰勒的研究表明了这一点，他指出，"不同于古代对社会的观念，中世纪早期所形成的社会观念认为，政治权力机构只是社会中众多机构之一。例如，皇室的权威就其自身而言，乃属独大，然就宇宙而言，则属其间的一部分。这种认为社会并不等同于其政治组织的观点，可被看作一个重要的分化，是后来市民社会概念的渊源之一，也是西方自由主义的根源之一"。② 文化的嬗变为公民社会理论的分化提供了基础，但就总体而言，中世纪继续了古希腊的公民社会理论，没有发展到二分法的公民社会。

三　近代公民社会理论

近代公民社会理论的主要贡献是二分法公民社会（市民社会）观的形成。③

从政治哲学的角度来看，现代化表现为三个方面的变迁。

第一，从古代的共同体本位向近代的个体本位的变迁。越往古代追

---

① 《老子》第三十八章，中国文史出版社，2003，第82页。
② 〔加〕查尔斯·泰勒：《市民社会的模式》，冯青虎译，载邓正来、〔英〕J. C. 亚历山大编《国家与市民社会——一种社会理论的研究路径》，中央编译出版社，1999，第11页。
③ 市民社会和公民社会所对应的英文都是 Civil Society，只是翻译不同而已。但很多近代政治思想论者大都使用市民社会这个概念，为了符合学术界的习惯，本书行文在涉及这一时代的时候仍然采用市民社会这个概念。

溯，人类的社会生产力就越低下，人们只有依靠集体的力量才能够维持生存，从而个体就越难以表现自己的主体性。马克思说："我们越往前追溯历史，个人，从而也是进行生产的个人，就越表现为不独立，从属于一个较大的整体；最初还是十分自然地在家庭和扩大成为氏族的家庭中；后来是在由氏族间的冲突和融合而产生的各种形式的公社中。只有到18世纪，在'市民社会'中，社会联系的各种形式，对个人说来，才表现为只是达到他私人目的的手段，才表现为外在的必然性。但是，产生这种孤立个人的观点的时代，正是具有迄今为止最发达的社会关系（从这种观点看来是一般关系）的时代。"① 古代是一个共同体湮没个体的社会，为了生存，人们只能依靠共同体，一切都以共同体的利益为转移，古希腊罗马人对公共领域的热情在一定程度上就是共同体本位的体现。贡斯当在谈古代人的自由的时候指出："你几乎看不到他们享受任何我们上面所说的现代人的自由。所有私人行动都受到严厉的监视。个人相对于舆论、劳动特别是宗教的独立性未得到丝毫重视。我们今天视为弥足珍贵的个人选择自己宗教信仰的自由，在古代人看来简直是犯罪与亵渎。社会权威机构干预那些在我们看来最为有益的领域，阻碍个人意志。在斯巴达，特潘德鲁斯不能在他的七弦琴上加一根弦，以免冒犯五人长官团的长官。"② 随着生产力的提高，人们的主体力量得到了提升，加之中世纪对内在自我艰苦卓绝的历练（当然历练的目的是皈依上帝，人的主体意识并没有真正觉醒，但是内在自我的关注对于近代主体意识的觉醒也起到了从古代的共同体本位向近代的个体本位的过渡作用），尤其是中世纪末期的文艺复兴，以及宗教改革运动和启蒙运动对个体主体意识的张扬，人的主体性觉醒了。近代作为鼓舞资产阶级革命的政治理论——自由主义——的核心就是个人主义，强调个体的独立性，而反对个体对任何外在权威的依附性。霍布斯、洛克等近代政治哲学家是这样论证政府出现的过程的：在历史上，政府出现之前，人类处于自然状态之下，近似于习惯法的自然法是自然状态的支配性规则。自然状态下的物权根源于劳动，劳动创造了物权，比如一个人爬到树上摘下来一个果子，那么这个果子就渗透了这个人的劳动，因此这个果子

---

① 《马克思恩格斯选集》第2卷，人民出版社，1995，第2页。
② 〔法〕邦雅曼·贡斯当：《古代人的自由与现代人的自由》，阎克文、刘满贵译，商务印书馆，1999，第26~27页。

的所有权就归这个人，这是自然法的一个基本规则。但是稀缺物品会使人们因争夺物权而发生争执，而作为前政府状态的自然状态中没有一个公共的仲裁机构，因此人们的分歧就会引发争斗，最后的结果是靠强力来解决，纷争充斥着整个社会。所以自然状态是一个无休止的战争状态，是"人与人是狼"的丛林状态。为了不至于在无休止的争斗中将人类所创造的文明消耗殆尽，人们理性地达成社会契约，每个人让渡自己的部分权利，组成政府，让政府来为社会提供秩序、仲裁等公共产品。这是近代自由主义的政治哲学逻辑，从这一逻辑中我们可以看出，个人是目的、是根本，而代表着共同体的政府则仅仅是实现个人利益的手段。公民是主人，政府是受托人，是被雇佣者，政府只能做其应做的事情（即公民委托给它来做的事情），对于"主人"的私人事务（没有委托给政府来做），政府是无权干涉的，因为当初订立契约的时候，人们只让渡了自己的部分权利，只让渡了做靠单个的个人无法完成的事情的权利，而靠单个的个人能够完成的事情的权利（如市场交易、家庭事务等）则作为私人权利被保存在了公民手中，没有委托出去，作为被委托人的政府自然无权干涉。从近代自由主义的大致逻辑中我们可以看出，主体意识的觉醒是近代政治哲学核心的理念之一。

第二，从古代的公共领域和私人领域边界模糊不分向现代的公共领域和私人领域清晰界分社会状态的变迁。近代以前，社会从总体上来看，公共领域和私人领域是没有清晰界分的，或者说公共领域过分强大而私人领域则极度狭小。正如阿伦特所说："从历史上来看，城市国家与公共领域的兴起很有可能是以牺牲家庭和家族的私人领域为代价的。"① 这种由公共领域统治一切的时代被学术界称为机械团结，"由机械团结的社会秩序生产方式所产生的后果是政治活动地位的特别重要和以政治活动为中心的诸领域合一状态"。而现代社会则是一个诸领域分化的状态，政治活动在人们心目中的地位大大降低，人们将更多的时间和精力花费在了私人领域中，参与公共领域不再是自由的主要内容，自由的核心所在是对私人领域的沉浸，抵制公共领域对私人领域的染指。凸显私人领域，彰显自我主体，这是政治现代性的主要表现之一。古典的自由是积极自由，是公共领

---

① 〔美〕汉娜·阿伦特：《人的条件》，竺乾威等译，上海人民出版社，1999，第23页。

域湮没私人领域的自由。古代人生活的主要内容是公共生活，"他们几乎把全部精力与时间投入到军事与公共服务之中"。① 人们将参与公共事务视为自由的最主要表现，但现在"对他们每个人而言，自由是只受法律制约而不因某个人或若干个人的专断意志受到某种方式的逮捕、拘禁、处死或虐待的权利，它是每个人表达意见、选择并从事某一职业、支配甚至滥用财产的权利，是不必经过许可、不必说明动机或事由而迁徙的权利。它是每个人与其他个人结社的权利，结社的目的或许是讨论他们的利益，或许是信奉他们以及结社者偏爱的宗教，甚至或许仅仅是以一种最适合他们本性或幻想的方式消磨几天或几小时。最后，它是每个人通过选举全部或部分官员，或通过当权者或多或少不得不留意的代议制、申诉、要求等方式，对政府的行政施加某种影响的权利"。② 现代人所沉迷的自由就是不受公共领域干涉的私人领域的自由。在古代，人们认为，私人领域受必然性支配没有自由可言，公共领域才是真正的自由之所，私人领域只是为人们参与公共领域提供物质资料基础的领域，公共领域是目的，私人领域是手段。而现代，公共领域只是为了个人充分享受私人领域的欢愉而提供公共产品的领域，除此之外，公共领域不应该再具备其他的职能，尤其不应该对私人领域进行干涉，而私人领域则是人们进行各种活动的最终旨归，所以在现代，公共领域变成了手段，私人领域成为人们生活的目的。贡斯当对比古代自由和现代自由说："在古代人那里，个人在公共事务中几乎永远是主权者，但在所有私人关系中却是奴隶。作为公民，它可以决定战争与和平；作为个人，他的所有行动都受到限制、监视和压制；作为集体组织的成员，他可以对执政官或上司进行审问、解职、谴责、剥夺财产、流放或处以死刑；作为集体组织的臣民，他也可能被自己所属的整体的专断意志褫夺身份、剥夺特权、放逐乃至处死。与此相对比，在现代人中，个人在其私人生活中是独立的，但即使在最自由的国家中，他也仅仅在表面上是主权者。他的主权是有限的，而且几乎常常被终止。若说他在某些时候行使主权（在这时候，也会被谨慎与障碍所包围），

---

① 〔法〕邦雅曼·贡斯当：《古代人的自由与现代人的自由》，阎克文、刘满贵译，商务印书馆，1999，第 15 页。
② 〔法〕邦雅曼·贡斯当：《古代人的自由与现代人的自由》，阎克文、刘满贵译，商务印书馆，1999，第 26 页。

更经常地则是放弃主权。"①

　　第三，社会结构从古代的政治一元化的结构向现代的结构分化的社会结构变迁。前资本主义社会是自然经济占统治地位的社会，自然经济中的习俗是人们行为的依据，在血缘关系这一纽带的束缚下，血缘共同体中存在高度的认同感和社会整合。虽然自然经济是分散的，加之生产力的落后，政治国家对于很多事情大有鞭长莫及之势，"天高皇帝远"的很多地方，政治国家难以发挥作用，这样一种社会状态似乎很难用政治一元化来指认，但是这种前现代的社会中，政治意识和宗教、习俗、传统文化结合起来，使得有形的意识形态控制和无形的文化控制相结合而形成一种具有强大控制力的政治势力，不仅有形的政治领导权，而且无形的"文化领导权"（葛兰西语）都被政治所掌控。"共同体内的成员间由于拥有诸多天然的或近乎天然的各种纽带关系即同一性，例如血缘关系的亲密性、地缘邻里关系的互助性等等，从而无需借助太多的强制便可使人们遵守规范，团结一体……"② 这样，原本没有强大整合力的政治国家在文化的支撑下拥有了强大的力量。因此前资本主义社会就是政治一元化的，是未分化的社会，是涂尔干所谓的"机械团结"的社会，所谓"机械团结"就是"在不发达的社会结构中产生的，它建立在社会中个人之间的相似性与同质性基础上。在这样的社会里，人与人之间的差异甚小，不仅在物质活动领域，而且在精神活动领域，都呈现出高度的一致性；个人的行动总是自发的、不假思索的和集体的，表现为对集体的绝对服从，相互依赖程度低，社会纽带松弛，人们依靠高度的同质性而结合在一起"。③ 古代的政治一元化的状态就是前文所述的共同体湮没个体的时代，也是公共领域湮没私人领域的状态。随着社会的发展，尤其是随着市场经济的出现和发展，新的资本主义生产方式的出现以其无坚不摧的力量破坏了一切前现代的东西。马克思指出："资产阶级在它已经取得了统治的地方把一切封建的、宗法的和田园诗般的关系都破坏了。它无情地斩断了把人们束缚于天然尊长的

① 〔法〕邦雅曼·贡斯当：《古代人的自由与现代人的自由》，阎克文、刘满贵译，商务印书馆，1999，第 26 页。

② 王南湜：《社会哲学——现代实践哲学视野中的社会生活》，云南人民出版社，2001，第286 页。

③ 童星：《现代性的图景——多维视野与多重透视》，北京师范大学出版社，2007，第 12页。

形形色色的封建羁绊，它使人和人之间除了赤裸裸的利害关系，除了冷酷无情的'现金交易'，就再也没有任何别的联系了。""资产阶级抹去了一切向来受人尊崇和令人敬畏的职业的神圣光环。它把医生、律师、教士、诗人和学者变成了它出钱招雇的雇佣劳动者。""资产阶级在它的不到一百年的阶级统治中所创造的生产力，比过去一切世代创造的全部生产力还要多，还要大。自然力的征服，机器的采用，化学在工业和农业中的应用，轮船的行驶，铁路的通行，电报的使用，整个整个大陆的开垦，河川的通航，仿佛用法术从地下呼唤出来的大量人口，——过去哪一个世纪料想到在社会劳动中蕴藏有这样的生产力呢？"① 资本主义的生产方式炸开了机械团结的政治一元化的社会状态，社会开始分化。首先是市场领域分离出来成为独立的领域，市场是一种资源配置方式，它的基本运作机制就是由价格机制和竞争机制构成的市场机制，这种机制自发地调节了人们的经济活动，这是"看不见的手"的作用。② 市场机制能够有效地调控经济的发展，保证经济发展的速度和效率，它尤其反对和抵制政府公共权力的干涉。自由资本主义时代古典自由主义理想的社会模式是小政府、大社会，政府在管好分内事（提供公共产品）之外，严禁超出其"守夜人"的角色而干预市场等私人领域。市场领域分离出来也促进了整个社会的分化，"在市场经济所造成的社会变化中，最为基本的变化是经济、政治、文化活动三大领域之间的结构关系从领域合一状态向领域分离状态的转变。这一社会基本结构的变化又将进而导致一系列社会变化，并决定其变化方式"。③ 市场经济的发展，资本追求利润的逻辑涤荡了前资本主义的阴霾，而催生了现代性的萌芽及快速成长。社会结构的分化，政治权力合法性的范围限定在应有的范围之内，经济领域、文化领域的自主性得以伸张，这就是现代性的标志性特征。

从中世纪向近代的变迁促成了近代自由主义的形成和勃兴，也为近代市民社会的兴起奠定了现实基础和观念基础。按照学术界的观点，公民社

---

① 《马克思恩格斯选集》第 1 卷，人民出版社，1995，第 274～277 页。
② 王南湜：《社会哲学——现代实践哲学视野中的社会生活》，云南人民出版社，2001，第 309 页。
③ 王南湜：《社会哲学——现代实践哲学视野中的社会生活》，云南人民出版社，2001，第 311 页。

会从近代的市民社会理论范式向现代的公民社会理论范式转变过程中存在一个结构的变迁，即从"政治国家—市民社会"这一"二分法"的范式向现代的"政治国家—市场领域—公民社会"这样的"三分法"范式的转变。① 我们这里以几个代表人物为例探讨"二分法"的市民社会理论。

总体上来说，从前现代向现代的变迁为近代"二分法"市民社会的形成提供了社会基础。近代一直到黑格尔之前，政治思想家们关于公民社会（市民社会）的理论大致上都没有超出西塞罗的观点，即认为公民社会（市民社会）就是有政治国家的社会状态。但是当我们深入这些思想家思想的内部时，我们会发现，他们的思想当中已经在悄悄地孕育着"二分法"公民社会（市民社会）的观点了。

马基雅维利是近代著名的政治思想家。他的政治思想的特别之处在于，他比较重视共和主义。近代自由主义对私人领域的热切关怀开始逐渐生成并取代古典共主义，但共和主义之脉并没有断绝，从古希腊的柏拉图、亚里士多德共主义到古罗马政治思想家对共和主义的改进与传承，之后中世纪的时候共和主义虽然为经院哲学所湮没，但随着文艺复兴的到来，共和主义又开始复兴，意大利的马基雅维利就是这个时代的代表，马氏以降，中经英国的哈灵顿、米尔顿等之后又在美国生根发芽。共和主义从古典向现代的嬗变也汲取了自由主义的一些元素，完成从古典向现代的转变，主要包括：从古代贵族共和向现代民主共和的转变，从主张直接民主自治向主张代议制民主的转变，从古典美德共和向现代制度共和的转变，从混合均衡政体向混合均衡基础上的分权制衡政体的转变。② 在现代共和主义中兴过程中具有力挽狂澜作用的人物是阿伦特，他的努力使得共和主义在当代成为一个重要学派，并有众多的学者参与到了这个学派，使得共和主义的研究在当代蔚然成风。对于马基雅维利，我们惯常的观点有一种误解，认为马基雅维利是一个君主专制主义的鼓吹者，理由就是他的《君主论》。但持这种观点的人只知其一，不知其二。不可否认，马基雅维利撰写《君主论》的初衷不排除阿谀奉承当权者的嫌疑，但是也应该明确，当时的欧洲正处于混乱之中，"就整个欧洲而言，王权在混乱中代表

---

① 参阅何增科《市民社会概念的历史演变》，《中国社会科学》1994 年第 5 期；丛日云、庞金友：《西方公民社会理论的复兴及其特点》，《教学与研究》2002 年第 1 期。

② 叶海涛：《共和主义：从古典到现代的嬗变》，《江海学刊》2006 年第 4 期。

着秩序，代表着正在形成的民族与分裂或叛乱的各附庸国的状态之对抗，在封建主义表层下形成着的一切革命因素都倾向于王权，正像王权倾向于他们一样"。① 这样看来，马基雅维利《君主论》的写作可能更多是为了解决"现实问题"。另外马基雅维利在《论李维》中表明，罗马共和国才是他最为真心诚意地热望的国家典范，对于《君主论》和《论李维》的评价，毋宁说，共和国是马基雅维利所追求的终极价值目标，而专制君主的存在只是为了实现意大利安定的手段而已。② 马基雅维利的努力使得共和主义理论之脉绵延不绝，直到今天，大有复兴的趋势。共和主义的积极公民观虽然还没有直接导致公民社会的形成，但不能否认，它对于当代公民社会（"三分法"）具有十分重要的理论支撑作用，这一点我们后边还会谈到。

霍布斯、洛克这些近代著名的思想家，被奉为近代自由主义的鼻祖。他们以自然法为武器，论证国家的起源，为资产阶级革命的到来制造理论依据和舆论根基。自然法也就是自然状态下"规范"人们行为的规则，对于自然法，洛克指出，"自然状态有一种为人人所应遵守的自然法对它起着支配作用；而理性，也就是自然法，教导着有意遵从理性的全人类：人们既然都是平等和独立的，任何人就不得侵害他人的生命、健康、自由或财产"。③ 霍布斯则将自然法分为三类：第一自然法即"每一个人只要有获得和平的希望时，就应当力求和平；在不能得到和平时，他就可以寻求并利用战争的一切有利条件和助力"。也就是寻求和平、信守和平的信念。④ 第二自然法即"在别人也愿意这样做的条件下，当一个人为了和平与自卫的目的认为必要时，会自愿放弃这种对一切事物的权利；而在对他人的自由权方面满足于相当于自己让他人对自己所具有的自由权利"。也就是"己所不欲，勿施于人"的信条。⑤ 第三自然法即"'所订信约必须履行'。没有这一条自然法，信约就会无用，徒具虚文……"⑥ 自然法近似于道德，并没有强制性的法庭作为后盾，所以在自然状态下，发生分歧必然引起纠

---

① 黄基泉：《西方宪政思想史略》，山东人民出版社，2004，第87页。
② 黄基泉：《西方宪政思想史略》，山东人民出版社，2004，第90页。
③ 〔英〕洛克：《政府论》下篇，叶启芳、瞿菊农译，商务印书馆，1964，第4页。
④ 〔英〕霍布斯：《论公民》，应星、冯克利译，贵州人民出版社，2003，第98页。
⑤ 〔英〕霍布斯：《论公民》，应星、冯克利译，贵州人民出版社，2003，第98页。
⑥ 〔英〕霍布斯：《论公民》，应星、冯克利译，贵州人民出版社，2003，第108页。

纷，因此不可否认的是，"自然状态是战争状态——不是简单的战争，而是人人相互为敌的战争"。因此霍布斯指出："显而易见，永久的战争与人类的保存或个人的保存是多么的不相容。而战争因为争斗者的平等，不可能以战胜而终结，这种战争以其自然是永久性的。"① 霍布斯、洛克在自然法的基础上都有直接论述公民社会的文字，但是霍布斯、洛克的公民社会概念并没有超出西塞罗的观点——公民社会就是有政治国家存在的状态。霍布斯有过"这样形成的联盟（即国家——笔者注）被称作是'国家'或'公民社会'……"② 的语句，洛克也说过"政治的或公民的社会"③ 的话，由此看来他们的公民社会是与自然状态相对应的存在政府的社会状态。虽然公民社会概念在霍布斯、洛克那里并没有得到进一步的发展和分化，但是霍布斯、洛克的社会契约论的国家起源观点为公民社会的进一步发展奠定了深厚的理论基础。所以泰勒指出："当然，洛克仍然是在传统的意义上——亦即'政治社会'的同义语——使用'市民社会'这一术语的。但是，他当时恰是在为一个世纪之后出现的更新了的、与'政治社会'相对的市民社会含义做铺垫。"④ 因为在他们那里，国家领域和私人领域已经有了明确的界分，人们让渡私人的部分权利构成公共权力领域的时候，仅仅让渡了部分权利而不是全部权利，那些没有让渡的私人权利构成了私人领域，这个私人领域也就是后来黑格尔所谓的市民社会。如此看来，霍布斯、洛克虽然没有明确提出"二分法"的市民社会概念，但是他们的自然法理论和社会契约论为近代"二分法"的市民社会理论的出现提供了理论基石。

黑格尔是明确提出政治国家与市民社会相分离的"二分法"市民社会理论的第一人，他"开创性地提出了市民社会与国家相分离的理论，为市民社会存在的独立性与必然性进行了理论的证明"。⑤《法哲学原理》（1821 年）是黑格尔关于现代市民社会理论的代表性著作。我们知道，

---

① 〔英〕霍布斯：《论公民》，应星、冯克利译，贵州人民出版社，2003，第9页。
② 〔英〕霍布斯：《论公民》，应星、冯克利译，贵州人民出版社，2003，第57页。
③ 〔英〕洛克：《政府论》下篇，叶启芳、瞿菊农译，商务印书馆，1964，第48页。
④ 〔加〕查尔斯·泰勒：《市民社会的模式》，冯青虎译，载〔中〕邓正来、〔英〕J. C. 亚历山大编《国家与市民社会——一种社会理论的研究路径》，中央编译出版社，1999，第15页。
⑤ 蒋红：《马克思市民社会理论研究》，人民出版社，2007，第62页。

黑格尔的哲学是一个庞杂的演化体系，一个环节扣一个环节。只有前一个环节的潜力得到了充分的发挥，后一个环节才会提上日程。市民社会也是绝对精神发展过程中的一个环节，具体来说，市民社会是伦理这一环节下的一个更小的环节。伦理这个大环节分为正、反、合三个环节，它们分别是家庭、市民社会、国家。在家庭阶段，个人从属于家庭，个人在家庭中快乐地成长，但是家庭压抑、湮没了个人的个性。也就是说在家庭当中，个人的个性没有得到伸张。这就必然要发展到更高的阶段，也就是市民社会阶段。在市民社会阶段中，个人的个性、目的、人性得到了充分的张扬，因为市民社会是以各个独立而又彼此相互依赖的"原子式"的个人为单位组合起来的联合体，是"各个成员作为独立的单个人的联合"。① 黑格尔的市民社会实际上就是当时自由资本主义、自由市场观念的反映，在这里我们可以清晰地看到，黑格尔受到了斯图亚特、亚当·斯密等政治经济学家的影响。② 但是市民社会又走向它的极端，也就是走向了以自我为中心，追求自己欲望的满足，只着眼于自己私人利益的社会状态。在黑格尔看来，市民社会是一个缺乏道德的社会，是人人都只追求自我私人利益的领域，是一切人反对一切人的战场，是私人利益和公共事务冲突的舞台。这远远偏离了伦理精神，所以它必须被更高阶段的国家所代替。国家是普遍伦理的象征，是家庭和市民社会的合题，它高于市民社会，市民社会依附于国家。国家高于社会、决定社会，这是黑格尔关于市民社会的基本观点。③ 市民社会私欲之间无休止的冲突这一特征决定了它是独立的，却是不自足的。④ 这最终使得黑格尔市民社会的构架成为"国家高于市民社会"构架。⑤ 不管他对于市民社会与国家关系的认识正确与否，市民社会与国家在黑格尔这里非常明确地区分开来，这是现代市民社会理论的开端。

---

① 〔德〕黑格尔：《法哲学原理》，范扬、张企泰译，商务印书馆，1961，第 174 页。
② 参见郁建兴《黑格尔市民社会理论》，《人文杂志》2000 年第 3 期。
③ 参见于世刚《"市民社会"从黑格尔到马克思的转换》，《上饶师范学院学报》2001 年第 4 期。
④ 邓正来：《市民社会与国家——学理上的分野与两种架构》，载邓正来、〔英〕J. C. 亚历山大编《国家与市民社会——一种社会理论的研究路径》，中央编译出版社，1999，第 90 页。
⑤ 邓正来：《市民社会与国家——学理上的分野与两种架构》，载邓正来、〔英〕J. C. 亚历山大编《国家与市民社会——一种社会理论的研究路径》，中央编译出版社，1999，第 96~99 页。

马克思的市民社会理论直接来源于黑格尔，是在改造黑格尔市民社会理论基础上形成的。马克思的市民社会理论在当今学术界有一定的歧义，不同的学者对其有不同的理解。综观学界，对于马克思的市民社会概念有如下几种理解。第一，把市民社会简化为经济关系，比如有些学者指出，在《德意志意识形态》和《〈政治经济学批判〉序言》的相关论述中，马克思将市民社会指认为物质生活关系的总和，并等同于经济基础概念。第二，把马克思的市民社会等同于资产阶级社会，有学者指出，在马克思那里，现代市民社会是一个异化的社会，其本质是资本主义社会。第三，认为马克思的市民社会具有双重形象，有学者指出，从具体层面说，马克思的市民社会是资本主义的经济关系，从抽象层面讲，马克思的市民社会是一般市场经济条件下的商品经济关系。第四，认为马克思的市民社会有三重意义：经济基础、私人所有制为基础的商品经济社会、资产阶级社会。①不管学者们对马克思的市民社会作何理解，市民社会与政治国家相分离这一基本论断还是为大家所认可的。这是黑格尔市民社会理论的延续，但马克思的"二分法"却和黑格尔的"二分法"完全不同，在黑格尔那里，市民社会不具备自足性，相反，由于市民社会自身的"盲目性"，它有赖于政治国家的引导，有赖于向前演进到国家这一环节，是国家决定市民社会。而在马克思这里则正好相反，作为与政治国家相对应的市民社会，是政治国家的基础，市民社会具有自足性，它不需要依赖于政治国家的掌控，相反，政治国家却需要依赖于市民社会，政治国家需要到它奠基于其上的市民社会中寻求根据。马克思指出："我的研究得出这样一个结果：法的关系正像国家的形式一样，既不能从它们本身来理解，也不能从所谓人类精神的一般发展来理解，相反，它们根源于物质的生活关系，这种物质的生活关系的总和，黑格尔按照18世纪的英国人和法国人的先例，概括为'市民社会'……"②

此外，还有潘恩等思想家论述了"二分法"的市民社会理论，由于本书并非专门探讨市民社会发展史，而只需探讨清楚市民社会理论的大致演进脉络，为厘定现代社会组织的基本理论提供理论的历史背景即可，所以

---

① 王代月：《马克思市民社会理论研究述评》，《教学与研究》2007年第9期。
② 《马克思恩格斯选集》第2卷，人民出版社，1995，第32页。

对这些思想家我们就不作专门梳理了。

四　当代公民社会理论

当代公民社会理论主要是"三分法"的公民社会理论。

"二分法"的市民社会理论是公民社会发展过程中的重要阶段，而且也正是近代思想家所提出的自由主义、个人主义、私人领域神圣不可侵犯等理念使得市民社会理论进一步发展到"三分法"的公民社会理论有了坚实的理论基础。这一部分仍然以若干具有代表性的思想家为例梳理"三分法"公民社会理论的大致理论结构。

葛兰西是早期西方马克思主义的重要代表人物，他的市民社会理论集中表现在他的文化领导权理论中。他主要是从文化传播的角度界定市民社会的，他认为市民社会是制定和传播意识形态特别是统治阶级意识形态的各种私人的或民间的机构之总称，包括教会、学校、新闻舆论机关、文化学术团体、工会、政党等。葛兰西的市民社会已经不同于马克思的市民社会了，他的市民社会不再是从经济关系的角度来阐发，而是从意识形态的角度来理解。在葛兰西这里，虽然社会大体上还是分为经济基础和上层建筑两个方面，看似"二分法"，但是他的市民社会已经不再是"二分"之"一"了，而是上层建筑中的意识形态层面，是文化领导权的场域，主要包括教会、学校、新闻机构、文化学术团体、工会等民间组织，这已经和现代"三分法"的公民社会十分接近了。需要交代清楚的是，葛兰西的市民社会是一个工具性的概念，市民社会的提出是为了说明国家统治的两种方式，即政治上依靠暴力的统治，文化上采取精神、道德等手段实现其领导权。葛兰西曾指出，"国家＝政治社会＋市民社会"，[①] 市民社会就是实现文化领导权的领域，文化领导权对于革命来说具有关键性意义，市民社会的领导权和政治社会的统治权有着不同的特征：政治社会的统治权以强制为后盾，以暴力为手段；而市民社会的领导权以同意为基础，靠舆论引导来实现。民心的向背在一定程度上发挥着关键作用，甚至有可能存在即便无产阶级革命取得了政治上的统治权，也可能被仍掌控在资产阶级手中

---

① 〔意〕安东尼奥·葛兰西：《狱中札记》，葆煦译，人民出版社，1983，第222页。

的文化领导权所颠覆的情况，所以革命不仅仅表现为统治权的争夺，更重要的则是文化领导权的争夺。市民社会理论在葛兰西的理论中就处在上述这样的位置。

哈贝马斯的思想对于当代公民社会理论的发展具有重大影响，但是哈贝马斯的市民社会理论前后具有一定的差异，早期的市民社会理论主要是在他的公共领域的框架中来探讨的，在哈贝马斯看来，公共领域是"一个由私人集合而成的公众的领域；但私人随即就要求这一受上层控制的公共领域反对公共权力机关自身，以便就基本上已经属于私人，但仍然具有公共性质的商品交换和社会劳动领域中的一般交换规则等问题同公共权力机关展开讨论"。① 公共领域是由私人组成、与公共权力领域相对应的领域，就基本归属来说，公共领域属于私人领域，所以哈贝马斯的市民社会实际上就是私人自律的领域，② 是政府的"对应物"。③ 哈贝马斯这个时期对市民社会的理解还是"二分法"的市民社会。但是到了后期，哈贝马斯的市民社会则转向了"三分法"。"今天称为市民社会的，不再像在马克思和马克思主义那里包括根据私法构成的、通过劳动市场、资本市场和商品市场之导控的经济。相反，构成其建制核心的，是一些非政府的、非经济的联系和自愿联合，它们使公共领域的交往结构扎根于生活世界的社会成分之中。组成市民社会的是那些或多或少自发地出现的社团、组织和运动，它们对私人生活领域中形成共鸣的那些问题加以感受、选择、浓缩，并经过放大以后引入公共领域。旨在讨论并解决公众普遍关切之问题的那些商谈，需要在有组织公共领域的框架中加以建制化，而实现这些建制化的那些联合体，就构成了市民社会的核心。"④ 市民社会已经不再将市场经济包括在其范围之内了，武汉大学李佃来先生总结哈贝马斯这两个时期的市民社会理论时指出，哈贝马斯在早期是从政治国家（公共权力领域）—市民社会（经济领域＋公共领域）的分析模式中来理解市民社会的，而后期则是从系统（政治＋经济）—市民社会（生活世

---

① 〔德〕哈贝马斯：《公共领域的结构转型》，曹卫东等译，学林出版社，1999，第32页。
② 〔德〕哈贝马斯：《公共领域的结构转型》，曹卫东等译，学林出版社，1999，第84页。
③ 〔德〕哈贝马斯：《公共领域的结构转型》，曹卫东等译，学林出版社，1999，第18页。
④ 〔德〕哈贝马斯：《在事实与规范之间》，童世骏译，三联书店，2003，第453～454页。

界）的分析模式来理解市民社会。① 系统世界和生活世界是哈贝马斯的分析框架，但是从另外一个角度来看，市民社会被放在政治—经济—市民社会这一大的框架中来理解，这已经是"三分法"的市民社会了。黄宗智在谈哈贝马斯的市民社会时也指出，哈贝马斯的做法就是在国家与社会之间存在一个双方都参与其间的区域，② 他甚至将其称作第三领域。

柯亨（J. L. Cohen，有的学者翻译成科恩）、阿拉托（A. Arato，有的学者翻译成阿雷托）在他们合著的《市民社会与政治理论》中认为，政治国家和市民社会的"二分法"已经过时，我们应该采用市民社会—经济—国家的三分法，因为经济系统已从市民社会中分离出去构成了一个独立的领域。③ 市民社会何以要从"二分法"演进到"三分法"，前者到底有什么不足，后者有什么比前者更加合理之处呢？柯亨和阿拉托指出，"二分法"市民社会模型"非但将其社会历史基础包含于模糊的'自由'概念之中（反对专制的斗争以各种'互相论辩'的社会力量的统一为前提，在当代又把各种力量粘合在一起为基础，Schmitt），而且也将其置于历史上第一次也可能是最后一次出现的由自我规置的市场机制统治的'经济社会'（Polanyi）之中"。④ 这种"二分法"的市民社会理论是自由主义的市民社会，但这种观点有化约的倾向，柯亨和阿拉托的著作中引证博兰尼的观点，指出这种观点倾向于将所有的社会关系（习惯、地位、文化）化约为市场经济关系。⑤ 在这里，市场经济就是市民社会，因为马克思和黑格尔那里的市民社会就是包括甚至等同于市场经济。但是"套用卢曼的话来讲，经济从来就不是国家的唯一社会环境；经济分化以其他领域（法律、

---

① 李佃来：《哈贝马斯市民社会理论探讨》，《哲学研究》2004 年第 6 期。
② 黄宗智：《中国的"公共领域"与"市民社会"——国家与社会间的第三领域》，程农译，载邓正来、〔英〕J. C. 亚历山大编《国家与市民社会——一种社会理论的研究路径》，中央编译出版社，1999，第 429 页。
③ 何增科：《公民社会与民主治理》，中央编译出版社，2007，第 19 页。
④ 〔美〕简·科恩、〔美〕安德鲁·阿雷托：《社会理论与市民社会》，载邓正来、亚历山大编《国家与市民社会——一种社会理论的研究路径》，中央编译出版社，1999，第 177 页。
⑤ 〔美〕简·科恩、〔美〕安德鲁·阿雷托：《社会理论与市民社会》，载邓正来、亚历山大编《国家与市民社会——一种社会理论的研究路径》，中央编译出版社，1999，第 177 页。

科学、艺术和家庭等）的分化为先决条件，并推进其他领域的分化"。① 也就是说，"二分法"的市民社会确实反映了社会结构的分化，但是随着社会进一步分化，这种"二分法"的社会已经不能涵盖社会的所有领域了，简单地说，就是这种观点已经不再反映现实了。现实的发展是理论演进的根本动力，社会现实的发展推进市民社会理论从"二分法"向"三分法"的转变。"无论二分法模型在描述古典自由主义时代方面具有什么样的相对价值，它既不能描述隐藏于其转变背后的力量，也无法描述新的社会结构。"② 这一理论范式已经过时了，"市民社会—经济—国家关系三元模型，正是肇源于如上所述的情况"。而且葛兰西、帕森斯和哈贝马斯已经开始用这种"三分法"的模型来分析社会现实了，在"三分法"市民社会理论中的市民社会，现代社会组织（有的叫作中介组织、非政府组织、非营利组织、民间组织等）的地位开始凸显出来。人们探讨市民社会或公民社会的时候就将现代社会组织作为主要的探讨对象，甚至有的学者直接将二者画等号。

从上述历史考察可以看出来，现代公民社会的内涵是随着历史的演变而逐渐形成的。古代的公民社会是与"自然状态"对应的"政府状态"；近代公民社会（市民社会）奠基于政治国家和公民社会二分，公民社会（市民社会）是政府之外的包括市场在内的所有领域；而现代公民社会则是建立在政治国家—市场—公民社会三分的基础上的。而在现代公民社会中，核心的要素就是本书所要探讨的现代社会组织。

第二节　现代社会组织基本理论

上一节从理论史和社会史相结合的角度梳理了公民社会理论从古代到现代的演变，最终得出结论：在公民社会理论中凸显现代社会组织的地位

---

① 〔美〕简·科恩、〔美〕安德鲁·阿雷托：《社会理论与市民社会》，载邓正来、亚历山大编《国家与市民社会——一种社会理论的研究路径》，中央编译出版社，1999，第178页。

② 〔美〕简·科恩、〔美〕安德鲁·阿雷托：《社会理论与市民社会》，载邓正来、亚历山大编《国家与市民社会——一种社会理论的研究路径》，中央编译出版社，1999，第177页。

是理论逻辑发展的合理结果，也是现实社会结构分化在理论中的表现，是历史和逻辑的辩证统一。本节试图在此基础上梳理当代有关现代社会组织的一些基本理论，以使得现代社会组织这一概念更加清晰，为本书的研究提供一个明晰的概念。

一 现代社会组织的内涵、特征、分类及社会功能

（一）现代社会组织称谓的辨析

探讨现代社会组织这一称谓就要明确公民社会概念，"公民社会"的英文词是 Civil Society，对应于或者近似于这个英文词语的汉语词语很多，在不同的语境下有不同的用法。秦晖先生在《变革之道》一书中，记录了一段王绍光先生的争论，王绍光先生是在讨论第三部门定义的时候说这些话的，他说，"美国有人嫌'第三部门'太含混，情愿用'免税部门'，'独立部门'或'非营利部门'等提法。除了美国，'第三部门'同样鲜为人知。在英国及其前殖民地国家（如印度），'志愿部门'比较通行；在欧洲国家，人们更喜欢用'慈善部门'。法国总是与众不同，'社会经济'是那儿的提法。到了第三世界国家和前社会主义国家，人们更熟悉的概念是诸如'公民社会'或'非政府组织之类'"。① 这足以看出 Civil Society 使用的混乱。俞可平先生指出，对应 Civil Society 有三种译法：市民社会、民间社会和公民社会，但是在汉语语境中，这三个词语之间又存在着一些微妙的差异，"'市民社会'是最为流行的术语，也是对 civil society 的经典译名，它来源于马克思主义经典著作的中译本。但这一术语在传统语境中或多或少带有一定的贬义，许多人事实上把它等同于资产阶级社会，而且容易把这里的'市民'误解为'城市居民'。'民间社会'最初多为历史学家在研究中国近代的民间组织时加以使用。这是一个中性的称谓，但在不少学者特别是在政府官员眼中，它具有边缘化的色彩。'公民社会'是改革开放后对 civil society 的新译名，这是一个褒义的称谓，它强调 civil society 的政治学意义，即公民的公共参与和公民对国家权力的制约，越来

---

① 秦晖：《变革之道》，郑州大学出版社，2007，第 28 页。

越多的年轻学者喜欢使用这一新的译名"。① 何增科先生早先的时候多用市民社会，但在进入 21 世纪的时候，也开始采用这一新的译法。②•虽然学界仍有不少学者采用市民社会这一概念，比如邓正来先生，但笔者还是认为俞可平先生和何增科先生的用法比较合理一些，③ 所以本书也采用公民社会这一称谓。公民社会概念所包含的内容纷繁复杂，但现代社会组织却是其最基本结构性要素。④

关于现代社会组织，目前学界有多种称谓并用，比如王名、刘培锋等著的《民间组织通论》一书指出，民间组织的相近或相同名称还有非政府组织、非营利组织、公民社会组织、志愿组织、慈善组织、免税组织。其中非政府组织的称谓强调该组织与政府的区别，明确该组织属于不同于政府部门的民间公共部门；非营利组织这一称谓强调该组织与企业的区别，明确它们属于不同于以追求利润为目的的企业组织；公民社会组织这一称谓强调该类组织的社会基础，以政府、市场、（公民）社会三个部门分立的现代社会结构为基础，以公民为主体，以公民自治、志愿参与、民主治理为特征；志愿组织这一称谓强调的是组织的志愿性特征；慈善组织这一称谓强调这类组织的公益慈善性质；免税组织这一称谓强调这类组织在税收制度上享受免税待遇。该著作还指出，还有一些类似的概念称谓，例如我国台湾地区尝试用"公益团体"（Commonweal Organization）、"社区组织"（Community Organization）、"邻里组织"（Neighborhood Organization）、"非商业组织"（Non‑commercial Organization）等。⑤ 还有一批学者称之为中介组织。⑥ 但实际上中介组织所包含的范围要比公民社会组织更为广泛，因为中介组织也可能是营利性的中介组织，所以中介组织这个概念与前述几个概念有较大的差别。除了上述称谓之外，中央文件大多称为社会组

① 俞可平：《中国公民社会：概念、分类与制度环境》，《中国社会科学》2006 年第 1 期。
② 参阅何增科《公民社会与民主治理》，中央编译出版社，2007，第 83 页。
③ 学界很多学者虽然采用不同的概念，但他们所谈论的问题是一致的，所以在一定程度上，称谓的不同可能仅仅是个形式的不同而已。
④ 参见何增科《公民社会与民主治理》，中央编译出版社，2007，第 2 页。此处何增科先生将其叫作民间公共领域。
⑤ 王名、刘培锋等：《民间组织通论》，时事出版社，2004，第 6 页。
⑥ 比如龚禄根主编《中国社会中介组织发展研究》，中国经济出版社，2006；周耀虹：《中国社会中介组织》，上海交通大学出版社，2008；李恒光、汪婷：《中介发展系统论》，江西人民出版社，2004；等等。

织，按照我们通常的理解，社会组织就是包括上述各种称谓所覆盖的组织，它的范围也比较广泛，也符合中国的基本国情，本书就是采用中央文件的这一称谓，为了避免与我国封建社会义庄、义田和各种宗族组织相混淆，笔者这里增加了"现代"这一限定词，即笔者采用现代社会组织这一称谓。

本书之所以用现代社会组织这一称谓，而没有用公民社会组织、非政府组织、非营利组织、民间组织等其他称谓，其原因可归纳为如下几点。

首先，现代社会组织这一称谓突出了这类组织的社会基础，突出了现代社会结构的特征，即政治国家（政府）、市场经济、社会组织三者的清晰界分。研究表明，政治一元化是前现代社会的结构特征，而现代社会的基本结构则是政治国家的权力范围被大大缩减，除了提供公共产品之外，对社会领域已无涉足的权力和必要。我们所探讨的社会和谐发展不可能是前现代社会的和谐发展，而应该是现代社会的和谐发展，是结构分化的社会和谐发展，所以本书采用现代社会组织这一概念。

其次，现代社会组织这一称谓蕴含浓厚的公民文化。笔者认为，现代社会组织的发展壮大不仅包括组织的发展壮大，还包括公民文化的培育、公民意识的形成和公民素养的提升，其他称谓无法突出"现代性"这一重要问题，而公民文化的形成和发展以及现代公民素养的提升是民主政治建设不可或缺的文化根基，也是社会和谐的现代性文化基础。现代社会组织虽然只是现代社会中的社会组织，但它蕴含着丰富的公民文化因素，负载着更为丰富的内涵，而这些内涵也是本书所作研究的重要方面。

最后，现阶段与现代社会组织称谓混用的其他称谓都存在一定的不足。公民社会组织这一称谓在一定程度上会引起误解，现阶段甚至有人撰文指出，公民社会是西方人为我们设置的"陷阱"，因此这一称谓不符合中国特色，为了避免不必要的麻烦，笔者这里不采用这个称谓；非政府组织称谓存在与政府对立的意味，这容易引起人们的误解，不利于其发展壮大；非营利组织过于强调经济，强调与企业的区别，没有充分彰显该类组织的本质特征；民间组织则有被边缘化的意味，也存在与政府对立的意味；志愿组织、慈善组织概念又都过于狭窄，无法涵盖该类组织所应有的外延；而免税组织、公益团体、社区组织、邻里组织、非商业组织等称谓不常用，且所涵盖的范围狭窄。除了上述称谓之外，还有社团组织、社会组织等称谓，这些称谓又都缺乏公民文化的意涵。

所以，基于本书所探讨的问题，笔者选择现代社会组织这一称谓作为本书所作研究的核心概念。

（二）现代社会组织的内涵

为了正确界定现代社会组织的内涵，我们首先梳理一下现有的定义（以与现代社会组织相近的概念为主），现有的定义可以分为如下几类。

第一，从法律上给出界定。美国《税法》第 501 条（c）（3）规定，免税组织必须符合三个条件：一是该机构的运作目标完全是为了从事慈善性、教育性、宗教性和科学性的事业，或者是达到该税法明文规定的其他目的；二是该机构的净收入不能用于使私人受惠；三是该机构所从事的主要活动不是为了影响立法，也不是干预公开选举。[①] 美国法律所界定的主要是免税组织。又如，我国相关法规对社团、基金会、民办非企业单位的界定也属于这一类。

第二，根据组织的资金来源给出定义。按照联合国国民统计系统的规定，只有一半以上的资金来自捐助的组织才算作非营利组织；如果一半以上的资金来自市场销售的收入，那么该组织就是营利部门；而如果一个组织的资金主要依靠政府的资助，那它就是政府部门。[②] 这一定义主要是为了界定非政府组织。

第三，依据组织的"结构与运作"来定义。萨拉蒙和安海尔指出，"我们将这个部门定义为一定程度上①有组织的②私人的③非利润分配的④自治的⑤自愿的一组实体"。[③] 这一界定主要是为了界定第三部门。

第四，从活动内容来界定。清华大学王名教授认为，现代社会组织是指不以营利为目的、主要开展各种志愿性活动的非政府的社会组织，其基本属性包括三个方面：非营利性、非政府性、志愿公益性或互益性。[④] 王名先生所界定的主要是民间组织。

目前学界还有一些定义，但都可以归入上述种类。

---

① 文军、王世军：《非营利组织与中国社会发展》，贵州人民出版社，2004，第3页。
② 邓国胜：《非营利组织评估》，社会科学文献出版社，2001，第2～3页。
③ 何增科主编《公民社会与第三部门》，社会科学文献出版社，2000，第259页。
④ 王名编《非营利组织管理概论》，中国人民大学出版社，2002，第2页。

现代社会组织与上述免税组织、非政府组织、第三部门、民间组织在概念上虽有倾向性的差异，但其实质所指大致相同，而且现代社会组织应该是上述组织的综合。结合上述界定，我们可以对现代社会组织给出这样的定义：所谓现代社会组织就是那些由私人公民组织起来的非政府的、非营利的、非家庭的、自治的、志愿性的、由公益理念支持的旨在维护公共利益的社会组织。其中有公益性组织，有互益性组织[①]；有在政府相关部门登记的组织，也有没在政府部门登记的草根组织；有长期存在的组织，也有完成任务就解散的短期组织；有全国性的组织，也有地方性的组织。这个定义涵盖了非政府组织、非营利组织、民间组织、志愿组织、慈善组织、免税组织等概念所涵盖的内容。需要特别提请读者注意的是，研究公民社会的内涵，不能仅仅局限在结构性组织上而忽视它的价值底蕴，诚如郭湛先生在《社会公共性研究》一书中指出，"公民社会是一种特定的共同体，它包括一些结构要素以及将这些结构要素组织起来的价值原则"。[②]毋宁说，现代社会组织的价值原则更重要一些，要理解这一组织，就必须把这些基本理念和现代社会组织结合起来。关于将结构性组织整合起来的价值原则，何增科先生认为包括个人主义、多元主义、公开性、开放性、参与性、法治原则等。[③]当然还有不同的总结，本书后面还会涉及这个问题。

（三）现代社会组织的特征

现代社会组织具备以下特征。

1. 现代社会组织是非政府的、自主管理的社会组织。现代社会组织不是政府组织，不受政府直接的行政管控，具有相对的独立性和自主管理的权利，它不隶属于国家的政治和行政系统，其旨趣不在于国家的基本职能。虽然现代社会组织也提供公共服务，但它所提供的公共服务有别于国家所提供的公共服务：现代社会组织所提供的公共服务可以超越国界，比

---

① 互益性组织即会员制组织，该类组织的活动是为了增进会员的利益，虽然这类组织不能算是严格意义上的公益性组织，但本书的公民社会组织是在宽泛意义上来理解的，互益性组织也算是公益性组织，只不过它的公益只是在会员圈子内的公益，公共性程度不高。

② 郭湛：《社会公共性研究》，人民出版社，2009，第280页。

③ 何增科：《公民社会与民主治理》，中央编译出版社，2007，第2～3页。

如从人类共同利益的角度提供全球范围内的公共产品，而国家则一般不会超越国界；现代社会组织提供公共服务不必考虑纳税人的要求，只要依照组织自身的宗旨和承诺行事即可，它所提供的公共物品可以面向特殊群体，也可以是互益性、互助性的，而国家则要为整个社会的纳税人服务。①凡是政府机构、政府的附属机构或政府控制下的社会组织，以及政府间的国际组织，都不是现代社会组织。

2. 现代社会组织是合法的社会组织。现代社会组织不是非法组织，更不是违法犯罪组织。现代社会组织虽然并不一定都到民政部门登记注册，但它们都是合法组织。现阶段没有到民政部门登记的草根组织数量巨大，但它们都是合法地从事活动，诸如"法轮功"组织之类的非法组织不属于现代社会组织之列。

3. 现代社会组织是非政党性质的、不谋取政治权力的社会组织。现代社会组织不参与常规的政治程序，如议会、选举和组织政府等活动，不介入政治权力之争。政党组织不属于现代社会组织之列。

4. 现代社会组织是非营利性的社会组织。现代社会组织的活动或它们所提供的产品与服务，不是以营利为目的的，其财产性质是公益产权，其宗旨是公益或互益，其利润不得以任何形式转变为私人财产，②即便有的组织有利益盈余，这些盈余也不能在组织内部成员之间进行分配，而只能用于符合该组织宗旨方面的事务。各种追求利润的企业性组织，如公司、银行以及西方国家中的大众媒介等都不是现代社会组织。现代社会组织不采取集中领导的垂直等级式体制，组织成员之间是平等自愿地结合在一起的，组织的活动是通过民主的、非强制的方式开展的。在现代社会组织体系内，各组织的地位也都是平等的，是自主地去开展各种活动的。组织的经费来源有多种渠道，资金可来自本国政府、外国政府、各国际组织、别的非政府组织、企业以及从社会上募捐等。

5. 现代社会组织的活动目标是社会公益。现代社会组织与企业组织的区别就在于企业组织以私人利益最大化为首要宗旨，而现代社会组织则以公益为基本旨趣。所谓公益就是社会公共的福祉和利益，与

①　王名、刘培峰等：《民间组织通论》，时事出版社，2004，第8页。
②　王名、刘培峰等：《民间组织通论》，时事出版社，2004，第8~9页。

私利相对，是"公共利益"的缩写。不同种类的现代社会组织的公益性不尽相同，以组织所服务的对象为标准，现代社会组织的公益性可以分为两个层面：公益和互益。所谓公益，即组织的服务对象为不特定的多数人群，凡是符合组织所开列的条件的人群都可以享受到该类组织的服务。而互益则强调组织只为特定的人群服务，互益性组织一般都是会员制组织，只有会员才能够享受组织所提供的服务。互益性组织也可以算为公益性组织，只是它所谓的公益是一定范围内的公益。总体而言，不管公益性组织也好，互益性组织也好，都不是为个人私利服务的，不是企业组织。

6. 现代社会组织是志愿性组织。现代社会组织是公民自愿参与的、旨在实现公共利益最大化的组织，它没有强制公民参与的权力。王名先生认为，现代社会组织的志愿性包含三个层次的含义：①组织的志愿性。成立基于自愿，成员参加基于自愿，资源尤其资金的集中也基于自愿，没有强迫、强制或行政命令。②服务的志愿性。现代社会组织和政府一样，都是提供公共服务的公共组织，但现代社会组织不同于政府的地方在于，它提供公共服务基于志愿精神，而不是行政权力。③活动的志愿性。现代社会组织不是自上而下的行政机关，没有等级森严的科层结构，而是开放式、网络式的公民志愿组织，其优势不在于结构，而在于它们具有广泛动员公众参与的能量。[①]

（四）现代社会组织的分类

为了进一步明确现代社会组织的内涵，我们需要对其进行分类。由于现代社会组织所囊括的内容极其广泛，根据不同的标准可以作不同的分类，所以其分类多种多样，目前学界也已经给出了多种分类，这里我们没有必要再提出一种分类，只对学界已有的分类作一梳理。

国外关于现代社会组织的分类比较典型的有两类。第一类，联合国按照国际标准产业分类体系（ISIC）将非营利组织（即本书所谓的现代社会组织）分为3个大类共15个小类，具体请参阅表1-1。

---

① 参见王名、刘培峰等《民间组织通论》，时事出版社，2004，第11页。

表1-1　联合国国际标准产业分类体系（ISIC）对非营利组织的分类

类　别	具体内容
第一，教育类	包括小学教育、中学教育、大学教育、成人教育等
第二，医疗和社会工作类	包括医疗保健、兽医、社会工作等
第三，其他社区社会和个人服务类	包括环境卫生、商会和行业协会、工会、娱乐组织、图书馆、新闻机构、博物馆及文化机构、运动与休闲等

资料来源：参阅邓国胜《非营利组织评估》，社会科学文献出版社，2001，第5页。

　　第二类，美国约翰·霍布金斯大学课题组在其非营利组织国际比较研究中将民间组织（即本书所谓的现代社会组织）分为12组共27个小类，具体请参阅表1-2。

表1-2　美国约翰·霍布金斯大学对民间组织的分类

组　别	小　类
第一组：文化和娱乐	文化和艺术
	体育
	其他娱乐和社交俱乐部
第二组：教育和研究	初等教育和中等教育
	高等教育
	其他教育
	研究
第三组：卫生保健	医院和康复中心
	护理中心
	心理健康和危机干预
	其他卫生保健服务
第四组：社会服务	社会服务
	应急和救济
	收入支持和维持
第五组：环境	环境
	动物保护
第六组：发展和住宅	经济、社会和社区发展
	住宅
	就业和培训

续表

组　别	小　类
第七组：法律、倡导和政治	公民和倡导性组织
	诉讼和法律服务
	政治组织
第八组：慈善中介和志愿促进	慈善中介和志愿促进组织
第九组：国际	国际交流和援助组织
第十组：宗教	宗教团体
第十一组：商业和职业协会、工会	行业协会、学会
第十二组：其他组织	其他

资料来源：根据王名、刘培峰等《民间组织通论》，时事出版社，2004，第18～19页和邓国胜《非营利组织评估》，社会科学文献出版社，2001，第6页制作。

从一定程度上来说，这两种分类主要是针对西方发达国家的基本情况所进行的分类，因为诸如教育、科学研究等方面的单位在我国大多数属于事业单位，不是现代社会组织。

国内学术界也有各种不同的分类。

现阶段我国政府管理部门将现代社会组织分为三大类。第一，社会团体，即"中国公民自愿组成，为实现会员共同意愿，按照其章程开展活动的非营利性社会组织"。其主要的法律规范是《社会团体登记管理条例》（1998年）。第二，民办非企业单位，即"企业事业单位、社会团体和其他社会力量以及公民个人利用非国有资产举办的，从事非营利性社会服务活动的社会组织"。其主要的法律规范是《民办非企业单位登记管理暂行条例》（1998年）。第三，公益基金会，即"利用自然人、法人或者其他组织捐赠的财产，以从事公益事业为目的"而设立的"非营利性法人"。[①]其主要的法律规范是《基金会管理条例》（2004年）。这是我国官方对现代社会组织的分类。除了官方的分类，很多学者以不同的标准，从不同的角度对现代社会组织进行了分类。

按照组织的宗旨是公益还是互益，现代社会组织可以分为公益性组织和成员性利益维护组织（互益性组织）。秦晖指出："当今世界上第三部门运动基本上是两类组织的整合：一类是成员利益维护组

① 俞可平：《中国公民社会的制度环境》，北京大学出版社，2006，第7页。

织，例如各种行业组织，像工会、农会、行会、商会之类，以及各种社区组织、消费者组织等等。这类组织的起源较早，早在人们不知第三部门为何物的历史时期就已经有了。"这类组织的宗旨是为了维护其成员的利益，所以它并非纯粹的公益性组织。但是"一般地说，这类民间结社是现代第三部门的历史渊源，如今也是广义第三部门的重要组成部分"。虽然该类组织的宗旨并非纯粹公益，但它也并非营利性的市场组织，而是为一部分人的"公共利益"服务，所以也应该归入宽泛意义上的现代社会组织。"另一类是纯粹公益性志愿者组织，有的学者称为非成员的志愿公益组织。所谓'非成员'不是说没有成员，而是说它追求的目标，或者提供的公共物品并非全由成员内部享受，而是更广意义的公共利益。这方面的例子包括环保组织、人权组织、妇女权益保护组织、少数民族权益保护组织，以及形形色色的扶贫、慈善、公益基金、发展促进、文化交流组织，等等。这类组织可以说是现代所谓第三部门的核心，也可以说是狭义第三部门。"① 王名等著的《中国社团改革——从政府选择到社会选择》② 一书则按照是否有会员和是公益还是互益进行排列组合（如表 1 - 3 所示）。

表 1 - 3　中国社团的分类

	无会员	有会员
互益	—	会员互益型组织
公益	运作型组织	中间型（会员公益型）组织

排列组合得出运作型组织、会员互益型组织和中间型（会员公益型）组织三类组织，这种分类补充了公益和互益的分类方法。

王名、贾西津则建议，我们可以参照美国的做法，将中国的民间组织分为人民团体、转型中的事业单位、会员制互益型组织、公益型组织、未登记或转登记团体五大类，具体参阅图 1 -1。

---

① 引文均出自秦晖《变革之道》，郑州大学出版社，2007，第 8 页。
② 王名、刘国翰、何建宇：《中国社会改革——从政府选择到社会选择》，社会科学文献出版社，2001，第 18 页。

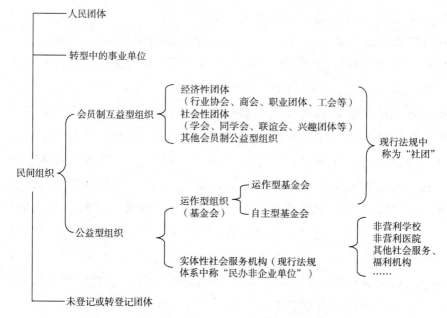

图1-1　王名、贾西津对中国民间组织的分类

资料来源：黄晓勇主编《中国民间组织报告（2008）》，社会科学文献出版社，2008，第61页。

除此之外，关于现代社会组织的分类，俞可平先生曾经做了一个列举：根据组织的法定目标，现代社会组织可以分为互益型组织、运作型组织和会员公益型组织三类；根据组织的管理形式，现代社会组织可以分为有业务主管单位的社会组织、无业务主管单位的社会组织和业务主管单位不明确的社会组织三类；根据是否实行会员制，现代社会组织可以分为会员制组织和非会员制组织两类；根据组织结构的松紧程度，现代社会组织可以分为松散型组织、紧密型组织、金字塔型组织、网络型组织等；根据组织的服务对象，现代社会组织可以分为公益型组织和互益型组织。[①]

根据不同的标准，现代社会组织可以做不同的分类，上述几种分类是学术界较为常见的，也是较为经典的。本书之所以罗列学术界的分类情况，主要是想进一步明确现代社会组织概念的内涵，上述罗列已基本上达到了这一目的，所以，这里笔者也没有必要再重新给出一种分类方法，且

①　参见俞可平《中国公民社会的制度环境》，北京大学出版社，2006，第8页。俞可平的原文中并没有使用公民社会组织这个概念，而是使用了社团组织、民间组织等概念，笔者这里主要是综述其观点，所以没有严格按照俞可平先生的原文来引用。

这样做也难免存在画蛇添足、狗尾续貂之嫌。

（五）现代社会组织的功能

从上述的分类也可以看出，现代社会组织所涵盖的内容极其庞杂，几乎涉及日常生活的所有方面，每类组织都有其独特的功能，要想概括现代社会组织的一般功能还真不是一件容易的事，学界也有一些学者进行过归纳，但彼此之间的归纳并不统一，这源于现代社会组织的功能太过庞杂。这里笔者尝试着在学界已有归纳的基础上，分领域介绍现代社会组织的功能。

第一，现代社会组织的政治功能。现代社会组织是非政府组织，不具有直接的政治功能，但它发挥重要的间接政治功能，主要包括如下等方面。①制约权力。缺乏制约的权力是洪水猛兽，现代政治文明的重要表现之一就是将权力"装进笼子里"，而制约权力有多重途径，现代社会组织是制约权力的重要途径之一，它属于"社会制约权力"的范畴，它可以通过媒体、舆论等民间公共领域监督、批评公共权力的乱作为、不作为等现象。②提高政府效率。可以通过政府向社会组织购买公共服务的途径，为公共产品提供引入竞争机制，以提高效率，降低成本，这一过程有助于为政府"瘦身"，让政府从琐碎事务中抽身出来，而成为公共服务购买者、公共服务质量验收者，也有助于政府专心于政策制定，以提高政策水平。③促进民众的政治参与。民众参与的广度与热度是衡量一个国家政治文明程度的重要标准，但民众的参与需要有一定的组织性，现代社会组织是组织民众参与公共事务的重要途径，它有助于培养人们关注公共事务的习惯，也有助于让人们学会如何参与公共事务。④提高政府决策科学化。一些现代社会组织的专业化水准很高，其构成人员多为某一领域的专家学者，对于一些社会现实问题，他们有着比政府还要高的敏感度，他们的建议和意见有助于促进政府决策科学化，或者降低政策失误的可能性。比如像绿色之友这样的环保组织，能够快速行动，制止个别地方破坏生态环境的政策出台，还可以通过它的影响力向上级部门反映问题，以给地方政府施加压力，促使其放弃破坏生态的举措。⑤维护公民权利。公权力是强势方，而单个公民是弱势方，尤其在单个公民面对公权力的时候，更是如此。现代社会组织能够发挥组织的作用，增强弱者的力量，以降低政府侵犯公民私权利的可能性，等等。

第二，现代社会组织的经济功能。现代社会组织是非营利组织，不以营利为目的，但它对市场经济的健康发展发挥着重要的作用。①实现行业自律。追求利益最大化是市场主体最大的冲动，但这一冲动需要规范，以使其不违反社会的道德、法律。在这方面，政府固然要承担起监管的职责，但市场组织的自律功能也是非常重要的，行业协会、商会等市场组织在规范本行业发展、制定本行业标准等方面发挥着重要的作用，有时候，这类组织的功能可以弥补政府监管的漏洞与不足。②降低交易成本。交易成本是交易过程中所付出的成本和代价，它包括信息搜寻成本、议价成本、决策成本、违约成本等方面，市场组织能在这些方面发挥积极作用，可以为企业提供交往平台和信息，增进了解与互信，降低交易费用，维护企业利益。③服务企业。行业协会、商会属于会员组织，其主要职能就是服务会员，为企业提供相关信息；为企业间的交流提供平台；协调企业间的利益关系；与政府沟通，在政府决策中保护本行业利益；为企业拓展业务提供服务；等等。④维护本行业整体利益。具体的企业只关注本企业的利益，很少关注涉及本行业整体利益的"公共性问题"，而"公共性问题"也涉及具体企业的利益，有时候还会给企业造成相当大的损失。市场的行业组织有助于解决这种"公共性困境"，组织所着眼的是整个行业的健康发展，比如一些地方的农业协会在促进本地农业发展的过程中就发挥了重要的作用。①

第三，现代社会组织的社会功能。①弥补政府和市场的不足。现代社会组织可以弥补"政府失灵"和"市场失灵"（下文有详细介绍），能在政府力不从心、市场又不愿做的公共服务领域发挥拾遗补阙的重要作用，承担社会治理功能，推动公众参与，实现社会价值；促进社会互动，化解社会矛盾；保障自由结社，推进社会民主进程。② ②扶贫济困。大量的慈善组织本身就是关注贫困问题的，它们可以整合社会的人力、物力等资源，以关注弱势群体。一方面，它们通过各种慈善性、公益性的募捐活动筹集善款和吸纳各种社会捐赠，从而动员社会的慈善捐赠资源；另一方

---

① 参阅孔祥智、史冰清、钟真《中国农民专业合作社运行机制与社会效应研究——百社千户调查》，中国农业出版社，2012。

② 王名主编《社会组织概论》，中国社会出版社，2010，第23页。

面，发动来自社会各个方面的志愿者参与到各种慈善公益活动或互助公益活动中，从而动员社会的志愿服务资源。① 参与"5·12"汶川地震、玉树地震等重大自然灾害救助的民间组织就是现代社会组织扶贫济困的表现，单个的组织虽然力量单薄，但这些单薄的力量汇集起来将是一股巨大的社会"正能量"。③充当利益表达机制。一个社会应该有健全的利益表达渠道，现代社会组织本身就是一种利益表达机制，它是一些群体的利益代表，可以代表本群体在政府决策时表达自己的利益；可以在本群体利益受损时代表本群体维护自己的利益；可以在与资方谈判时利用组织的力量扩大声音，给资方施加压力；等等。④提高社会认同感。从共同体本位的社会状态走向个体本位的社会状态是现代化的必然趋势，但个体本位的一个重要弊端就是缺乏社会认同，社会逐渐呈现为一盘散沙的状态，每个人只顾自己的私人领域，自己的亲人、朋友构成了他的世界。社会组织的活动有助于人们走出自己的世界，增加与陌生人交往的机会，提高对主流价值观念的认同感。⑤维护社会公正。具体请参加本书第四章第四节。

第四，现代社会组织的文化功能。文化是人类生活方式沉淀的结果，有什么样的生活方式就有什么样的文化，参与现代社会组织有助于培育公民的现代观念。①催生权利意识。请参阅本书第三章第三节。②催生公共精神。请参阅本书第三章第四节。③丰富文化生活。随着生产效率的提升和社会文明的进步，人们的闲暇时光增多了，如何让闲暇时光过得更加有意义已经成为一个重要的时代课题。现代社会组织在丰富文化生活方面大有可为，尤其是娱乐性的社会组织，比如登山协会、钓鱼协会、游泳协会、民间歌唱团等，这些组织让人们走出房门，走向大自然，在自然中陶冶情操、强健身心。④促进科学研究。大量的学会、研究会等民间学术研究组织在促进科学研究、科学协作、资料搜集、学术交流等方面发挥着重要的作用。这些研究机构有社会科学类的，也有自然科学类的，是促进科学研究的重要力量。⑤丰富社会交往。人是社会性的动物，需要与他人交流思想、观点和情感。现代社会组织是扩大交际圈的重要途径，虽然大多数的现代社会组织并非交际类的组织，但交际是任何一个组织做好自己事情的基础，人们在参与组织的过程中，会结交一些志同道合的朋友，扩大

---

① 王名主编《社会组织概论》，中国社会出版社，2010，第 21 页。

自己的交际范围。

第五，现代社会组织的协调功能。①协调诸领域之间的关系。经济与政治、经济与社会、政治与社会、经济与文化、文化与社会、政治与文化等领域之间是密切联系的，现代社会组织在协调诸领域之间的关系上发挥一定的作用，比如行业协会、商会等市场类的组织能够将本行业的利益诉求传达给政治系统，也能够将政治系统的信息传达给本行业；慈善社团、慈善基金会则可以将经济领域的财富转移到社会建设领域；等等。②协调人与自然的关系。环保类的民间组织在这方面发挥重要的作用，其发挥作用的途径可以归纳为三类：首先，直接开展生态保护活动。其次，通过向政府施压、向政府提建议等方式促进政府生态决策的科学化、合理化。最后，宣传环保理念，推广环保教育，倡导环保生活方式，等等。③协调不同群体之间的关系。社会阶层的分化是现代化的历史必然，但各阶层之间应该相互了解、沟通和流动，以免阶层固化，彼此缺乏了解，甚至心存不满。现代社会组织是增进阶层之间相互了解的平台。比如福建晋江市民营企业主通过晋江市慈善总会所提供的平台，深入贫困户家中慰问，并发放慰问金，了解到了晋江市贫困人口的生活状况，激发了民营企业主的慈善心，同时这一活动也增进了弱势群体对企业家群体的理解，避免仇富情绪的出现。晋江市慈善总会仅仅是诸多现代社会组织中的一个。④协调人际关系。随着我国社会转型的进一步深化，个体主义倾向日益明显，人们各自埋头于自己的工作，工作之余则"宅"在自己的私人空间，人与人之间缺乏沟通与了解，这导致社会缺乏整合、凝聚力下降、社会认同薄弱等问题。现代社会组织让人们走出自己的"宅"，让人们在积极参与社会公益事业的同时结识更多的朋友，更多地进行各种交流，增进彼此之间的了解，形成健全、乐观、积极向上的人格。

二　现代社会组织的政治哲学基础

关于现代社会组织的研究，很多论者将学术旨趣投向对社团组织的实证考察。就目前中国的现状来看，这种研究路向确属必须。但对于一个新理论，我们的研究如果仅仅囿于实证考察，而搁置对形上依托的探究，这将不利于对该理论的深入研究。另外，对现代社会组织哲学基础研究的尚付阙如也不利于对整个理论系统的透彻理解，而在没有透彻理解的情况下就急于将所有的精力放在实证研究上也不利于实证研究的深入。目前为数不多的关于现代社会组织哲学基础的探讨文章已经涉及自由主义，但很少有人将共和主义也视为公民社会的哲学基础之一。笔者认为单纯的自由主义公民社会观和单纯的共和主义公民社会观都存有流弊，真正契合现时代特征的公民社会应该是这两种"主义"有机结合来作为形上依托的公民社会。

（一）自由主义市民社会观

自由主义政治哲学是历史悠久且一再激发人类想象力的思潮，这一具有恒久诱惑力的观念可以追溯到古代的斯多葛学派，不过自由主义作为一门成熟的、重要的政治哲学而登上学术舞台则是近代以降的事情。霍布斯、洛克等人的自然法理论是近代自由主义的滥觞，他们以天赋人权为基础论证个体的权利，进而演绎出近代逻辑严密的资产阶级自由主义政治思想。自由主义政治哲学说到底是公民和政府之间关系的理论，它的核心主张包括：人生而具有诸种基本权利，自由、平等等权利是天赋的、任何人无权剥夺的人权；个人主义，即个体是实在的，是理性人的旨归所在，群体则是虚妄的，是实现个体目的的手段；私人领域神圣不可侵犯，即对人来说，私人领域是最重要的领域，公共权力领域严禁僭越其边界而干预私人领域，不仅如此，公共权力领域存在的意义就是为了保护个人的私人领域；小政府、大社会的社会格局中，政府仅仅是市场的"守夜人"，除了完成提供社会秩序等公共产品的任务之外，严禁扩张其势力范围；等等。

这种张扬个人主体意识的政治哲学的兴起深深植根于近代的社会变迁，近代以来，资本主义生产方式的产生循序推动了社会生产力的发展，资本追求利润的逻辑驱使资产阶级奔走呼号于世界各地，"一切固定的僵化的关系以及与之相适应的素被尊崇的观念和见解都被消除了，一切新形成的关系等不到固定下来就陈旧了。一切等级的和固定的东西都烟消云散了，一切神圣的东西都被亵渎了"。① 资本的巨大力量摧毁了封建中世纪的

---

① 《马克思恩格斯选集》第1卷，人民出版社，1995，第275页。

一元化社会，资产阶级和市场经济的壮大逐渐塑造了一个强大的市民社会，① 而这也导致了国家与社会的分离。政治国家和市民社会的分离是现代社会的一个基本特征，也是近代自由主义产生的现实基础。自由主义市民社会观的现实基础就是典型的政治国家与社会二分的社会模式，持这种观点的代表人物就是黑格尔。在黑格尔之前，政治国家和社会虽然在事实上已经渐行分开，但并没有为人们所自觉，包括霍布斯、洛克在内的近代政治思想家的著作中，公民社会这一概念仍然是指与自然状态相对立的存有政府的社会状态，这一观念继承自古罗马的西塞罗。黑格尔第一次明确阐述了市民社会与政治国家的分离，他指出，市民社会就是"各个成员作为独立的单个人的联合"，② 在这里，自由主义的个人主义理念得到了明确的表述。虽然黑格尔已经阐述了摆脱政治国家的市民社会，但在黑格尔看来，这种由独立的、特殊的、都在追求着自己利益的个体人组成的"联合体"并不具备普遍性，这种社会状态仅仅处在社会发展的一个过渡性的环节上，它必然为具备更高普遍性的国家所替代，所以在黑格尔那里，政治国家高于市民社会。马克思批判地继承了黑格尔关于市民社会的思想，认为市民社会是私人利益的体系，或者是特殊的私人利益关系的总和，它包括处在政治国家之外的社会生活的一切领域，实质上是一种非政治性的社会。③ 马克思不仅继承了这种二分法的市民社会理论，而且还颠覆了黑格尔关于市民社会与政治国家的关系，认定市民社会决定政治国家，而不是政治国家决定市民社会。另外潘恩等近代著名的思想家也都持这种二分法的自由主义市民社会观。

自由主义市民社会论者认为，市民社会就是个人自由的结果：第一，市民社会就是私人领域。与市民社会相对应的政治国家是公共领域，由传统社会向资本主义社会的变迁在一定程度上就是公共领域和私人领域的边界日渐明晰的过程。而且公共领域对于私人领域的干预越来越被证明为非法，公共权力的"势力范围"越来越被严格设定。第二，市民社会意味着个体的自由。在这个领域里面，私法自治精神是主导精神，私法自治的基本原则（即协议）就是法律，凡是法律没有禁止的都是允许的。交易双方

---

① 学界习惯于将这个时期的公民社会称作市民社会，这里我们也采用这个名称。
② 黑格尔：《法哲学原理》，范扬、张企泰译，商务印书馆，1961，第174页。
③ 何增科：《公民社会与民主治理》，中央编译出版社，2007，第10页。

只要认同交易的条件，交易对于双方来说就是法律。只要不违背法律，人们可以依自己的自由意志而行动。第三，共同体本位的社会向个体本位的社会转变。前资本主义时代是一个共同体本位的社会，在这样的社会里，个体依附于共同体，共同体湮没个体，个体没有觉醒的主体意识。而现代社会市场经济的核心理念就是自主经营、自负盈亏，经济领域的事情是私人领域的事情，自然都由私人做主，市场经济的"自主"践履引发了个体主体意识的觉醒。对于自己的私人事情，人们学会了独立自主，也学会了抵制公共权力的置喙。人们不再依附于某种外在的权威，也不再将自己湮没在某种共同体当中，而成为依赖自己存在的独立个体。第四，有限理性理念的张扬，强调社会的自发秩序。诚如被称为新保守主义大师的哈耶克所言，人类的理性并非乐观主义者所想象的那样，人类对于自己的无知太"无知"了。"'理性时代'导致的政治后果之所以是不幸的，乃是因为它致使一些人相信人之理性创造了社会，进而人也因此有能力依照其有意识的设计去改造和革新社会，甚至导引人们推进革命政治。"[①] 人类的理性不仅不能改变社会的"自生自发"秩序，而且面对社会这一"自生自发"的秩序，人类的理性只会相形见绌，不可能人为"改善"社会现实，所以政府不应过多干预经济和社会，而应该做好"守夜人"的基本职分。以上诸论归结为一点，即自由主义公民社会是与国家相对的领域，是以市场为主的领域，它强调市民社会的私人性并重点强调市民社会与公共权力领域的分离和对公共权力的抵制与监控。

（二）共和主义公民社会观

自由主义是政治现代性的主要标志之一，但是正如现代性暴露出了众多问题一样，自由主义也引致诸多非议，比如自由主义的个人主义在当代引发了人与人交往的缺失、生存状态的孤立。"普特南看来，个人的原子化状态背离了西方社会，尤其是美国的互助的共同体传统，造成了美国'社会资本'的衰落。"[②] 托克维尔时代的美国人对公共事务的热情被个人

① 邓正来：《自由主义社会理论——解读哈耶克〈自有秩序远离〉》，山东人民出版社，2003，第 70 页。

② 杨雪冬：《社会资本：对一种新解释范式的探索》，载李惠斌、杨雪冬主编《社会资本与社会发展》，社会科学文献出版社，2000，第 28 页。

主义冰水所冲淡，人们不再豪情万丈地关注公共事务，而是将更多的注意力缩回到自己的私人领域。这导致了普特南所谓的"社会资本"的下降，使美国人从积极参与社团活动的人"堕落"到现在的"独自打保龄球"的孤独个人。理论的发展逻辑诚如我国思想家梁启超所说："大抵甲派至全盛时必有流弊；有流弊斯有反动，而乙派与之代兴；乙派之由盛而弊而反动亦然。然每经一度之反动再兴，则其派之内容，必革新焉而有以异乎其前……"① 自由主义在当代的流弊必然会导致与它相对的另一派理论的重新中兴，因此共和主义在当代的复兴并非个别学者的空穴来风，而是深深植根于社会现实。但共和主义的复兴不可能原原本本地复兴古典共和主义，古典共和主义虽然可以弥补自由主义的"流弊"，但它毕竟是古代社会的意识形态，很多内容对于当代必然是不合时宜的，所以共和主义在当代的复兴必然会"革新焉而有以异乎其前"，这就是现代的共和主义的形成。

古典共和主义认为，表现人的本质特性的领域不是私人领域，而是公共领域，因为在私人领域中，人受需要的支配，也就是受必然性的支配，人的生活不可能是自由的；相反，只有公共领域才是自由的领域，真正的人应该走向公共领域，在公共领域中表现自己的德性，追求伟大的荣誉，积极参与公共事务才是人的自由的伟大事业。如果站在近代自由主义的立场来看，古典共和主义是一种强调共同体，而抹杀个体独立地位的哲学，这是一种近代思想所无法忍受的政治哲学，所以古典共和主义对美德的崇尚在近代甚至早在古罗马衰亡之时就开始式微了，近代自由主义对私人领域的热切关怀开始逐渐生成并取代古典共和主义。

当代政治国家—市场—公民社会三分法的公民社会观具有一定的共和主义色彩，这种三分法的公民社会主要是一些参与公共事业的非政府、非营利、志愿性的社团组织，在一定程度上这是一个强调公民对公共事业积极参与的领域。这种公民社会观可以细化为如下几个方面：第一，公民应该是热心于公共事业的人。与自由主义公民社会观只关注个体人的私人领域相反，共和主义公民社会观非常重视公民对公共事业的参与，阿伦特指出，"人必须共同生活在一起"。孤立地"劳动"只能算作被必然支配的行

---

① 梁启超：《中国现代学术经典——梁启超卷》，河北教育出版社，1996，第131页。

为，是动物的行为，"唯有行动才是专属于人的特权"，"也唯有行动才完完全全地依赖于其他人的恒久在场"。① 这里的"劳动"并非马克思所谓的能体现人的本质的实践活动，而只是被必然性支配的行为，是不自由的行为，只有"行动"才是真正的人的行为、自由的行为，而行动需要他人"恒久在场"，他人的在场也就是公共领域，即"行动"实际上就是公共领域中的实践，所以积极参与公共领域是人的最重要的活动。第二，私人领域是手段，公共领域是目的。对于自由主义者来说，公共领域的存在并非人的行为的价值旨归，而只是实现私人权利、维护私人自由的手段，私人领域才是人的最重要的领域，是个人的目的。而共和主义则相反，认为私人领域只是公民参与公共领域这一"高尚"行为的基础，参与公共领域才是人的行为的价值所在。阿伦特非常认可古希腊的城邦生活，认为"对家庭内部生活需要的驾驭乃是城邦自由的先决条件"。② 家庭这一私人领域是受必然性支配的领域，是没有自由的领域，而只有城邦才是自由的场所。家庭生活这一私人领域的存在是为了能够在公共场所中表现高尚的道德和超强的才能。第三，三分法的公民社会观与二分法的市民社会观已经有了较大的差别，二分法的市民社会观强调要清晰划定公共领域和私人领域的界限，而且强调公共权力对于私人权利的手段性。而三分法的公民社会观已经将作为私人领域的市场排除在外，不再是一个私人领域，而是一个公共领域。现代大多数公民社会论者都认可志愿性社团作为现代公民社会的重要结构性要素，③ 甚至有的论者将志愿性社团和公民社会画等号，而志愿性社团主要是一种以公益为目的的民间组织，公益也就是对公共事业的关注。如果将花谁的钱、办谁的事进行排列组合，我们可以得出如下四种排列组合：花公家的钱办公家的事是政府行为，用纳税人的钱为纳税人提供公共物品；花公家的钱办私人的事情是以权谋私的腐败行为；花私人的钱办私人的事情是市场行为，自己花钱买的东西是自己的私人物品；花私人的钱办公家的事是公益行为。这里的钱可以理解为各种资源的总称，公

---

① 〔美〕汉娜·阿伦特：《公共领域和私人领域》，刘锋译，载汪晖、陈燕谷主编《文化与公共性》，三联书店，2005，第57～58页。

② 〔美〕汉娜·阿伦特：《公共领域和私人领域》，刘锋译，载汪晖、陈燕谷主编《文化与公共性》，三联书店，2005，第63～64页。

③ 何增科：《公民社会与民主治理》，中央编译出版社，2007，第1～2页。

益行为不一定都奉献金钱，奉献时间、精力都是公益行为。按照古典政治经济学"理性人"假设，公益行为是没有可能性的，但现实中这种行为的存在是确凿无疑的。这就证明了"经济学帝国主义"的破产，最起码在解释公益行为上的破产。积极参与公益事业体现了对公共事业的热心参与，是共和主义积极公民观的体现。

（三）自由主义和共和主义之间的当代公民社会

应该说，三分法的公民社会确实体现了共和主义的一些特征，但是作为现代社会重要体现的公民社会不可能超越现代性核心理念——自由主义。所以公民社会的哲学基础不应该仅仅是自由主义，也不应该仅仅是共和主义，而应该是自由主义和共和主义的杂糅。

共和主义和自由主义是冰火不相容的两种政治哲学，二者看似根本无法糅合在一起。但正如前文征引梁启超先生所讲，这两种理论的弊端已经都充分暴露出来了，共和主义尤其是古典共和主义对公共领域的过度强调和对私人领域的蔑视早已不合时宜了，在自由主义已经成为人们日常生活自在理念的时候，共和主义的很多因素很难进入人们的日常观念。自由主义自从启蒙运动以来已经发展得相当充分，其固有的弊端也已经比较充分地暴露出来，虽然新自由主义等学派也试图修正自由主义的一些不足，但其固有的个体本位理念不可能被放弃。所以，从这两个相互对立派别的彼此兴衰消长中可以看出，双方的长处对对方的弊端都具有补救意义。双方如果能够相互汲取对方的长处，彼此将都能得到理论上的发展。实际上共和主义和自由主义也是这样做的，古典共和主义向现代共和主义的转变过程中就吸收了自由主义的一些现代文明成分，而自由主义则在一定程度上也试图吸收共和主义的某些思想。所以现代社会组织的政治哲学基础应该既包括自由主义，也包括共和主义，既有维护私人权利的意识，也有积极参与公共事务的精神，这才是健康的现代现代社会组织。

从微观层次讲，公民社会应该具备共和主义精神。现代公民应该既具备觉醒的、强烈的权利意识和主体观念，又具备热心公共事务、积极参与公共领域的责任意识和公共精神。自我主体意识的充分觉醒与积极参与公共事务的公共精神的有机结合是现代公民所应该具备的基本素养。但是不可否认，自由主义、个人主义这些彰显现代性要素的理念已经充斥现代社会，人们更多的是注重私人世界的丰富和充实，较少关心公共领域。主体的觉醒展示了现代性的魅力，但原本具备张力平衡性的积极自由和消极自由在失去积极自由这一支撑的时候必会导致社会的失衡，自由主义在当代所造成的个体原子主义的极度扩张就是这一失衡的表现。普特南等社会资本论者从社会资本的角度已经觉察到当代美国原子主义所导致的问题了，曾经的美国是一个积极自由和消极自由平衡共存的社会，一方面人们积极地去追求权利、个性和私人领域，另一方面人们也不忘自己所应承担的社会责任，积极参与公共事务。比如当时美国富人对穷人拥有强烈的责任感就体现了对公益的热心，"富人的责任是：树立一种简朴、不事张扬的生活方式的榜样，避免炫耀奢华；满足他的家属恰如其分的合理的需求；在完成这一任务后，应该把其余所有的财富都视为别人委托自己管理的信托基金，并且负有不可推卸的责任把这笔钱用于他经过深思熟虑，断定能够对全社会产生最佳效果的事业。这样一来，富人就成为他的穷苦兄弟的经纪人，以自己高超的智慧、经验和经营才能为他们服务"。① 他们甚至认为，自己的财富是整个社会委托给自己管理的东西，"人只是受托管理着上帝恩赐给他的财产，他必须象寓言中的仆人那样，对托付给他的每一个便士都有所交待。因此，仅仅为了个人自己的享受而不是为了上帝的荣耀而花费这笔财产的任何一部分至少也是非常危险的"。② 虽然在这一代美国人当中公益的观点更多的是在虔诚的宗教情感支配下而形成的，但不可否认，自由主义、个人主义理念并非和积极参与公益活动的精神不能同处一体。而且正是这种热心公益事业的共和主义公民观的引入使得当代自由主义消极公民观的流弊得到了纠正。就其伦理视域而言，共和主义强调公民美德的培养，美德就其核心而言不仅仅是符合道德规范的底线，更是高于底线道德。如果说道德底线是一种"不善也不恶"的中性状态，那么美德之善则强调要高于中性状态，要达到或超越中线道德甚至高线道德，追求卓越。也就是说，人们在道德行为中不能只做到"不损人"的"利己"，而且还要做到"利他"，"利他"的行为又可以分为两种："利己"的"利

---

① 资中筠：《财富的归宿——美国现代公益基金会述评》，上海人民出版社，2006，第267页。

② 〔德〕马克斯·韦伯：《新教伦理与资本主义精神》，于晓、陈维纲等译，三联书店，1987，第133页。

他"和"损己"的"利他"。真正的德性不仅包括"利己"的"利他",也包括一定程度的"损己"的"利他",参与公益事业在一定程度上就是一种"损己"的"利他",因为要花费自己的时间和精力乃至金钱。自由主义道德强调的是消极的道德,即只要个体不触及或突破道德底线就行了,虽然在自由主义占主导地位的社会中不乏彰显美德之士,但就整体而言自由主义更多的是强调权利,强调在"不损人"基础上的"利己",而当代自由主义流弊之根源就是这种只顾"利己"的个人主义发展到了极端。由这种自由主义支撑的公民观是一种消极公民观,它重点强调严格规制公共权力以免公共权力超越界限而非法干预私人领域,但公民是否积极参与公共事务则是公民自身的权利,他人无权干涉。这种消极的公民观不利于公民社会的发展,公民社会需要热心参与公共事务的积极公民。共和主义的引入对于校正自由主义之弊,引导公民积极参与公共事务具有切中肯綮的救治意义。

从宏观的社会结构来说,公民社会应该是与政治国家相对应的领域,这是自由主义公民社会观。宏观的社会发展格局必然是政治国家—市场—公民社会相分离的格局,在这个大格局中,小政府、大社会必然是社会的发展趋势,在这一趋势基础上严格划定公共权力的界限,严格监督权力,避免其对界限的僭越。对于私人领域的事情,公共权力不得染指。在这个层面上,古典共和主义重视公共领域、轻视私人领域——柏拉图甚至消灭了私人领域——的主张显然已经不合时宜了。所以宏观方面是自由主义在起作用,清晰界分公共领域,"凯撒的归凯撒,上帝的归上帝"。而在微观层面,即具体到每个公民社团或者每个公民的时候,则更多地体现共和主义的公民观:人的自我价值的实现不仅仅在于自我利益的追求,更多的是对社会的奉献,是对社会公共事务的积极参与,是对自我崇高德行的强调。只有在帮助他人的过程中,个人才是幸福的。这是以强调权利、自由为主要特征的消极公民观和以强调积极参与公共事务的责任为主要特征的积极公民观在当代的糅合,二者的真正糅合只有在经历了古典共和主义—扬弃古典共和主义—形成自由主义—扬弃自由主义这样一个黑格尔式的"正"—"反"—"合"的深刻过程才能完成。这样的现代公民在扬弃自由主义的同时已经具备了较高的权利、自由等基本的自由主义素养,在扬弃古典共和主义的同时已经具备了强烈的责任、义务意识。在面对公共权力时，这样的公民具备监督权力、维护私人权益的素养；在面对公共领域时，这样的公民能够积极参与公共事务，而不是仅仅沉浸于自我欢愉之中，这才是现代公民所应该具备的公民意识和基本素养。

在个体与共同体的关系上，共同体淹没个体的古典共和主义已经过时，那种缺乏个体主体性的古典共和主义在当代不可能复活，它已经没有存在的现实土壤了，即便在解释公民社会的哲学基础时离不开共和主义，那也是在个体私人领域得到充分保证的基础上来谈积极参与公共事务的。而自由主义弊端的充分暴露表明，单纯的自由主义也不可能独挑现代性的大梁。在个体和共同体的关系上，现代的公民社会应该生成个体和共同体的新关系：第一，在公民社会的共同体中，个体主体性的地位得到了充分的尊重，在参与共同体的活动中，个体的意志得到了充分的体现。能保证这一点的就是现代社会组织的志愿性，参与该组织不是出于某种强制，而是自我主体意愿的表达，组织的运行也本着民主、自由等原则。第二，在自愿基础上组织起来的现代社会组织虽然没有严格的等级依附，没有严格的控制，甚至很多组织显得有些松散，但是它们的共同体功能能够得到充分发挥，它们在处理各种公共事务时表现出了甚至连政府都不具备的优点。而且现代社会组织的功能更多的不仅仅是对公共事务的积极参与，而是社会认同的提升，是社会整合度的提高，是社会资本的积累，也是社会凝聚力的增强。

三 现代社会组织存在的必要性

现代社会组织是一种花费私人资源而成就公共利益的组织，这类组织的存在是否有其必然原因，也就是说，现代社会组织为什么会存在呢？因为按照古典政治经济学"理性人"假设，人是不会花自己的钱去成就公众的利益的。而且公共产品的提供是政府应该做的事，现代社会组织有必要再来提供公共产品吗？如果现代社会组织的行为仅仅是一种偶然的行为，是一时心血来潮的行为，那现代社会组织存在的必然性就是一个疑问了。所以梳理清楚这个问题是本研究得以深入开展的理论性前提。

（一）"市场失灵论"

市场不可能提供人们需要的所有产品，近代经济学家就已经意识到了这个问题，不过正式提出"市场失灵论"的是当代的一些经济学家，或者是公共管理学者。"市场失灵论"和后边探讨的"政府失灵论"都是为了探究社会需求的满足问题。社会需求是纷繁复杂的，但是就整体而言，社会应该具备满足人类所有这些需要的机制。主流经济学家认为市场是提供社会产品与服务的最佳场所，但是现实表明，"在某些情况下，市场并不能提供社会所需要的所有商品和服务，或者可能是以一种对整个社会产生不利影响的方式进行的"。① 这就是"市场失灵"。但"市场失灵"本身也是一个复杂的问题，需要分别予以区分界定。秦晖将失灵（包括"市场失灵"和"政府失灵"）分为"第一种失灵"和"第二种失灵"。② 我们这里就依照这两种失灵来阐释"市场失灵论"。

"第一种失灵"，即市场在提供公共物品上会失灵。秦晖指出："市场失灵（第一种失灵——笔者注）则通常指市场机制在提供公共物品上的失灵。这是由于公共物品具有'外部性'，回报与付出无法对应，如果靠利益驱动就会造成'搭便车'、'三个和尚没水吃'的困境。所以解决公共物品供给要'不找市场找市长'。这就是经典意义上的市场失灵。"③ 公共物品是与私人物品相对应的，"私人产品是谁付费谁享用。一旦某人按要求付费，即可通过交易过程实现其对该产品的所有权。非经物主许可任何人不得使用该物。而公共产品则有很大不同，所有使用者无论付费与否都可从中受益。它们具有'非排他性'，即如果向一个人提供，则所有人皆可享用。例如，灯塔不可能只供那些为该项服务付费的船只使用"。④ 市场的基本逻辑是追求利益最大化，而提供私人物品可以从中获利，所以私人物品一般都由市场来提供。公共物品的非排他性表明，市场主体是不愿意提供这种产品的。在这种情况下就会出现所谓的"搭便车"现象和"公共绿

---

① 〔澳〕欧文·E. 休斯：《公共管理导论》，彭和平、周明德、金竹青等译，中国人民大学出版社，2001，第113页。
② 秦晖：《变革之道》，郑州大学出版社，2007，第4页。
③ 秦晖：《变革之道》，郑州大学出版社，2007，第4页。
④ 〔澳〕欧文·E. 休斯：《公共管理导论》，彭和平、周明德、金竹青等译，中国人民大学出版社，2001，第114页。

地悲剧"，即总是希望别人花钱购买，自己坐享其成，最终导致公共产品提供不足。

"第二种失灵"，即市场在私人物品提供上的失灵。也就是说市场不仅在提供公共产品上无能为力，而且在部分私人产品的提供上也有失灵现象。秦晖指出："所谓第二种市场失灵指的是：市场不仅在提供公共物品上存在着失灵，在提供私人物品时，市场也有一些功能缺陷。例如主要由于市场经济条件下的信息不对称，消费者无法有效地识别商品品质，于是消费者权益保护就成了单靠市场不能解决的一个问题，需要'消费者协会'这类组织存在。亦即仅靠市场提供私人物品有时候也会失灵。"① 这一"市场失灵"具体表现在两个方面：首先，信息不对称导致"市场失灵"。市场理论假定，在充分的市场中，买卖双方的信息应该是完全的，如果一方没有获得信息，或信息不完全，尤其是当买方信息不完全的时候，市场无法达到最佳状态。② 信息不对称尤其是买方信息不完全容易导致欺诈行为，这使得消费者的一些需求得不到满足。信息的不对称引发了企业组织与消费者之间的信任断裂，在信任断裂而又信息短缺的情况下，如果服务是由营利性的企业来提供的话，它们很可能在利益最大化的驱使下，利用自己所掌握的信息比消费者所掌握的信息丰富的优势欺骗消费者。消费者因此对市场产生了不信任，面对大量坑、蒙、拐、骗等短期行为，人们不敢去购买产品，最终在提供私人物品和服务方面出现了"市场失灵"。而非营利组织不同于市场组织，它不是按照利益最大化的理性逻辑来运行，它的盈余也不在组织内分配，个人在这个过程中不能获得私利，所以它在运营过程中，没有欺骗消费者的动机，这使得人们在信息不完全的情况下对不以营利为目的的非营利组织所提供的产品产生了信任。其次，市场供求矛盾也可能导致"市场失灵"。市场的"供"和社会的"求"并不完全重合，市场只满足那些具有购买能力的人的需求，而穷人的需求往往被市场所忽视，在为这些人提供产品和服务方面，市场出现了失灵。③ 同时社会对一些高端产品（比如航天研究）的需求，市场也无法予以满足。这就

---

① 秦晖：《变革之道》，郑州大学出版社，2007，第4~5页。
② 〔澳〕欧文·E.休斯：《公共管理导论》，彭和平、周明德、金竹青等译，中国人民大学出版社，2001，第116页。
③ 参阅王名、刘培峰等《民间组织通论》，时事出版社，2004，第29页。

为现代社会组织的出现提供了需求前提。"市场失灵"还有一些表现，即休斯提出的"外在性"和"自然垄断"。[①] 但最能凸显现代社会组织必要性的主要是上述两点。从以上论述可以看出，市场无法提供公共产品，即便是在私人产品提供上，市场也无法完全覆盖人们的所有需要。市场无法提供公共产品为政府的存在提供了理由，而市场在提供私人物品上的失灵则为现代社会组织的存在提供了理由。

（二）"政府失灵论"

这里我们仍然采用秦晖先生的"第一种失灵"和"第二种失灵"的范式，阐释"政府失灵"的具体表现，并在阐述的过程中论证现代社会组织存在的必要性。

如前所述，市场是不提供公共产品的，所以，提供公共产品的任务就落到了政府的肩上，但是政府也并不能有效地提供所有的公共产品。在民主条件下，政府是由选民选出来的，它应该向选民负责，向纳税人征税，就应该向纳税人提供公共产品，但是选民、纳税人具有差异性，对社会公共产品的需求并不是同质的。政府所能提供的公共产品只能满足中层选民的需求，在社会中，一部分人对高端公共产品的需求得不到满足，而另一部分人的低端公共产品需求也得不到满足。也就是说，政府所提供的公共产品应该是面向所有社会成员且平等分配，但是社会成员中有一些特殊的群体（如残障人群），他们对公共产品有特殊的要求，政府所提供的公共产品在一定程度上有可能无法覆盖到这些特殊群体的需求，这就是在提供公共产品方面的"政府失灵"现象。"政府失灵"的表现很多，上面所举仅仅是一个例子而已。而且政府部门提供公共产品缺乏竞争，效率低下。王名先生将政府效率低下的表现归纳为三点：①政府部门垄断性地提供公共产品，缺乏市场式的竞争机制；②政府体系是一个庞大的科层体系，缺乏自主性、首创性、挑战性等激励动力，政府体系中个人的主动性和首创性容易被官僚体制所压制，而且政府组织行动需要一个周期，任何事情的处理都需要走官僚系统的程序，这就使得政府的效率不高；③科层体制容

---

① 〔澳〕欧文·E. 休斯：《公共管理导论》，彭和平、周明德、金竹青等译，中国人民大学出版社，2001，第116页。

易消减人们行动的热情，而这正是现代社会组织相比政府的优势所在。[①]
公共选择理论就是试图把市场的竞争机制引入公共产品提供领域，以提高
公共产品的提供效率。

发展中国家政府的财力不充足也会影响公共产品的提供。比如，处于
发展中国家行列的中国，其社会保障提供上的城乡差别，教育经费的投入
不足，弱势群体的低保、医保提供上的不充分等公共产品提供上的不充分
在很大程度上与政府财力有关。

总之，市场在私人物品提供上的失灵和政府在公共产品提供上的失灵
为现代社会组织的存在奠定了必然性根基，现代社会组织可以补充政府和
市场的不足，关注那些市场不愿管而政府又无力管的领域。所以现代社会
组织的存在是有其必然性的，是社会的需要。

第三节　社会和谐发展的已有理论资源考察及 对社会和谐发展的界定

社会和谐发展一直是人类的梦想，即便有些论者并不一定明确使用
"和谐"二字，但他们所探讨的社会理论也都将社会的和谐发展设定为自
己理论研究的预定目标。这就需要我们梳理传统的有关社会和谐发展的理
论资源，为本研究的深入开展提供理论借鉴，也为本研究提供理论基础，
因为每一项研究都是站立在前人研究的基础上进行的。

一　中国传统文化中的和谐思想梳理

中国传统文化中有着丰富的有关和谐的理论资源，我们将在这部分简
要梳理一下中国传统文化中有关和谐的理论资源，为本研究提供更加广阔
的理论基础。

"和谐"一词，原本用来描述音乐的优美，古代有"和六律以聪耳"[②]

---

①　王名、刘培峰等：《民间组织通论》，时事出版社，2004，第30~33页。
②　《国语·郑语》，《国语（下）》，上海古籍出版社，1978，第515页。

"八音克谐，无相夺伦"① 的说法。"和"与"谐"意思相近，都是协调、调和之意。二者连用，也就是协调、调和之意。在古代，"和"意指协调不同的人和事，并使它们达到均衡状态。比如"百姓昭明，协和万邦"，②"刚柔得适谓之和，反为为乖"，③ 都强调和谐适度。"和"与"谐"基本一致，"和，谐也"。④ 关于和谐，《周易》提出："乾道变化，各正性命，保合太和，乃利贞。"⑤ 大意是万物适应天道的变化而运行，保持着最和谐状态，才能顺利生存。具体来说，古代的和谐可以从如下几个方面来探讨。

（一）中庸之道

中庸这一概念最早见于《论语》，⑥ 乃道德境界高低的标准。孔子认为，他的学生中有些人性格言行上偏于极端，这就不是最高的道德境界。最高的道德境界应是中庸，即无过无不及的状态。孔子本身就是这种中庸之道的践履者，"温而厉，威而不猛，恭而安"⑦ 正是中庸之道的典范。《中庸》有言："喜怒哀乐之未发，谓之中；发而皆中节，谓之和。中也者，天下之大本也；和也者，天下之达道也。致中和，天地位焉，万物育焉。"⑧ 意即人的喜怒哀乐等各种情欲都有偏斜的倾向，都容易使人失却本性，没有表现出来的时候是"中"，表现出来而又中规中矩是"和"，这种"和"是天地各安其位，人人各司其职，社会井然有序，是一种和谐社会的理想。所以中和乃化育万物之源，乃天地和谐的根本。中庸体现在治国之道上即"张而不弛，文武弗能也；弛而不张，文武弗为也。一张一弛，文武之道也"。⑨ 意即，在治国之道上，张弛、宽严要有法度，也就是贯彻中庸的思想。董仲舒也极力推崇中庸思想，他说："夫德莫大于和，而道

---

① 《尚书·舜典》，李民译注《尚书译注》，上海古籍出版社，2004，第 19 页。
② 《尚书·尧典》，李民译注《尚书译注》，上海古籍出版社，2004，第 1 页。
③ 《新书·道术》，方向东译注《新书》，中华书局，2012，第 253 页。
④ 《广雅·释诂三》，（清）王念孙：《广雅疏证》，中华书局，1983，第 103 页。
⑤ 《周易·乾卦》，黄寿祺、张善文撰《周易译注》，上海古籍出版社，1989，第 6 页。
⑥ 葛荣晋：《中国哲学范畴通论》，首都师范大学出版社，2001，第 556 页。
⑦ 《论语·述而》，张燕婴注译《论语》，中华书局，2006，第 103 页。
⑧ 《中庸》第一章，《大学·中庸》，中华书局，2006，第 46 页。
⑨ 《礼记·杂记下》，王梦鸥注译《礼记今注今译》，新世界出版社，2011，第 375～376 页。

莫正于中。中者，天地之美达理也，圣人之所保守也。"① 和是德性的标准，中是儒家之道的最高境界，不仅如此，中还是圣人修身养性的根本。魏晋南北朝时期中庸思想吸收了道家"知足少欲"的成分，将无欲成分纳入中庸思想，隋唐佛学则又将中庸佛教化了。② 宋朝一些思想家则侧重从心性修养方面拓展中庸思想，重视守中和之心，养中和之气。朱熹从日常生活的角度解释"中庸"，朱熹的弟子陈淳对朱熹所理解的"中庸"作了如下解释："如父子之亲，君臣之义，夫妇之别，长幼之序，朋友之信，皆日用事，便是平常底道理，都无奇特底事。""凡日用间人所常行而不可废者，便是平常道理。惟平常，故万古常行而不可易。如五谷之食，布帛之衣，万古常不可改易，可食可服而不可厌者，无他，只是平常耳。"③ 中庸体现在日常生活之中，是不变的道理。程朱理学不仅从德性上讲中庸，而且还从心性的层面讲中和，他们延续并发展了前人的观点，认为"未发之中"为潜在的本性，是本然状态的天地之性；"已发之和"为现实作用，指喜怒哀乐之情不悖于理，把中和变成心性论的主观范畴，使之具有形而上学的性质。④ 思想家对中庸的研究、探讨与身体力行对整个社会中庸之道风气的养成起到了巨大的推进作用。中庸之道在一定程度上已经深入国民性格，已经植根于中国人的心灵深处。

（二）和而不同

古人给"和谐"以极高的评价，比如"礼之用，和为贵"。⑤ "天时不如地利，地利不如人和。"⑥ 程颐说："若至中和，则是达天理。"⑦ 认为明白了中和，就明白了天理。朱熹说："但能致中和于一身，则天下虽乱，而吾身之天地万物，不害为安泰；其不能者，天下虽治，而吾身之天地万物，不害为乖错。其间一家一国，莫不皆然，此又不可不知耳。"⑧ 认为只

---

① （汉）董仲舒：《春秋繁露·循天之道》，周桂钿译注《春秋繁露》，中华书局，2011，第207页。
② 参阅葛荣晋《中国哲学范畴通论》，首都师范大学出版社，2001，第572～573页。
③ （宋）陈淳：《北溪字义·中庸》，《北溪字义》，中华书局，1983，第48～49页。
④ 葛荣晋：《中国哲学范畴通论》，首都师范大学出版社，2001，第579页。
⑤ 《论语·学而》，张燕婴译注《论语》，中华书局，2006，第8页。
⑥ 《孟子·公孙丑下》，万丽华、蓝旭译注《孟子》，中华书局，2006，第76页。
⑦ （宋）朱熹编《河南程氏遗书》第1册，商务印书馆，1935，第177页。
⑧ （宋）朱熹：《朱子全书》，上海古籍出版社，2002，第560页。

要自身和谐，纵使外在世界再乱，自己也能够达到安泰状态；相反，如果自身不和谐，纵使外在世界再政通人和，自己也会"乖错"。但是古人所谓的和并非无差别的一致性，而是差异的协调。晏婴提出了和而不同的思想，和是相异事物的相互协调，只有相异（不同）才能达到和，就像君臣关系一样，"君所谓可而有否焉，臣献其否以成其可；君所谓否而有可焉，臣献其可以去其否，是以政平而不干，民无争心"。① 做君王的，只有经常听到不同的声音，这个国家才能够达到政通人和。"先王之济五味、和五声也，以平其心，成其政也。声亦如味，一气，二体，三类，四物，五声，六律，七音，八风，九歌，以相成也；清浊，小大，短长，徐疾，哀乐，刚柔，迟速，高下，出入，周疏，以相济也。君子听之，以平其心。心平德和。"这些话大体上是说，只有相互差异，事物才能和谐，和而不同也是先王成功的经验。在同一次谈话中晏婴还用生动的例子来解释"和而不同"，他说，用水、火、酱、盐等来烹调肉食，经柴火烧煮之后，各种元素已融为一体，厨工根据各人的口味，适当加以调和就可以了。否则，"若以水济水，谁能食之？若琴瑟之专一，谁能听之？同之不可也如是"。② 史伯说："夫和实生物，同则不继。以他平他谓之和，故能丰长而物归之；若以同裨同，尽乃弃矣。"③ 在这里，不同事物的有机结合是"和"，相同事物的简单相加是"同"，意即和谐是不同事物之间的相互协调，如果仅仅是"同"，那就没有和谐可言了。老子认为，"万物负阴而抱阳，冲气以为和"，④ 意思是万事万物都有阴阳两气，阴阳两气经过斗争可以达到和谐。"有无之相生也，难易之相成也，长短之相刑也，高下之相盈也，音声之相和也，前后之相随也，恒也。"⑤ "音声"的这种和又是万物之和的体现。孔子说，"君子和而不同，小人同而不和"，⑥ 即君子并不盲目附和，只有小人才盲目附和别人，提出了和谐并不是无差异的、简单的统一，而是差异基础上的统一。

---

① 《左传·昭公二十年》，《春秋左传注》，中华书局，1981，第1419页。
② 此两处引文均自《左传·昭公二十年》，《春秋左传注》，中华书局，1981，第1420页。
③ 《国语·郑语》，《国语（下）》，上海古籍出版社，1978，第515页。
④ 《老子》第四十二章，《老子》，中国文史出版社，2003，第93页。
⑤ 《老子》第二章，《老子》，中国文史出版社，2003，第6页。
⑥ 《论语·子路》，张燕婴译注《论语》，中华书局，2006，第199页。

（三）天人合一

在古代思想家那里，天人合一的"天"在不同语境下有不同的含义，大体而言，天可以是自然界客观存在的天，也可以是主宰整个宇宙的人格化的神明，也可以是某种本体性的存在，如道、理、气等，也可以是一种至善的境界。按照张岱年先生的说法，天人合一有两层意思，"一天人相通，二天人相类。天人相通的观念，发端于孟子，大成于宋代道学。天人相类，则是汉代董仲舒的思想"。[①] 所谓天人相同，意即人性是由天赋予的，从根源上来说，天与人本性一也。而天人相类则主要是人顺从、服从和效法天道，是在服从和效法中实现天人合一。周朝曾经提出了以德配天、敬德保民的顺天思想，孔子就提出"道之将行也与，命也。道之将废也与，命也"。[②] 所以人们应该敬畏天命，甚至将天命作为精神的慰藉和寄托。孟子则是在中国哲学史上最早对天人合一进行自觉阐发的人，他认为，人必须要顺命，但人也不应该消极被动地顺命，而应该有积极主动的自觉选择。这种顺天应命的天人观到宋代的道学那里达到"大成"。朱熹是宋代道学的主要代表之一，在朱熹那里，天人关系体现在性与理的关系中，"性者，人所受之天理；天道者，天理自然之本体，其实一理也"。[③] 在朱熹看来，天理作为本体并不直接干预人事，而人则自觉体认、领受天理的赋予。这仍然是人顺从天这一"天人相通"型的天人合一。而董仲舒的天人合一思想主要体现在"天人感应论"上。这属于"天人相类"型的天人合一，即人道是天道的顺承和效法。董仲舒说："人之身首妢而员，象天容也；发象星辰也；耳目戾戾，象日月也；鼻口呼吸，象风气也；胸中达知，象神明也；腹胞实虚，象百物也。""颈以上者，精神尊严，明天类之状也；颈而下者，丰厚卑辱，土壤之比也；足布而方，地形之象也。"[④] 总之，人就是天的模仿，人和天乃依附性的合一。具体来说，董仲舒的天人合一是双向的，人可以"感应"天，即人以自己的行动"感应"

---

① 张岱年：《中国哲学大纲》，三联书店，2005，第179页。
② 《论语·宪问》，张燕婴译注《论语》，中华书局，2006，第223页。
③ （宋）朱熹：《论语集注·公冶长》，《四书章句集注》，中华书局，2011，第77页。
④ （汉）董仲舒：《春秋繁露·人副天数》，周桂钿译注《春秋繁露》，中华书局，2011，第164页。

天。天也可以"感应人",天根据人的行为的好坏为人降下祥瑞,以示鼓励;降下灾祸,以表惩罚。这种"天人感应论"的实质目的是为封建统治者服务,要人们服从封建统治者的统治,因为这个统治乃出于天意。只有你安心做顺民,天才能感应到你的善行,你也才能够得到善报。天人合一的思想在中国传统文化中占有重要的位置,但它在一定程度上也成为科学思维在中国发展的文化桎梏。不过天人合一在处理人与自然的关系上对于当今社会的和谐发展研究具有十分重要的启迪意义。对于自然,人们不应该在资本逻辑的支配下只重视开掘、只重视攫取,而应该适度地保护自然,为人类的"诗意般"栖居留下洁净的自然环境。

(四)个体自我的和谐

中国传统文化当中关于自我内在修养、提升自我境界的理论资源极其丰富,这对于物欲大有更加肆意横流之势、资本逻辑大有涤荡寰宇之势的今天,无疑是一剂救世的良药。传统文化中,儒家修养理论之根本在于个人德性修养,在于自己道德境界的提升,将个体的内在和谐外化为整个社会的和谐乃传统儒者的政治抱负。"古之欲明明德于天下者,先治其国;欲治其国者,先齐其家;欲齐其家者,先修其身;欲修其身者,先正其心;欲正其心者,先诚其意;欲诚其意者,先致其知;致知在格物。物格而后知至,知至而后意诚,意诚而后心正,心正而后身修,身修而后家齐,家齐而后国治,国治而后天下平。"① 所谓格物、致知、诚意、正心、修身、齐家、治国、平天下是儒家固有的从个体的内在和谐外化推演出整个社会和谐的思维逻辑,这是儒家由内修达致外治的政治逻辑。应该说,格物、致知、诚意、正心这四个方面强调内在的修养,而齐家、治国、平天下是内修外在发用的结果,修身一环则是连接内修和外在发用的关键。其实这正是儒家由"内圣"开出"外王"的重要表现。另外,对于自我内在修养的具体论述还有很多,学界关注比较多的有如下几个。第一,守静。比如《大学》中有"静而后能安",② 就是对静的强调。诸葛亮《诫子书》中曾说,静以修身,俭以养德;非淡泊无以明志,非宁静无以致

---

① 《大学》第一章,王国轩译注《大学·中庸》,中华书局,2006,第4~5页。
② 《大学》第一章,王国轩译注《大学·中庸》,中华书局,2006,第3页。

远。这是至今还在流传的格言警句。流传甚广的《呻吟语》中有"静里看物欲，如业镜照妖"的警句，提醒人们要静观自我，是物欲造成了诸多罪孽等，有关守静的论述在主流思想界和民间相当广泛地存在和传播。第二，存养。比如孟子说过，"存其心，养其性，所以事天也"。[①] 而养心最好的方式是寡奢欲，"养心莫善于寡欲"。[②] 清华大学方朝晖教授在讲授儒家修养时指出："我们学会了太多的做人技巧和法术，遇到问题首先想到的是应用这些技巧。但是这些技巧不能让我们在利益的诱惑面前气势如虹，在关键的考验时义无反顾，做人的法术不能给我们的人格以力量、生命以底气。因此'存心'的'存'不能理解为封存，而是指有意识地保护和保存良心，别让它迷失。"[③] 第三，自省。《菜根谭》里有一句话，"静中念虑澄澈，见心之真体；闲中气象从容，识心之真机"。[④] 大意是，只有在闲静之中，人们才能真正领悟事物的真谛，稍作引申理解，即如果我们能够忙中偷闲反省自我，就会少出错，如能保持内心的沉静，过错的念头就会自然平息。方朝晖教授在谈到《菜根谭》的这段话时说，人们"一旦工作起来，可能会全身心地投入。全身心地投入有时是必要的，但如果过于投入，我们的心被工作或事务牢牢控制，久而久之，将无暇再面对自己，心也完全麻木了。在这种情况下，即使有了工作间隙和闲暇时光，心还是一刻也不能放松。长此以往，会感觉自己活得很累"。[⑤] 面对熙熙攘攘的市场经济，个人应该有一颗具有一定超脱格调的心，只有"心闲"，自己才能在繁忙中游刃有余。第四，收敛身心。方朝晖先生在谈儒学修养的时候应用了《明心宝鉴》的一段话，"心安茅屋稳，性定菜根香。世事静方见，人情淡始长"。并说道："正因为心不安，所以永远不会有'稳'的感觉；正因为欲望太强，所以不可能安贫乐道，无法过古人那种咀嚼菜根却能津津有味的生活。""'世事静方见，人情淡始长'，这是说只有真正安静下来，用心去体会，才会明白人事的奥妙。我们不禁要问：像机器零件一样随着时代的车轮被动旋转，在忙碌之中茫然度过一生，没有平静、没

---

① 《孟子·尽心上》，万丽华、蓝旭注《孟子》，中华书局，2006，第288页。
② 《孟子·尽心下》，万丽华、蓝旭注《孟子》，中华书局，2006，第338页。
③ 方朝晖：《儒家修身九讲》，清华大学出版社，2008，第50页。
④ （明）洪应明：《菜根谭》，李炳山、冯蕾译注，广州出版社，2001，第74页。
⑤ 方朝晖：《儒家修身九讲》，清华大学出版社，2008，第65页。

有自我，这就是现代化所带给我们的伟大成果吗？只想着金钱利益，没想过安贫乐道；只想着功成名就，没有想过默默无闻。不是没有名利我们就过不好，而是我们认为没有名利就过不好。所以我们不能体会平淡自然而其味无穷，清贫朴素却宁静安逸的生活。"① 关于强调自我内在修养的文字还有很多，上述寥寥几点不免有挂一漏万之嫌，但已经基本能够勾勒出传统文化中的这种重视自我内心的特征，这对于当代社会甚至对于医治西方社会的诸种现代病都有十分重要的启发意义。

（五）人际和谐

自我内在和谐是根本，人与人之间的和谐是自我内在和谐的外在发用，但人与人之间的和谐并非不重要，传统文化中关于人与人关系和谐的论述也汗牛充栋、盈室塞屋。这里我们谈几个方面以大致勾勒出古人对于人际和谐的关切。第一，与人交往要诚信。古汉语中，诚和信意义稍有差别，诚主要是指自我内在的修养，而信则主要是体现在外在的人与人的关系中；诚是信之体，信是诚之用。这也体现了诚信根源于人的自我道德修养的特点。传统儒家非常重视诚信，比如《论语》中有言："人而无信，不知其可也。"② 将诚信的问题提到能否做人的标准的高度。"君子不重则不威；学则不固。主忠信，无友不如己者，过则勿惮改。"③ 不诚信的人不能享有崇高的威望。还有"自古皆有死，民无信不立"，④ "吾日三省吾身：为人谋而不忠乎？与朋友交而不信乎？传而不习乎？"⑤ 等等，都将诚信看作做人的重要准则。第二，正直。传统的儒者，只求自我问心无愧，不计较事功与他人的褒贬。仰不愧于天，俯不怍于人，这是自我内在的和乐，人在道德行为中体现到了快乐，这是最大的安详与和谐。这是表里如一的正直，如果一个人表面上做一套，内心里想着另一套，他会很累。方朝晖教授在谈到慎独的时候说，一个人，"如果在价值考量的时候过分依赖于周围环境的评论，那么总是在人前的时候背弃自己的好恶、顺从他人的看

---

① 上述引文出自方朝晖《儒家修身九讲》，清华大学出版社，2008，第 116 页。
② 《论语·为政》，张燕婴译注《论语》，中华书局，2006，第 22 页。
③ 《论语·学而》，张燕婴译注《论语》，中华书局，2006，第 5 页。
④ 《论语·颜渊》，张燕婴译注《论语》，中华书局，2006，第 174 页。
⑤ 《论语·学而》，张燕婴译注《论语》，中华书局，2006，第 3 页。

法，但是当没有人的时候却不自觉地做自己想做的事，那么自己的行为和心理就变得分裂，言行变得不一。这种人，由于独处时会感觉压抑和背叛。所以不诚之人很容易自我否定，从而丧失自信，失去生活的动力，心也就'不得其正'了"。① 正直应该是发自内心的正直，只有这样自己才能在正直行为中表里如一，体会到正直的愉悦。古人有"志士不饮盗泉之水"之说，就是因为泉水的名字上有"盗"字。这种正直也铸就了一个人的威望，个人威信在传统社会是非常重要的社会资源，《论语》中的"其身正，不令而行；其身不正，虽令而不从"，② 就是这个意思。第三，仁者，爱人。传统文化体现了丰富的对他人之爱，孟子所谓的"老吾老以及人之老，幼吾幼以及人之幼"③ 正是这种爱的体现。

（六）社会和谐

实现整个社会的和谐安定从来都是传统文化人的政治抱负之一，自古以来对于社会安定就有很多探讨。儒家思想对于维系社会的安定发挥了十分重要的作用，在一定程度上发挥了宗教教化的作用。学者刘长林在研究梁漱溟的文本的时候，喟叹道："从宗教对人类的功用看，一是能够给人生提供某种希望与慰藉，人们接受宗教就因为人们的生活多是靠希望来维持，对着前面希望之接近而鼓舞；因希望之不断而忍耐勉励。人们的希望多不得满足，于是就超越知识界限，打破理智冷酷，辟出一超绝神秘的世界来，使他的希望要求范围更拓广，内容更丰富，意味更深长……二是宗教对于社会有统摄凝聚的功用，由于社会生活要有一种秩序，而人们的冲动太强，峻法严刑亦每每无用。"④ 梁漱溟先生认为，中国没有宗教，但儒家的教化起到了和宗教一样的作用，代替了宗教，维持了中国人人生安宁与中国社会的和谐。⑤ 宗教对人的教化是一种他律，而道德对人的教化则是一种自律。自律首先保证个体人的内在和谐，用自己的理性控制自己的

---

① 方朝晖：《儒家修身九讲》，清华大学出版社，2008，第148页。
② 《论语·子路》，张燕婴译注《论语》，中华书局，2006，第189页。
③ 《孟子·梁惠王上》，万丽华、蓝旭注《孟子》，中华书局，2006，第14页。
④ 刘长林：《以道德代宗教与伦理本位社会的和谐——梁漱溟论中国文化要义的解读》，载朱贻庭主编《儒家文化与和谐社会》，学林出版社，2005，第298～299页。
⑤ 刘长林：《以道德代宗教与伦理本位社会的和谐——梁漱溟论中国文化要义的解读》，载朱贻庭主编《儒家文化与和谐社会》，学林出版社，2005，第300页。

非理性冲动，使之中规中矩。在一定程度上，儒家的教化功能甚至比宗教更优越。另外，传统儒者身上体现了某种为天下而勇担责任的情怀，这种情怀的存在也是为了整个社会的和谐安定。比如，"穷则独善其身，达则兼善天下"，① 还有范仲淹的"先天下之忧而忧，后天下之乐而乐"，顾炎武的"天下兴亡，匹夫有责"等都是对天下的关切。还有"长太息以掩涕兮，哀民生之多艰"（屈原）的关切民生之情怀，"一生不自恤，忧国涕纵横"（陆游）的忧国忧民情感，"四万万人齐下泪，天涯何处是神州"（谭嗣同）的心系祖国前途命运的情怀，"凄凉读尽支那史，几个男儿非马牛"（蒋智由）的对海内同胞悲天悯人的深情，这些对祖国的深爱之情已经熔铸为民族精神中的核心因素之一，这些精神之基本宗旨就在于实现整个社会的和谐。除此之外，古代思想家还有关于大同社会的理想建构，《礼记·礼运》中这样描述大同社会："大道之行也，天下为公。选贤与能，讲信修睦，故人不独亲其亲，不独子其子，使老有所终，壮有所用，幼有所长，鳏寡孤独废疾者，皆有所养。男有分，女有归。货恶其弃于地也，不必藏于己；力恶其不出于身也，不必为己。是故谋闭而不兴，盗窃乱贼而不作，故外户而不闭，是谓大同。"② 到近代康有为的《大同书》那里，更是把大同的理想描绘得丰富系统，虽然不免有些空想色彩，但也是对于整个社会和谐的一种理性思考，这种精神也是值得我们认真研究和仔细品味的。

二 西方有关和谐的思想梳理

接下来，我们以核心理念为主线大致勾勒西方有关和谐的理论资源，为本研究的深入进行提供更加广阔的学术视野。西方思想史及当代西方学术界对于社会和谐都予以极大的关切，但并不一定都有"和谐"的字眼，我们这里所作的梳理主要是为本研究的深入进行提供宏广的思想背景和可资借鉴的理论资源，所以此处并不一定只梳理那些提到"和谐"字眼的思想家的和谐思想，而是力图对论及和谐发展的重要思想家都给予简要的理

---

① 《孟子·尽心上》，万丽华、蓝旭注《孟子》，中华书局，2006，第 291～292 页。
② 《礼记·礼运》，王梦鸥注译《礼记今注今译》，新世界出版社，2011，第 192 页。

论勾画与评述。

（一）和谐就是比例协调

毕达哥拉斯学派是西方较早关注和谐的思想家群体之一，它的和谐理论主要是以数学为基础的比例的协调。"毕达哥拉（即毕达哥拉斯——笔者注）派关于数的理论是与和谐说联系在一起的。他们研究音乐节奏的和谐，发现声音的长短、高低、轻重等质的差别，是由发音体（如琴弦）在数量上的差别所决定的。所以他们认为，音乐节奏的和谐是由长短高低轻重不同的音调，按一定的数量上的比例所组成的。传说毕达哥拉有次路过一铁坊，听到几个铁锤一起打铁时发出和谐的声音，他发现这与铁锤的重量成一定的比例。后来他用一个有活动弦马的单弦做实验，发现弦长成一定比例时发出的声音是和谐的，如 1∶2 得八度音，2∶3 得五度音，3∶4 得四度音。于是，他得出结论：音乐的和谐是由数的比例所决定的。他们还研究了在建筑、雕刻艺术中，按什么的比例才会产生美的效果，提出了著名的'黄金分割'，即认为最美的线形是长与宽成一定比例的长方形。"① 不仅如此，"毕达哥拉派又进一步把这种和谐现象加以夸大，推广到全宇宙，认为和谐无所不在，宇宙中的一切都存在着和谐，而且这种和谐是绝对的，这种和谐也就是他们所谓的'宇宙秩序'。例如天体之间就存在着和谐。因为他们说，天体在运行的时候，像一切运动着的物体一样，各自发出声音，每个天体因其体积（大小）和速度的差异各自发出特殊的高低不同的音调，而这种音调又是由天体之间的距离所决定的，这些距离彼此之间有一种和谐的关系，与音乐里的音程相适应。由于这些和谐关系，就形成了运动着的天体的一种谐和的声音（音乐），造成了钧天之乐（诸天音乐）"。② 应该说，这一思想是很深刻的，如果失去比例，任何事物都是不协调的，必然导致系统的部分功能失调，甚至整个系统的失调。

（二）和谐就是相反相成

中国哲学提出了"和而不同"的和谐，认为和谐并非一致性的同一，

---

① 全增嘏主编《西方哲学史》上册，上海人民出版社，1983，第 62 页。
② 全增嘏主编《西方哲学史》上册，上海人民出版社，1983，第 62～63 页。

而是差异中的协调，西方也有这种思想。比如赫拉克利特就指出："相反的东西结合在一起，不同的音调造成最美的和谐，一切都是通过斗争而产生的。"① "自然也追求对立的东西，它是用对立的东西制造出和谐，而不是用相同的东西，例如将雌雄相配，而不是将雌配雌、将雄配雄；联合相反的东西造成协调，而不是联合一致的东西。艺术也是这样做的，显然是模仿自然。绘画在画面上混合着白色和黑色、黄色和红色的成分，造成酷肖原物的形象。音乐混合音域不同的高音和低音、长音和短音，造成一支和谐的曲调。书法混合元音字母和辅音字母，拼写出完整的字句。在晦涩的哲学家赫拉克利特的话里面，也说出这样的意思：结合物是既完整又不完整，既协调又不协调，既和谐又不和谐的，从一切产生出一，从一产生出一切。"② 关于对立中产生和谐，赫拉克利特还有很多论述，比如"在变换中得到休息；伺候同样的主人是疲乏的"。"疾病使健康成为愉快，坏事使好事成为愉快，饿使饱成为愉快，疲劳使安息成为愉快。""如果没有不义，人们也就不知道正义的名字。""在圆周上，终点就是起点。"③ 等等。他用非常平常的例子说明了和谐是在对立中表现出来的，没有对立也就不会有和谐存在。关于对立中的统一，在西方哲学史上还存在很多的论述，比如黑格尔的辩证法就是正—反—合，否定之否定模式的各种方式的运用，而这正是在对立中求得和谐的表现，合就是吸收了正和反两个方面的精华而达到的更高级的一个层面。

（三）和谐就是正义

柏拉图指出社会和谐关键在于，"全体公民无例外地，每个人天赋适合做什么，就应该给他什么任务，以便大家各就各业，一个人就是一个个人而不是多个人，于是整个城邦成为统一的一个而不是分裂的多个"。④ 各安其位的社会是一个和谐的社会，这样的社会就是一个正义的社会。柏拉

---

① 北京大学哲学系外国哲学史教研室编译《西方哲学原著选读》上卷，商务印书馆，1981，第 23 页。
② 北京大学哲学系外国哲学史教研室编译《西方哲学原著选读》上卷，商务印书馆，1981，第 23 ~ 24 页。
③ 均出自北京大学哲学系外国哲学史教研室编译《西方哲学原著选读》上卷，商务印书馆，1981，第 24 页。
④ 〔古希腊〕柏拉图：《理想国》，郭赋和、张竹明译，商务印书馆，1986，第 138 页。

图认为，"国家的正义在于三种人在国家里各做各的事"。① 这三种人分别是生意人、辅助者和护国者。"当生意人、辅助者和护国者这三种人在国家里各做各的事而不互相干扰时，便有了正义，从而也就使国家成为正义的国家了。"② 亚里士多德认为，"公正就是比例，不公正就是违反了比例，出现了多或少，这在各种活动中是经常碰到的"。③ 正义就是给一个人应该得到的东西，相同的人应该得到相同的回报，相同的人得到不同的回报就是不公正；不同的人得到相同的回报也是不公正。古希腊的思想家更倾向于谈论正义，而且在他们所谈及的正义背后预设了一个和谐的理想社会。关于正义的探讨在西方学术脉络中一直不绝如缕，直到当代罗尔斯提出了公平的正义，提出了向弱者倾斜的正义观。随着现阶段收入差距的拉大，社会公平正义逐渐成为当代众多社会发展论者所关注的问题。一般学者都认可了这样一种观点：非常富有的人和非常不富有的人占社会的少数，中产阶级占社会的大多数的橄榄型社会是最为稳定的社会，也是最正义的社会，同样，这样的社会也是一个最为和谐的社会。也正因为正义在社会和谐中的地位，中央在提出构建社会主义和谐社会的时候，将公平正义归结为社会主义和谐社会的本质属性。

（四）和谐就是群己的协调

群己关系是西方政治哲学中的一个重要范畴，这一范畴是我国近代著名思想家严复在翻译密尔的《自由主义》时提出来的，严复综合《自由主义》整本书的理论宗旨，将该书的书名意译为《群己权界论》，这一翻译道出了自由主义的精神实质。可以说，整个西方政治学说的演变可以用群己这个范畴来解释。西方古代社会是一个群体本位的社会，在人类的早期，由于生产力低下，个体尚无能力独立生存，人们必须依赖集体才能够存活。受到人类早期的这种集体本位的影响，从总体上来说，古代社会是一个群体淹没个体的时代，这是个群体本位、个体缺乏自我独立性的时代。随着近代社会的到来，由于生产力的提高，人们独立生存的能力提高了，这就为独立个体主体意识的觉醒奠定了物质基础。有了物质基础，西

---

① 〔古希腊〕柏拉图：《理想国》，郭赋和、张竹明译，商务印书馆，1986，第169页。
② 〔古希腊〕柏拉图：《理想国》，郭赋和、张竹明译，商务印书馆，1986，第156页。
③ 〔古希腊〕亚里士多德：《政治学》，吴寿彭译，商务印书馆，1965，第94页。

方的个体主体意识开始逐渐觉醒。尤其是经历了宗教改革、文艺复兴以及启蒙运动等具有启蒙意义事件的洗礼，人的个体主体性觉醒了，人们开始主张权利，开始凸显自己的主体意识。最突出的理论表现就是以霍布斯、洛克为发端的政治自由主义，西方政治自由主义自霍布斯、洛克之后逐渐成为意识形态的主流，也是学术思想界的主流，至今这种思想还在启迪着人们的智慧。政治自由主义的核心理念就是个人主义，这里的个人主义并非我们平时所批评的个人主义，毋宁说这里的个人主义只是一个中性词，是一种凸显个体主体性的"主义"。从政治哲学的角度来审视西方社会的现代化变迁可以得出这样一个结论：社会的变迁就是一个从群体本位向个体本位的转变过程，人们从那种懵懵懂懂的无主体性状态发展到具有自己独立意识、具有强烈的权利意识的现代个体的人，这是社会的进步，是现代性的主要表现之一。西方现代社会的和谐就是个体得到尊重的社会状态。当然，一味地追求私利也会导致诸多问题，当代西方原子主义式的个人主义所导致的问题已经开始为学术界所关注，个体将自己的大部分时间和精力沉浸在自我私人领域的愉悦中，很少有人去关注公共事务。这导致了社会认同感的流失，也导致人与人关系的疏离、公德水准的下降等问题。西方学界很多学者对此表现出了很高的关注度，社会资本论者已经从社会资本的角度关注这个问题，原子主义式的个人主义导致了社会资本的下降。社群主义在指责个人主义的同时提出了对社群价值的关切。当代西方共和主义的复兴也有针对原子主义式的个人主义的弊端的意味。社会的和谐发展应该是，个体的人既具有强烈的权利意识、自我意识等主体意识，又有对群体的公共事务的关切精神，这才是社会和谐发展的精神保障。

（五）和谐就是权力的有效制约

按照政治自由主义的观点，政府的存在是为了消除无休止的战争状态，是社会发展的必然，但政府的公共权力必须严格划定边界。权力必须受到制约，这一理念在西方已经根深蒂固，这根源于西方人性本恶的"幽暗意识"（张灏语）。学界已经基本认同这样一个观点，西方传统文化根源于"两希"文明，即古希腊的理性和古希伯来的信仰，理性和信仰构成西方文明的核心要素。而"幽暗意识"则根源于基督教的信仰文化，在基督教看来，人类的祖先亚当和夏娃，由于违背上帝旨意，偷吃了伊甸园内的禁果，犯下了原罪，所以人类从其祖先开始就有原罪，就是人性本恶的，就有变坏的自然倾向，如果这种人掌握了权力，他必然不会善待权力。张灏先生指出，"幽暗意识"有两个层面的表现："首先，以幽暗意识为出发点，基督教不相信人在世界上有体现至善的可能，因为人有着根深蒂固的堕落性，靠着自己的努力和神的恩宠，人可以得救，但人永远无法变得完美无缺。""其次，幽暗意识造成基督教传统重视客观法律制度的倾向。人性既然不可靠，权力在人手中，便很容易'泛滥成灾'。因此，权力变成一种极危险的东西。"① 孟德斯鸠曾说："一切有权力的人都容易滥用权力，这是万古不易的一条经验。有权力的人们使用权力一直到遇有界限的地方方才休止。"② 阿克顿说："权力导致腐败，绝对权力导致绝对腐败。"不仅如此，"绝对权力会败坏社会道德"。③ 在这种理念的支持下，西方很早就形成权力必须受到制约的观念，但是如何有效地制约权力呢？用什么样的方式制约权力最有效呢？孟德斯鸠指出："从事物的性质来说，要防止滥用权力，就必须以权力约束权力。"④ 为了有效制约权力，洛克、卢梭、孟德斯鸠等人都提出了分权学说，用权力来制约权力。经过思想家们一代又一代的思考，比较完善的三权分立、权力制衡的思想成熟了，他们主张将权力分为立法权、司法权、行政权三种权力，这三种权力相互分离、相互制衡，以避免权力的滥用。美国政治体制就是这种思想的贯彻，不仅如此，美国还用联邦制来"纵向"分权，使得权力又多了一个"紧箍咒"。在西方政治思想家尤其是自由主义思想家的头脑中，国家的权力是必要的恶，虽然人类离不开公共权力，但它仍然是一种恶，所以公共权力的边界需要严格划定，使得权力严格限定在其合法范围内。凡是私人能够做的事情不需要公共权力插手，这就是公共权力的边界。私人的事情由私人完成，公共的事务由公共权力承担，私人和政府各司其职、各安其位。这样的制度既能保证个人的充分自由，私人领域不受干涉，又能保证整个社会

---

① 张灏：《幽暗意识与民主传统》，新星出版社，2006，第26~27页。
② 〔法〕孟德斯鸠：《论法的精神》，张雁深译，商务印书馆，1959，第184页。
③ 〔英〕阿克顿：《自由与权力——阿克顿勋爵论说文集》，侯健、范亚峰译，商务印书馆，2001，第342页。
④ 〔法〕孟德斯鸠：《论法的精神》，张雁深译，商务印书馆，1959，第184页。

的稳定、有序和安宁，这样的社会无疑就是西方思想家心目中的各得其所的和谐社会。这种严格制约公共权力，保障个体充分自由的政治架构是现代政治的一个基本特征。

（六）和谐就是工具理性和价值理性的协调发展

工具理性和价值理性的研究范式是当代众多思想家批判现代性的理论工具，这一研究范式看似一种距离现实比较遥远的纯粹哲学的研究范式，但实际是对现实问题的一种贴切的、理性的、深沉的关切，它所真正关怀的并非虚泛的、高高在上的纯粹理论，而是现代社会中所蕴含的危机，它为我们研究社会和谐发展提供了预先的警觉。马克斯·韦伯曾经将合理化行为分为工具理性行为和价值理性行为两个类别，前者是指以能够计算和预测后果为条件来实现目的的行为，后者是指在主观上坚信行动具有无条件的、排他性的价值，而不顾后果、条件怎样都要完成的行动，其中，工具理性行为要求选择最有效的手段以实现既定目的，它以手段的最优化作为理性的最高要求，先进工艺的运用、可计算手段的改进、科学方案的严格选择都是工具理性行为的内在必然要求。[①] 对于人来说，工具理性侧重于提升物质生活水平，而价值理性则侧重精神上的终极依托和人文关怀。现代化过程凸显了工具理性的地位，却边缘化了价值理性。正如马克斯·韦伯在《新教伦理与资本主义精神》中所说："寻求上帝的天国的狂热开始逐渐转变为冷静的经济德性；宗教的根慢慢枯死，让位于世俗的功利主义。"[②] 丹尼尔·贝尔指出，当代资本主义文化危机的根源就在于曾经的"宗教冲动力"的衰微，他认为在资本主义上升时期，经济冲动力（桑巴特所谓的"贪婪攫取欲"）和宗教冲动力（韦伯所谓的"禁欲苦行主义"）两股力量相互制约，平衡发展。"禁欲苦行的宗教冲动力造就了资产者精打细算、兢兢业业的经营风范。贪婪攫取的经济冲动力则养成了他们挺进新边疆、征服自然界的冒险精神和勃勃雄心。"[③] 只不过随着现代资本主义

[①] 衣俊卿等：《20 世纪的文化批判——西方马克思主义的深层解读》，中央编译出版社，2003，第 115 页。

[②] 〔德〕马克斯·韦伯：《新教伦理与资本主义精神》，于晓、陈维纲译，三联书店，1987，第 138 页。

[③] 〔美〕丹尼尔·贝尔：《资本主义文化矛盾·中译本绪言》，赵一凡、蒲隆、任晓晋译，三联书店，1989，第 13 页。

的到来，宗教冲动力已经被科技和经济的迅猛发展耗尽了能量，而曾经在张力平衡中存在的两个因素只剩下一个了，由原来的两条腿到现在的一条腿，这是现代资本主义文化危机的根源。可以看得出来，贝尔的研究中透着韦伯的影子。胡塞尔提出了著名的"欧洲科学危机"理论。"在他看来，随着现代科学的发展，人们过于注重物质的追求和实际的利益而轻视精神的需要，由此造成了人的精神空虚，造成人的价值与人生意义的丧失。"[①]不仅如此，哈贝马斯所提出的劳动与交往实践以及后期提出的系统世界和生活世界的理论也都是工具理性和价值理性这一对范畴的延伸。应该说，这些思想家所提出的问题是现时代实实在在的问题，社会发展需要关注并解决这些问题，使得社会的发展进步最终落实到人的全面发展上来。这些论述对于我们研究社会和谐发展具有十分重要的借鉴意义。我国正处在现代化的过程之中，我们的任务是理性化，这个理性化在一定程度上是工具理性的膨胀，而价值理性则没有得到充分张扬。西方的发展已经为我们提供了前车之鉴，我们的发展就不应该重蹈覆辙，而是应该在重视发展工具理性的同时，也重视发展价值理性，在培养现代理性精神的同时关注人们的精神生活；在超越传统、走向现代的过程中，还要关注文化对人们心灵的慰藉，关注精神家园，努力使我们的发展真正落实到人的全面发展上来，这是社会和谐发展所追求的根本价值之一。

（七）和谐就是消除现代社会的危机

现代性的批判者关注现代社会的诸种危机并对之进行了不同程度的批判，在这些批判当中，后现代主义成为西方思想界的一个重要流派。后现代主义虽然看似玄远，但其理论之根深深扎入现实的土壤。它所反对的理性主义、二元论、本质主义、基础主义似乎都是我们中国作为目标所要构建的内容，但这些目标在建构过程中需要注意很多问题，当今的现代性是有问题的现代性。利奥塔指出现代性的标志就是所谓的宏大叙事，如启蒙、自由、解放、理性等，这些宏大的理念、极具诱惑力的华美诺言实际上只是一种社会预期，符合这一预期的就是合法的，否则就是异端，这实

---

① 衣俊卿等：《20 世纪的文化批判——西方马克思主义的深层解读》，中央编译出版社，2003，第 113 页。

际上已经演变成了一种文化专制主义。非理性主义学派则指出，现代性是一种压抑个性的社会状态。诚如弗洛伊德所指出，理性的"超我"就像一个警察，严格管制着桀骜不驯的非理性"本我"，符合理性规则的可以放行，否则永远被压抑，而压抑太强则是精神病产生的根源，而这个理性的超人就是现代社会的象征。德勒兹指出，现代性思维是一种纵向性思维，它力图从表象追溯到自明性的第一原则，这种思维方式所遵循的是"同一性"原则，由第一原则决定的诸多表象从本质上是同一的。而他所主张的则是一种"差异"哲学，这种哲学思维是横向的，它追求不同事物的规定性，不去追溯第一原则。福柯指出，现代社会是一个规驯化的社会，社会将人性中的差异因素规驯化，摧毁了世界的杂多性，而使得世界成为一个统一性的世界。德里达的解构主义也是对当代理性主义统治的抗辩。后现代主义思想家虽然观点各异，但对理性主义的批判则是他们的交集。虽然这些思想看似纯理论性问题，但都是西方非常有智慧的头脑对现实问题的省思，是我们值得重视和借鉴的理论资源。国内学界有关社会和谐发展的研究应该充分吸纳西方思想家的这些成果，以使我们的发展能够少走弯路。但可惜的是，国内学界关于社会和谐发展的研究，很少有人吸纳西方哲学中后现代主义诸理论。

三 国内关于社会和谐发展的研究

接着，我们梳理一下中央提出构建社会主义和谐社会的过程以及国内关于构建社会主义和谐社会相关研究的情况，为本书从公民社会的角度来探讨社会和谐发展提供国内的大背景。

（一）社会主义和谐社会的提出

从大的方面来说，马克思主义学说整个理论体系的最终目的就是要建立一个共产主义的理想社会。这个社会是"各尽所能，各取所需"的社会，是向"自由而自觉"的人复归的社会，是"每个人的自由而全面发展是一切人自由而全面发展的前提"的社会。无疑，共产主义社会是一种和谐社会。我们党把马克思主义的基本原理同中国实际相结合，取得了新民主主义革命的成功和探索社会主义建设的巨大成就。毛泽东在探索社会发展的时候，虽然从总体上沿袭了苏联的社会主义模式，但在探索社会主义和谐发展上面也有一定的建树。例如，毛泽东同志 1956 年发表的《论十大关系》中就提到，我国的发展要处理好重工业和轻工业、农业的关系、沿海工业和内地工业的关系、经济建设和国防建设的关系、国家生产单位和生产者个人的关系、中央和地方的关系、汉族和少数民族的关系、党和非党的关系、革命和反革命的关系、是非关系、中国和外国的关系，等等。① 这些关系的处理对于社会和谐发展具有十分重大的意义，很多论述至今还具有十分重大的理论和现实价值。毛泽东在《正确处理人民内部矛盾》一文中还提出，在社会主义社会中，基本的矛盾仍然是生产关系和生产力之间的矛盾，上层建筑和经济基础之间的矛盾。除了这一根本矛盾之外，人民内部也存在矛盾，如"工人阶级内部的矛盾，农民阶级内部的矛盾，知识分子内部的矛盾，工农两个阶级之间的矛盾，工人、农民同知识分子之间的矛盾，工人阶级和其他劳动人民同民族资产阶级之间的矛盾，民族资产阶级内部的矛盾，等等"。② 毛泽东同志区分了敌我矛盾和人民内部矛盾，并采取不同的方法对待不同的矛盾。敌我矛盾是对抗性的，人民内部矛盾不是对抗性的，不应该用处理敌我矛盾的方法处理人民内部矛盾，人民内部矛盾"如果处理得不适当，或者失去警觉，麻痹大意，也可能发生对抗"。③ 应该说这篇文章对于社会和谐发展具有重要的价值。虽然后来的建设实践走向了极"左"，但是毛泽东的一些社会和谐的思想还是相当有见地的。

"文化大革命"之后，邓小平同志开启了改革开放的伟大实践，在改革开放的伟大实践中开创了中国特色社会主义的道路，提出了许多十分重要的关于社会和谐发展的思想。其主要的有关社会和谐发展的思想可概括如下：提出了发展是硬道理的论述；改革开放之后我党将工作重心转移到经济建设上，提出了以经济建设为中心，坚持四项基本原则，坚持改革开放的"一个中心、两个基本点"的基本路线；提出了社会主义本质是"解放生产力，发展生产力，消灭剥削，消除两极分化，最终达到共同富裕"的观点；强调"两手抓、两手都要硬"的发展策略；提出了改革是发展的

---

① 参阅《毛泽东文集》第 7 卷，人民出版社，1999，第 23 ~ 49 页。
② 《毛泽东文集》第 7 卷，人民出版社，1999，第 205 页。
③ 《毛泽东文集》第 7 卷，人民出版社，1999，第 211 页。

动力的重要论述，经济体制改革的目标是社会主义市场经济，政治体制改革的目标是社会主义民主政治；还提出了科学技术是第一生产力的重要判断；提出"三步走"的发展战略，"第一步是达到温饱水平"，"第二步是在本世纪末达到小康水平"，"第三步是下个世纪再花五十年时间，达到中等发达国家水平。"① 等等。这些论述是我党对于社会和谐发展认识的一大进步。邓小平同志的社会发展思想虽然较少直接用"和谐"字眼，但是可以看出来，和谐发展是他最关注的问题之一。

江泽民同志提出了"三个代表"重要思想，这是社会主义和谐社会提出过程中的一个里程碑。"三个代表"重要思想的主要内容包括：中国共产党始终代表中国先进生产力的发展要求，始终代表中国先进文化的前进方向，始终代表中国最广大人民的根本利益。其中也透露着对于社会和谐发展的深切关注。发展生产力是社会和谐稳定的根本，没有发展就没有稳定，发展出现的问题也要用发展的办法来解决。发展先进文化不仅可以为经济发展提供强大的精神支撑，而且也是精神文明发展的必然要求，物质文明的建设和精神文明的建设是社会全面发展所不可或缺的两个方面，也是人的全面发展的基本要求。江泽民同志在"七一"讲话和十六大报告中都提到了人的全面发展，"我们要在发展社会主义社会物质文明和精神文明的基础上，不断推进人的全面发展"。② 这是一个很符合现代社会的理念，人的发展不仅仅体现在物质享受上面，还体现在精神享受、道德品质提升等方面。代表广大人民群众的利益是实现社会稳定和谐的重要方面，可以说人民内部矛盾的最主要根源就是利益问题。真正让人民群众共享发展的成果，使其利益得到保障，社会的和谐发展必然会迈上一个大的台阶。

胡锦涛同志提出了科学发展、和谐发展。十六届六中全会指出要"把构建社会主义和谐社会摆在更加突出的地位"。③ 社会主义和谐社会的总体要求是"民主法治、公平正义、诚信友爱、充满活力、安定有序、人与自然和谐相处"。④ 这是中央对社会主义和谐社会最全面的论述。十七大报告指出，"科学发展观，第一要义是发展，核心是以人为本，基本要求是全

① 《邓小平文选》第3卷，人民出版社，1993，第266页。
② 江泽民：《在庆祝中国共产党成立八十周年大会上的讲话》，《人民日报》2001年7月2日。
③ 《构建社会主义和谐社会的伟大纲领》，人民出版社，2006，第2页。
④ 本书编写组：《构建社会主义和谐社会的伟大纲领》，人民日报出版社，2006，第4页。

面协调可持续，根本方法是统筹兼顾"。① 可以看出，社会的和谐发展是科学发展观的应有之义。

自从提出构建社会主义和谐社会的任务之后，有关社会和谐发展的研究就成了学术界的热点话题，很多著作相继问世。纵观学术界的研究，有的作者是从总体上探讨如何构建社会主义和谐社会，有的学者则从民主法治、公平正义、诚信友爱、充满活力、安定有序、人与自然和谐相处等具体的方面来探讨如何构建社会主义和谐社会，接下来我们就从如下几个问题综述学术界的研究。

（二）关于公平正义的研究

公平正义研究的升温主要根源于我国收入差距偏大。改革开放之后，一部分人迅速富裕了起来，少数人集聚了社会大量的财富，富裕起来的这些人中的个别人出于炫耀，又产生了一些畸形的消费现象，甚至一些发达国家都很难销售的高档消费品在我国也有较好的市场。而另一方面，则又有一大批人在社会发展过程中没有分享到发展的成果，逐渐成为弱势群体。代表收入差距拉大的基尼系数已经超出了国际警戒线，这一点已经为众多学者所诟病。现实的问题是学术界进行公平正义研究的真正驱动力。

吴忠民先生近年来集中于社会公正的研究，他的两部著作《社会公正论》和《走向公正的中国社会》比较系统地论述了社会公正问题。吴先生指出，公正和正义比较接近，但是与公平存在一定的差异。"公正和正义是同一个概念。公正带有明显的'价值取向'，它所侧重的是社会的'基本价值取向'，并且强调这种价值取向的正当性；而公平则带有明显的'工具性'，它所强调的是衡量标准的'同一个尺度'，强调对待人或事要'一视同仁'，以防止用双重（或多重）标准对待同一件事或同一个人。至于这个尺度本身是否合理，公平就不过问了。"② 景天魁先生也倾向于把公正看作比公平更高一层次的概念。③ 吴先生接着指出，社会公正包括四个

---

① 胡锦涛：《高举中国特色社会主义伟大旗帜　为夺取全面建设小康社会新胜利而奋斗——在中国共产党第十七次全国代表大会上的报告》，人民出版社，2007，第15页。
② 吴忠民：《走向公正的中国社会》，山东人民出版社，2008，第18页。
③ 景天魁：《社会公正理论与政策》，社会科学文献出版社，2004，前言第2页。

方面的基本规则：①基本权利的保证，意即保证的规则，这是底线规则，它强调，只要一个人来到世上，就具有了不证自明的基本权利，这些权利包括生存权利、社会保障权利、受教育的权利，等等。社会对其成员的这些基本权利必须予以切实的保护，保证所有群体（尤其是弱势群体）的权利不被侵害，保证他们的尊严不被践踏。②机会平等，亦即事前规则。机会即社会成员发展的可能性空间和余地，机会将直接影响未来的分配状况，机会的不同将导致未来发展结果的不同，因而从分配的意义上讲，机会应该平等地分配，对于每个人，机会应该是平等的。机会平等还应该保证：首先，生存与发展机会的起点平等，即凡是具有同样潜能的社会成员应当拥有同样的起点，以便争取同样的前景。其次，机会实现过程本身平等。起点的平等固然很重要，但如果仅限于此，则是远远不够的。机会的实现过程对于最终能否实现机会平等也有着重要的意义。要消除一切阻碍个别人发展的人为障碍、特权等。最后，承认并尊重社会成员在发展潜能方面的自然差异，以及由此所带来的机会拥有方面的"不平等"，人们在自然禀赋方面是存在差异的，抹杀这些差异对于某些人来说是不公平的。③按照贡献进行分配，亦即事后的规则，这属于初次分配的规则。社会成员的贡献是不一样的，有的投入的劳动量比较多，有的比较少；有的投入的资本比较多，有的比较少；有的投入的劳动量尽管比较少，但是其劳动的复杂程度、技术含量比较高，所以贡献是有差别的。在初次分配的时候应该按照不同的贡献进行分配，这才是公正的，平均分配对于贡献较多的人是不公正的，是贡献较少的人对贡献较多的人的一种剥削。④初次分配后的再调剂，意即社会调剂规则，这属于再次分配的规则。在社会中由于人们的能力、机会以及具体环境的千差万别，由于制度及规则等方面的不完善或者不配套，加之社会尤其是市场经济中存在种种不确定因素，因此，社会在初次分配之后可能会出现程度或大或小的不合理乃至不公的情形。调剂规则要求社会成员普遍地不断得到由发展所带来的收益，进而使社会发展的质量不断地有所提高。不仅要保证作为第一原则的底线规则，而且要保证发展型的补偿，[①] 即社会再分配要向弱者倾斜。这是从学理上对社会公平正义的系统的阐释。

---

① 以上诸点参阅吴忠民《走向公正的中国社会》，山东人民出版社，2008，第18～26页。

景天魁先生在《社会公正理论与政策》一书中，从中国农村的角度出发阐述了当前的一些不公正现象及其原因，并提出了作为"公正的发展"的理念，在这一理念的支撑下又提出了一系列相应的政策性建议。第一，在农民利益表达机制方面，让农民按照自己熟悉的方式表达意愿，增加农民的表达机会，减少表达的成本；强化社区自我解决问题的能力；建立一套包容农民地方实践的机制，不单纯依靠外部强加的规则；加强农村社会舆论的作用，让街谈巷议重新发挥规范社会的作用。第二，在农村流动人口国民待遇方面，要构建完整的、系统的、健全的、有效的和公正的国民待遇制度。第三，在扩大农民流动机会方面，政府应鼓励、倡导并在政策上引导扶持社会各界进行各种"重建乡村社会"的探索和试验。第四，在农村"五保"对象的基本生活问题方面，建议把"五保"融资和供养服务集中到县级以上政府；把"五保"供养工作纳入政府政绩考核的相关指标；实现集中供养与分散供养相结合。第五，在实现社会保障的城乡统筹方面，应该像在城市一样，在农村建立完善的最低生活保障制度，但在标准上可因地制宜；建立城乡统筹的公共卫生和大病统筹制度，防止农民因病致贫，保障农民的健康权利。在有条件的县、市和省，鼓励依靠自己的力量，开展其他符合本地经济发展水平的社会保障项目。[①] 景先生主要是探讨农村社会公正问题，而且侧重于探讨社会建设方面的问题。

（三）关于诚信的研究

诚信是市场经济健康发展的无形资本，也是社会和谐发展的一种基础性资源，但是我国诚信现状着实令人担忧。孙立平教授前些年在搜集网络有关诚信的信息时发出感叹，诚信问题涉及面极广，"股市中的信任危机，装潢行业中的信任危机，月饼信任危机（即由南京冠生园陈陷月饼引发的危机），独立董事面临的信任危机，司法的信任危机，注册会计师的信任危机，上市公司的信任危机，'洋文凭'面临的信任危机，电视购物遭遇信任危机，网络购物遭遇信任危机，人才职业介绍面临的信任危机，房地产中介代理中的信任危机，律师的信任危机，信用社的信任危机，政府信

---

① 参阅景天魁《社会公正理论与政策》，社会科学文献出版社，2004，前言第6~7页。

任危机等等"。① 而且传统中国所形成的那种熟人社会也已经开始被信任危机所腐蚀，从早期的"杀生"——即在熟人圈子内部相互信任，而在这个圈子之外，不诚信则成了不成文的规则——发展到了"杀熟"——不诚信从圈子的外部转移到了圈子的内部，"于是，在相当一段时间里，亲戚坑亲戚，朋友坑朋友，老乡坑老乡，成为一种相当普遍的现象。很多人商场失利，恰恰是被熟人、亲戚或朋友所'杀'，因为不是熟人不会上当"。② 郑也夫指出，当代中国正在走向一个"杀熟"之路。③ 不仅如此，诚信危机还会导致一定程度的社会恐慌，比如食品行业的诚信危机就有可能导致社会恐慌心理，以次充好、过期食品、地沟油、蔬菜的农药残留等问题的存在使得人们对于到底什么样的食品是安全的、是可以放心食用的产生了疑问，这必然会使人们产生恐慌心理。不仅如此，一些公共部门的公信力也在下降，比如由于个别官员的腐败，政府部门在民众心目中影响力下降，人们对政府部门的信任程度下降了。还比如"郭美美事件"的发生就影响了慈善部门的公信力。这都是信任危机在不同领域不同程度的表现。信任是社会和谐发展的重要条件，社会资本论者大都认为，信任是一种重要的社会资本，罗伯特·普特南这样界定社会资本："社会资本……指的是社会组织的特征，例如信任、规范和网络，它们能够通过推动协调的行动来提高社会的效率。"④ 作为社会资本的信任对于降低交易成本、促进市场经济的健康发展具有十分重要的意义。

那么到底应该如何提高社会的信任度呢？很多学者都提到了国外的信任管理制度，"在国外，以个人终生唯一个社会保障号码为基础建立个人信任管理制度，已经是相当普遍的做法，特别是在西方发达国家就更是如此。在这种信用制度中，个人所有的信用表现都记录在每个人的社会保险号下。在这样的制度中，诸如我国编造和买卖假文凭之类的事情就很难发生。也只有在这样的制度中，人们才会把信用看得比生命还重要，才会真正对自己当下的行为负责。也只有这样，才能将诸如诚信这样的问题由一

---

① 孙立平：《断裂——20世纪90年代以来的中国社会》，社会科学文献出版社，2003，第126页。

② 孙立平：《断裂——20世纪90年代以来的中国社会》，社会科学文献出版社，2003，第133页。

③ 郑也夫：《信任论》，中国广播电视出版社，2001，第222页。

④ 李惠斌、杨雪冬主编《社会资本与社会发展》，社会科学文献出版社，2000，第31页。

个道德问题变成一个可以用制度来管理的问题，而社会中信任结构的形成才会有坚持的基础"。① 信任问题的解决需要从道德的软管理变为制度的硬管理，这是提高社会信任度的重要途径。这比道德教育来得更直接，但是推行道德教育，提高公民的素质也是重要的途径。制度建设确实重要，但制度毕竟都是由人来执行的，如果缺乏高素质的公民文化，好制度很有可能在运行过程中背离其原有的宗旨。王绍光先生在《民主四讲》中以菲律宾为例说明文化对于制度的重要性，菲律宾曾是美国的殖民地，1946 年独立的时候，其宪法是由一批熟悉美国宪法的学者仿效美国宪法而制定的，这部宪法除了没有照搬联邦制之外，几乎全面复制了美国的宪法，按照宪法，菲律宾有直选的总统、众议院、参议院、最高法院等，这部宪法甚至得到当时美国总统罗斯福的批准。一段时间里，菲律宾被称为"东亚最悠久的民主"，美国在亚洲的"民主橱窗"，但最终菲律宾还是出现了马科斯的独裁专制。② 这说明缺乏文化作为基础的制度很难达到其相应的制度效果。

（四）关于人与自然和谐的研究

改革开放以来，我国在经济上取得了巨大的成就，这是有目共睹的事实，但我们在发展的同时也面临着严峻的生态环境问题。金鑫和徐晓萍合著《中国问题报告——新世纪中国面临的严峻挑战》一书列举了生态危机的事实：长江被污染，水土流失，水灾频发；黄河严重缺水，甚至一些地区饮用水都成问题；渤海发生赤潮，对人类发出严重警告；沙尘暴严重影响我国北方的一些地区，为人类敲响了生态安全的警钟；还有城市空气污染、垃圾围城等都令人触目惊心，环境污染对人类的健康已经构成严重的威胁。③ 以沙漠化为例，该书的作者用数字来说明问题，"目前我国沙漠化土地占国土面积的 27%，比世界同类气候区荒漠化的平均水平高出约 10 个百分点，而且面积还在继续扩大。20 世纪 80 年代沙漠化扩展速度为每年 2100 平方公里，90 年代前 5 年每年达 2460 平方公里，后 5 年每年则达

---

① 孙立平：《守卫底线》，社会科学文献出版社，2007，第 23 页。

② 参阅王绍光《民主四讲》，三联书店，2008，第 94~95 页。

③ 参阅金鑫、徐晓萍《中国问题报告——新世纪中国面临的严峻挑战》，中国社会科学出版社，2004，第 428~459 页。

到 3436 平方公里；河北怀来县南马场的沙丘距离天安门仅 72 公里，而且还在以每年 3 公里至 5 公里的速度向南推进。专家警告说，如果不加以治理，50 年内沙丘就将到达天安门广场"。① 社会发展的最终目的是使人更好地生活，但是环境问题已经成为威胁我们生存的严重问题了，残酷的现实要求我们转变发展模式，实现科学发展、和谐发展。

到底应该如何消除生态危机呢？许多人给出了不同的答案。生态社会主义认为，生态危机根源于资本主义的生产方式，"即以追求利润最大化为宗旨的资本主义生产方式，强调资本主义的利润动机必然破坏生态环境，这是生态社会主义的一贯立场"。② 生态社会主义主要是从生态危机的角度批判资本主义制度，认为要消除生态危机就要消除资本主义特有的生产方式和社会制度。除此之外，关于生态马克思主义的研究在我国也方兴未艾，关于西方生态马克思主义的著作开始翻译成汉语，不仅如此，还有一批有关生态马克思主义研究的著作和文章问世，比如曾文婷女士的《"生态学马克思主义"研究》就比较系统地介绍了生态马克思主义的基本情况。它剖析了生态危机产生的原因，即科学技术、控制自然的观念以及消费社会等是生态危机的重要根源；探讨了生态社会主义的理想，保护生态，通过非暴力途径进行生态重建，并强调以马克思主义为指导；介绍了生态学马克思主义与马克思主义；对中国生态问题与生态学马克思主义进行了现实解读等。③ 学者何传启提出了第二次现代化，以解决由第一次现代化（工业化）所产生的包括生态危机在内的各种危机。其中对于生态危机，第二次现代化主张用生态现代化加以消除。他认为，现代科学技术是生态改革的核心机制，同时他强调了生态改革中经济和市场动力的重要性，认为市场经济鼓励的、政府促进的工业创新能够促进环境保护；生态现代化将超越各种冲突和利益，通过建立新的环境议程，解决经济增长和相应的环境管理的常规矛盾；不仅把环境挑战看成危机，也看作机会；制定前瞻性的、预防性的环境政策，采用预防原理，涉及生产和消费模式的

---

① 金鑫、徐晓萍：《中国问题报告——新世纪中国面临的严峻挑战》，中国社会科学出版社，2004，第 446 页。

② 陈学明：《驰向冰山的泰坦尼克号——西方左翼思想家眼中的当代资本主义》，人民出版社，2008，第 63 页。

③ 参阅曾文婷《"生态学马克思主义"研究》，重庆出版集团，2008。

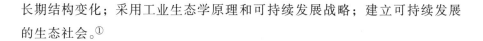

长期结构变化；采用工业生态学原理和可持续发展战略；建立可持续发展的生态社会。[①]

（五）关于弱势群体的研究

按照孙立平先生的说法，我国现在的弱势群体与传统的弱势群体不同，"传统的弱势群体，往往分布在很不相同的人群当中。当然，残疾人本身也可以看作是一个独特的社会群体，但他们在现实生活中往往是与不同群体的正常人生活在一起的。而'经济体制转型造成的弱势群体'就不同了。一个国有企业破产了，可能几百人、几千人同时失业。他们过去都是同事，他们有着共同或相似的经历和特征，甚至还居住在相对集中的地区"。[②] 现在的弱势群体主要的不是残障人口，而是由于制度变迁被边缘化的群体。比如对于城市下岗工人，"以失业问题为例。由于新的技术革命的作用，一些传统的职业正在被淘汰。当然也会有一些新的职业被创造出来。但如果我们看一下失业和下岗群体的状况，再看一下新创造出来的职业的需求，就可以发现，新的工作职位并不会给失业或下岗者提供多少再就业的机会。目前的下岗和失业者大多具有如下的一些特征：年龄基本在35岁或40岁以上，大多数只受过中等教育，过去所从事的主要是低技术的工作。而新的就业机会则需要相当高的受教育程度，这些工作岗位主要是提供给受过高等教育的年轻人的"。[③] 原来的岗位没有了，新的岗位又不适合这些人，这是下岗工人所面临的困境。目前弱势群体中的主要群体除了城市下岗工人之外，还有农民。孙立平在谈到弱势群体的数量时指出，贫困农民、进入城市的农民工和以城市下岗工人为主体的城市贫困阶层是我国弱势群体的主要构成。[④] 而目前我国弱势群体的主要结构性特征包括：弱势群体不"弱"，一定程度上这些弱势群体之所以弱，并非自身的弱，而是由于社会的原因，且数量很大；高度的同质性、群体性和集中性；弱

---

① 参阅何传启《东方复兴：现代化的三条道路》，商务印书馆，2003，第210～212页。

② 孙立平：《断裂——20世纪90年代以来的中国社会》，社会科学文献出版社，2003，第70页。

③ 孙立平：《断裂——20世纪90年代以来的中国社会》，社会科学文献出版社，2003，第71页。

④ 参阅孙立平《断裂——20世纪90年代以来的中国社会》，社会科学文献出版社，2003，第63～67页。

势群体与社会断裂，弱势群体整个被抛出时代的主流；制度性歧视；等等。① 虽然我国也采取了一些向弱势群体倾斜的社会政策，弱势群体的状况有一定的改变，但是总体而言，弱势群体问题还是一个十分严峻的问题，是一个影响社会和谐发展的问题。

（六）关于民主法制的研究

民主法制是社会和谐的重要方面。现阶段众多社会矛盾的一个重要根源就是利益表达渠道不畅通，尤其是征地拆迁等问题表现尤为突出，可以说，拆迁问题已成为现阶段我国突出的社会问题，其广度、深度、烈度都高于其他矛盾。拆迁问题之所以突出的一个重要原因就是拆迁户在利益受损的情况下缺少有效的利益表达途径，自焚事件的发生在一定程度上也表明了这一点。当然拆迁问题比较复杂，也不排除一些被拆迁者漫天要价的情况，但不管怎么说，一个公民只要认为自己利益受损了就应该有有效的利益表达途径，这是人民当家作主的重要方面，但我国现阶段的民主法制还有待进一步完善和发展。除了拆迁问题，其他的如土地征用、农民工讨薪等问题的突出也都与利益表达有关。民主在一定程度上就是一种利益表达渠道。越来越多的学者开始注意到构建社会主义和谐社会必须建设社会主义民主法制，比如孙立平指出，现阶段维护公民权利是维护社会稳定的重要途径。② 而民主法制建设是维护公民权利的重要方面。俞可平指出民主是个好东西，③ 还指出民主可以造福中国。④ 蔡定剑则认为，民主是一种现代生活。⑤ 周天勇等学者指出，适时地推进政治体制改革是实现党和国家长治久安的必由之路。⑥ 民主政治是我国政治体制改革的目标，我党也提出了建设社会主义法治国家的方略。民主法制是社会和谐发展的制度保障。对于社会中出现的问题，各级政府尽管可以采取一些措施予以解决，

---

① 参阅孙立平《断裂——20世纪90年代以来的中国社会》，社会科学文献出版社，2003，第69～73页。

② 清华大学课题组：《以利益表达制度化实现长治久安》，《学习月刊》2010年第9期。

③ 参阅闫健编《民主是个好东西——俞可平访谈录》，社会科学文献出版社，2006。

④ 参阅闫健编《让民主造福中国——俞可平访谈录》，中央编译出版社，2009。

⑤ 参阅蔡定剑《民主是一种现代生活》，社会科学文献出版社，2010。

⑥ 周天勇、王长江、王安岭：《攻坚：十七大后中国政治体制改革研究报告》，新疆生产建设兵团出版社，2007，第5页。

甚至一些地方特事特办也有其合理之处，但是一些问题如果想从根本上予以解决，就需要将问题的解决方式上升为社会制度，让问题有正常的制度内的解决途径，这是社会和谐发展的根本方面。

（七）关于社会结构优化的研究

孙立平教授指出："和谐社会的一个基本前提是要有一个比较合理的社会结构。在最低的水平上，这个比较合理的社会结构至少包含这样几层意思，中产阶层占有一个相当的比例，社会的下层有一个过得去的生活空间，更重要的是要有一个相对畅通的社会流动渠道。"① 也就是说，在社会结构层面应该是一个穷人和富人占人口比例相对比较低，而中产阶层占人口比例相对比较高的橄榄型社会，这样的社会是比较稳定的社会，也是社会和谐发展的基础。"中产阶层在政治上被看作是社会稳定的基础，在经济上被看作是促进消费和内需的重要群体，在文化上被看作是承载现代文化的主体，这在国内外学术界已经成为一种基本共识。"② 但目前我国的现状与这种理想的社会结构还有一定的差距，中产阶层在总人口中的比例还比较小，我国的穷人还比较多，所以促进社会和谐发展，扩大中产阶层在人口中的比例是非常重要的，"补低、扩中、调高"是我们基本的政策取向和思路。③

上面是从人口中富裕程度的角度看社会和谐发展的社会结构基础，还有的学者从"领域合一"与"领域分化"角度来探讨社会结构的现代性价值。王南湜先生在《社会哲学——现代实践哲学视野中的社会生活》一书中指出，改革开放之后，我国社会结构从诸领域合一的状态转向了结构分化的社会状态。按照王先生的观点，改革开放之前，我国社会是非市场经济的社会模式，所谓非市场经济是"以习俗经济为主、以指令经济为辅的经济模式和以指令经济为主、以习俗经济为辅的经济模式。这两种经济模式，人们一般称之为自然经济和计划经济"。④ 改革开放之前，我国的社会

① 孙立平：《重建社会——转型社会的秩序再造》，社会科学文献出版社，2009，第 115 页。
② 孙立平：《重建社会——转型社会的秩序再造》，社会科学文献出版社，2009，第 115 页。
③ 孙立平：《重建社会——转型社会的秩序再造》，社会科学文献出版社，2009，第 120 页。
④ 王南湜：《社会哲学——现代实践哲学视野中的社会生活》，云南人民出版社，2001，第275 页。

模式主要是计划经济模式，在这种模式中，"人们往往想到的是一个指令中心对每一活动制定出详尽无遗的计划，并据之指挥一切行动的图像"。[①] 这样的社会是诸领域合一的社会，"经济、政治、文化三大活动领域的功能已在很大程度上以政治为中心融合为了一体，此可称为'领域合一'"。[②] 领域合一不仅仅是功能上的，而且是结构上的，"结构上的领域合一表现为政治组织对于经济组织和文化组织的渗透，甚至政治组织同时就是经济组织、文化组织，或者，反过来看，经济组织、文化组织同时具有政治组织的性质，并从属于政治组织"。[③] 也就是说，经济组织、文化组织在很大程度上必须承担政治组织的功能，一切领域都被政治化了，整个社会被政治组织牢牢控制了，社会几乎没有自主的空间。改革开放之后，尤其是实行社会主义市场经济以来，这种情况发生了根本性的变化。"在市场经济所造成的社会变化中，最为基本的变化是经济、政治、文化活动三大领域之间的结构关系从领域合一状态向领域分离状态的转变。"[④] 经济领域和文化领域从原来的政治化的状态中解放了出来，"以政治活动的目标为基准去限定经济、文化活动的必要性亦将不复存在，从而各个活动领域将以本己的目标为目标，即经济活动只以生产物质生活资料为目标，虽然它也附带地生产出了社会秩序，政治活动自然只以生产社会秩序为目标，文化活动则只以生产生活意义为目标，而无须被限定于其他目标之内"。[⑤] 现代社会必然是一个领域分化的社会，曾经的领域合一的那种团结一致是一种僵化的团结一致，不是真正的和谐，社会的和谐发展需要以诸领域分化为基础。

另外，公民社会论者还从国家与社会的角度来论证，只有国家与社会的分离才是社会和谐发展的基础。他们指出公民社会的发展壮大是从传统的全能主义国家向现代的公民社会与政治国家相分离的状态演变的过程，

---

① 王南湜：《社会哲学——现代实践哲学视野中的社会生活》，云南人民出版社，2001，第277页。

② 王南湜：《社会哲学——现代实践哲学视野中的社会生活》，云南人民出版社，2001，第297页。

③ 王南湜：《社会哲学——现代实践哲学视野中的社会生活》，云南人民出版社，2001，第297~298页。

④ 王南湜：《社会哲学——现代实践哲学视野中的社会生活》，云南人民出版社，2001，第311页。

⑤ 王南湜：《社会哲学——现代实践哲学视野中的社会生活》，云南人民出版社，2001，第317页。

是政治国家将社会权力归还给社会，政治权力逐渐缩减其范围并且逐渐明确、清晰地划分其边界的过程。现代社会结构应该是一个大社会、小政府的结构，政府不再拥有过多地染指社会的权力，公民社会的发展壮大也是现代社会应该具备的基本条件之一。这一点在本章的第一节中已有较为详尽的阐述，此不赘述。

四　本书对社会和谐发展的界定

上文梳理了中西方思想史上关于和谐的基本观点以及国内关于社会和谐发展的研究情况。根据以上论述，我们引出本书对社会和谐的界定，从总的方面来说，所谓的社会和谐包含三个方面。

首先，和谐发展以发展为前提，没有发展的和谐不是我们所要追求的。我国是个发展中国家，当今世界国际竞争十分激烈，不发展我们就会在已经落后于西方发达资本主义国家的基础上扩大与西方发达国家的差距。改革开放 30 余年我们取得令世人瞩目的巨大成就的根源就是发展，而且是高速度的发展。虽然我们的发展在现阶段出现了诸多的社会矛盾，一些矛盾表现得还相当激烈，也引发了一些不同的声音，比如一些人认为，我们的发展方向出现了问题，甚至个别人指责我们的发展是资本主义方向的，或者是修正主义方向的；还有一些人则指责我们的改革不彻底，私有化不彻底。面对发展中出现的问题，各种奇谈怪论开始出现。但我们认为这并不是我们的发展道路出现了问题，不是改革开放的问题。亨廷顿说，"现代性孕育着稳定，而现代化过程却滋生着动乱"，① 即典型的传统社会和成熟的现代性国家是稳定的，但是从传统的社会向现代性社会过渡的时期则是充斥着社会动荡的，这个过渡时期就是现代化时期。我国的社会转型期就是现代化的一个阶段，在这个转型期，原来的利益结构被打乱，各种群体之间的利益有一个重新洗牌的过程，而利益则最牵动人的神经，这必然导致众多矛盾的凸显。所以矛盾丛生期是任何一个国家现代化都必须经历的时期，英、美、法等发达资本主义国家也都经历过这样的时期，只

---

① 〔美〕塞缪尔·P. 亨廷顿：《变化社会中的政治秩序》，王冠华等译，三联书店，1989，第 38 页。

不过它们现在已经经历过了现代化的时期，而成为一个成熟的现代性国家。邓小平也说过，"现在看，发展起来以后的问题不比不发展时少"。①但我们不能因此而裹足不前，或者说为了追求和谐而放弃发展，这种观点是不对的。发展中出现的问题只能通过发展的方式来解决，也只有发展才能够为解决发展中的问题积累力量。所以我们所追求的社会和谐首先是发展。没有发展的"和谐"，虽然整个社会都相安无事，很"稳定""协调"，但这是僵化的和谐，是一潭死水，不是我们所追求的社会和谐发展。

其次，社会和谐是一系列关系的协调。我们的社会转型到了矛盾凸显期，各种矛盾集中出现，这就要求我们在继续推进发展的同时，着力协调各种关系。社会和谐发展所要协调的关系非常复杂，毛泽东同志在《论十大关系》中所列出的十大关系也是现阶段社会和谐所要协调的关系；中央提出的"五个统筹"，即"统筹城乡发展、统筹区域发展、统筹经济社会发展、统筹人与自然和谐发展、统筹国内发展和对外开放"也是社会和谐发展所要协调好的关系；还有中央提出的和谐社会的总要求，即"民主法治、公平正义、诚信友爱、充满活力、安定有序、人与自然和谐相处"，②更是追求社会和谐所要做到的基本要求。这些论述都是社会和谐发展所应该做到的，虽然现阶段我们在这方面做得还有不到位的地方，但处于社会转型期的我们正在努力解决这些问题，正在向这个方向接近。辩证法告诉我们，社会发展不是直线前进的，而是一个螺旋式上升、波浪式前进的过程。社会发展是一个出现矛盾—解决矛盾—再出现矛盾—再解决矛盾的过程，只要我们能够成功地解决矛盾，我们就能够推动社会的发展和进步。

最后，我们所追求的社会和谐应该是现代性的和谐。笔者之所以专门列出这一点，是因为前现代社会也有"和谐"，比如我国封建社会中就有"贞观之治""康乾盛世"等也可称为社会比较和谐的状态，在这样的社会状态下，统治者采取体恤民情的宽松政策，而被统治者心安理得地接受统治者的统治。这种"和谐"显然不是现代意义上的社会和谐，也不是我们所追求的社会和谐，现代社会是一个公民社会状态，公民不是这个社会的被统治者，而是这个社会的统治者、主人。前现代社会只有臣民，每个人

---

① 《邓小平年谱》下卷，中央文献出版社，2004，第1364页。
② 本书编写组：《构建社会主义和谐社会的伟大纲领》，人民日报出版社，2006，第4页。

都由衷地臣服于统治者，习惯于被奴役；而现代社会的人是公民，他们都有强烈的公民意识。而这样的社会不可能是前面提到的"同则不继"状态；相反，由于每个人都有其主体意识，都是利益主体，社会是多元的，利益群体出现分化，利益个体也出现分化，不同的人有不同的利益，但是总体上多元的利益主体是相互协调的，是"和而不同"的。我们所追求的社会和谐允许利益分化，不同的利益群体、利益主体有不同的利益诉求，而彼此之间的利益又是基本协调的，这样的社会和谐才是真正的"和而不同"的和谐状态。

根据上面我们所给出的界定，现代社会组织的发展壮大对于社会和谐发展是有着十分重要的意义的。

五　社会和谐与和谐社会的关系辨析

社会和谐与和谐社会既相互联系，又有一定的区别。单就字面意思来说，这两个概念相同点多于不同点，区别较为微妙，但在不同的话语体系中，二者还是有一定区别的。

第一，在政治话语体系中，社会和谐与和谐社会的区别在十七大前后是不同的。一般而言，我们所说的和谐社会是社会主义和谐社会的简称，社会主义和谐社会的提出有一个过程，十六大报告就已经涉及和谐社会问题了（十六大报告提出要使"社会更加和谐"），只是没有明确提出社会主义和谐社会这一概念。十六届四中全会通过的《中共中央关于加强党的执政能力建设的决定》明确地将构建社会主义和谐社会的能力作为党的一项基本能力提出来。十六届六中全会提出，"按照民主法治、公平正义、诚信友爱、充满活力、安定有序、人与自然和谐相处的总要求，以解决人民群众最关心、最直接、最现实的利益问题为重点，着力发展社会事业、促进社会公平正义、建设和谐文化、完善社会管理、增强社会创造活力，走共同富裕道路，推动社会建设与经济建设、政治建设、文化建设协调发展"。[1] 更加详尽地部署了和谐社会构建的具体要求。和谐社会主要是针对转型期社会矛盾凸显、社会不和谐因素增多而提出来的，它是一种"民主

---

[1]　本书编写组：《构建社会主义和谐社会的伟大纲领》，人民日报出版社，2006，第4页。

法治、公平正义、诚信友爱、充满活力、安定有序、人与自然和谐相处"的和谐状态，是我们所追求的目标。这种和谐状态是包括政治、经济、文化、社会在内的整个社会的和谐，这个意义上的和谐社会与社会和谐概念重叠内容较多，区别较小（具体的区别在学术话题体系中来说明），因为社会和谐也是指整个社会的和谐。

但随着我党对和谐社会认识的深化，在我们的政治话语体系中，和谐社会逐渐转变为与经济、政治、文化处于同一个层次的社会领域的和谐状态，这一转变从十七大开始。十七大报告提出，"必须在经济发展的基础上，更加注重社会建设，着力保障和改善民生，推进社会体制改革，扩大公共服务，完善社会管理，促进社会公平正义，努力使全体人民学有所教、劳有所得、病有所医、老有所养、住有所居，推动建设和谐社会"。①将建设和谐社会放在社会建设部分来讲。十八大报告也将和谐社会建设放在社会建设部分来讲。可以说，十七大以前，和谐社会这一概念与社会和谐区别较小，重叠部分大于差异部分；而十七大之后，和谐社会与社会和谐这两个概念的区别逐渐变得明显起来了。

第二，在学术话语体系中，社会和谐与和谐社会的重叠内容多于差异部分。所谓社会和谐就是包括经济、政治、文化、社会在内的整个社会的和谐状态，小到个体的身心和谐、人际关系和谐、家庭和谐、邻里和谐，大到经济系统的和谐、政治系统的和谐、文化系统的和谐、社会系统的和谐以及各个领域之间关系的和谐，等等；而和谐社会也大致包括上述这些内容。二者的关系类似于政治话语体系中十七大之前的关系。所以社会和谐与和谐社会在一些具体的语境下可以混用。但是二者也存在一些微妙的区别：社会和谐强调社会的一种状态（和谐状态），而和谐社会更多的是我们所追求的目标，它更多地表现为一种应然的理想状态；社会和谐强调过程，即走向和谐社会的发展过程，而和谐社会则是目的，是社会和谐发展的目的。

由于本书更多地属于学术研究，而非宣传性的著作，所以社会和谐与和谐社会在一些具体语境下是可以互用的。

---

① 胡锦涛：《高举中国特色社会主义伟大旗帜　为夺取全面建设小康社会新胜利而奋斗——在中国共产党第十七次全国代表大会上的报告》，人民出版社，2007，第37页。

第四节　现代社会组织对社会和谐发展的积极作用
研究综述及研究框架

公民社会的兴起已经呈现不可阻挡的趋势，对这方面的研究也必然成为学术界的主要兴趣之一，事实也确实如此，公民社会的研究已经成为我国学术界的一大热点。有的学者把注意力放在公民社会自身理论的研究上，有的学者将注意力放在了公民社会发展的制度、法律等社会环境上，有的学者则将注意力放在了国际公民社会比较研究上，这些研究对于本研究的进行都具有十分重要的借鉴意义。但本研究的主旨不是探讨公民社会本身的理论，而是探讨现代社会组织在社会和谐发展中所能发挥的作用。关于公民社会自身的理论我们在前面已经梳理过了，本节直接切入主题，综述学术界关于现代社会组织对于社会和谐发展的积极意义的研究，这些研究就是本研究开展的基础性理论资源。

一　现代社会组织对社会和谐发展积极作用的研究综述

根据前文我们所做的界定，社会和谐发展的内涵至少包括三个大的方面：社会发展、一系列社会关系的协调、社会和谐应该是现代性的。下面我们的综述也以这三个大的方面为搜集资料的范围，凡是现代社会组织对上述三大方面有积极意义的研究都属于本研究所要综述的范围之列。

（一）萨拉蒙：现代社会组织是一支重要的经济力量

萨拉蒙先生的国际比较研究表明，公民社会组织是一支重要的经济力量，"除了社会和政治影响之外，非营利部门首先是区域中的一种重要的经济力量，因为它在就业和国家支出中占有非常重要的比例，具体表现在如下六个方面"。① 这六个方面分别是：①一个1.1万亿美元的产业。即使

---

① 〔美〕莱斯特·M.萨拉蒙：《全球公民社会——非营利部门视界》，贾西津、魏玉译，社会科学文献出版社，2002，第9页。

排除了宗教团体，22 个国家的非营利部门还是一个 1.1 万亿美元的产业，它雇用了近 1900 万名全职员工。这些国家的非营利支出平均达到国内生产总值的 4.6%，非营利组织就业占所有非农业就业的近 5%，占所有服务行业就业的 10%，占所有公共部门就业的 27%。②世界第八大经济大国。如果将这些国家的非营利部门比作一个单独的国家，那么它将成为世界第八经济大国，比巴西、俄罗斯、加拿大和西班牙还要领先。③超过了最大的私营公司的就业人口。尽管有所不同，这些国家的非营利部门的就业相当于各个国家最大私营企业就业总和的 6 倍多。④名列许多产业之前。事实上，在这 22 个国家非营利部门工作的就业人数比这些国家的公用事业、纺织制造业、造纸和印刷业或化学制造业的就业人数要多，这些非营利部门的就业人数相当于运输和通信业的就业人数。⑤志愿投入量大。上述这些仍然没有展现非营利部门的全部规模，因为非营利部门还吸引了相当数量的志愿力量，事实上，这些国家中平均占总人口 28% 的人向非营利组织贡献了他们的时间。这相当于 1060 万个全日制职员，这个数字使得非营利组织的全日制职员达到 2960 万人。如果包括志愿者，那么这些国家的非营利部门的就业人数平均占到全部非农就业总人数的 7%，占到服务业就业总人数 14%，更惊人地占到公共部门就业总人数的 41%。⑥如果包括宗教力量，非营利部门将会进一步扩大。在萨拉蒙研究的 16 个可以汇聚宗教团体活动数据的国家，非营利部门中相当于全日制职员的就业人数大约增加了 150 万，比没有包括宗教团体时增加了约 7.5%。加上这些宗教团体的就业，这 16 个国家中非营利部门就业人数占总非农就业人数的份额将由 5.3% 上升到 5.6%。如果也包括宗教志愿者，那么这个份额将从 7.8% 上升到 8.5%。①

（二）郭道久：现代社会组织是制约权力的重要力量

郭道久先生在其《"以社会制约权力"——民主的一种解析视角》一书中，在"以权力制约权力""以权利制约权力"这两种制约权力模式的基础上又提出了一种"社会制约权力"的模式。在这里，制约权力的"社

---

① 〔美〕莱斯特·M. 萨拉蒙：《全球公民社会——非营利部门视界》，贾西津、魏玉译，社会科学文献出版社，2002，第 9～14 页。

会"主要包括"利益集团、第三部门、大众传媒等，制约权力的行为主要包括意见表达、决策参与、公众评议等"。① 其对于公共权力的制约虽然不像"以权力制约权力"那样具有强制力，而且还具有容易陷入理想化境地和对主客观条件要求较高等缺点，② 但是这种制约也不失为一种比较有效的权力制约方式。这里的第三部门也就是公民社会，大众媒体和利益群体也都有现代社会组织的特征。现实中网络对于权力的影响也可以印证郭道久先生的观点，近年来网络作为一种民间力量在制约政府权力方面的作用越来越受到人们的关注。比如厦门PX事件，公民以网络为纽带，用散步的方式理性地表达对政府引进PX项目的抵制；又如深圳的"林嘉祥事件"，面对受害人的父母，掌握公共权力的林嘉祥是何等张狂，"我是交通部派来的，级别和你们市长一样高……"，最终在网络舆论的压力下交通运输部撤了林嘉祥的党内外职务；又如"躲猫猫事件"，受害人在被刑事拘留期间非正常死亡，结果警方解释说是玩"躲猫猫"意外死亡，网络舆论一片哗然，又是网络的舆论压力让有关部门彻底调查此事；又如"罗彩霞事件"，一个公安局政委竟能买通县里有关部门，让他的女儿冒名顶替上大学，又是由于网络的舆论压力，那位公安局政委王峥嵘最后被刑事拘留；等等。在网络的曝光和舆论压力下，权力的滥用被迫受到惩罚，应该说，这是公民社会制约权力的一种方式。网络社会中，虽然人们彼此并未谋面，但是他们在网络这个虚拟的公共空间中聚集，这本身就具备了公民社会的特征。

（三）王绍光：现代社会组织的内部效应很重要

很多人在谈到我国的现代社会组织的时候认为，我国的现代社会组织具有依附政府的特性，甚至将其称作准政府组织。但是王绍光先生认为，这并不影响现代社会组织的内部效应的发挥，而且对于现代社会组织来说，内部效应是非常重要的效应，所谓内部效应是针对外部效应而言的。王先生指出："据我所知，强调公民社会和民主关系的人一般偏重公民社

① 郭道久：《"以社会制约权力"——民主的一种解析视角》，天津人民出版社，2005，第11页。
② 参阅郭道久《"以社会制约权力"——民主的一种解析视角》，天津人民出版社，2005，第141~144页。

会或者社团的外部效应，即这些社会团体可以为自己的成员提供表达的渠道，可以用自己动员起来的力量来对政府施加压力，迫使政府回应自己的要求，从而制衡政府，使之不能滥用权力。在这些学者看来，当这样的团体不是一个两个，而是成千上万个，甚至是几百万个，它们不仅能有效地制衡政府，而且能互相牵制、避免任何团体独大，形成多元的政治格局，或民主政治的格局。"① 这就是公民社会的外部效应，应该说，现代社会组织确实能够发挥重要的外部效应，但是王先生对这种强调公民社会外部效应的观点持批判态度，他指出，他的不满在于两点：第一，这种观点把公民社会看成一个整体，好像完全不存在阶级差别，好像各种社团是在完全平等的基础上竞争，这完全是虚妄的假设；第二，这种观点把公民社会当作一块净土，与污泥浊水的国家相对立，似乎好事都是公民社会干的，坏事都是国家干的，这当然也是虚妄的假设。② 与这种强调外部效应的观点相反，王先生侧重于强调内部效应。"所谓公民社会的内部效应，主要包括以下几个方面：一是培育合作习惯和公共精神。在社团里面，尤其是非政治性、非经济性的社团，人们如果聚集在一起的话，他们更容易学会合作的习惯。原因很简单，这里不涉及任何利益。相反在政治性、经济性的社团里面很可能涉及利益纷争，所以大家很难合作。二是培育互信、互惠、温和、妥协、谅解、宽容的品性。在团体活动中，人们更容易超越狭隘的自我，逐步认识到合作互助的必要性和优越性，从而学会互相信任，不走极端，妥协包容的习惯。三是培育与人交往、共事的交流技能。除了前面的这些东西以外，人们在社团中还能学会怎么开会、怎么在公众面前说话、怎么写信、怎么组织项目、怎么去辩论等这样一些技能。反过来，这些习惯和技巧又强化了人们参与政治的积极性和能力，并加强了政治效能感和竞争意识。"③ 这是对公民文化的孕育和对现代公民素养的提升，这对于现代民主政治尤其像中国这样一个公民文化因素比较缺乏的国度来说是非常重要的。而对于现代社会组织来说，是否正式并不影响内部效应的发挥。"一个社团要产生内部效应，它不一定非得是正式的、自愿的或脱离政府而完全自治的社团。例如，一项对德国非正式团体的研究发现，

---

① 王绍光：《民主四讲》，三联书店，2008，第 113～114 页。
② 王绍光：《民主四讲》，三联书店，2008，第 114 页。
③ 王绍光：《民主四讲》，三联书店，2008，第 116 页。

'这种组织的非正式性质，并没有妨碍它为（相识的）成员相互帮助资源共享提供便利'。"① 王先生还在他的著作中用非常翔实的数据来证明他的论点。因此，以我国现代社会组织的非政府性不成熟为由否认它对于民主政治建设的功效是不正确的。

（四）王名：现代社会组织在灾难救助中发挥重要作用

现代社会组织对于救灾的意义在 2008 年的汶川大地震中表现得尤为突出。王名先生主编的《汶川地震公民行动报告——紧急救援中的 NGO》以比较翔实的实例阐述了现代社会组织在救灾中的巨大作用。我们以"5·12"民间救助服务中心为例来看看现代社会组织的作用。"'5·12'民间救助服务中心是由四川各地及来自北京、陕西、贵州、上海等地的民间公益组织和志愿者团队联合组成的一个信息资源服务平台，成立于汶川地震发生后的 5 月 15 日。"② 这个中心是一个没有公共权力但有公信力的临时性社会机构，或者说是一种组织形式，当时该中心以"众志成城、抗震救灾、有序参与、有效服务"为宗旨，本着"我们不是来做好事，我们是来把事情做好"的专业化原则参与紧急救灾和灾后重建的工作。③ 该中心建立的原因是，5 月 13 日成都一些民间组织的工作人员开始以志愿者的身份到前线参与救灾工作，但他们发现那里的场面很混乱，志愿者太多而且缺乏秩序，这种无序的状况使很多人有心却不能办好事，最终包括贵州、陕西的 NGO 在内的 20 多家组织成立了这个中心。④ 这使得现代社会组织能够在有序的状态下参与救灾和灾后重建。该中心还特别注重公信力问题，重视公开透明。这仅仅是现代社会组织的一个例子，该著作还搜集了大部分参与汶川救灾的现代社会组织的名单和它们的活动，可以说是一部阐述现代社会组织救灾作用的很好的著作。现代社会组织有着政府所不具备的优点，"在这次抗震救灾中，政府疲于执行最基本的救助功能：救人性命，

---

① 王绍光：《民主四讲》，三联书店，2008，第 115 页。
② 王名主编《汶川地震公民行动报告——紧急救援中的 NGO》，社会科学文献出版社，2009，第 138 页。
③ 王名主编《汶川地震公民行动报告——紧急救援中的 NGO》，社会科学文献出版社，2009，第 138 页。
④ 王名主编《汶川地震公民行动报告——紧急救援中的 NGO》，社会科学文献出版社，2009，第 139 页。

让灾民有饭吃、有屋住等等。'5·12'中心发现，只送方便面是有问题的，灾民的特殊需求没有人去考虑和满足，比如高血压病人的常用药没有了，妇女的卫生巾没有了，等等，而且大帐篷群居还涉及女童幼童的保护等问题，还有一些家庭问题跟着也出来了，这些都需要人帮助去解决。而这些已经超出了政府的职能范围，在这样紧急的时刻，政府没有能力，也不应该来做这些'奢侈的'、'琐碎的'的事情。这些正是NGO要做的事情。NGO要表达公众的最基本生存需求之外的部分。'5·12'中心的各成员组织便凭借自己快速、灵活的特点，将关注点放在政府无力或无暇顾及的细微和多样化需求之处，放在政府和公众关注点之外的偏远山区的受灾点，放在了精神温暖和社会关爱上"。① 比如，"从山西来到灾区的一个俱乐部'乐活'——快乐地生活。他们带来了几万块钱在灾区购买物品，最贵的东西是九块钱一双的胶鞋，绝大部分东西都是牙膏、牙刷、毛巾、梳子、小镜子、口杯等等日常用品，还有水果（苹果、香蕉等）。他们走一路发一路，根据老百姓的需要。他们觉着救助点的东西太多，所以用不着他们在救助点发，于是他们到那些自己在自己家里捡东西、建房子的老乡家里去发。这些东西虽然不值钱，但当他们给一个孩子一个苹果，看到孩子的笑脸的时候，双方心里都很温暖。村民看到志愿者来帮助救灾很感动，志愿者看到灾民在自己建自己的家也很感动。这些民间NGO的力量有限、空间有限，但是它们在尽自己的力量做自己能做的事，它们能给村民以信心，体现社会的关爱，这就是NGO的专业服务"。② 在救灾中，政府和现代社会组织相互补充其功能性的不足，使得救灾的任务能够比较圆满地完成。

（五）何增科：现代社会组织是推动民主政治建设的重要力量

何增科先生在为《响应汶川——中国救灾机制分析》所作的序言中指出："我们之所以要关注和研究公民社会，是因为公民社会的成长壮大对于促进社会和政治生活的民主治理具有十分重要的现实意义。公民社会的成长壮大，便利了公民参与，促进了决策的民主化，提供

---

① 王名主编《汶川地震公民行动报告——紧急救援中的NGO》，社会科学文献出版社，2009，第143页。

② 王名主编《汶川地震公民行动报告——紧急救援中的NGO》，社会科学文献出版社，2009，第147页。

了政府和公民沟通的中介，提高了政治透明度，推动了分权自治，增强了公民的政治认同感。"① 具体来说，其作用表现在：第一，为公民提供了一种组织化的利益表达渠道和合法的维护权利方式；第二，在促进决策的民主化方面发挥着重要作用；第三，在扩大参与并加强公民和政府之间的联系方面发挥着重要作用；第四，在提高政治透明度方面发挥着重要作用；第五，在促进地方分权和社会自治方面发挥着重要作用；第六，在增强公民对政治的认同感方面发挥着重要作用。②

（六）俞可平：现代社会组织是社会治理的重要力量

治理理论是近年来兴起的一个重要理论，全球治理委员会给出的界定是，"治理是各种公共的或私人的个人和机构管理其共同事务的诸多方式的总和。它是使互相冲突的或不同的利益得以调和并且采取联合行动的持续的过程。这既包括有权迫使人们服从的正式制度和规则，也包括各种人们同意或以为符合其利益的非正式的制度安排。它有四个特征：治理不是一整套规则，也不是一种活动，而是一个过程；治理过程的基础不是控制，而是协调；治理既涉及公共部门，也包括私人部门；治理不是一种正式的制度，而是持续的互动"。治理的主体是多元的，包括政府、民间组织等各种主体，它的首要功能之一就是"使互相冲突的或不同的利益得以调和并且采取联合行动"。③ 俞可平指出，治理（Governance）和统治（Government）有较大的区别：权威不同，治理虽然也需要权威，但这个权威不一定是政府，而统治的权威必定是政府；管理过程中权力的运行向度不一样，统治的权力运行是自上而下的，它运用政府的权威，通过发号施令、制定政策和实施措施实现其管理功能，而治理则是一个上下互动的管理过程，它主要通过合作、协商、伙伴关系、确立共同目标等方式来实施对公共事务的

---

① 参阅萧延中等《多难兴邦——汶川地震见证中国公民社会的成长》，北京大学出版社，2009，序言第 3 页。
② 参阅萧延中等《多难兴邦——汶川地震见证中国公民社会的成长》，北京大学出版社，2009，序言第 3~5 页。
③ 俞可平：《引论：治理和善治》，载俞可平主编《治理与善治》，社会科学文献出版社，2000，第 4~5 页。

管理。① 治理实际上就是充分调动社会的积极作用，与政府合作以实现社会管理的目标。现代社会组织是实现社会治理的重要力量，俞可平指出，改革开放为公民社会的兴起创造了基本的政治、经济和法律环境；而反过来公民社会的兴起又对社会政治和经济生活产生了重大影响，在相当程度上改变了社会的治理状况。② 就民间组织的内部认同而言，越是接近于纯粹民间的现代社会组织，就越具有组织内部的认同度与参与度；相反，越是类似于政府组织的现代社会组织就越缺乏这些效应。③ 民间组织（也就是现代社会组织）的社会治理功能不仅表现在内部效应上，而且更主要地表现在对整个社会政治生活的影响上，包括政治参与、决策民主、公民自治、政务公开和廉政建设等，"正在兴起的中国民间组织成为沟通政府与公民的一座重要桥梁"。④ 社会治理程度的提高，是社会力量提高的表现，也是社会自治能力提高的表现，这样的力量是社会自下而上的社会和谐促进力量。

（七）郭道晖：现代社会组织是社会权力的政治社会基础

郭道晖先生指出，社会权力是"社会主体以其所拥有的社会资源对国家和社会的影响力、支配力"。这里所谓的社会资源包括"物质资源（人、财、物、资本、信息、科技、文化产业等）与精神资源（人权与法定权利、道德习俗、社会舆论、思想理论、民心、民意等等），还包括各种社会群体（民族、阶级、阶层、各种利益群体等等）、社会组织（政党、人民团体、各种社团组织、企业事业组织、各种行业协会等等非政府组织）、社会特殊势力（宗教、宗族、帮会等等）。这些资源可以运用来形成某种统治社会、支配社会进而左右国家权力的巨大影响力、支配力"。⑤ 社会权力是不同于国家权力的权力形式，但在前资本主义社会中，社会权力被国家权力所吞噬，只有到了资本主义社会，政治国家与市民（公民）社会相

---

① 俞可平：《引论：治理和善治》，载俞可平主编《治理与善治》，社会科学文献出版社，2000，参阅第 5~7 页。
② 俞可平：《中国公民社会的兴起与治理的变迁》，社会科学文献出版社，2002，第 208 页。
③ 俞可平：《中国公民社会的兴起与治理的变迁》，社会科学文献出版社，2002，第 208 页。
④ 俞可平：《中国公民社会的兴起与治理的变迁》，社会科学文献出版社，2002，第 211 页。
⑤ 郭道晖：《社会权力与公民社会》，译林出版社，2009，第 54 页。

分离才为社会权力的独立提供了可能性。① 郭道晖先生认为，公民社会是社会权力的政治社会基础，为了论证这一点，郭先生还区分了"'私人'和拥有'私权利'的市民社会（经济存在），与作为'公人'和拥有'公共权力'（政治权力）的公民社会（'政治存在'）。② 他指出，民间社会可能有两重身份，"私人社会与公民社会，即作为私人社会、作为经济主体和民事主体存在的共同体，民间社会力求脱离国家，反对国家对私人权益和私生活的干预；而作为公民社会，作为政治存在，民间社会则力求参与政治，参与国家，表达和实现自己的意志，促使国家为公民利益和社会利益服务。它们与国家的关系，简言之，前者是'你别管我'，后者是'我要管你'"。③ 前者是作为经济存在的民间社会，郭先生称之为市民社会，后者则是政治性的存在，郭先生称之为公民社会。公民社会是由"政治人"组成的政治性存在，而不是纯粹经济性的自然人、私人和民事主体，"仅有同国家分离、只是追求个人私利的分散、封闭的私人社会，是不足以同政治国家相抗衡的。公民社会存在的意义就在于超越私人社会的局限，以其有组织的政治实体（各种非政府组织）来集中和表达社会的共同意志和公共利益，努力扩大社会的平等和自由……"④ 公民社会之所以具有影响、支配国家的作用，其主要根源之一就是公民社会具有超越私人社会的局限的特性。

（八）马长山：现代社会组织是法治的社会根基

马长山先生在《国家、市民社会与法治》、《法治的社会根基》和《法治的社会维度与现代性视界》等著作以及一系列的文章中阐述了这样一个基本观点：现代社会组织是法治的社会根基。他指出，公民文化是法治秩序的精神性根基，而现代社会组织在塑造公民文化和公民性上发挥着重要作用。当然，在马先生那里，现代社会组织就是民间组织，他指出，民间组织在塑造公民性上发挥的作用主要有：推动"公民性"社会资本的形成，促使公民超越私人的我，而关注公共利益；培养公民的民主生活技

---

① 郭道晖：《社会权力与公民社会》，译林出版社，2009，第50页。
② 郭道晖：《社会权力与公民社会》，译林出版社，2009，第368页。
③ 郭道晖：《社会权力与公民社会》，译林出版社，2009，第369页。
④ 郭道晖：《社会权力与公民社会》，译林出版社，2009，第370页。

能，民间组织是培养民主习惯的重要平台；增进公民的公共精神，引导公民关注公共事务；培育公民的理性自律品格，以实现社会自生自发的社会秩序。① 在《法治的社会根基》一书中，马长山指出，民间社会团体是民主与法治的结构性支撑，结社活动有着深层的历史底蕴：第一，社会团体是国家权力回归社会的重要桥梁；第二，结社活动展现了人类自由自主活动的发展走向。② 社会团体不仅塑造了文化底蕴，还直接支撑了民主和法治的结构：社会团体可强化权力制约、民主参与和监督；社会团体促使不同群体的合法权益获得实现和保障；社会团体是实现社会自律，维护社会稳定的重要力量；社会团体使民主与法治价值的合法性得以确认和弘扬。③ 不仅如此，现代社会组织（马长山先生称作市民社会）的作用还表现在市民社会的多元自主性权利对权力发挥平衡和制约作用等方面。④ 社会团体的发展已经对法治秩序的变迁发挥了积极作用，在我国社会发展的过程中，现代社会组织还会继续发挥重要的积极作用。

（九）郁建兴：行业组织在实现行业自治上发挥重要作用

郁建兴先生和江华、周俊合著的《在参与中成长的中国公民社会——基于浙江温州商会的研究》一书是对温州商会的实证研究，该研究显示了现代社会组织（商会、行业协会等）在市场经济发展中的重要作用。温州商会是在温州市场经济发展过程中逐渐发展起来的，它对于温州市场经济的健康发展发挥了巨大的作用。郁建兴先生将其作用分为两类：一是服务会员，包括信息服务、技术服务、教育与培训、融资服务、开拓市场，而且郁先生用具体的实例说明，温州商会在这方面做得还是比较成功的。⑤ 二是促进行业发展，该作用包括：第一，产品质量建设。改革开放之初，温州产业集群的无序竞争曾使温州陷入了集体行动困境，出现"降低质量—价格优势—降低质量"的恶性竞争，温州商会的成立逐渐改变了这种状况。第二，行业维权。烟具行业协会制定了《烟具行业维权公约》，有

---

① 参见马长山《法治的社会维度与现代性视界》，中国社会科学出版社，2008，第228~236页。

② 马长山：《法治的社会根基》，中国社会科学出版社，2003，第160~172页。

③ 马长山：《法治的社会根基》，中国社会科学出版社，2003，第172~181页。

④ 参阅马长山《国家、市民社会与法治》，商务印书馆，2003。

⑤ 郁建兴、江华、周俊：《在参与中成长的中国公民社会——基于浙江温州商会的研究》，浙江大学出版社，2008，第104~114页。

力地打击了技术被盗版的行为，维护了企业的利益。第三，行业品牌建设。温州商会采取了各种措施培育本行业的品牌。第四，突破贸易壁垒，不仅突破国内各省之间的贸易壁垒，而且还成功地到美国维护温州打火机行业的利益，如美国1994年试图实施针对温州打火机的限制措施，最终温州商会和我国政府配合迫使美国修改原定程序。① 郁建兴的研究仅仅是针对温州商会，像温州商会这样的商会在全国还有很多，这么多的行业组织在经济发展过程中将会发挥越来越积极的作用。

除了以上所综述的学者之外，还有很多活跃在公民社会研究领域中的学者，比如邓正来、景跃进、高丙中、王新生、秦晖等，但是这些学者更多的是关注公民社会自身的理论，或者更多地用国家与社会的范式来研究我国社会。当然，在宽泛意义上，他们的研究也涉及社会和谐发展的问题，但是他们缺少直接的、系统的有关公民社会与社会和谐的研究，所以在这里就不作详细综述了。

需要说明的是，还有大量的有关公民社会与社会和谐发展的论文，但上述所综述的9位学者所关注的9个问题基本上也涵盖了这些学术论文所研究的问题，此处不再赘述。

二 对目前学术界研究的评价

随着公民社会研究在我国学术界的逐渐升温，关于现代社会组织对于社会和谐发展的作用的研究越来越多了，虽然很多研究并没有直接以此为题，但并没有脱离这一实际问题。所以总体而言，我国的学术界对这个问题已经有较为丰富的研究了，不同的学者从各自的角度探讨现代社会组织在社会和谐发展中的作用，成果也比较多。

但目前的研究也存在一些问题。

首先，相关的研究虽然很多，但总体而言比较零散，不同的学者都是只探讨社会和谐发展的某一个方面，虽然对某一个问题研究得比较深入，但缺乏系统性和整体性。比如学术界已经存在大量的有关某个现代社会组

---

① 郁建兴、江华、周俊：《在参与中成长的中国公民社会——基于浙江温州商会的研究》，浙江大学出版社，2008，第114～125页。

织的个案研究，康晓光对"希望工程"的研究就是个典型的例子，他以翔实的资料和数据论述了"希望工程"的发展及其成功之处。[①] 对于公民社会与社会和谐发展的研究而言，对于现实的民间组织所作的实证研究是非常必要的，如果没有这种扎实的研究，就不可能有更为系统和宏观的研究。但是当对于现代社会组织的研究已经有了一定学术积累的时候，从较为宏观的角度系统地研究现代社会组织对社会和谐发展的意义也就提上了研究的日程。尤其是中央提出构建社会主义和谐社会之后，关于现代社会组织对社会和谐发展的作用的研究开始升温，从期刊网上搜一下就可以发现，现阶段直接以现代社会组织与社会和谐或者类似的题目为题所作的研究已经不少。但是到目前为止，类似的研究专著还没有。目前学界的状况表明，已有的研究已经为本研究奠定了背景性基础，本研究已经具备可行性了。

其次，对于公民意识与社会和谐的发展的研究尚显不足，社会的和谐不仅仅是经济上快速发展，民主政治制度的建立健全，更重要的是要有现代的文化根基，尤其是现代政治文化，也就是公民文化。公民文化是现代民主政治的精神根本，如果没有公民文化作支撑，现代民主政治制度不可能正常运转。而公民意识则是政治文化中的核心内容之一。公民文化是个抽象的概念，具体到每个公民身上就是每个公民所应具有的现代公民意识。现代公民意识是保证社会和谐发展的现代性的精神根基，正如前文所述，封建专制主义时代也有"盛世"，但那不是我们所追求的和谐社会，我们所追求的和谐社会是现代性的和谐社会。现代公民意识就是现代性的主要表现之一。

再次，比较系统地探讨现代社会组织的矛盾化解机制的研究也不多。现阶段的我国处于矛盾凸显期，众多的社会矛盾集中出现，使得社会稳定问题成为影响和谐发展的大问题。现阶段矛盾虽然众多，但基本上都属于人民内部矛盾，这就需要一个社会矛盾化解机制。实际上现代社会组织具备很好的社会矛盾化解机制，现代社会组织本身的运作原则表明，它可以担当起社会矛盾化解机制。

最后，现代社会组织对于社会结构和谐的研究也不多。但是社会结构是社会和谐非常重要的方面。

---

① 参阅康晓光《希望工程调查报告》，漓江出版社、广西师范大学出版社，1997；康晓光：《创造希望——中国青少年发展基金会研究》，漓江出版社、广西师范大学出版社，1997。

三　本研究的理论框架

本研究的总体逻辑结构是这样的：

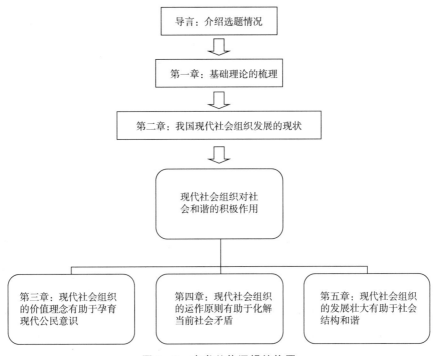

图 1 - 2　本书总体逻辑结构图

具体来说，本研究的主体分为以下几个部分。

导言　主要介绍了本研究的选题情况，如研究意义、研究方法和预期的创新之处。

第一章　基本理论的梳理。在这一章里，笔者梳理了公民社会理论的历史演变，并从公民社会理论的历史演变中推导出现代社会组织是公民社会的核心要素；进而分析现代社会组织的定义、分类、特征、政治哲学基础和存在的必要性，为本研究的探讨提供清晰的概念基础；紧接着，笔者考察了已有的有关社会和谐发展的历史经验和基本理论，并在此基础上提出了从价值层面、运作层面、社会结构层面三个层面探讨社会和谐发展的研究范式。

第二章　我国现代社会组织发展的现状。探讨现代社会组织对社会和谐发展的积极意义需要明确我国现代社会组织的发展现状。我国现代社会组织有着深厚的历史底蕴,在传统社会就有丰富的民间慈善救济形式,但现代社会组织的形成是近代以来的事情。现代社会组织的发展开始于改革开放,在短短的30余年时间里,我国现代社会组织有了较快的发展,但现阶段我国现代社会组织还存在诸多问题,相应的制度环境有待完善,公信力还比较缺乏,整个社会的公共精神还有待提升等,这些问题表明我国现代社会组织的发展还不十分成熟,我国刚刚迈进公民社会的门槛。但是现代社会组织的发展壮大是历史的必然,随着现代社会组织的发展壮大,其积极作用也将会更加充分地发挥出来。

第三章 现代社会组织的价值理念有助于孕育现代公民意识。这是现代社会组织促进社会和谐发展的价值层面。现代社会组织具有私法自治精神和公共精神这两个主要的价值理念。以独立人格意识、权利意识、责任意识、民主意识、平等意识、自由意识、法治意识、公德意识为主要内容的公民意识是现代公民应当具备的基本理念,也是现代政治制度、经济制度等社会制度存在和正常运转的精神基础,是社会和谐的现代性保证。本研究认为,公民意识的诸多内容可以归纳为三类意识,即权利意识、公共精神和公私边界意识。现代社会组织的私法自治精神和公共精神对于公民意识都具有重要的孕育作用,而且现代社会组织对于公私边界的明晰化也有重要的促进作用。本章的逻辑结构如下:

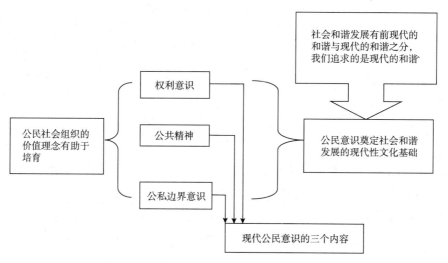

图 1 - 3　第三章逻辑结构图

第四章　现代社会组织的运作原则有助于化解当前社会矛盾。这是现代社会组织促进社会和谐发展的运作层面。处于社会转型期的我国，利益群体出现分化趋势，各种利益矛盾尖锐且错综复杂，建构和谐社会需要有效的矛盾化解机制。现代社会组织采取其独特运行原则：平等自主原则、宽容原则、诚信原则、互利原则。以这些原则为运作基础的现代社会组织具有一种良好的社会矛盾化解机制，较高的组织化程度使得它能够形成一种利益表达机制。同时，它的良性运作也是社会公正维护机制和社会协调发展机制。具体的逻辑结构如下：

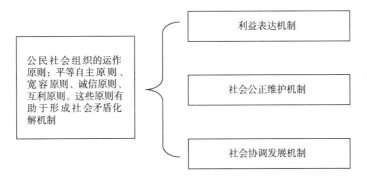

图 1－4　第四章逻辑结构图

第五章　现代社会组织的发展壮大有助于社会结构和谐。这是现代社会组织促进社会和谐发展的社会结构层面。现代社会组织的发展壮大是社会结构转型的结果之一。在计划经济条件下，社会结构高度整合、高度统一，在向市场经济转型过程中，社会结构由高度统一向政治、经济、社会三大领域分化的方向转型，这就为现代社会组织的发展壮大提供了广阔的制度空间。社会结构的和谐是社会和谐发展非常重要的方面，如果没有社会结构的和谐，那么个体的和谐、群体的和谐所产生的社会推动力、社会能量，将会在社会结构的层面由于彼此的相互不和谐、相互冲突而内耗掉，这将导致社会资源的浪费，导致社会发展缓慢。没有了发展，社会的和谐也就不是真正的和谐了。本书所谓的社会结构主要是指社会的政治、经济、社会、文化及其之间相对固定的关系。现代社会组织对社会结构和谐的促进作用首先表现在推动政治、经济、社会、文化四大领域本身的和谐发展上，其次还表现在对它们之间关系和谐的促进上，即现代社会组织的补漏机制、灌缝机制和社会黏合剂机制。

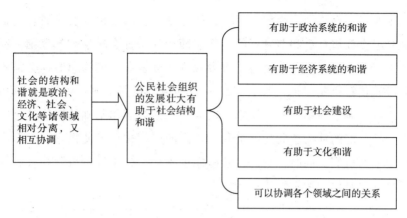

图 1 - 5　第五章逻辑结构图

　　补充　现代社会组织积极作用的限度。本部分指出了成熟现代社会组织作用的限度和不成熟现代社会组织存在的不足。

第二章 我国现代社会组织发展的现状

第一节 我国现代社会组织的发展历程

虽然现阶段我国的公民社会还不健全，甚至是否存在公民社会都是一个有待讨论的问题，但中国历史上确实存在过民间组织，而且数量还相当庞大，改革开放之后，我国也出现了大量的民间组织，这是不争的事实，而民间组织就是本书所谓的现代社会组织。本节主要梳理探讨我国现代社会组织的历史发展过程。

一 中国古代的民间组织传统

由于历史学学者在涉及现代社会组织的时候大多使用民间组织这一概念，所以我们在这一部分里也暂用民间组织这一概念，以与历史学研究接轨，而且封建专制主义时代只存在臣民，谈不上公民，所以现代社会组织这一概念在古代历史研究中也显然不适用。

古代的中国，虽然统治阶级试图掌控整个国家的社会资源，但其有限的掌控能力和动员能力决定了君权的力量对于基层社会鞭长莫及，尤其在缺乏有效通信技术的古代社会，这种情况尤为突出。因此，古代基层社会在一定程度上并没有沦为极权主义的牺牲品，在"天高皇帝远"的基层，社会空间比较大，自由度也比较高，这就为各种民间组织的存在提供了可能性。另外，由于生产力低下，再加上重视血缘、亲缘、地缘的传统儒家文化，一些慈善组织、宗族组织乃至乡绅阶层为社会下层提供救济，扶贫救弱，修建道路等公共设施就成为封建社会基层的一种常见社会现象。这里我们梳理若干具有典型意义的民间组织，以展示我国民间社会的传统。

（1）义田、义庄。义田是为赡养族人或者贫困者而设立的田产。义庄是富有者出资兴办，意在为族人或者贫困者提供帮助的庄舍，一般包括学校、公田、祠堂，等等。义田和义庄都是传统社会实现自我治理的民间组织，其兴盛主要在宋朝以后。学者王日根指出，在中国历史上，自宋朝以后，由于土地兼并严重，贫富分化逐渐成为严峻的社会问题，当时一些有识之士开始设置义庄、义田救济族内的贫困者。[①] 因为基层社会普遍贫穷，要想出人头地，就需要整个家族集中资源予以接济，而一旦某个人脱颖而出，走向仕途，他也有义务去帮助那些曾经接济过他的人，而且那些能够帮助族人的人也觉着这是自己的荣耀，这就是封建社会义庄、义田存在的内在驱动力之一。不仅走向仕途的人有义务帮助族人，而且那些经商成功的人也很乐意去救济族人，在"富贵不还乡，如锦衣夜行"的观念支配下，他们也向族人伸出了援助之手，义庄、义田乃至义学的发展就有了坚实的经济后盾。这些救助机构的出现大大缓解了因贫富分化而引发的社会矛盾，因此义田、义庄也得到了统治者的认可与支持。清朝就鼓励发展义田、义庄，雍正帝在阐述康熙《圣谕十六条》时就鼓励宗族多设置义庄，以扶危济贫。[②] 在政府的鼓励下义田、义庄的发展在清朝日臻成熟，其数量增加，管理规范，逐渐发展成为扶危济贫的重要方式。

（2）商会。商会是由商人组成的，旨在维护会员利益，推动本行业繁荣发展的社会组织。很显然，商会的发展与商品经济发展有着密切的关系，所以自给自足、重农抑商的自然经济时代，商会不可能十分发达。但到了商品经济比较活跃的时期，商会就开始发展起来，目前学界已有的研究表明，商会在清末和民国时代较为发达。据有关学者推断，截至1912

---

① 王日根：《宋以来义田发展述略》，《中国经济史研究》1992年第4期。
② 王日根：《清代福建义田与乡治》，《中国经济史》1991年第2期。

年，全国商会有998所，而朱英先生则认为，该时期商会总数在2000所左右。[①] 总体而言，商会是我国尤其是我国近代非常重要的民间组织。

（3）会馆。会馆是中国传统社会中一种重要的社会组织形式，是由旅居他地的同乡所设立的供同乡、同业聚会的馆舍，相当于异地的同乡会组织，为身处异乡的人提供住宿等帮助，使他们不至于在异乡产生孤独感和无助感。会馆形成于明代，盛行于清代，清朝的北京城曾聚集了大量的会馆：清初学者朱彝尊编纂其北京史专著《日下旧闻》时所居住的古藤书屋，就在顺德邑馆之内；龚自珍的故居在宣外上斜街番邑会馆；戊戌变法时的主要人物在北京活动时也都住在会馆，康有为住南海会馆，梁启超住新会会馆，谭嗣同住浏阳会馆；等等。[②] 王日根先生在《中国会馆史》一书中指出，中国的会馆是独具中国特色的社会组织，它承载了丰厚的传统文化精神，以乡土为纽带，顺应了商品经济的发展，是有效整合社会资源的重要工具。

（4）宗族组织。中国是一个重视血缘关系的国度，所以宗族组织历来都比较发达，而且其存在的时间也比较长。早在远古时代，由于生产力极不发达，为了生存，人们必须依赖于共同体的力量，而血缘共同体是极易形成的共同体，可以说原始社会的部落就是一个血缘共同体，就是一个宗族组织。中国历史研究表明，宗族组织在封建社会非常强大，甚至一些大姓强大到可以影响地方政权。宗族组织不仅在封建社会影响深刻，甚至在当代的一些地方，宗族势力也很强大。在我国古代，宗族组织的存在有其积极意义，比如，有学者将宗族组织的功能归结为行政管理职能、教育教化功能、赈济救助功能、军事防卫功能等。[③]

除了上述组织之外，我国传统社会还有行会、帮会、学术团体、宗教团体乃至各种会道门等，不过上述四种组织最具有典型意义，其他的民间组织或可归入上述组织的一种，或者不具有典型意义，这里就不再详述了。总之，从这些组织的存在可以得出这样的结论：我国传统社会有深厚的民间组织传统。

---

① 行龙：《山西商会与地方社会》，《华中师范大学学报》（人文社会科学版）2005年第5期。

② 雷大受：《漫谈北京的会馆》，《学习与研究》1981年第5期。

③ 张艳：《我国古代宗族组织功能探析》，《安徽农业科学》2006年第4期。

二 从近代到新中国成立前的现代社会组织发展

中国古代虽然不乏民间组织，但这毕竟不是现代意义上的社会组织，现代意义上的社会组织产生于清末民初。从清末民初到新中国成立的这一段时间里，由于政治权力忙于诸多的战事，无暇强化对社会的掌控（实际上，在民国时期，政府已经认识到了民间组织的积极作用，开始扶持民间组织发展），所以社会暂时拥有了相对宽松的氛围，商品经济得到较快的发展，再加上我国本身就有一定的民间组织传统，民间组织也就有了较大的发展，除了上文所提及的商会之外，还存在众多的民间组织。康有为、梁启超等维新派人物极其重视开民智与组织学会的关系，认为中国"自近世严禁结社，而士气大衰，国之日屡，病源在此"，[①] 清政府在其统治的末期也主动放弃了对民间社会的严控，1908 年颁布的《钦定宪法大纲》在中国历史上首次规定了结社自由，"臣民于法律范围以内，所有言论、著作、出版及集会、结社等事，均准其自由"。[②] 民间组织获得法律认可。民国之前民间组织就有了一定的发展，民国时期的民间组织更是得到了进一步的发展，据统计，截至 1933 年底，全国共有民间组织 49247 个，其中农会 30969 个，工会 3021 个，商会 8981 个，妇女会 239 个，学生会 688 个，教育会 2419 个，自由职业团体 197 个，其他团体 2733 个。[③] 李文海主编的《民国时期社会调查丛编（社会组织卷）》就刊载了一系列民国时期的民间组织，比如上海消费合作社、北平工会、昆明市的 28 个同业工会、天津鞋业组织，等等。[④] 俞可平先生甚至认为，民国时期，公民社会逐渐变得成熟，并开始在社会生活中发挥重要的作用，相应地，公民社会的制度环境也得到了实质性的改善。[⑤]

在法制环境方面，民国政府已经认可了现代社会组织的地位和作用，

[①] 梁启超：《康有为等人传记》，载《中国近代史资料丛刊·戊戌变法》（四），上海人民出版社，1957，第 10 页。

[②] 故宫博物院明清档案部编《清末筹备立宪档案史料》（上），中华书局，1979，第 59 页。

[③] 徐秀丽：《民国时期民间组织的制度环境》，载俞可平等《中国公民社会的制度环境》，北京大学出版社，2006，第 169 页。

[④] 李文海主编《民国时期社会调查丛编（社会组织卷）》，福建教育出版社，2005。

[⑤] 俞可平等：《中国公民社会的制度环境》，北京大学出版社，2006，第 10~11 页。

并试图发展起较为完备的公民社会法律体系，曾经颁布了一系列的相关法律，比如《团体协约法》《合作社法》《监督慈善团体法》《渔会法》《商会法》《教育会法》《工商同业公会法》《农会法》《中央学会法》等，除了这些直接针对民间组织的法规之外，其他相关法规也有涉及民间组织的条文。① 这些法律法规的制定为民间组织的发展提供了法制环境保障。

三 从新中国成立到改革开放之前的现代社会组织发展情况

从新中国成立到改革开放之前的这一段时间里，我国现代社会组织发展受到严重限制。新中国成立初期，我们吸收借鉴苏联社会主义革命和建设的经验，对农业、手工业和资本主义工商业进行了社会主义改造，在经济上实行计划经济，在政治上实行以党的一元化领导为核心的中央集权体制，1949 年以前存在的所有民间组织几乎完全消失。② 首先，政府取缔并严厉打击各种反动会道门组织。会道门组织在明代中后期就开始活动，在半殖民地半封建社会的中国，该类组织发展很快，名目繁多，分布很广，甚至有"无道不成村"之说，仅就山东省而言，据 1953 年调查资料统计，全省取缔打击的会道门就有 229 种，大小道首 3.9 万余名，道徒 116 万余人。③ 反动的会道门专事造谣惑众，诈骗钱财，奸淫妇女，破坏生产，在抗战时期则又纷纷投靠日本帝国主义，新中国成立后一些反动会道门又勾结国民党成了反动派，试图阴谋组织武装反革命叛乱，所以有必要对其进行取缔和打击。其次，在取缔非法组织的同时，原来在农村长期存在的诸如庙会、宗亲会、祠堂、乡贤会、民团等农民自发成立的民间组织也逐渐消失了，只有少数特殊的团体，比如"民主同盟""九三学社"等帮助过中国共产党的团体被作为民主党派保留了下来，共产党自身创立的组织，如工会、共青团和妇联则作为群众组织发展起来，但其数量和种类也十分有限，20 世纪 50 年代初期全国性社团只有 44 个，1965 年不到 100 个，地

---

① 参阅俞可平等《中国公民社会的制度环境》，北京大学出版社，2006，第 14 页。
② 俞可平等：《中国公民社会的制度环境》，北京大学出版社，2006，第 11 页。
③ 中国会道门史料集成编纂委员会：《中国会道门史料集成——近百年来会道门的组织与分布》，中国社会科学出版社，2004，第 631 页。

方性社团也只有 600 个左右。[①]

总体而言，从新中国成立到改革开放之前的这段时间里，我们奉行全能主义国家，政治权力牢牢地控制社会的发展，不仅控制政治事务，而且严格控制经济、社会、文化，整个社会缺乏社会自主空间，这种社会结构没有为现代社会组织的存在提供空间，所以现代社会组织的发展几乎处于停滞不前的状态。除了工会、共青团、妇联等群众组织之外，很少有民间组织的存在，而这些已经存在的组织都具有政府编制，几乎就是政府组织，纯粹的现代社会组织几乎消失了。

四 改革开放之后的现代社会组织发展情况

1978 年以后，改革开放政策的实行使我国社会发生了巨大的变化。家庭联产承包责任制的实行意味着政府将土地等农业资源的经营管理权下放给农民，令其自主经营、自负盈亏；城市国有企业的改革也减少了政府对经济的直接行政干预，尤其是社会主义市场经济的提出和在我国的具体实施，使得政府的触角从社会缩回。政府不再像计划经济时代那样控制社会，社会空间开始扩大，社会结构从原来的政治一元化逐渐走向了结构分化，经济、社会、文化逐渐成为相对独立的领域，社会结构的这一变化为现代社会组织的发展壮大提供了广阔的空间。20 世纪 80 年代以后，我们的政治体制也发生了巨大的变化，政府越来越重视民主法制建设，公民的结社自由逐渐开始具有实质性意义，政府开始进一步大幅度地放权，并开始转变职能。现代社会组织也开始逐渐发展起来。总体而言，改革开放之后，我国现代社会组织的发展大致可以分为如下三个阶段（需要说明的是，下述所谓的民间组织就是本书所说的现代社会组织）。[②]

第一个阶段，从 1978 年到 1992 年，这是现代社会组织兴起阶段。1980 年以后，我国现代社会组织数量开始快速增长，到 1989 年，全国性

---

① 俞可平等：《中国公民社会的制度环境》，北京大学出版社，2006，第 11 页。
② 前两个阶段参照王名先生《中国民间组织 30 年——走向公民社会》一书的分期，第三个阶段是笔者增加的。

社团组织已骤增到 1600 个，地方性社团达到 20 多万个。[①] 1989 年之后，政府对各种民间组织进行了重新登记和清理，民间组织的数量有所减少，截至 1992 年，全国性社团组织有 1200 个，地方性社团约有 18 万个。[②] 应该说，自 1978 年到 1992 年这 14 年间，我国现代社会组织的发展经历了一个从无到有、从点到面、遍地开花的原始生长期，[③] 王名先生将这一阶段界定为中国民间组织的兴起阶段。从改革开放到 1992 年的 14 年间，我国民间组织的发展呈现如下几个特征：第一，"文化大革命"前停止活动的各类学会、研究会等学术类民间组织逐渐恢复活动，并开始蓬勃发展；第二，社会经济领域涌现出形形色色的民间组织，各种商会、协会发展迅速；第三，各种基金会发育和成长迅速。1981 年 7 月和 9 月分别成立了改革开放后最早的两家基金会——中国儿童少年基金会、华侨茶叶发展研究基金会，在随后的两年多时间里，宋庆龄基金会、中国煤矿文化宣传基金会、孙冶方经济科学基金会、中国残疾人福利基金会、北京社会福利基金会等 10 余家基金会相继成立，截至 1987 年 9 月，全国各地经批准的基金会达到 214 个，其中全国性基金会 33 个，地方性基金会 181 个。[④]

第二个阶段，从 1993 年到 1997 年，是现代社会组织规范管理时期和新的发展高潮期。虽然现代社会组织在改革开放后实现了快速的发展，但相应的法律和制度没有跟得上这一快速的发展，现代社会组织发展的初始状态是混乱的，尤其是在 1989 年以后，建构符合实际的现代社会组织管理体系就成为当务之急了。1988 年 9 月 27 日，国务院发布实施了《基金会管理办法》，该办法规定，基金会的成立不仅需要有明确的公益宗旨和一定的注册资金，而且必须报经中国人民银行审核并由民政部门统一登记注册，这结束了此前成立基金会不需要统一登记的历史，开始对全国的基金会进行规范化管理。1989 年，国务院发布实施了《社会团体登记管理条例》（1998 年进行过修订），该条例规定，成立社团必须在民政部门登记注册。1988 年 7 月民政部成立了

① 俞可平等：《中国公民社会的制度环境》，北京大学出版社，2006，第 12 页。
② 吴忠泽主编《社团管理工作》，中国社会出版社，1996，第 6 ~ 7 页。
③ 王名主编《中国民间组织 30 年——走向公民社会》，社会科学文献出版社，2008，第 11 页。
④ 参阅王名主编《中国民间组织 30 年——走向公民社会》，社会科学文献出版社，2008，第 11 ~ 21 页。

社会团体管理司，这是国务院指定的对民间组织进行统一登记管理的机关。在民政部的统一部署下，1989年下半年开始在全国范围内进行基金会和社会团体复查登记工作，民间组织还曾分别于1990年和1997年进行过两次清理整顿，第一次从1990年6月开始，1991年6月结束，经过清理整顿，统一登记注册的民间组织数量从1990年的10855家增加到1991年的82814家和1992年的154502家，分别增长了6.63倍和13.2倍。第二次清理整顿开始于1997年4月，一直持续到1999年10月，其间国务院于1998年10月颁布了新的《社会团体登记管理条例》和《民办非企业单位登记管理暂行条例》。经过清理整顿，虽然民间组织数量暂时有所下降，但很快就恢复正常，2001年和2002年登记注册的民间组织总量分别达到21.09万家和24.45万家，比1997年分别增长了16.34%和34.85%。① 对民间组织的规范管理是有助于民间组织的健康发展的，但这些制度的建立逐渐形成了双重管理体制，这不利于民间组织的发展，尤其是2000年国务院出台有关取缔"非法组织"的政策后，形成了不利于民间组织发展的法律、制度和社会环境。虽然如此，民间组织还是有了较快的发展，截至2007年，在各级登记管理机关注册的民间组织已累计达38.1万个，其中社团20.7万个，民办非企业单位17.2万个，基金会1369个。② 王名先生将这一阶段民间组织发展的特征归纳为：第一，学术类民间组织发展滞缓；第二，行业协会、商会发展迅速；第三，草根组织破土生长；第四，基金会尽显荣光与转型；第五，民办非企业单位纳入统一登记管理；第六，各类新型组织层出不穷。③

第三个阶段，从2008年至今，是现代社会组织发展的"井喷"期。2008年是现代社会组织发展的特殊年份，众所周知，2008年5月12日汶川大地震的发生给灾区人民造成了重大生命财产损失，在这一重大自然灾害面前，很多社会组织挺身而出，在公众面前展示其强大的力量。王名先

---

① 上述数据参照王名主编《中国民间组织30年——走向公民社会》，社会科学文献出版社，2008，第22~23页。

② 黄晓勇主编《中国民间组织报告（2008）》，社会科学文献出版社，2008，第5页。

③ 王名主编《中国民间组织30年——走向公民社会》，社会科学文献出版社，2008，第26~32页。

生主持的一项研究对从事抗震救灾的 NGO（即非政府组织，也就是笔者所谓的现代社会组织）进行了大规模的调查工作，他们共找到了 263 家做抗震救灾工作的 NGO。① 为了更好地协同作战，很多 NGO 选了联合行动，在王名先生所主持的对 70 多家 NGO 的访谈中，独立运作的组织仅占28.6%，而 3 个或 3 个以上组织联合行动的，则高达 58.6%，两个组织联合的占 12.9%。② 再加上上海世博会、北京奥运会上众多志愿者的积极展示，公民社会有了一个"井喷"式的发展。所以有学者指出："如果说我们对于中国已经具备公民社会的形态这一事实的认知在 2008 年 5 月 12 日之前还有些模糊的话，那么，在汶川特大地震之后国人的总体表现充分地彰显了中国社会的公民社会品质。"③ 中国已经迈入了公民社会的门槛，虽然公民社会的水平还不高。2008 年是中国公民社会元年，这一观点曾经盛极一时。当然，也有学者对这些观点提出了种种质疑，但总体而言，2008年汶川地震之后，我国公民社会确实有了较快的发展。据民政部门统计资料显示，2009 年全国民间组织增长率为 4.1%，这可能是受汶川地震的影响；而 2010 年民间组织的增长率为 3.5%，增长率有所下降，2010 年底全国共有民间组织 44.6 万个，相比于 2009 年的 43.1 万个，一年来全国民间组织数量新增 1.5 万个。④ 2011 年由于中央对加强和创新社会管理的重视，民间组织又一次被广泛关注，到 2011 年底，全国各类慈善组织已经增至46.2 万个，其中社会团体 25.5 万个，民办非企业单位 20.4 万个，基金会2614 个，共吸纳就业人数 599.3 万人，2011 年的慈善捐助总量为 845 亿元。⑤ 而且随着信息技术的发展，民间公益开始与互联网结合，出现了微公益，微公益有两个内涵：利用互联网作为平台动员网友，发起公益活动；通过凝聚广大普通人的微小力量推动公益项目的落实。2011 年被称为"微公益元年"。⑥ 所以，有学者指出，近年来我国民间组织的发展已经步

① 王名主编《汶川地震公民行动报告 ——紧急救援中的 NGO》，社会科学文献出版社，2009，第 6 页。
② 王名主编《汶川地震公民行动报告——紧急救援中的 NGO》，社会科学文献出版社，2009，第 9 页。另外，此处三者之和超过了 100% 是因为四舍五入的原因。
③ 高丙中、袁瑞军：《中国公民社会发展蓝皮书》，北京大学出版社，2008，第 1 页。
④ 黄晓勇主编《中国民间组织报告（2011~2012）》，社会科学文献出版社，2012，第 2 页。
⑤ 参阅杨团《中国慈善发展报告（2012）》，社会科学文献出版社，2012，序言第 1 页。
⑥ 参阅黄晓勇主编《中国民间组织报告（2011~2012）》，社会科学文献出版社，2012，第14~15 页。

入了一个全面突破阶段。①

第二节 我国现代社会组织发展中存在的问题

改革开放 30 余年来，我国现代社会组织的发展取得了重大进展，但也存在诸多问题，一些问题已经成为束缚现代社会组织发展的瓶颈。具体来说，现代社会组织的发展困境可以概括为如下几点。

一 相应的制度环境有待完善

现阶段我国现代社会组织管理的主要法律依据是 3 个条例及民政部的一些办法、通知、意见等。这些条例及规定都是落实我国宪法所规定的结社自由的体现。

在社团管理方面，1998 年国务院出台的《社会团体登记管理条例》是社团管理的主要法律依据，该条例较为详细地规范了社团成立登记、管辖、变更登记、注销登记、监督管理以及处罚法则等方面的事务。除了这个条例，民政部等部门还出台了一系列办法、意见和通知等规定，比如2001 年民政部第 23 号令《社会团体分支机构、代表机构登记办法》、《民政部、国家发展改革委、监察部、财政部、国家税务总局、国务院纠风办关于规范社会团体收费行为有关问题的通知》（2007 年）、《民政部关于社会团体登记管理有关问题的通知》（2007 年）、《国务院办公厅关于加快推进行业协会商会改革和发展的若干意见》（2007 年）、《民政部、财政部关于进一步明确社会团体会费政策的通知》（2006 年）、《民政部关于印发〈关于加强农村专业经济协会培育发展和登记管理工作的指导意见〉的通知》（2003 年）、《台湾同胞投资企业协会管理暂行办法》（2003 年）、《民政部办公厅关于异地商会登记有关问题的意见》（2003 年）、《民政部关于全国性社会团体异地设立分支（代表）机构问题的通知》（2002 年）、《民

① 参阅黄晓勇主编《中国民间组织报告（2011~2012）》，社会科学文献出版社，2012，总报告部分。

政部关于对部分团体免于社团登记有关问题的通知》（2000 年）、《民政部关于成立以人名命名的社会团体问题的通知》（2000 年）、《社会团体设立专项基金管理机构暂行办法》（1999 年），等等。

在基金会管理方面，2004 年国务院出台的《基金会管理条例》是基金会管理最主要的法律依据，该条例较为详尽地规定了基金会设立、变更和注销的程序及要求，对组织机构、财产管理和使用、监督管理以及法律责任等都作了详尽的规定。除了该条例之外，相关的规定还有《基金会名称管理规定》（2004 年）、《基金会年度检查办法》（2006 年）、《基金会信息公布办法》（2006 年，以上 3 个规定都是出自民政部）、《民政部关于基金会业务主管单位职能委托有关问题的通知》（2005 年）、《关于现职国家工作人员不得兼任基金会负责人有关问题的通知》（2004 年）、《民政部办公厅转发国家税务总局关于基金会应税收入问题的通知》（1999 年）、《国家税务总局关于基金会应税收入的通知》（1999 年），等等。

在民办非企业单位管理方面，1998 年国务院出台的《民办非企业单位登记管理暂行条例》是民办非企业单位管理最主要的法律依据。该暂行条例详尽界定了什么是民办非企业单位，并对民办非企业单位的管辖、登记、监督管理、罚则作了详细的规定。除该暂行条例之外，有关部门还出台了一系列的规定，比如民政部出台的《民办非企业单位登记暂行办法》（1999 年）、《民政部关于印发〈民办非企业单位名称管理暂行规定〉的通知》（1999 年）、《民政部关于〈民办非企业单位名称管理暂行规定〉有关问题的通知》（2003 年）、《民办非企业单位印章管理规定》（2000 年）、《民政部关于进一步做好民办高校登记管理工作的通知》（2007 年）、《民办非企业单位年度检查办法》（2005 年）、《民政部关于对中外合作办学机构登记有关问题的通知》（2003 年）、《民政部、卫生部关于城镇非营利性医疗机构进行民办非企业单位登记有关问题的通知》（2000 年）、《体育类民办非企业单位登记审查与管理暂行办法》（2000 年）、《科技类民办非企业单位登记审查与管理暂行办法》（2000 年），等等。

现阶段的相关法规虽然丰富，但并不意味着现代社会组织的法制环境健全，实际上，现阶段现代社会组织所面临的法制环境还存在诸多问题，这里笔者对学界已有的关于现代社会组织法制困境的论述进行梳理概括，可以得出如下几点。

第一，政府有关部门直接针对社会组织的法律、规章、条例等，基本上以控制和约束为导向。[①] 从宏观背景上来看，政府对现代社会组织持支持、鼓励态度。《中华人民共和国宪法》第三十五条规定："中华人民共和国公民有言论、出版、集会、结社、游行、示威的自由。"[②] 党中央在加强社会管理创新等举措中也非常重视社会组织的作用，但是现阶段政府相关部门的法律、规章、条例更多的是对现代社会组织的控制，甚至在一些领导干部心目中，现代社会组织就是不稳定因素，管理就是控制。现阶段的分级登记、双重管理制度要求，现代社会组织必须同时接受同级民政部门和业务主管部门的双重领导，民政部门负责审批和登记，业务主管部门负责日常管理。在现行体制下，很少有单位愿意承担业务主管的职能，所以很多现代社会组织苦于找不到业务主管单位而无法在民政部门登记，这种管理体制在一定程度上束缚了现代社会组织的发展。

第二，现有的现代社会组织管理体制重视入口管理而轻视平时管理。现有管理条例为现代社会组织的成立设定了较高的门槛，限制性管理规定包括必须找到业务主管单位，遵循非竞争原则（同一宗旨的民间组织只能成立一家），对组织成立的名称、机构、场所、人数、经费、章程等都作了严格的规定，但是对现代社会组织的日常运行疏于管理，除了一年一度的年检之外，基本没有其他管理，尤其是对财务监管的缺失导致了民间组织的腐败，进而严重削弱了民间组织的公信力。

第三，现代社会组织的制度剩余和制度匮乏并存。[③] 这是我国现代社会组织的一个特征。一方面，关于现代社会组织的规定大量重复、交叉，这一点从前文所列的相关意见、通知即可看出，这就是所谓的制度剩余。制度剩余还集中体现在民政部门与业务主管部门对同一组织的管理职能重叠。另一方面，民间组织还存在制度匮乏甚至制度真空的地方，典型的比如缺乏管理民间组织的一般性法律，既有的规定仅仅是条例，这仅仅是"法规"，而不是正式的国家法律；具有明确的针对性和可操作性的法规缺乏，比如缺乏针对行业协会、专业性社团、学术性社团、联合型社团以及

---

① 参阅俞可平等《中国公民社会的制度环境》，北京大学出版社，2006，第 26 页。

② 《中华人民共和国宪法》，法律出版社，2011，第 56 页。

③ 参阅俞可平等《中国公民社会的制度环境》，北京大学出版社，2006，第 29~31 页。

志愿者工作的分门别类的管理法规；既有的条例在实际工作中较难适用。①
这种情况在一定程度上导致了民间组织管理上的混乱，不利于民间组织的
发展，也不利于政府部门对民间组织的管理。

第四，现有现代社会组织的制度空间远远小于现实空间。② 所谓制度
空间就是民间组织合法存在的空间，所谓现实空间就是民间组织现实存在
的空间。就现阶段而言，现代社会组织的现实空间远远大于其制度空间，
现实存在的现代社会组织要远远多于在民政部门正式登记，拥有合法身份
的现代社会组织。俞可平先生认为，这些没有在民政部门登记的组织主要
包括在工商部门注册的非营利组织、城市社区基层组织、农村社区的公益
和互助组织、农民经济合作组织、城乡宗教社团、海外在华的资助和项
目组织、海外在华的商会和行业协会等，这些组织的数量巨大，都没有
在民政部门登记。③ 这说明现阶段的现代社会组织管理制度只能够管理一
部分现代社会组织，相当数量的现代社会组织游离于现有的管理制度
之外。

法制环境的困境已经影响了现代社会组织的发展，这已为众多学者所
认识。我国政府也正在努力改变这种状况，比如深圳等一些地方就在试图
突破原有的管理体制。当然，制度的完善需要一个过程，随着改革的逐渐
深入，现代社会组织的法制环境是会逐渐走向完善的。

二 公信力缺失严重束缚其发展

现代社会组织主要靠整合民间资源开展活动，所以公信力对于现代社
会组织具有关键性意义。现阶段公信力缺失已经严重束缚我国现代社会组
织发展，仅 2011 年就发生了一系列导致现代社会组织公信力危机的案例：
"郭美美事件"引发了红十字会公信力危机，"卢美美事件"引发了中国青
少年发展基金会信任危机，"尚德诈捐门事件"引发了中华慈善总会信任
危机，河南宋庆龄基金会地产事件引发了宋庆龄基金会的信任危机，官办
公益慈善组织的公信力危机问题几乎成为 2011 年度社会关注民间组织的头

① 参阅俞可平等《中国公民社会的制度环境》，北京大学出版社，2006，第 30~31 页。
② 参阅俞可平等《中国公民社会的制度环境》，北京大学出版社，2006，第 31~33 页。
③ 参阅俞可平等《中国公民社会的制度环境》，北京大学出版社，2006，第 32 页。

号问题。① 这些事件的发生严重影响了民间慈善组织的声誉，也极大影响了民间慈善组织的慈善捐款，对民间慈善组织而言，公信力缺失的最大惩罚就是丧失捐赠来源，这是一种危及组织生命的"无形惩罚"。据研究，2011 年 6 月至 8 月，慈善会和基金会接受捐款数额剧减近九成，这是公民在"用脚投票"，是对公益组织的惩罚。② 而且在"郭美美事件"发生后不久，大批网民要求红十字会退回以前的捐款，网友们还在微博上发起了针对红十字会的投票活动，比如"针对郭美美事件，你们以后还会捐款给红十字会吗？"共有 8625 位网友进行了投票，95% 的网友表示"坚持不捐"，4% 的网友表示"必要时候捐一点"，只有 1% 的网友表示"会捐"。再比如"你是否看好红十字会挽救形象的举措？"截至 2011 年 7 月 27 日，1168 位网友进行了投票，97% 的网友表示"不看好"，只有 3% 的网友表示"看好"。③ 除了以上这些数据之外，很多省份的红十字会接受募捐的金额普遍性地锐减。这说明"郭美美事件"等事件的发生已经严重影响了慈善组织的公信力，人们对于像红十字会这样的慈善组织几乎快要丧失信心了，这使得像红十字会这样的民间慈善组织举步维艰。2013 年雅安芦山地震后，人们还在质疑："慈善组织还能信吗？""爱心会不会又被某美美拿去买豪华手提包？""我宁愿去邮局寄钱，也不把钱给他们。"上述言论散布在网络上。地震发生后 42 分钟，中国红十字总会在其官方微博转发地震消息，然而，和接下来发布的多条赈灾信息一样，红十字总会却收获了满屏的"滚"。这说明要想修复由"郭美美事件"所引发的慈善组织公信力下降是一件难度很大的事情。

民间组织公信力缺失的主要原因如下。

第一，民间组织信息不公开，缺乏透明度。信息公开是民间组织发展的根本法则之一，尤其是各类慈善组织更加需要透明度，民政部副部长窦玉沛在与网友交流的时候说："公信力决定慈善事业成败。""慈善是一个阳光事业，必须建立在公信的基础上。""社会各界的爱心人士，不论把钱

---

① 黄晓勇主编《中国民间组织报告（2011~2012）》，社会科学文献出版社，2012，第 17 页。

② 参阅康晓光、冯利主编《中国第三部门观察报告（2012）》，社会科学文献出版社，2012，第 42 页。

③ 参阅康晓光、冯利主编《中国第三部门观察报告（2012）》，社会科学文献出版社，2012，第 42 页。

捐给政府还是捐给公益机构，肯定要问这些钱到了哪里。只有达到捐献的目的，实现应有的效果，才会放心捐出来。"① 信息的不公开导致监督的缺位，也必然会导致民间组织的腐败，发生"郭美美事件"的一个重要原因就是缺乏信息公开。在信息不公开的情况下，人们不知道慈善组织到底是如何运营的，所捐的款项是怎样花的，自然也就失去了对该组织的信心。据我们的研究，与中华慈善总会不同，福建省晋江市慈善总会自成立之初就奉行信息公开原则，每个月都在晋江市慈善总会网站公布该会的慈善收入和支出，而且详细列出，让民众看得懂，接受民众的监督，让捐款者知道自己所捐款项的使用去向。信息透明赢得了公众的信任，晋江市的企业家们纷纷慷慨解囊，该会自 2002 年底成立，在 10 余年的时间里已经累计募集善款 15 亿元人民币。应该说，晋江市慈善总会是个运行良好的民间组织，它的信息公开具有典型意义，但是现阶段还有很多民间组织没有信息公开，或者信息的透明度还不够。根据中民慈善捐助信息中心发布的 2010年和 2011 年报告，将近一半慈善组织未制定慈善信息披露办法，没有信息披露办法的小规模草根慈善组织数量更多。② 这种状况是导致现阶段我国民间组织公信力低下的主要原因之一。民间组织信息透明度不高有制度的原因，我们的民间组织管理制度还有待完善；有组织本身的原因，很多组织缺乏相应的信息公开，也缺乏信息公开的动力；也有整个社会环境的原因，整个社会缺乏对民间组织监督批评的氛围和平台。

第二，民间组织管理制度还有待完善。这方面的表现有：①一些组织的官方色彩浓厚。目前我国一些影响较大的民间组织都是政府支持成立的，政府部门在组织运作过程中掌握主导权，比如，中华慈善总会挂靠在中华人民共和国民政部，中国人口福利基金会从国家卫生和计划生育委员会产生出来，中国青少年发展基金会本身就是从团中央分化出来的，等等。这些组织的官方色彩浓厚，其运行模式就是官僚体制，其运行效率低下、缺乏沟通、机构臃肿、人员膨胀，难以形成专业化、职业化的工作团队。③ ②组织之

① 康晓光、冯利主编《中国第三部门观察报告（2012）》，社会科学文献出版社，2012，第314 页。

② 蔡勤禹：《社会转型期慈善组织公信力建设探析》，《江苏大学学报》（社会科学版）2013年第 1 期。

③ 陈如、曹源：《我国慈善组织公信力弱化的因素与对策——以汶川大地震为例》，《唯实》2010 年第 3 期。

间缺乏竞争。我国的《社会团体登记管理条例》第十三条规定，在同一行政区域内已有业务范围相同或者相似的社会团体登记管理机关不予批准筹备。这就意味着同一业务范围的组织在同一行政区域只能有一个，禁止了组织之间的竞争，而竞争是提高效率的重要方面。③民间组织管理部门重登记注册，轻平时管理，除了一年一度的年检之外，几乎不再过问民间组织，尤其对于信息公开等事关民间组织公信力的方面管理不到位。④民间组织的社会监督缺位。社会监督是减少民间组织腐败的事前原则，但是现阶段相关法律的不健全导致了社会监督的滞后，一些腐败现象直到被爆料出来后，其组织内部管理的疏漏才会被人们所关注。民间组织的发展不需要政府过多的干预，但这并不意味着不需要政府的管理；相反，政府对民间组织科学合理的管理是民间组织健康发展的前提。

第三，民间组织内部的治理结构不完善。组织的治理结构，主要是权力机构、执行机构、监督机构等部分之间的关系，设计治理结构的目的是形成各自独立、权责明确、协调运转、相互制衡的运行体制和机制。正像营利性组织需要建立合理的公司治理结构一样，民间组织也需要建立合理的内部治理结构，这个内部治理结构就是要形成以章程为核心和主要依据的法人治理结构，逐步实现决策、执行和监督相互分离又相互制约的运行机制，其最终目的是实现在阳光下运作和规范管理，以提高组织的公信力和透明度。但是现阶段民间组织的内部治理结构还相当混乱。虽然一些民间组织也设立了董事会，但是董事会的独立性、公正性和代表性很低，组织的最初创立者一般都会充当组织的所有权人，所有权人的家长制作风比较普遍，他可以决定董事会成员的任免。有学者在探讨慈善组织的治理结构时指出："慈善组织年度账目和财务报告不向社会公开、信息不透明，慈善组织内部的运作与决策过程具有家长作风特点，慈善组织内部和个人腐败行为时有发生，慈善组织员工积极性得不到有效调动，慈善组织可持续发展的能力受到限制。"① 可以说，相当数量的民间组织还没有建立起健全的内部治理结构，这是公信力缺失的一个重要原因。

第四，民间组织腐败案件的频发是公信力缺失的直接原因。由于体制、社会等原因，民间组织出现腐败的可能性大大提高了，而民间

---

① 尤琳：《提升我国慈善组织公信力的法律思考》，《求实》2008年第10期。

组织的腐败直接影响了民众的信心。除了上面提到的"郭美美事件"外，还有"卢美美事件"牵扯出"中非希望工程"及当事方"世华会"（世界杰出华商协会）非法敛财丑闻；"中国母亲"胡曼莉将大量善款据为己有，为自己购置豪宅，送女儿出国，亵渎了慈善事业的纯洁性；河南宋庆龄基金会的"宋基会放贷，企业捐款付息"（宋庆龄基金会向河南某企业借贷800万元，借期3个月，作为回报，企业需要向宋庆龄基金会捐款160多万元，最后由于企业拖欠还贷，双方闹上了法庭，宋庆龄基金会的这一行为违反了《商业银行法》）及其他所谓的"商业模式"饱受社会诟病；还有"中华慈善总会未收到1500万元捐赠物资而为相关企业开具千万免税发票"、湖南长沙强制捐款事件以及其他利用民间组织的款项发放高工资、高福利，公款吃喝等行为都严重影响了民间组织的公信力。

三　公共精神的不成熟限制其发展水平

公民文化是公民社会的精神底蕴，缺乏公民文化的公民社会徒具公民社会的形体，而没有公民社会的灵魂，现阶段我国公民文化的薄弱限制了公民社会发展的水平。而影响公民社会发展水平的主要文化因素是我们缺乏公共精神。

所谓公共性就是超越个人或私人生活领域之上的涉及公共事务的一种特性，而"所谓公共精神，是指公民应具有的超越个人狭隘眼界和个人直接功利计算的关怀公共事务、事业和利益的思想境界和行为态度。这是现代民主社会对公民提出的一种最基本、最重要的要求"。[①] 关注公共事务是每个公民的基本义务，也是一个社会健康发展所必不可少的精神。在人类历史上，关注公共事务甚于关注私人事务曾是社会的主流。比如西方古希腊、古罗马的城邦时代，人们以沉浸在自我私人领域为耻，而以走向广场，参与公共事务，讨论国家大事为荣。城邦时代是一个直接民主的时代，公共事务需要由城邦的每一个公民来参与。无独有偶，中国古代也是

---

① 龙兴海：《公民公共精神的培养》，载吴潜涛主编《论公共伦理与公德》，湖北人民出版社，2008，第212页。

一个鼓励人们参与国家大事的时代，比如"君子忧道不忧贫"的价值取向，比如"先天下之忧而忧，后天下之乐而乐""天下兴亡，匹夫有责"的公共情怀，比如"老吾老以及人之老，幼吾幼以及人之幼"的公共理想，都体现了为公共事业而献身的情怀，这不是写在历史文献上的漂亮文字，而是活生生地刻在传统儒家士大夫心灵深处的价值信念。虽然我国传统文化的这种公共情怀在很大程度上是对封建君主的效忠，但这也是一种超越自我走向公共领域的大我倾向。只不过随着近代的到来，随着市场经济的"理性人"逻辑的兴盛，传统的这种价值理念开始受到冲击，滥觞于霍布斯、洛克的自由主义其伦理核心就是个人主义，强调个人的私人空间，认为私人领域的享受是目的，公共权力的存在仅仅是个人享受私人领域之乐的手段，视参与公共事务为一种负累，人类的生活从过去的积极生活走向了消极生活。现代性的核心改变了古代的整体主义价值观念，个体本位成为取而代之的核心理念，但是现代性发展到一定程度之后，公共精神的必要性和重要性重新得以彰显。以麦金泰尔、桑德尔、沃尔泽以及泰勒等人为代表的社群主义的兴起就是对自由主义的原子主义的责难，将当代社会的众多困境归罪于原子主义式的个人主义。以斯金纳、阿伦特等为代表的公民共和主义学派则以彰显曾经逝去的共和主义政治哲学为己任，以与现代性的自由主义形成对峙。另外，以普特南为主要代表的社会资本论者则指出，当代社会是"独自打保龄球"的时代，个人主义的盛行造成了人与人的孤离、人与人交往的减少、社会资本的减少，这导致了诸如"搭便车""公共绿地悲剧""囚徒困境"等社会问题的出现。不仅如此，普特南还在历经20年的实证研究而写出的著作《使民主运转起来》中指出，意大利南北地域不同的文化传统造就了不同的公共精神，而公共精神深厚的地域，政府的运转效率高；相反，公共精神薄弱的地区，政府效率低下，甚至有走向专制的可能。公共精神不仅对于一些社会问题有重大意义，而且对于民主政府的高效率运转也具有重要的意义。更重要的是，公共精神对于精神文明建设具有重要的意义，对于极端个人主义、拜金主义、道德滑坡等问题，都具有针锋相对的抵制作用。不仅如此，公共精神对于社会的健康和谐也具有重要作用，陈永森教授指出，公民的公共精神是建设社会主义和谐社会的内在要求。公共精神保证了公民的正义意识、规则意识、生态意识、社会服务意识，树立公民的公共精神是构建社会主义和谐社会的重要方面。①

但现阶段我国的公共精神比较缺乏。

首先，中国传统的私性很重，这种深厚的传统影响了公共精神的形成。客观地讲，我国传统儒家文化中存在较为丰厚的公共性理论资源，但对传统社会中的普通民众而言，这种公共精神是"肉食者谋之"的事情，莫谈国事成为普通民众在愚民政策下的基本生存方式。结果经历漫长的封建社会浸润，以及自给自足的自然经济的孕育，普通民众心目当中的公共性丧失殆尽。对此，近代很多关注国民性改造的思想家都给予了无情的披露。陈独秀认为："中国人简直是一盘散沙，一堆蠢物。人人怀着狭隘的个人主义，完全没有公共心，坏的更是贪贿卖国，盗公肥私。"② 鲁迅先生指出："中国公共的东西，实在不容易保存。如果当局者是外行，他便将东西糟蹋完；倘是内行，他便将东西偷完。"③ 梁漱溟先生指出："所谓公共观念，即指国民之余其国，地方人之余其地方，教徒之余其教，党员之余其党……如是之类的观念。中国人，于身家而外漠不关心，素来缺乏于此。特别是国家观念之薄弱，使外国人惊奇。"④ 费孝通先生指出，"在乡村工作者看来，中国乡下佬最大的毛病是'私'"，"私的毛病在中国实在比愚和病更普遍得多，从上到下似乎没有不害这种毛病的"。⑤ 上述引文的作者大都是对传统文化有着深厚造诣的思想家，他们的论断应该是很到位的。要在这私性极重的文化根基上面培育出公共精神，委实不是一件容易的事情。

其次，市场经济的负面影响。现代化表现在经济运行方式上面就是从前现代自给自足的自然经济向现代性的市场经济转变。市场经济最大的特点就是为了市场而生产，而不是为了自己的消费而生产。广阔的市场刺激了人们的主观能动性，在利益的引诱下，人们的潜能得到了充分的发挥，所以社会发展的速度得到了空前的提高。这种相对于前现代自给自足的自然经济具有明显优越性的经济模式所产生的社会影响不仅仅是经济上的，

① 陈永森：《和谐社会与公民的公共精神》，《思想理论教育》2008 年第 23 期。

② 梁岷：《陈独秀文章选编》，中国广播电视出版社，1981，第 516 页。

③ 鲁迅：《谈所谓"大内档案"》，载《鲁迅全集》，青海人民出版社，1999，第 567 页。

④ 梁漱溟：《中国文化要义》，学林出版社，1996，第 68 页。

⑤ 费孝通：《乡土中国》，北京大学出版社，1998，第 22 ~ 23 页。

还包括观念上的。市场经济条件下，人们的生产是自主经营、自负盈亏，自己对自己的生产作出决策，自己也对自己的生产后果负责，如果赚了钱，你应该享受；但是如果赔了钱，那是你决策的失误或者努力程度不够，你自己理所当然地应当承担失败的后果。浸润在这种经济模式中，人们的主体意识、个人利益观念得到了觉醒。在一定程度上，市场经济的发展起到了启蒙民众的作用，市场的实践活动恐怕要比那些思想家的文章和著作的启蒙作用还要大。但是如果说在资本主义初期，市场经济对于人的主体意识的觉醒确实起到了重要作用，那么等到现代性形塑成功之后，其负面作用逐渐开始表现出来。人们更多地将注意力放在了私人利益上和私人领域，对于公共事务丧失了兴趣，一些国家投票率的下降就是典型的例子。卢梭是一个崇尚古希腊城邦式民主的共和主义思想家，面对市场经济对于公共精神的冲击，他慨叹道："正是由于商业与工艺的扰攘、由于唯利是图、由于柔弱而贪图享受，人身的服务才被转化为金钱。人们拿出来自己的一部分收益，为的是可以更安逸地增加自己的收益。出钱吧，不久你就会得到枷锁的。钱财这个字眼是奴隶的字眼；在城邦里是不知道有这个字眼的。在一个真正自由的国家里，一切都是公民亲手来做，没有任何事情是要用钱的。他们远不是花钱来免除自己的义务，反而是花钱来亲身履行自己的义务。我距离通常的观念委实是太远了；我相信劳役要比租税更不违反自由。"① 对私人领域的热情高涨使得公共利益没人关注，这样的社会是一个缺乏社会整合的社会，是一个缺乏凝聚力的社会，是一个一盘散沙的社会。对于我国社会来说，市场经济发展虽然时间不长，而且还很不完善，但是市场经济的一些负面影响已经开始显露，比如拜金主义、极端个人主义，等等。这些现象的存在不能仅仅归因于市场经济，但是在市场经济下利益观念的觉醒，加之我们还缺乏一些相应的制约措施却是其重要原因。私人利益观念从传统的计划经济束缚中一解放出来就如脱缰野马一般狂奔乱闯，它必然会矫枉过正，产生众多的问题。当公共精神培育的任务遭遇这种难以驾驭的利益观念的时候，其困难是明显的。

最后，社会转型期价值观念的激荡。就我国现实来说，我们正在经历

---

① 〔法〕卢梭：《社会契约论》，何兆武译，商务印书馆，1980，第124页。

着一场巨大的社会变迁，即从传统的计划经济模式的社会主义向市场经济模式的社会主义的变迁。这一变迁过程中还掺杂着传统文化、价值观念向现代的变迁，也糅进了西方各种观念和文化的影响，所以这是一个极其复杂的过程。虽然改革开放以来的社会变迁取得了巨大成就，但是很多问题还远远没有成功地、合理地得到解决。我们的启蒙任务还没有完成，虽然自五四运动以来，启蒙屡屡被提起，但至今仍是一项未竟的事业，人们的理性、主体性等理念仍然不健全。但是在现代性还没有真正确立的当下，现代社会的一些弊端却已经开始逐渐露出端倪。人类生存状态的恶化，生存的孤立，大众文化的统治，科技理性的膨胀，消费社会的异化，"系统世界对生活世界的殖民"等，这些原本是西方现代性弊端的东西也开始出现在我国，还没有真正进入现代性社会的我国已经开始直面现代性的弊端了。在这样的转型期，传统的价值观念仍然会存在，旧的封建社会的东西阴魂不散，时时出来干扰我们，比如官本位意识等不合时宜的观念不但没有寿终正寝，反而影响甚广；还比如传统的对于公共领域冷淡待之的习惯还没有改变，一些农民从不热心于公共事务，即便在村民自治中，对于自己所生于斯、长于斯的农村的事务，也是冷漠处之，为了人情、为了宗族利益而投票，从来不是为了整体利益。不仅传统的消极东西大量存在，而且国外的一些消极价值观念和思潮也开始在我国产生一定的影响。在这个各种观念泥沙俱下的时代，公共精神要想力挽狂澜，引领整个社会思潮向着合理的方向发展，我们要付出艰辛的努力。

第三节　我国现阶段若干较为典型的现代社会组织类型的发展状况

本节我们以若干具有典型意义的现代社会组织类型为例，展现现阶段我国现代社会组织的发展状况。

一　慈善组织

本书所说的慈善组织是旨在推动慈善事业发展的民间组织。

改革开放之前，我国的慈善组织很少，整个社会缺乏慈善组织存在的制度空间，且社会舆论也对慈善组织不利，慈善组织甚至被称为"资产阶级的伪善"。慈善组织的真正发展始于改革开放之后，第一家省级慈善组织是1993年1月成立的吉林省慈善总会，1994年成立了中华慈善总会，之后慈善组织开始发展起来，尤其是近年来，慈善组织发展的速度很快，截止到2011年底，全国县级以上的慈善会共1783个（其中全国性的慈善会1个，省级慈善会31个，地市级慈善会320个，区县级慈善会1431个），比2007年增加了1019个，增长率为133%。慈善会的增长速度高于其他组织的增长水平，尤其是2008年，全国慈善会数量的增长率高达71.07%，远远高于基金会同期的增长率（26.64%）和全国社会组织数量平均增长率（6.78%）。[①]

慈善组织的增长不仅体现在数量上，还体现在慈善捐助上，随着人们从物质贫乏逐渐走向生活富裕的小康社会，相当数量的人开始关注慈善事业，从2001年到2011年，国内慈善捐助总额、接受社会捐赠总额占GDP的比重都有明显增加，认捐捐赠额占人均GDP的比重也逐年上升，年平均增长50.89%，这预示着中国慈善捐赠蕴藏着巨大的后发优势。[②] 中国的慈善捐助热情在自然灾害面前尤其高涨，数据显示"非典"和2008年汶川地震发生后，当年的社会捐赠分别是上年的1.16倍和4.15倍，并于2008年达到近10年来的峰值。[③] 有研究表明，2008年全国各部门（包括民政部门）接受捐款总额高达862亿元，比上年增长了198%。[④] 汶川地震唤醒了人们的慈善觉悟，研究表明，2010年年度捐赠中，各级红十字会共接受捐款581859.0万元，慈善会共接受捐款1917887.0万元，慈善会之外的社团、民办非企业单位和福利院共接受捐款114106.0万元。[⑤] 慈善捐助不仅体现在善款捐助上，还表现在各种各样的捐赠形式中，比如服务捐赠、所

---

① 杨团：《中国慈善发展报告（2012）》，社会科学文献出版社，2012，第162页。

② 北京师范大学中国慈善事业研究中心：《2001—2011中国慈善发展指数报告》，北京师范大学出版社，2012，第41页。

③ 北京师范大学中国慈善事业研究中心：《2001—2011中国慈善发展指数报告》，北京师范大学出版社，2012，第41页。

④ 孟志强、彭建梅、刘佑主编《2011中国慈善捐助报告》，中国社会出版社，2012，第15页。

⑤ 孟志强、彭建梅、刘佑主编《2011中国慈善捐助报告》，中国社会出版社，2012，第15页。

有权捐赠、股票捐赠、信托资产捐赠，等等。当然，随着"郭美美事件"等一些影响慈善组织公信力事件的发生，人们对慈善的捐赠热情有所下降，但这并不意味着人们捐赠意识的下降，而只是出于对一些慈善组织的不信任才减少捐赠，一旦我们的慈善组织健康发展起来，整个社会的捐赠热情还会再次高涨的。一个例证就是，与官办慈善机构的声誉由于丑闻频发而跌入历史谷底所不同的是，公民社会自发的慈善行为获得了社会的广泛赞誉，有人将2011年称为"民间慈善元年"。①

现阶段，我国慈善组织的主要活动领域包括医疗、扶贫、救灾、社区服务等。其中汶川大地震发生时，就有大量的慈善组织予以捐款捐物，甚至直接到震区救灾。2010年又发生了青海玉树地震、西南五省干旱、甘肃舟曲泥石流等重大自然灾害，其中参与救灾的56家慈善组织投入的资金和物资（折合人民币）达751506.987万元。② 不仅在重大自然灾害面前，而且在贫困救济、教育、助残等领域都有慈善组织在开展活动。

转型期的中国慈善组织也存在诸多问题，对于这些问题，郑功成教授将其归纳为如下几点：第一，慈善组织"趋官化"倾向明显，很多慈善组织成了政府的附庸，甚至可以被称为准政府组织；第二，准入管理制度不合理，准入门槛太高，致使大量的慈善组织无法获得合法身份；第三，运行资源不足，资金不足，优秀的慈善人才缺乏等；第四，公信力弱，尤其是"郭美美事件"后，人们对慈善组织缺乏信任感；第五，运行机制落后，缺乏良好的治理结构和管理运行机制。③ 这些问题的存在影响了慈善组织的快速发展。

二 行业协会、商会

行业协会是由某行业内的企业为主体自愿参与、自我治理的，旨在为各会员企业提供咨询、沟通、监督、自律、协调等服务的经济类民间组织。行业协会具有如下性质：第一，市场性。离开市场经济就无所谓行业

---

① 参见方长春、陈友华《向死？向生？——中国公益观察2012》，中国社会科学出版社，2012，第89页。
② 杨团：《中国慈善发展报告（2012）》，社会科学文献出版社，2012，第165页。
③ 郑功成：《当代中国慈善事业》，人民出版社，2010，第181~192页。

协会。第二，行业性。行业协会以市场经济中客观存在的业种、品种、工种等行业差异为组织标志。第三，会员性。该组织属于会员制组织，组织的目标以会员的利益为转移。第四，非营利性。行业协会组织本身不以营利为目的（即便有盈利，也不在会员中分红），只以行业的公共利益最大化为目的。第五，非政府性。不属于政府组织，不是政府的附庸，不采用政府式的管理与运行机制。第六，互益性。行业协会既非营利性组织，也非公益性组织，而是为了特定群体的公共利益服务。[①] 商会和行业协会有共同之处，它们都是会员性的互益组织，但商会所涵盖的范围要比行业协会广泛，它不仅仅局限于某一个行业，而是以某地的整个工商业为业务范围。

现有的研究表明，我国行业协会的发展大致经历了三个阶段。[②]

第一个阶段：行业协会起步阶段，从1978年到1992年。改革开放政策的实施使得企业对政府的依附逐渐减弱，而行业内部的横向联系逐渐增多，1979年我国政府提出按照"行业组织，行业管理，行业规划"的要求对原来的长期条块分割、缺乏有效管理的状况进行改革，中国包装技术协会（即现在的中国包装联合会的前身）、中国食品工业协会、中国饲料工业协会等行业组织相继成立。第二个阶段：行业协会蓬勃发展阶段，从1992年到1998年。党的十四大正式确立了推行社会主义市场经济，十四届三中全会提出"发挥行业协会、商会等组织的作用"的要求，行业协会获得了长足的发展。行业协会的发展为独立性越来越强的企业提供诸多服务：搜集和发布行业信息，举办业务知识和市场知识培训，推动行业技术水平提高，协调各企业间及企业与政府间的关系，等等。第三个阶段：行业协会全面发展期，从1998年至今。国务院机构改革撤掉了一些经济主管部门，组建了相应的行业协会。我国加入世界贸易组织后，为适应新的经济形势，也成立了许多行业协会。按照世贸组织的规定，各成员方的政府不能直接介入国内外市场竞争，所以行业协会作为企业代言人的作用越来

---

① 贾西津、沈恒超、胡文安：《转型时期的行业协会》，社会科学文献出版社，2004，第9～12页。

② 这一分期借鉴了李勇、许昀《制约行业协会发展的政策环境因素——基于"国家与社会"视角的分析》，载黄孟复主编《中国商会发展报告No.3（2011）》，社会科学文献出版社，2012，第168～169页。

越重要，我国政府也给予行业协会以充分的重视，发展行业协会的政策越来越明确，并将发展行业协会作为完善市场经济体制的重要内容来看待。

据民政部民间组织管理局的数据，截至 2009 年底，全国工商业服务类和农业及农村发展类社会团体组织共 63009 家，比 2007 年增加了 16.9%，年均增长超过 8%；截至 2010 年底，工商联共有行业商会、同业公会、街道商会、乡镇商会、市场商会、异地商会等各类商会 40610 家，比 2005 年底增加了 40%，年均增长近 7%，2010 年底行业商会有 14251 家（其中获得法人登记注册的有 8376 家），比 2005 年增加了 114%，年均增长 16%。[①] 尤其在东南沿海等经济发展比较好的省市，行业协会和商会等组织发展迅速。比如，截至 2010 年底浙江省的基层商会有 1323 个，异地商会有 407 个，行业协会（商会）有 451 个。[②] 福建省有省工商联 1 个，设区市工商联 9 个，县级市工商联 14 个，县工商联 44 个，设区市辖区工商联 26 个，全省共有 897 个工商联基层组织［其中乡镇商（分）会 322 个，街道商（分）会、小组 50 个，异地商会 460 个，市场商会 2 个，开发区商会 2 个，联谊会 12 个，其他 49 个］，比 2008 年增加了 133 个，增幅为 17.41%，其中异地商会是福建工商联（商会）的一个亮点。[③] 截至 2011 年 5 月，江苏省工商联系统已经建立行业商会组织 1445 个，其中省级 27 个、省辖市级 327 个、县级 824 个、乡镇级 267 个，在民政部门登记的行业组织达 474 个，占总数的 32.8%。[④] 这些组织在为企业搜集和发布信息、提供咨询、维护整体利益、增强行业自律、提高整体技术水平等方面发挥了十分重要的作用。

三 基金会

我国 2004 年颁布实施的《基金会管理条例》将基金会界定为"利用自自然人、法人或者其他组织捐赠的财产，以从事公益事业为目的，按照本条例的规定成立的非营利性法人"。该条例还将基金会区分为面向公众

① 黄孟复主编《中国商会发展报告 No.3（2011）》，社会科学文献出版社，2012，第 3 页。
② 黄孟复主编《中国商会发展报告 No.3（2011）》，社会科学文献出版社，2012，第 51 页。
③ 黄孟复主编《中国商会发展报告 No.3（2011）》，社会科学文献出版社，2012，第 59 页。
④ 黄孟复主编《中国商会发展报告 No.3（2011）》，社会科学文献出版社，2012，第 97 页。

募捐的基金会（简称公募基金会）和不得面向公众募捐的基金会（简称非公募基金会）。公募基金会按照募捐的地域范围，分为全国性公募基金会和地方性公募基金会。

自改革开放以来，我国基金会得到了稳步的发展，基金会数量已经从1981年的7家发展到2011年的2591家，尤其是2004年《基金会管理条例》出台后，基金会的数量开始加速增长，8年内增长了4倍。[1] 总体来看，我国基金会的发展大致可分为三个阶段：第一个阶段是1981年到1995年，这是基金会的缓慢发展期。1981年全国只有7家基金会，其中6家是关注妇女儿童发展的公募基金会，1家是非公募的"华侨茶业发展研究基金会"。第二个阶段是1995年到2004年，是基金会发展的平稳过渡期。1995年中国人民银行下发了《关于进一步加强基金会管理的通知》，实际上确立了从严审批和从严管理的管控政策，所以这段时间里，基金会发展十分缓慢，1995年我国基金会数量为484家，而到2003年，我国基金会也仅有639家，平均每年增加19家，而且大多数基金会的运营也都处于停顿状况。第三个阶段从2004年至今，是基金会的加速发展期。基金会从2004年的720家发展到了2011年底的2591家，这主要得益于2004年出台的《基金会管理条例》，该条例放开了之前数年来对基金会的严格管制。[2]

数据显示，截至2008年底，全国共有基金会1597家，比上年增长19.2%，其中，公募基金会943家，非公募基金会643家，境外基金会代表机构11家，共接受社会各界捐赠53.6亿元，接受捐赠实物折价17.1亿元。[3] 截至2010年底，全国共有基金会2200家，比2009年增加了357家，年增长率为19.4%；同期全国基金会捐赠收入为340.5亿元，比上年度增加了66.99%，占全国捐赠总量的33.0%。[4] 截至2011年度，全国共有2591家基金会，其中非公募基金会1373家，公募基金会1218家，非公募

---

[1] 基金会中心网编《中国基金会发展独立研究报告（2012）》，社会科学文献出版社，2012，第1页。

[2] 参阅基金会中心网编《中国基金会发展独立研究报告（2012）》，社会科学文献出版社，2012，第3~5页。

[3] 徐宇珊：《论基金会——中国基金会转型研究》，中国社会出版社，2010，第2页。

[4] 孟志强、彭建梅、刘佑主编《2011中国慈善捐助报告》，中国社会出版社，2012，第88~89页。捐赠总量为捐给民政部门和红十字会等其他民间组织的款项的总和。

基金会占 53%，较公募基金会高 6 个百分点。① 截至 2012 年 8 月 26 日，基金会总数为 2752 家，其中公募基金会 1258 家，非公募基金会 1494 家。② 据民政部门的统计，从 2005 年到 2010 年，基金会的数量及所接受的捐赠都是逐年以较快的速度增加，具体参见表 2-1。

表 2-1 2005~2010 年基金会发展及所接受捐款情况表

年 份	2005	2006	2007	2008	2009	2010
基金会数量（家）	975	1144	1340	1597	1843	2200
捐赠收入（亿元）	50.8	77.3	109.8	183.6	203.9	340.5
捐赠收入年增长率（%）		52.17	42.04	67.21	11.06	66.99

资料来源：孟志强、彭建梅、刘佑主编《2011 中国慈善捐助报告》，中国社会出版社，2012，第 89 页。

由此可见，近年来我国基金会发展还是相当快的。

近年来，我国基金会原始基金总体规模不断上升，1994 年以前成立的 408 家基金会的原始基金总量为 449445493 元，2005 年到 2010 年新成立的 1456 家基金会的原始基金会总量为 9070833394 元，③ 2010 年新成立的 339 家基金会的原始基金会总量为 2219199362 元，是历年之最。④ 但现阶段的基金会发展呈现"两极分化"的不平衡趋势，一些超大型的基金会收入大幅增长，其中有 41 家基金会捐赠收入超过了亿元（包括河南宋庆龄基金会、上海市慈善基金会、清华大学教育基金会、中国扶贫基金会、中国红十字基金会等），这 41 家基金会中，收入最多的是河南宋庆龄基金会，2009 年的捐赠收入为 620223900 元，2010 年捐赠收入为 1011132644 元；最少的是福建新华都慈善基金会，2009 年捐赠收入为 1 亿元，2010 年捐赠收入为 1 亿元。但另一方面，大量的基金会处于"冬眠"状态，没有捐赠

① 基金会中心网编《中国基金会发展独立研究报告（2012）》，社会科学文献出版社，2012，第 3 页。
② 参见方长春、陈友华《向死？向生？——中国公益观察 2012》，中国社会科学出版社，2012，第 211 页。
③ 基金会中心网编《中国基金会发展独立研究报告（2012）》，社会科学文献出版社，2012，第 2 页。
④ 基金会中心网编《中国基金会发展独立研究报告（2012）》，社会科学文献出版社，2012，第 27 页。

收入，或者捐赠收入非常少，研究表明，大约有一成以上的基金会没有捐赠收入，其中有相当一批是非公募基金会，但包括一定数量的公募基金会也没有捐赠收入。①

四 志愿者组织

志愿者在一些地方也称作义工，是那些自愿地、不计物质报酬地、为了公益目的而奉献个人的时间和精力的人。随着我国经济社会的快速发展，人们已经从物质贫乏阶段逐渐发展到了物质充裕阶段，志愿服务的社会基础逐渐坚实起来。志愿者组织正是在这一发展过程中逐渐形成并发展起来的。20世纪80年代，志愿者开始出现于社区服务中，90年代共青团系统发展出了一支青年志愿者队伍，并成立了全国性的青年志愿者团体。其中，广东是我国青年志愿者最早的发源地之一，1987年，广州市的一些青少年服务工作者组织建立了"中学生热线服务"，这是全国第一条志愿者组织热线，这条热线后来逐渐发展成"手拉手青少年辅导中心"。此后，深圳市的青年志愿者在1990年6月16日以"深圳市义务工作者联合会"的名义在市民政局登记注册，成为我国大陆地区第一个正式登记注册的志愿者组织。② 1999年，广东省人大常委会通过了我国大陆第一部志愿者组织地方法规，即《广东省青年志愿服务条例》。进入21世纪以来，志愿者组织得到了快速的发展，2003年，团中央教育部推出"大学生志愿服务西部计划"，刺激了西部志愿者队伍的发展。2005年北京奥组委、北京市政府组织发起了"迎奥运"志愿服务项目，这大大推动了志愿者组织的发展。2008年北京奥运会，2010年上海世博会、广州亚运会的举办推动了志愿者组织的发展，2008年的汶川地震和2010年的玉树地震等重大自然灾害的发生客观上也刺激了志愿者组织的发展，志愿者组织这一概念已经家喻户晓。

为了说明现阶段志愿者组织的发展状况，这里笔者摘录一项有关志愿者研究的一些数据：

---

① 上述数据参阅了孟志强、彭建梅、刘佑主编《2011 中国慈善捐助报告》，中国社会出版社，2012，第88~96页。

② 徐柳：《我国志愿者组织发展的现状、问题与对策》，《学术研究》2008 年第 5 期。

社区志愿者：2010 年 12 月，全国社区志愿者组织 28.9 万个，志愿者人数 2900 多万人，其中注册志愿者 599.3 万人。服务时间达1500 万个小时。

青年志愿者：据团中央相关负责人介绍，至 2010 年，按照《中国注册志愿者管理办法》进行规范注册的志愿者人数达到 3124 万人，新增 77 万人。中民慈善捐助信息中心估计其服务时间为 200 万个小时。

助残志愿者：中国残联副主席吕世明 2010 年 7 月 6 日在全国志愿助残工作会议上透露，目前全国省、市、县、乡、村普遍建立了志愿助残服务组织，建有县级志愿者助残联络总站 2183 个，乡（镇、街道）联络站 28034 个，村（社区）联络点 27.4 万个。全国助残志愿者人数已达 530 万。2010 年估计服务 1000 万个小时。

红十字会志愿者：2008 年 150 万人，2010 年约新增 50 万人，估计服务时间 400 万个小时。

大型活动志愿者：2010 年度内约有 126 万名大型活动志愿者提供了近 2500 万小时的志愿服务。上海世博会园区志愿者 79965 名，其中国内其他省（区、市）志愿者 1266 名，境外志愿者 204 名，他们提供了 1000 万小时约 4.6 亿人次的服务；第 16 届广州亚运会赛会志愿者近 10 万人为 647 多万观赛者提供了 100 多万个小时的服务，同时 50万名城市志愿者在 600 个志愿服务站点和 2139 个服务岗，提供了 136万人次的 547 万个小时志愿服务。北京武博会志愿者提供了 800 万个小时服务。

西部计划志愿者约 1.3 万人，海外志愿者 500 人。①

这些数据表明，现阶段我国志愿者组织和志愿者的人数已经有了相当多的存量。

五　农民专业合作社

对于合作社我们并不陌生，新中国成立初期，合作社曾经是农业社会

① 摘自孟志强、彭建梅、刘佑主编《2011 中国慈善捐助报告》，中国社会出版社，2012，第19 页。

主义改造的重要途径，我们通过互助组—初级社—高级社的途径对农业进行集体化的社会主义改造，将私有制改造成为社会主义的集体所有制。1958年我们还建立了人民公社，人民公社的建立超越了历史发展的客观规律，是一次严重的失误，所以合作社曾经负载了不太好的名声。但现阶段所谓的农业专业合作社主要是一种农民合作组织，是一种非政府的自治组织，所以有学者指出，新中国成立初的"'农业合作化运动'只是农业集体化运动借用的名义，它所建立的'合作社'是集体经济组织，在制度上恰恰与合作社相悖"。①《合作社真谛》一书指出，合作社是市场经济的产物，在市场交易中，"交易双方谈判权力悬殊导致利益落差过大时，利益受损的弱势群体只有联合起来形成合力，才能对抗垄断谈判权力的强势群体，使其接受平等竞争的条件。合作社就是在市场交易中本来没有或者缺乏谈判权力的群体争取和创造自己的谈判权力的一种有效的组织形式"。②合作社就是相互帮助的联合组织。

根据《中华人民共和国农民专业合作社法》，所谓农民专业合作社"是在农村家庭承包经营基础上，同类农产品的生产经营者或者同类农业生产经营服务的提供者、利用者，自愿联合、民主管理的互助性经济组织"。农民专业合作社是农民的合作组织，也是会员性组织，只有加入合作社的农民才能够享受合作社所提供的服务。该法律还规定："农民专业合作社以其成员为主要服务对象，提供农业生产资料的购买，农产品的销售、加工、运输、贮藏以及与农业生产经营有关的技术、信息等服务。"③农民专业合作社的主要功能就是为农业生产、销售、加工、运输、储藏等方面提供基础和信息等服务。

改革开放以来，党和政府十分重视农业专业合作社的发展，几乎每个涉及农业发展的文件都提到农民专业合作社，比如1983年《当前农村经济政策的若干问题》第四条提出，"适应商品生产需要，发展多种多样的合作经济"；1985年《中共中央、国务院关于进一步活跃农村经济的十项政策》第八条提出，"按照自愿互利原则和商品经济要求，积极发展和完善农村合作制"；1986年《中共中央、国务院关于一九八六年农村工作的

---

① 唐宗焜：《合作社真谛》，知识产权出版社，2012，序言第1页。
② 唐宗焜：《合作社真谛》，知识产权出版社，2012，第13页。
③ 《中华人民共和国农民专业合作社法》，中国法律出版社，2006，第3页。

部署》第十条提出，"供销合作社承担着大量农产品的收购以及生产和消费资料供应的繁重任务。为适应农民发展商品经济的要求，必须加快改革步伐，彻底成为农民群众的合作社"；1987 年的《把农村改革引向深入》第五条要求，"发展多种形式的经济联合"；等等。① 2006 年通过了《中华人民共和国农民专业合作社法》，为我国农民专业合作社的发展提供了法律规范。

　　虽然我国农民专业合作社还存在这样或那样的问题，但其发展速度是很快的，截至 2004 年，综合农业部等机构的统计和估算，全国新型农民专业合作社总数已经达到 15 万个左右，参加组织的会员约有 2363 万人（户），占乡村农户总数的 9.8%。② 截至 2011 年底，全国农民专业合作社总数达 50.9 万个，比 2010 年底增加 15.7 万个，增长 44.7%，农民专业合作社实有成员达 3444.1 万个（户），比 2010 年底增长 26.6%，平均每个合作社有近 70 个成员；通过合作社带动非入社成员 5366 万户，比 2010 年底增长 26.4%，平均每个合作社带动 105 户。③ 这些农民专业合作社已经在促进农民增收、促进农业生产上发挥了重要的积极作用。一项关于浙江台州农民专业合作社的实证研究表明，台州的农民专业合作社在解决"三农"问题上发挥了重要作用：联合起来进入市场，有效地解决了"卖难"的问题；按市场需求调整结构，整合要素，推广应用新技术，提高了农业生产力；连接生产、加工、销售等环节，增加农产品附加值，提高了农业效益；实施专业化、标准化生产和品牌农业，提高了产品的市场竞争力；依靠互助合作力量，战胜灾害、恢复生产。④ 应该说，发展农民专业合作社是促进农村经济发展，解决"三农"问题的重要途径。

六　民间环保组织

　　随着我国环境问题的凸显，民间环保组织也逐渐发展起来，并逐渐成为缓和生态问题的一支重要力量。我国民间环保组织的真正发展始于改革

① 韩俊：《中国农民专业合作社调查》，上海远东出版社，2007，第 4 ~ 5 页。
② 韩俊：《中国农民专业合作社调查》，上海远东出版社，2007，第 4 ~ 5 页。
③ 李楠：《浅谈我国农民专业合作社的现状和未来发展》，《农家科技》2012 年第 6 期。
④ 韩俊：《中国农民专业合作社调查》，上海远东出版社，2007，第 63 ~ 72 页。

开放之后，自 1978 年至今，我国民间环保组织的发展经历了三个阶段：第一个阶段从 1978 年到 20 世纪 90 年代初，这是我国民间环保组织的诞生和兴起阶段。1978 年 5 月，中国环境科学学会成立，这是我国最早的民间环保组织。之后一些民间环保组织开始成立，1991 年辽宁省盘锦市黑嘴鸥保护协会注册成立，1994 年自然之友成立。第二个阶段从 1995 年到 21 世纪初，这是我国民间环保组织的发展阶段。1995 年自然之友组织发起了保护滇金丝猴和藏羚羊行动，引发了民间环保组织的第一次发展高潮，很多民间组织开展了大量的保护、宣传等活动，树立了民间环保组织良好的社会形象。第三个阶段是 21 世纪初至今，这是我国民间环保组织的成熟时期。随着生态问题的凸显，环保理念逐渐深入人心，民间环保组织也得到了整个社会的支持和认可。现阶段比较著名的民间环保组织有自然之友、北京地球村、绿色营、绿色家园、绿色北京、绿色江河、绿眼睛、绿色流域、阿拉善 SEE 生态协会、绿驼铃、永嘉绿色环保志愿者协会、绿色江城、地球之友。这些组织在开展生态保护活动，积极向政府建言献策，向民众宣传环境保护理念、常识等方面发挥了重要的作用。虽然现阶段的民间环保组织还存在诸多问题，比如注册难、资金缺乏、人才缺乏等，但民间环保组织的发展是社会健康发展的重要力量，具有巨大的发展潜力。

第三章　现代社会组织的价值理念有助于孕育现代公民意识

　　社会和谐有传统的社会和谐与现代的社会和谐之分。在奴隶社会、封建社会和资本主义社会，都出现过社会和谐的局面，这种和谐只能是传统的社会和谐，我们要构建的社会主义和谐社会是现代的社会和谐。传统的社会和谐与现代的社会和谐有两个本质性区别：第一，前者常常以抹杀个人利益来成就整体的利益，而后者则是以人为本的社会，既能够保证个人的利益也能保证整体利益，既有个人自由和社会活力又有整体协调；第二，前者是建立在少数人剥削多数人基础之上的，是缺乏公平正义的社会和谐，后者则是建立在社会公平和正义基础上的社会和谐。

　　公民意识是现代性的精神底蕴和文化支撑，也是社会和谐发展的现代性保证，我们所追求的社会和谐当然是现代性的社会和谐，因此，培养公民意识就是推动社会和谐发展的重要方面。现代社会组织所具有的价值理念对于培育公民意识具有重要的作用。本章首先探讨了公民意识对社会和谐发展的积极作用和现代社会组织所蕴含的价值理念，然后具体探讨了现代社会组织对公民权利意识的孕育，对公共精神的涵化和对公私边界意识的催生。这些作用都是现代社会组织所蕴含的价值理念的充分体现，也是现代社会组织推动社会和谐发展的重要方面。

　　为了让读者总体把握本章逻辑，笔者将本章作如下图解（见图 3 - 1）。

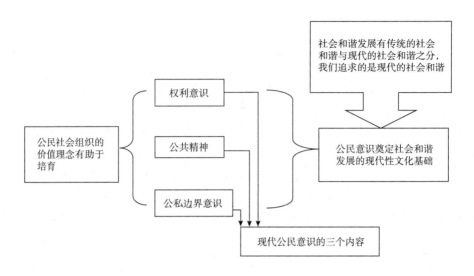

图 3 - 1　第三章逻辑结构图

第一节　公民意识对于社会和谐发展的作用

卢梭说过，"臣民们赞许公共的安宁，公民们赞许个人的自由"。[①] 意即臣民关心整体和谐，公民关注个人自由。此处所谓的公共的安宁或整体的和谐是前现代整体本位的社会状态，它强调群体的价值，抹杀个体的主体性及其独立人格；而公民所关心的个人自由则是指肇始于启蒙运动的个人自由，这是一种以个体本位为基本特征的政治哲学。卢梭的言外之意在于，和谐虽然是人类所追求的理想状态，但臣民社会的"公共的安宁"或"整体的和谐"并非我们所应期盼的理想状态，现代社会应该是追求个人自由的公民社会。臣民社会的和谐是统一意志的和谐，是铁板一块；而公民社会的和谐则是每个人的个性得以张扬的错落有致、多元有序的和谐，这才是真正的"和而不同"的和谐。无独有偶，英国学者弗格森也有类似观点，他指出，我们所追求的秩序井然不应该是奴隶的秩序，而应该是自由民的秩序。[②] 在

[①]　〔法〕卢梭：《社会契约论》，何兆武译，商务印书馆，1980，第 110 页。

[②]　参阅〔英〕弗格森《文明社会史论》，林木椿、王绍祥译，辽宁教育出版社，1999，第296 页。

此，卢梭所谓臣民所关注的整体和谐也就是奴隶的秩序，公民所关注的个人自由就是自由民的秩序。就我国而言，构建社会主义和谐社会已经成为当前的最强音，但是我们所追求的和谐社会并不是卢梭所谓的"整体和谐"的社会状态和弗格森的"奴隶的秩序"，而是一个以现代公民社会为基础的和谐社会。在构建这样的和谐社会过程中，公民意识是一个关键性的问题。公民意识是保障社会和谐发展现代性的精神基础，本节主旨就是梳理公民意识对于现代社会和谐发展的重要意义。

一　公民意识内涵的界定

随着十七大报告明确提出"公民意识教育"这个话题，关于公民意识的研究在学术界也热了起来。实际上对公民意识的观照早就开始了，李慎之早就说过，"千差距、万差距，缺乏公民意识，是中国与先进国家最大的差距"。[①] 只是借助于十七大报告这一机缘，该话题更加受到关注罢了。下面我们简要梳理有关公民意识的研究，在梳理学界观点的基础上找出本研究的视角。目前关于公民意识的研究大致有如下几类。

从思想史的角度来考察公民意识的学者比较侧重从积极公民和消极公民的角度来界定公民意识。雷森博格所谓的公民身份在一定程度上就是公民意识的表现。他认为从历史的角度来看，公民身份有两种："第一种是从古希腊的城邦国家时代一直延续到法国大革命；第二种是从法国大革命开始出现，至今仍然存在。"[②] 前者是指城邦时代强调共同体而抹杀个体的公民观，后者则是现代自由主义公民观，前者在法国大革命时期逐渐为后者所代替。这两种公民观实际上就是贡斯当所谓的古代人的自由和现代人的自由，"古代人的自由在于以集体的方式直接行使完整主权的若干部分：诸如在广场协商战争与和平问题，与外国政府缔结联盟，投票表决法律并作出判决，审查执政官的财务、法案及管理，宣召执政官出席人民的集会，对他们进行批评、谴责或豁免。然而，如果这就是古代人所谓的自由的话，他们亦承认个人对社群权威的完全服从是和这种集体性自由相容的。

① 李慎之：《修改宪法与公民教育》，《战略与管理》1999 年第 3 期。
② 〔美〕彼得·雷森博格：《西方公民身份传统——从柏拉图至卢梭》，郭台辉译，吉林出版集团有限责任公司，2009，第 5 ~ 7 页。

你几乎看不到他们享受任何我们上面所说的现代人的自由。所有私人行动都受到严厉的监视。个人相对于舆论、劳动特别是宗教的独立性未得到丝毫重视。我们今天视为弥足珍贵的个人选择自己宗教信仰的自由，在古代人看来简直是犯罪与亵渎"。"年轻的斯巴达人不能自由地看望他的新娘。""在古代人那里，个人在公共事务中永远是主权者，但在所有私人关系中却是奴隶。"① 现代人"在其私人生活中是独立的，但即使在最自由的国家中，他也仅仅在表面上是主权者"。② 古代自由是一种积极的自由，是参与政治的自由，而现代人的自由是一种消极自由，是一种私人领域的自由。古代公民意识是一种积极参与公共事务，视公共事务为自己的生命，但相对忽视私人自由的公民意识；而现代公民意识则是追求私人领域的神圣不可侵犯性，而将公共事务委托给政府来处理的公民意识。积极的公民意识在当代已经没有存在的社会基础了，消极的公民意识是当代公民意识的主体。

从公民意识的内容来探讨公民意识的学者或详或简地从各自的角度对公民意识所包含的内容展开了探讨。梁启超在《新民说》中指出，新民应具备的品质包括：公德、国家观念、进取精神、权利思想、自由、自治、自尊、合群、生利分利、毅力、义务、尚武、私德、民气、政治能力，等等。③ 在梁启超那里，新民实际上就是现代公民。陈独秀在《敬告青年》一文中指出，现代青年应该是自主的而非奴隶的、进步的而非保守的、进取的而非隐退的、世界的而非锁国的、实利的而非虚文的，等等。④ 这是对现代青年公民意识的一种深有韵味的总结。当代学者姜涌认为公民意识主要有五个方面的内容："一是公民的爱国主义和民族自尊、自信、自强意识。爱国主义是世界各国不同国体和政体中，都大力提倡的一种公民意识。二是公民的自由、平等和主权在公民的意识，公民应该享受的言论自由、出版自由、集会自由、生存自由和选举自由，每个公民都应该树立这种信念，自己主宰自己的命运。三是公民的护宪、守法的意识。宪法是一

---

① 参阅〔法〕邦雅曼·贡斯当《古代人的自由与现代人的自由》，阎克文、刘满贵译，商务印书馆，1999，第26～27页。

② 〔法〕邦雅曼·贡斯当：《古代人的自由与现代人的自由》，阎克文、刘满贵译，商务印书馆，1999，第26页。

③ 梁启超：《新民说》，中州古籍出版社，1998。

④ 陈独秀：《敬告青年》，载王中江、苑淑娅选编《新青年——民主与科学呼唤》，中州古籍出版社，1999，第26～33页。

个国家的根本大法，是国家的根本纲领，保障公民的民主权利，公民是国家的主人，就要维护国家的根本利益，增强主人翁的责任感。四是公民的权利与义务意识。权利和义务是每个公民必备的，无权利的思想便丧失了自由公民的资格。权利与义务是相互依存的，无权利的义务和无义务的权利，都是不完全的，权利源于义务，是义务换来的，非尽义务就不能拥有权利，无义务的权利是不存在的。人们在享受和行使自己的权利时，也应尽保卫国家、缴纳赋税等义务，这是权利与义务的统一。五是公民应具备现代文化的心理素质。"[1] 在另一篇文章中姜涌还指出，公民意识内容应包括公民的人格意识、公民的责任意识、公民的义务意识、公民的权利意识、公民的纳税意识、公民的自由意识、公民的法律意识，等等。[2] 秦树理等主编的《公民意识读本》一书，则将公民意识分为国家意识、民族意识、国际意识、民主意识、权利意识、责任意识、法律意识、政治意识、平等意识、公平意识、自由意识、公共意识、参与意识、道德意识、文明意识、纳税意识、交通意识、生态意识 18 个方面。[3] 赵静指出，公民意识包括公民的国家意识、道德观念、权利意识、法治意识、义务与责任意识等诸多方面的内容。[4]

从公民意识的特征来看，公民意识是对个人在公共领域中所承担角色的自觉。朱学勤先生从近代宪政的角度指出公民意识姓"公"而不姓"私"，"公民意识是近代宪政的产物。它有两层含义，当民众直接面对政府权力运作时，它是民众对于这一权力公共性质的认可以及监督；当民众侧身面对公共领域时，它是对公共利益的自觉维护与积极参与。因此，公民意识首先姓'公'，而不是姓'私'，它是在权力成为公共用品，以及在政府与私人事务之间出现公共领域之后的产物，至少不会产生在这两者之前。此前民间如有意识，只能是诸多'私'人意识的集合，相当于西方政治思想史上的自然人状态，在中国，这样的'私'人集合状态有一个十分自然的名称，就叫'老百姓'。'老百姓意识'当然不是近代意义的公民意识"。[5]

---

[1]　姜涌：《中国的"公民意识"问题思考》，《山东大学学报》（哲学社会科学版）2001 年第 4 期。

[2]　姜涌：《公民意识的自觉》，《理论学刊》2003 年第 5 期。

[3]　参阅秦树理等主编《公民意识读本》，郑州大学出版社，2008。

[4]　赵静：《公民意识教育初探》，《党政干部论坛》2009 年第 8 期。

[5]　朱学勤：《书斋里的革命》，云南人民出版社，2006，第 328 页。

公民意识是对公共权力的监督意识，也是对公共利益的一种维护意识，是公民的公共精神。还有学者强调公民意识的自觉性，比如郑杭生先生指出，"所谓'公民意识'主要是指公民对于自己的国家主人地位、应享受的权利和应履行的义务的自觉意识"。① 范可先生指出："公民意识主要指：个人作为国家公民对政府责任的期盼、对个人权利和尊严的珍视、对个人产权的维护，以及在这种珍视和维护的基础上自觉产生的对国家社会政治生活的关注、参与和责任感，这是公民实现'个人自治'（se - governed）的最好表达。公民意识在一个社会的出现标志着一个社会的成员开始从'自在'走向'自觉'和'自为'。国家公民普遍具有公民意识客观上有助于政府和民众之间的沟通与社会整体的和谐，它也因此成为衡量一个国家社会是否和谐、成熟的重要标志。"② 公民意识是指作为现代社会成员的公民，对自己在国家中的角色包括政治地位、法律地位及其价值的自觉反映。③ 马长山指出，公民意识以主体自由追求和理性自律精神为内核。④

从以上的梳理可以看出来，不管是从思想史追溯，还是从内容、特征来概括，公民意识主要包括三类意识：权利意识、公共精神及明了公私之分的公私边界意识。权利意识相当于思想史上的自由主义消极公民的意识，公共精神则相当于思想史上古代的积极公民的意识。前者包括个人独立人格意识、自由意识、权利意识、自主意识、自治意识等等，后者则主要包括责任意识、参与意识、义务意识、公共精神、志愿精神等关注公共事业的意识；前者指向自我利益，后者则指向公共利益。这两种意识并不是截然对立的，单纯的积极公民意识或者单纯的消极公民意识都不是现时代所应具备的公民意识，单纯的积极公民只强调个体对公共领域的参与和义务，而抹杀了个体的主体性和私人领域的自由，这在现代已经明显不合时宜了。但是单纯的消极公民也不合理，这种公民观只强调个人对自我私人领域之乐的沉浸，不关注公共事务，这种原子主义的公民意识必然为独

---

① 郑杭生：《从政治学、社会学视角看公民意识教育的基本内涵》，《学术研究》2008 年第 8 期。

② 范可：《全球化时代的公民意识与认同政治》，《云南民族大学学报》（哲学社会科学版）2009 年第 3 期。

③ 章舜钦：《论和谐社会新视野下的公民意识教育》，《中国矿业大学学报》（社会科学版）2008 年第 2 期。

④ 马长山：《法治的社会根基》，中国社会科学出版社，2003，第 236 页。

裁者控制公共权力创造机会，因为如果每个公民都只关注自我私人利益，而不关注公共事务，社会将失去制约权力的机制。所以现代公民的公民意识应该既有积极自由的成分，也有消极自由的理念，这才是现代公民应该具备的公民意识。现代公民不仅需要有权利意识，也需要具有公共精神，而且还要具有公私分明的观念，不仅公共权力执掌者应该有明确的边界意识，公共权力不准僭越边界而侵犯私人领域，而且普通公民也应该具有边界意识，即不侵犯其他公民的私人权利，这就是公民行为的边界，这是现代社会的特征。至于公民意识是否应该是一种自觉的意识，笔者倒是认为，公民意识可能不仅仅是一种自觉的社会意识，而应该是一种自然而然的意识状态，这是一种比自觉更加成熟的状态。控制人的意识有两种：一种是有意识的、自觉的、刻意的意识或观念；另一种则是自在地、自然而然地熔铸在公民的品格中的意识，这种意识发挥作用不是人的刻意追求，而是"随心所欲不逾矩"的自然而然的状态。卢梭说过，真正的"法律既不是铭刻在大理石上，也不是铭刻在铜表上，而是铭刻在公民们的内心里……"① 只有真正刻在公民心中，深入人心的法律才是真正的法律。同理，只有真正深入人心，熔铸在人格之中的公民意识才是真正的公民意识。只是在面临检查的情况下才表现出"公民意识"，检查结束就不再表现"公民意识"的那种公民意识不是真正的公民意识，那只能算是一种作秀。所以真正的公民意识不仅需要达到对公民所承担角色的自觉，更重要的是要将这种自觉转变为自己自在的心理品质。

二 权利意识是"和而不同"的精神基础

学者高兆明指出："严格地说，社会和谐并不是一个现代性问题。社会和谐自古以来就一直是人类的政治理想，任何一种政治形式都在寻求一种社会和谐，差别仅在于对社会和谐内容的理解及其实现方式。和谐本身只表明一种社会关系秩序，并不能表明这种社会关系秩序自身的类型与特质。不同的社会历史阶段会有不同的和谐规定。当我们在现代社会寻求社会和谐秩序时，它首先意味着这是不同于前现代社会的社会和谐秩序。"

---

① 〔法〕卢梭：《社会契约论》，何兆武译，商务印书馆，1980，第73页。

"多元社会的社会和谐是一个现代性问题。"① 现代的社会和谐应该是多元的，是真正的"和而不同"，这不同于传统的社会和谐。鉴于上述理解，笔者认为研究社会和谐发展必须要区别如下两种和谐状态。

第一种是被严格控制着的、没有不同声音的、高度整合的和谐。这是传统的社会和谐，传统社会虽然不乏和谐稳定，但是这种稳定只是天然的生命共同体状态，是没有分化的混沌状态，是卢梭所说的臣民所追求的整体和谐状态。这种和谐状态是以牺牲个体的个性为基础的和谐，马克思说："我们越往前追溯历史，个人，从而也是进行生产的个人，就越表现为不独立，从属于一个较大的整体。"② 那是一种臣民社会的和谐，在这种社会状态中，社会分裂为统治者与被统治者，被统治者没有觉醒，乃至于自己没有自主、自由的欲望；统治者则想方设法维持着这种没有觉醒的状态，用各种愚民政策奴化国民，结果大多数的国民只知道愚忠愚孝，只知道服从，严格遵守封建社会的"三纲五常"，乃至于这种观念深入人们的心灵深处，成为人们日常生活中不自觉却牢不可破的意识。鲁迅笔下的祥林嫂就是典型的例子。一方面，统治者试图利用手中所掌握的据称是接受来自上天的权力来统治所有人；另一方面，大多数被统治者也都很顺从统治，只要能够生存，人们宁愿承担更多的义务，而不去反抗。这样的社会也不失为一种稳定的和谐状态。但是这样的和谐状态不是现代社会所应追求的和谐状态，在这种和谐状态中，人们的权利、利益和个性都被压抑了，是被压抑的稳定。对于现代人来说，合法的权利、利益和个性的伸张是私人领域的事情，公共权力无权干预，如果硬是用强权压抑人们的私权，那问题不但没有得到解决，反而会一点一点地积累起来，如果没有得到适当的释放，这种积聚起来的社会能量迟早有一天是会爆发的，会导致严重的后果。

第二种社会和谐则是每个人的利益都得到充分的伸张，每个人都可以表达自己的看法，在此基础上多元的主体彼此协调。这种和谐不是统一的和谐，而是多元基础上的和谐。现代的社会和谐应该是多元的，是真正的"和而不同"，这不同于传统的社会和谐。所以现代的社会和谐才是社会主

① 高兆明：《社会和谐：契约精神与历史精神》，《哲学动态》2005 年第 6 期。
② 《马克思恩格斯全集》第 46 卷上册，人民出版社，1979，第 21 页。

义和谐社会建设所应当期盼的目标，和谐社会应该是多元基础上的和谐，而不是统一声音的和谐。就像交响乐一样，在交响乐演奏过程中，每个乐器都发出其独特的声音，单独的声音可能不一定好听，但是融合在交响乐中，就是一种和谐和优美。同样的道理，社会的和谐不是过度的整合与统一，不是对不同意见、不同利益诉求的压制，而是各种不同的观念、不同的利益诉求都得到充分表达的社会状态。这样的社会是"和而不同"的社会，是市民社会与政治国家相分离在公民意识中的自觉反映，马长山先生指出，"市民社会和政治国家是人类走出天然自在的生命共同体，形成特殊的私人利益、阶级利益与普遍的公共利益相分离和对立的社会共同体的产物"。① 这是走向文明的表现。社会主义和谐社会所追求的也是多元基础上的和谐。诚如毛泽东同志在探讨文学艺术发展的时候提出的理想状态：百花齐放，百家争鸣。这样的和谐状态才是我们所追求的和谐状态。

现代的社会和谐应该由相应的精神基础来维系。任何一种社会都有相应的精神文化基础，英格尔斯曾指出，"一个现代国家，要求它的全体公民关心和参与国家事务和政治活动。一言以蔽之，那些先进的现代制度要获得成功，取得预期的效果，必须依赖运用它们的人的现代人格、现代品质。无论哪个国家，只有它的人民从心理、态度和行为上，都能与各种现代形式的经济发展同步前进，相互配合，这个国家的现代化才真正能够得以实现"。"当今任何一个国家，如果它的国民不经历这样一种心理上和人格上向现代性的转变，仅仅依赖外国的援助、先进技术和民主制度的引进，都不能成功地使其从一个落后的国家跨入自身拥有持续发展能力的现代化国家的行列。"② 一个国家的公民如果不能够从心理、观念和态度上实现现代化，那么现代的各种制度将失去其应有的生命力，失去其存在的心理支撑和合法性基础。马克斯·韦伯的《新教伦理与资本主义精神》表明，精神对于社会发展的价值十分重要，新教伦理是现代资本主义得以产生的重要精神根源。丹尼尔·贝尔在《资本主义文化矛盾》一书中指出，支撑着早期资本主义发展的两大支柱——经济冲动力和宗教冲动力——在

① 马长山：《法治的社会根基》，中国社会科学出版社，2003，第241页。
② 〔美〕英格尔斯：《人的现代化》，殷陆君编译，四川人民出版社，1985，第7页。

现代资本主义时代丧失了一个支柱，或者说一个支柱衰微了，即宗教冲动力的衰微，这是资本主义文化矛盾的根源。这些耳熟能详的理论都表明，精神对于社会发展具有十分重要的维系和支撑作用，任何一种社会发展模式都有某种精神"默默无闻"地支撑和维系着这种发展。

维系这种"和而不同"的现代社会和谐的精神基础是公民的权利意识。权利意识是公民意识的一项重要内容。所谓公民权利意识，是指公民对于权利义务的认知、理解及态度，是公民对实现其权利方式的选择，以及当其权利受到损害时，以何种手段予以补救的一种心理反应。① 它是人类自由自主地追求自我权利活动在公民观念中的自觉反映和要求。权利意识主要是对自我权益的自觉，它指向自我利益。强调"古代自由"的积极公民不重视自我权利，它所重视的是个体对于全体的义务，强调个体对公共善的贡献，即德性，这就是古代自由的特质。权利意识的形成始于近代的启蒙运动。启蒙运动塑造了觉醒的主体意识和权利意识，人们不再过多地将注意力放在外部的公共领域和对公共善的诉求上，而是关注自我利益。从古代的积极自由向现代消极自由的演变似乎是一个"堕落"的过程，是从追求公共德性到追求自我利益的演变过程。但实际上这是一场巨大的思想解放运动，在权利意识觉醒的过程中，个体的潜力被激发出来。诚如曼德维尔在《蜜蜂的寓言——私人的恶德　公共的利益》一书中所说："如果你想使一个人类社会变得强大，你就必须触发他们的激情。分配土地……对土地的占有会使人们变得贪婪；用激情把他们从懒惰中唤醒，骄傲会驱使他们认真工作，教会他们贸易和手艺。这样，你就会在他们中培养出嫉妒和竞赛……"②对于个人利益的追求就是曼德维尔所谓的恶德，不过这种恶德却能够推动整个社会的巨大发展，成就公共利益。也只有利益观念被激发起来的社会才是一个充满活力的社会，传统"臣民社会"那种"统治—服从"式的和谐不是真正的和谐，因为它缺乏活力，现代社会"为自己而生产"的生产方式极大地调动了人们的积极性，解放了生产力。从这个意义上来说，古代自由向现代自由的"堕落"是人类的巨大进步。所以权利意识的觉醒是现代社会的一个重要特征，这种意识不仅

---

① 刘月平：《公民权利意识培育与中国民主政治发展》，《前沿》2008 年第 9 期。
② 〔荷〕伯纳德·曼德维尔：《蜜蜂的寓言——私人的恶德　公共的利益》，肖聿译，中国社会科学出版社，2002，第 10～11 页。

对生产力的发展具有积极意义，而且对于"和而不同"的社会和谐发展也具有十分重要的价值。

第一，权利意识是"和而不同"的精神基础。

"和而不同"首先要有"不同"，未分化的"和"不是真正的和谐，权利意识是社会分化的表现，是多元化的"不同"的基础。权利意识的觉醒和利益诉求的多元化是一对关系十分密切的矛盾，权利意识的觉醒在一定程度上是利益诉求多元化的精神基础，利益诉求的多元化反过来又强化了权利意识。不过权利意识并非利益诉求多元化的根本原因，按照唯物史观的基本观点，社会存在决定社会意识，是社会利益的多元化决定了权利意识的觉醒。我国利益诉求多元化的出现根源于改革开放所带来的社会变迁。众所周知，新中国成立初期，我国沿袭了苏联那种计划经济的社会主义模式，这是一种经济上高度集中、政治上高度集权的社会主义模式，这种模式一直持续到改革开放前夕。在这种社会状态中，阶级结构分为工人、农民、知识分子和干部队伍等，这些群体（阶级）都处于一定的社会框架中，每个群体的利益待遇都非常明确，由于以强有力的制度为后盾，这样的社会结构很稳定，利益结构单一化，不存在竞争。有学者指出："从整体上看，这一身份明确、界限清晰的社会结构具有高度的稳定性。但这种稳定状态却透射出鲜明的特点：高度的计划管理扼制了市场机制，平均主义分配方式扼制了生产的动力，严格的身份制扼制了群体间的自由流动。"[①] 这是一个没有利益分化的社会，在很大程度上，这种社会主义模式抹杀了个人的能动性和积极性，压抑了个人的创造性。改革开放之后所实现的社会变迁解构了这种高度统一的社会主义模式，政府开始将一些本不该管的事情下放给社会，对社会的控制开始松动。社会主义市场经济的实行，也开始打破原来的阶级、阶层结构，很多新型的群体开始出现，社会开始分化。陆学艺先生的研究表明，当前中国的社会阶层呈现日益分化的趋势。他以职业分化和三种资源（即组织资源、经济资源和文化资源）的占有情况为标准，将社会划分为了 10 个阶层，即国家与社会管理者阶层、经理人员阶层、私营企业主阶层、专业技术人员阶层、办事人员阶

---

① 刘涛：《冲突中的渐进和谐：利益群体多元化的发展趋向》，《山西高等学校社会科学学报》2010 年第 1 期。

层、个体工商户阶层、商业服务业员工阶层、产业工人阶层、农业劳动者阶层和城乡无业、失业、半失业者阶层。① 分化的众多阶层都有其自身的利益，社会转型在一定程度上就是利益重新洗牌的过程，在这一过程中必然出现利益群体之间的利益矛盾和冲突，甚至个别利益冲突在现阶段还相当激烈。但这并不意味着我们的改革方向是错误的，实际上任何社会经历这样的结构转型都会出现众多的矛盾，这在后边我们还会专门论述到。这些问题是发展之后必然出现的问题，不能因为发展会带来问题，我们就不发展，发展中出现的问题还需要由发展来解决。原来的那种计划经济时代高度控制的稳定不是真正的和谐，现在群体分化、利益多元且矛盾众多的状态也不是我们所向往的状态，毋宁说，这仅仅是一种过渡状态。真正的和谐应该是多元的利益诉求得到合理的表达和照顾，这首先要有多元的利益主体，其次这些利益主体的利益能够得到大致的协调，这才是一个"和而不同"的和谐状态，这样的和谐社会是我们奋斗所争取的目标。

公民权利意识的觉醒是"和而不同"（社会利益多元化且相互协调）的精神基础。因为只有每个人的自我主体意识、自由意识、利益意识、权利意识的觉醒才能造就社会的"不同"，才能解构臣民社会的铁板一块，不懂得自我权利意识的臣民只会服从，只能是"同则不继"。利益群体的分化是社会发展的必然，社会和谐需要多元利益的协调，这就需要有一个协调利益的机制。在原发现代化国家，这样的利益协调机制是经历了一二百年的社会发展才形成的，在无数次的博弈和试错中，合理的、适合该社会的利益协调机制才逐渐沉淀下来，成为社会稳定的制度保障。而我们国家是后发现代化国家，那种自发形成利益协调机制的方式对于我们是行不通的，我们没有时间去走他们走过的老路。但是不管原发现代化国家还是后发现代化国家，其利益协调机制当中一个重要的方面就是公民群体或者叫利益群体必须有表达利益的诉求、愿望和意识，在多元的社会中，任何一个群体如果在社会上缺乏自己的声音，那么他们的利益就很容易被忽视。所以公民的权利意识非常重要，只有他们有意识地表达诉求，

---

① 参阅陆学艺主编《当代中国社会阶层研究报告》，社会科学文献出版社，2002，第 8 ~ 9 页。

决策层才能够通盘考虑，协调利益。一个社会的和谐状态应该是这样的：从社会利益结构来说，应该是一个利益多元化的社会状态；从个人来说，每个公民都有表达本群体或个人利益的意识和途径，尤其是在利益受损的情况下；从利益表达途径上来说，社会应有充分的表达利益的渠道；从制度上来说，决策者们必须通盘考虑所有有关利益群体的利益。在这种状态下，多元、分化的利益群体都能各得其所，多元之间的和谐才有可能。

第二，权利意识推动法治社会的来临。

法治是多元共赢、"和而不同"的社会环境保障。党的十六届六中全会提出，社会主义和谐社会的总体要求是民主法治、公平正义、诚信友爱、充满活力、安定有序、人与自然和谐相处。法治是现代社会的制度性前提，是社会公平正义基本规则的最后防线，它将公民的权利以法律的形式落实下来予以保障，司法机关的宗旨在于纠正那些违法行为，使权利受损者得到赔付。从传统社会向现代社会的转变实际上是一个个体主体地位凸显的过程，启蒙时代所确定的个体本位特征成为现代社会的基本特征。在这样的社会中，各种各样的利益群体逐渐形成了，为了维护他们自身的利益，他们需要有诉求表达渠道。民主制度实际上就是一种利益诉求机制，代议制政府是现代政府的基本民主制度，它的基本原理就是每个代表都代表一定群体的利益，代表他们所代表的人在决策机构发言，维护自身的利益。而这样的民主制度是以公民的权利意识觉醒为前提的。

从原发意义上追寻法治社会的形成可以追溯到近代政治哲学家霍布斯、洛克那里，他们的理论展现了法治社会的形成过程。笔者认为，法治最关键的是要具备如下两点：第一，要有健全的法律和制度；第二，这种健全的法律和制度应该得到全社会的尊崇，成为统治社会的基本规则，法律成为人们的信仰。在近代思想家那里，法治的形成首先表现为法律制度的形成。为了展示现代制度的形成，他们假定了以人性为基础的自然状态的存在，即政府出现之前的社会状态，在这种状态中，人是绝对自由的，"这种人所共有的自由，乃是人性的产物。人性的首要法则，是要维护自身的生存，人性的首要关怀，是对于其自身所应有的关怀；而且，一个人一旦达到理智的年龄，可以自行判断维护自己生存的适当方法时，他就从这时候起成为自己的主人"。① 由于人是天生自利的，所以在自然状态下，每个人都在追寻着自己的利益。但在利益追寻过程中必有分歧和争议出现，由于自然状态没有仲裁机构，所以争议只能靠自发的自然法来解决。但自然法没有法庭，分歧往往得不到有效的化解，所以争议常常发展成为争斗。结果自然状态就演变成一个无休止的战争状态，为了避免人类所积累的文明在这种无休止的战争状态中消耗殆尽，人类理性地让渡自己的部分权利以形成公共权力，并把公共权力委托给政府。洛克就认为，人们通过履行一种社会契约而形成了一个由法律统治的公民社会，从而脱离原始的、非政治的自然状态。在霍布斯、洛克等人看来，政府和政治制度的出现其目的就是维护公民的权利，这一理论也可以表述为：政府和政治制度的出现是公民权利意识发展的结果。正是公民维护自我利益的初衷最终导致了政府的出现和社会法律制度的出现。公民的权利意识不仅催生了法治，而且还是维系制度存在的精神根基，有学者指出："一个国家权利意识的形成、发展以及能构成对权力滥用的有效防范，尤其是能形成对权力和权利之间关系的正确认识，需要民众普遍意识到：公民权利是国家政治权力的唯一源泉。"② 为了维护自己的权利，现代公民大都主张积极监督政府的权力，防止权力的滥用；为了维护自己的权利，现代公民大都积极关注社会问题，对于任何一个公民的不公平就是对所有公民的不公平；为了维护自己的权利，现代公民大都积极参与政治，因为自己是纳税人，有权利也有义务关注公共财政、公共政策等公共性问题；为了维护自己的利益，公民要形成积极参与公共事务的习惯。现代公民既应该有强烈的权利意识，也应有强烈的积极参与意识，这就是阿尔蒙德所谓的公民文化。而这种公民文化正是现代民主政治存续的精神基础，不管是从创制上来说，还是从制度的维系和正常运转上来说都是这样。

现阶段我国民主政治建设取得了巨大的成就，但不能否认，我们的民主政治建设还有很大的发展空间。这个空间不仅需要用制度的健全和完善来填补，而且还需要由健康的权利意识的觉醒和发展来填补。

---

① 〔法〕卢梭：《社会契约论》，何兆武译，商务印书馆，1980，第9页。
② 李文利、征汉年：《权利意识：现代法治的内在动因》，《经济与社会发展》2006年第4期。

三　公共精神是走出"囚徒困境"的精神基础

充足而高质量的公共产品是人们生活便利的重要条件，也是社会和谐发展的重要方面，但是现阶段我国在公共产品的提供上并不乐观，甚至可以说，公众日益增长的公共产品需求同公共产品供给短缺之间的矛盾已经成为社会的主要矛盾了。因此构建社会主义和谐社会这一宏大工程必然缺少不了公共产品这一分支工程，而公共产品的提供需要克服"囚徒困境"，"囚徒困境"不仅仅是公共产品提供上的困境，也是现实社会中很多困境的写照，社会和谐发展要克服这一困境。

（一）公共精神存在的必要性

社会事务可以分为私人事务和公共事务两类。私人事务主要就是公民个人在不需要政府干预的情况下就能够做好的事务，比如市场行为、家庭内部事务等就属于私人事务；公共事务则是只靠单个的私人无法完成，或者说单个的个人不愿干的事务，比如公路等公共设施的提供就是公共事务。私人事务建立在追求个人私利的人性之上，古典政治经济学认为，每个人在对待自己的私人事务上都是理性的，都试图以最小的投入获取最大的收益。而公共事务则与个人的理性和整体的不理性这一矛盾有关，个人在私人事务上是理性的，但是在公共事务上则表现出了和私人事务不同的特征，即公共事务的非排他性，即提供者所提供的物品不是自己所独享的，而是所有的人都可以享用的，这种非排他性导致了私人在公共事务上的消极态度和"搭便车"行为。公共事务的这一困境是公共权力形成的根基，也就是说，只有个人而没有权威的"自然状态"无法持续下去，因此人们理性地达成协议组建政府，以将公共事务托付给它。古典自由主义认为，个人是私人事务的最好掌管者，他会以最高的效率完成自己的私人事务，政府不应该干预个人的私人事务。因为在达成组建政府的契约的时候，人们让渡的并非所有的权利，而只是部分权利，公民让渡的只是处理那些靠单个公民无法完成的事情的权利，比如提供公共秩序、公共仲裁机构等（也就是政府成立后的公共权力所承担的事务），这是政府权力的来源。对于公民自己能够做好的事情，公民并没有将做这些事情的权利让渡给政府，没有让渡给政府的那些权利，政府自然也就没有干预的权力，这就是公共权力边界的理论基础。与政府不得干预公民的私人事务不同，公民则可以通过批评、监督、抗议等方式"干预"政府的行为，因为政府是受托人，雇主如果对受托人的行为不满意，自然可以批评、指责，并令其改正，甚至更换受托人。现代社会就应该是一个公私分明的社会，公民不仅应该处理好自己的私人事务，而且也应该积极关注公共事务，不但关注政府的行为，而且还应该积极地以各种方式参与本地区的公共事务。这就是积极关注公共事务的公共精神。一个社会要和谐发展，需要私人事务和公共事务同样发达，而这需要公民具有较强的公共精神。

"囚徒困境"是考量公共精神的经典案例，其基本内容如下。两个被捕的囚徒 A 和 B 面临的抉择是：如果两个人都招供，那么他们两个人都要面临中等程度的惩罚，如果都不招供，则面临轻度的惩罚或者不惩罚；如果 A 招供，B 不招供，那么释放 A，B 面临重度惩罚；如果 B 招供，A 不招供，那么释放 B，A 面临重度惩罚。这样的困境，在一次性博弈中，A、B 两人都会选择招供，结果两个人所受到的惩罚之和是各种选择中最重的。这个案例表明了这样一个问题，即个体的理性导致了整体的不理性，每个个体都是理性的，出于自利而选择了最理性的行为，结果整体行为则是最不符合理性原则的。"囚徒困境"所反映的并不仅仅是两个人的困境，而是社会的困境。郑也夫指出："而这一命题不胫而走，就在于陷于此种困境中的绝不仅仅是两个囚徒。如果人人都想个人投机得利，结果大家都会成为输家；人人都想略行小贿抢先得逞，结果贿价高涨还未必得逞；人人都想成为刀俎，结果是大家一道成为鱼肉。我们社会中的许多人真像这囚徒一样，陷入困境。"[①] 也就是说，个体的理性与集体的非理性似乎成为一个自然而然的、人们无法超越的必然逻辑。类似的情况还有很多，比较著名的例子还有"公共绿地悲剧""公海悲剧"等，这些经典案例所反映的都是社会公共性困境问题。而解决这一公共性困境最关键的是合作，是超越个体利益而对整体利益的关注，需要一种公共精神。那么什么是公共精

① 郑也夫：《走出囚徒困境》，光明日报出版社，1995，第209页。

神呢？

（二）什么是公共精神

关于公共精神，目前学术界已有较多的研究，有的学者从公共哲学的理论视域指出，"所谓公共精神是指孕育于现代市场经济和公民社会之中，位于最深的基本道德和政治价值层面，以全体公民和社会整体的生存和发展为依归的一种价值取向，它包含着对民主、平等、自由、秩序、公共利益和负责任等一系列最基本的价值目标的认肯与追求"。[①] 有的学者从个体与群体的关系指出，"所谓公共精神，就是社会成员对公共生活及公共事务的积极关怀、体认和参与。它包括人们的独立人格、公德意识、社会责任、政治参与、普世关怀等。可以说，公共精神在于维护社会的整体利益，关注社会共同体里每一个成员的权利和尊严。它是进步和成熟的一个表现，也是社会人格自我完善和自我超越的一个标志"。[②] 公共精神不是只强调整体利益而抹杀个体利益的价值观，当然更不是只注重个人利益的极端个人主义价值观，它是既保障个体的独立个性和尊严，又积极关注公共事务的现代价值观。有学者则认为公共精神是现代公民应具有的态度，"所谓公共精神，是指公民应具有的超越个人狭隘眼界和个人直接功利计算的关怀公共事务、事业和利益的思想境界和行为态度。这是现代民主社会对公民提出的一种最基本、最重要的美德要求"。[③] 但是，不管学者们从哪个角度探讨，公共精神的基本内涵不外乎如下几个要素：首先，公共精神的主体应该是具有独立人格的现代公民，曾经的"学会文武艺，货卖帝王家"的封建社会的忠臣孝子只是臣民，而不是现代公民，即便这些臣民具有一种非常强烈的甚至是由衷的对公共事务的价值观照，那也不能算是现代公共精神。其次，公共精神是超越个体利益，对公共利益的一种积极追求与关切。虽然每个现代公民都是具有独立的私人利益和权利的个体，但是作为独立人格承载者的现代公民不应该仅仅追求个体私权，而是应该

① 马俊锋、袁祖社：《中国"公民社会"的生成与民众"公共精神"品质的培养与化育》，《人文杂志》2006年第1期。
② 刘鑫森、林春逸：《培育公共精神　构建和谐社会》，《毛泽东邓小平理论研究》2005年第8期。
③ 龙兴海：《公民公共精神的培养》，载吴潜涛主编《论公共伦理与公德》，湖北人民出版社，2008，第212页。

在保证独立人格的基础上关注公共事务，积极参与各种公共事务，包括积极参政议政，积极关注公共设施建设、公共财政收支、公德建设、环境问题、社会公正、教育、医疗等超越狭隘个体私利，事关每个人利益的公共事务。最后，公共精神不是只讲集体利益而抹杀私人权利的精神。我们国家曾经提出过过度强调整体利益的"集体主义"，这种价值观甚至要"狠斗私字一闪念"，也就是要彻底抹杀和否定个人的私人利益，这种价值观念看似非常"公"，但它实际所培养出来的只能是口头上"公"的口号震天响，而内心则思考着自己的"私"的人，这是一种鼓励人空喊口号的价值观念。所以现代公共精神是在个人基本权利得到保障基础上的公共精神，它并不和私人利益针锋相对。

（三）公共精神对"囚徒困境"的解决

就我国而言，由于漫长的封建专制主义浸润，人们已经丧失了对公共事务的热情。封建社会中，"莫谈国事"已经成为臣民们基本的生存方式，人们也不再关注公共性事务这一"肉食者谋之"的事情。久而久之，一种漠视公共性的文化成为我国的主流文化。对于这一点，包括一些国外汉学学者在内的很多思想家都给予了充分的揭露和批判。梁启超先生指出："我国人之所以至今不振者，一言以蔽之，公共心缺乏而已。私家之事，成绩可观者往往而有；一涉公字，其事立败。自国家之公署，乡镇之公局，乃至工商业之股份公司，无一不为百弊之丛，万恶之薮。甚则公林无不折伐，公路无不芜梗，公田无不侵占，公园无不毁坏。"梁先生还举例对比中西公私观念的不同，"有一公物于此，在西人则以为此物我固有一分也，乃拥护而保全之，使我能长享有此份；在中国人则以为此物我固有一份也，乃急取我一份所有者割归独享；又乘他人之不觉或无力抵抗，则并他人之一份所有而篡取之；其驯良者，则以为此等事虽有利非我独享，虽有害非我独当，闭门不管而已"。① 美国传教士明恩溥指出："中国人有私无公或公私不分的脾气，其实还不止此，他不但对于'公家'的事物不负责任，而且这种事物，要是无人当心保管或保管而不得法，便会渐渐的不翼而飞，不胫而走。铺路石不见了，城墙上砌着的砖头，也会一块一

---

① 梁启超：《梁启超选集》（上卷），中国文联出版社，2006，第193页。

块地减少，某一港口处外国人墓地的围墙的砖头也不断地被拿走，最终一块也不剩，直到被发现才知道原来这地方是不属于任何个人所有的。"① 费孝通先生指出，"在乡村工作者看来，中国乡下佬最大的毛病是'私'"，"私的毛病在中国实在比愚和病更普遍得多，从上到下似乎没有不害这种毛病的"。② 文化和价值观念的存在是一个绵延恒常的过程，传统的很多观念都会由于"路径依赖"而延续至今。虽然社会主义制度的建立，尤其是改革开放以来市场经济的推行给传统观念很大的打击，但是传统的那种漠视公共性的观念仍然存在，在一些情况下还相当严重，这已经成为影响我国公德建设乃至影响民主政治建设和社会建设的精神阻滞力。卢梭说："身为一个自由国家的公民并且是主权者的一个成员，不管我的呼声在公共事务中的影响是多么微弱，但是对公共事务的投票权就足以使我有义务去研究它们。"③ 一个公民不应该将所有的时间和精力仅仅放在自己的私人事务上，而应该花适当的时间和精力在公共事务上。要构建社会主义和谐社会就要大力培育公共精神，化解社会的"囚徒困境"。

作为公民意识一个重要方面的公共精神是现代社会所需要的一种重要精神性资源，它是解决"囚徒困境""公共绿地悲剧"的重要基础。普特南花了20年的时间在意大利进行的实证研究表明，公共精神发育比较充分的北部意大利，其政府绩效明显比公共精神发育不充分的南部意大利的政府绩效高。他说："公开精神发达的地区有着这样一些特征：地方组织网络密集，公民积极参与共同体事务，政治模式是平等的，人们相互信任，遵纪守法。而在公开精神不发达地区，政治和社会参与采取的是垂直组织形式，互相猜疑和腐败被视为惯例，人们极少参与公民组织，违法乱纪司空见惯。在这些共同体中，人们感到无能为力，任人利用。"④ 政府高效率地提供公共产品也需要公民公共精神的支撑和维系，否则就会发生腐败、违法乱纪等行为，这不仅导致公共产品提供效率的降低，而且会危害社会，普特南的研究已经证明了这一点。实际上，公共产品不都是由政府来

---

① 〔美〕明恩溥：《中国人的特性》，匡雁鹏译，光明日报出版社，1998，第98～99页。
② 费孝通：《乡土中国》，北京大学出版社，1998，第22～23页。
③ 〔法〕卢梭：《社会契约论》，何兆武译，商务印书馆，1980，第7～8页。
④ 〔美〕罗伯特·D. 帕特南：《使民主运转起来》，王列、赖海榕译，江西人民出版社，2001，第214页。

提供的，广义上的公共产品不仅包括政府提供的公共设施、公共秩序，而且包括良好的公德环境、公共秩序等由社会提供的公共产品。公共设施、公共秩序等公共产品由政府提供，这是政府的基本职责。而良好的公德环境、公共秩序等方面公共产品的提供则需要有良好的社会氛围，需要每个公民都有公共精神，否则这类公共产品的提供就会陷入"囚徒困境"之中。政府提供公共产品需要公共精神支持，社会提供公共产品则更需要公共精神的支撑。郑也夫举例指出，排队乘车者的难题在于人太多，只要有几个加塞儿的人就会瓦解排队之雏形，且不排队已成了多年的积习。说心里话，大多数人希望有秩序，那样最终大家得益。但在当下，还到不了自治的程度。① 排队乘车问题也是"囚徒困境"的一种表现，它需要社会自治程度的提高，自治的形成需要公民有较强烈的公共精神。"囚徒困境"的关键在于缺乏沟通与合作，他们不能商量。有学者的研究表明，"囚徒困境"的出现关键是一次性博弈的结果，如果博弈是重复性的，那么合作的可能性就会大大提高。其实，重复性博弈之所以有可能化解"囚徒困境"根源就在于在重复性博弈过程中人们逐渐形成了合作精神和公共精神，因为在重复性博弈过程中，人们发现了合作所带来的好处，合作而不是背叛逐渐成为人们的"理性"行为。

四 明了公私之分是社会和谐的现代性保障

公共权力领域与私人领域边界明确划分是西方近代政治文明的重要表现，这一基本理念逐渐沉淀为西方政治领袖和普通公民的个人修养。在西方流传很多公私边界明确划分、尊重私人领域的佳话。比如"风能进、雨能进，国王不能进"的理念就是尊重私人空间的著名言论。据说德国流行这样一则故事：德国某皇帝为自己修建了一座富丽堂皇的皇宫，但是大煞风景的是，在这个富丽堂皇的皇宫前面有一个破烂的磨坊。皇帝曾多次与磨坊主协商，试图买下磨坊，但最终没有达成一致意见。结果皇帝一气之下强制拆除了这个磨坊，而这个磨坊主也不示弱，将皇帝告上了法庭，结果法庭裁决皇帝败诉，令其恢复原样，赔偿损失，结果这个破烂的磨坊又

---

① 郑也夫：《走出囚徒困境》，光明日报出版社，1995，第210页。

傲然屹立在富丽堂皇的皇宫前面了。过了一段时间，老皇帝去世了，新皇帝即位了，老磨坊主也去世了，他的儿子成为磨坊的新主人。由于种种原因，新磨坊主的生活变得拮据了，就试图找新皇帝，想把磨坊卖给他，但是这位很有修养的皇帝并没有借机拭去其父亲曾经的耻辱，而是让磨坊主永久保留这个破烂的磨坊。这是德国历史上尊重私人领域和张扬法治精神的象征，这一故事反映了公私边界的清晰界分已经成为人们所信奉的基本理念。

公私分明是社会和谐发展的基础。

第一，严格划定公共权力的边界，勿使其僭越基本职分，既发挥权力应有的职能，又避免权力滥用，侵害个人权利，这是社会和谐发展的重要条件。公共权力的产生是社会发展的必然，但是公共权力也可能是社会的一大威胁，如果滥用权力，那它所造成的社会不公将对社会构成严重的危害。对权力有可能导致的危害，近代以来的思想家们已经说出了很多耳熟能详的名言，阿克顿勋爵说，"权力导致腐败，绝对权力导致绝对腐败"。不仅如此，"绝对权力会败坏社会道德"。[①] 孟德斯鸠说："一切有权力的人都容易滥用权力，这是万古不易的一条经验。有权力的人们使用权力一直到遇有界限的地方方才休止。"[②] 有人追溯没有制约的权力必然被滥用的根源，一直追溯到基督教人性本恶的"幽暗意识"上，"首先，以幽暗意识为出发点，基督教不相信人在世界上有体现至善的可能，因为人有着根深蒂固的堕落性，靠着自己的努力和神的恩宠，人可以得救，但人永远无法变得完美无缺"。"其次，幽暗意识造成基督教传统重视客观法律制度的倾向。人性既然不可靠，权力在人手中，便很容易'泛滥成灾'。因此，权力变成一种极危险的东西。"[③] 还比如汉密尔顿指出："政府本身若不是对人性的最大耻辱，又是什么呢？如果人人都是天使，就不需要任何政府了。如果是天使统治人，就不需要对政府有任何外来的或内在的控制了。在组织一个人统治人的政府时，最大困难在于必须首先使政府能管理被统治者，然后再使政府管理自身。毫无疑问，依靠人民是对政府的主要控

① 〔英〕阿克顿：《自由与权力——阿克顿勋爵论说文集》，侯健、范亚峰译，商务印书馆，2001，第342页。
② 〔法〕孟德斯鸠：《论法的精神》（上册），张雁深译，商务印书馆，1959，第184页。
③ 张灏：《幽暗意识与民主传统》，新星出版社，2006，第26~27页。

制；但是经验教导人们，必须有辅助性的预防措施。"① 总之，没有制约的权力是洪水猛兽，这一理念已经为大多数的思想家所认同，也已经为现代公民所认同。专制主义时代的权力是没有制约的权力，那时普通民众只能是权力的奴隶，没有权利可言，甚至连基本的生存权都难以得到保障。我国封建社会流行的忠君言论是"君叫臣死，臣不得不死"，意即做臣民的人的生死只在于专制君主的一句话而已。除此之外，"普天之下，莫非王土；率土之滨，莫非王臣"等观念表明，在整个社会中，只有封建君主是有独立人格的人，其他人都是奴隶。权力肆意横行的社会不会是我们所追求的社会，所以社会和谐发展必然制约权力，明确权力的边界，勿使其危害私权利。

第二，公民充分享受私人权利，个人的潜能得到充分的发挥，社会活力得到充分张扬，这是社会和谐发展的巨大动力。臣民社会是一个缺乏独立人格的社会，人们的活动是被迫的，人类所具有的积极性和潜能没有得到充分的发挥，而现代的公民社会则是一个个体独立人格和权利意识得到充分张扬的社会状态，人们的积极性被充分调动了起来。西方自启蒙运动以来，个人的独立和自由一直是思想家们所宣扬和追求的价值。康德说："要有勇气运用你自己的理智！这就是启蒙运动的口号。"② 意即，不要盲从于、依附于任何他人，要基于自己的考虑，运用自己的理智作出判断。人的独立人格经过启蒙从"自己所加之于自己的不成熟状态"走向成熟的独立人格，所谓不成熟状态就是"不经别人的引导，就对运用自己的理智无能为力。当其原因不在于缺乏理智，而在于不经别人的引导就缺乏勇气与决心去加以运用时，那么这种不成熟状态就是自己所加之于自己的了"。③ 启蒙运动的这一理念并非仅仅是思想家的心血来潮，其形成根源于近代以来市场经济的发展。市场经济的发展催生了人们的独立人格，在瞬息万变的市场领域中，人们需要根据自己的利益，理智地、冷静地且果断地作出判断，否则将错失良机。这种生存方式与前资本主义社会的专制主义时代什么都要被别人做主的生存方式有天壤之别，因此与前资本主义社

---

① 〔美〕汉密尔顿、杰伊、麦迪逊：《联邦党人文集》，程逢如、在汉、舒逊译，商务印书馆，1980，第264页。
② 〔德〕康德：《历史理性批判文集》，何兆武译，商务印书馆，1990，第23页。
③ 〔德〕康德：《历史理性批判文集》，何兆武译，商务印书馆，1990，第23页。

会的蒙昧主义相反，独立人格开始在市场经济的催促下应运而生，启蒙运动只是对这个时代的时代精神进行了萃取而已。独立人格的形成和权利意识的觉醒是人类的一次大解放，也是生产力的大解放，人们开始在自我利益的驱动下为自己而生产，积极性被充分调动了起来。这种追求自我利益，试图用自己的意志来主导一切的冲动必然会受到来自社会的阻力，社会整体总是无法满足个人的需求。"可是，正是这种阻力才唤起了人类的全部能力，推动着他去克服自己的懒惰倾向，并且由于虚荣心、权力欲或贪婪心的驱使而要在他的同胞们——他既不能很好地容忍他们，可又不能脱离他们——中间为自己争得一席地位。于是就出现了由野蛮进入文化的真正的第一步，而文化本来就是人类的社会价值之所在；于是人类全部的才智就逐渐地发展起来了，趣味就形成了，并且由于继续不断的启蒙就开始奠定了一种思想方式，这种思想方式可以把粗糙的辨别道德的自然禀赋随着时间的推移而转化为确切的实践原则，从而把那种病态地被迫组成了社会的一致性终于转化为一个道德的整体。没有这种非社会性的而且其本身确实是并不可爱的性质，——每个人当其私欲横流时都必然会遇到的那种阻力就是从这里面产生的，——人类的全部才智就会在一种美满的和睦、安逸与互亲互爱的阿迦底亚式的牧歌生活之中，永远被埋没在它们的胚胎里。人类若是也像他们所畜牧的羊群那样温驯，就难以为自己的生存创造出比自己的家畜所具有的更大的价值来了；他们便会填补不起来造化作为有理性的大自然为他们的目的而留下的空白。因此，让我们感谢大自然之有这种不合群性，有这种竞相猜忌的虚荣心，有这种贪得无厌的占有欲和统治欲吧！没有这些东西，人道之中的全部优越的自然禀赋就会永远沉睡而得不到发展。"[①] 追求个人私利这种被康德称为非社会性的社会冲动是人类走向文明的动力之所在，我国改革开放所取得的巨大成就在一定程度上就是根源于这种解放，人们从计划经济"大锅饭""多干少干都一样""干和不干也一样"的机制中解放出来，在利益冲动的驱使下，积极性空前提高，社会活力空前增强。这就是权利意识、利益观念觉醒的强大的精神动力。和谐社会应该是一个充满活力的社会，而如前所述，权利意识、利益观念是社会活力的根基之所在，那么保障公民充分享受自己的私人权

---

① 〔德〕康德：《历史理性批判文集》，何兆武译，商务印书馆，1990，第 7～8 页。

利就成为社会和谐发展的重要方面了，而要保障公民充分享受私人权利，最重要的方面是公共权力的有所作为和有所不为。有所为，即在提供公共产品、保障公民权利等方面要积极承担其基本的职能；有所不为，即公共权力应该敬畏边界，不僭越公共权力的边界。这一点笔者已经在本书的其他地方有所论述，此不赘述。公共权力不能干预私人领域，但私人可以通过合法的途径监督、干预和参与公共事务。因为在市场经济条件下，公共决策可能涉及不同群体的利益，而不同群体要想维护自己的利益，就必须通过一定的利益诉求渠道，将自己的利益诉求表达到决策层。现代民主政治在很大程度上就是利益表达机制，是众多利益诉求博弈、协商、沟通的结果，积极参与这类公共事务也是公民权利意识的表现。现阶段我国出现的各种社会矛盾，在很大程度上都可以归结为利益矛盾，社会和谐发展需要整合整个社会各个阶层的利益，形成一个各个群体的利益都得到充分伸张而又和谐相处、利益多元而又安定有序、社会充满活力而又相互协调的和谐状态。

第三，公共权力领域和私人领域边界明确勘定，且二者各司其职，这是保障社会和谐现代性的重要根基。在权力与社会的关系上有两种类型：首先就是专制主义的统治—服从型和谐，专制统治者掌控所有权力，作为被统治者的臣民则心甘情愿接受统治，这样的社会也不失为一种稳定和谐状态，但这种和谐是以牺牲大多数人的权利为代价的，不是现代社会所追求的社会和谐。其次，权力成为公共权力，其边界明确勘定，除了提供公共产品之外不得任意扩展其势力范围。在这样的社会中，公共权力为社会提供靠单个人无法提供的公共产品，而私人则通过私人行为追求其私人产品。这样的社会既有公共产品所提供的便利又有私人市场的繁荣发展，既有社会环境的安定有序又有个人权利的充分享受，公共权力领域和私人领域各司其职，都得到充分展现，社会公私产品的需求都能够得到覆盖和满足，这样的和谐是现代社会的和谐，是公民社会的和谐。很明显，第二种社会和谐才是我们所追求的和谐状态。为了达到这种和谐，我们需要严格划定权力的边界。现阶段在民主政治建设事业的推进下，我国公共权力的边界正在逐渐明晰起来。改革开放之前，由于我们基本沿袭了苏联高度集中的计划经济的社会主义模式，权力全面掌控社会，可以说改革开放之前，我国的公共权力几乎掌控了社会的所有方面，比如企业的生产，人员的自由流动、迁徙等私人事务，公共权力都要掌控。这是一个公共权力几乎没有边界的时代，这也是导致"文化大革命"的一个重要原因。改革开放之后，公共权力逐渐将其不该管的事务下放给社会领域，比如政府基本上不再干预市场领域，或者不再直接干预市场领域，政府缩小了自己的规模，也逐渐明确了自己的边界，这是中国特色社会主义走向和谐的重要步骤。

第二节　现代社会组织所蕴含的价值理念

现代社会组织不仅仅是一些结构性的社会组织，它还蕴含了十分丰富的内在文化底蕴和价值理念。公民社会本身就是由一些价值理念凝聚起来的民间组织的集合，而且在一定程度上，这些内在的文化底蕴和价值理念可能比纯粹的结构性组织更重要。缺乏内在价值作为支撑的现代社会组织可能徒具公民社会的形体，而不具备其灵魂；仅仅具有公民社会的质料，而不具备公民社会的内蕴。所以我们不仅需要重视现代社会组织的研究，比如组织的发展趋势、法律环境、政策等方面的研究，而且也应该下功夫挖掘公民社会的文化底蕴和价值理念。目前我国学术界对于现代社会组织的实证考察已经有了相当多的关注，而对于公民社会价值理念的挖掘还有些不足。本节试图在总结学术界已有成果的基础上，探讨现代社会组织所蕴含的价值理念，以深化现代社会组织在促进社会和谐发展中的作用研究。

一　现代社会组织价值理念的历史考察

探讨现代社会组织所蕴含的价值理念可以从思想史中找到充足的理论资源。

（一）自由主义的公民社会

近代市民社会是由自由主义价值理念所形塑的。尽管市民社会的概念在霍布斯、洛克等近代自由主义早期代表人物那里仍然沿袭了古代的市民社会内涵，即认为市民社会就是与自然状态相对立的存在政府的"文明状态"（在这个意义上译作文明社会似乎更加贴切些——笔者注），但是社会结构在这些思想家那里已经逐渐呈现为国家—社会二分的模式了，也就是说，这时的市民社会概念虽然不是现代意义上的市民社会，但其"社会"概念和现代的公民社会概念有相近之处。霍布斯、洛克等早期自由主义思想家以自然法为基，论证他们的政治思想，最后建立了庞大的自由主义政治哲学，形成了政治国家与社会相分离的社会结构观念，政府的存在仅仅具有工具价值，个人和社会能做的事情绝对不允许政府干预，"他们主张天赋人权不可剥夺，它包括自由、财产、安全、追求幸福以及反抗压迫等种种权利。他们认为成立政府的目的就是为了保障这些人权的实现，当政府的行为损害了这些基本人权时，人们就有权起来变更政府"。[①] 政府只是人民的雇员，人民才是主人。近代的自由主义思想家曾明确提出，私人比国家更能精心地安排和保护商业的繁荣，他们甚至提出，经济活动领域中，没有国家要比有国家更好，国家干预经济看似很理性，实则相反，市场经济自身的自生自发秩序（哈耶克语——笔者注）是经济发展的最好的秩序。个人无法完成的事务（公共事务）是政府领域的事情，而个人能够完成的事情则是私人事务，私人事务是政府不可逾越的界限，这个领域的支配性法律是私法，私法的基本精神就是自治，只要法律没有禁止的都是允许的，所以这里的"社会"的基本文化底蕴就是私法自治。这些思想家心目中的"社会"实际上就是后来的市民社会，市民社会包括了上述私人领域，黑格尔就是在这个意义上来使用市民社会概念的。所以，近代市民社会的形成是由自由主义价值理念所塑造和支撑的。

由自由主义价值理念所塑造的市民社会自然会将自由主义价值理念内化为自身的基本价值理念。黑格尔就是自由主义市民社会理论的主要代表人物，他认为，"在市民社会中，每个人都以自身为目的，其他一切在他看来都是虚无。但是，如果他不同别人发生关系，他就不能达到他的全部目的，因此其他人便成为特殊的人达到目的的手段"。[②] 这实际上就是个人主义的表现，我国学者顾肃先生指出，"作为一种哲学，个人主义涉及一

---

① 何增科：《公民社会与民主治理》，中央编译出版社，2007，第 8 页。
② 〔德〕黑格尔：《法哲学原理》，范扬、张企泰译，商务印书馆，1961，第 197 页。

种价值体系，一种有关人性的理论，对某种政治、经济、社会和宗教体制的一种态度或信仰。这种信念或价值体系可主要由三个命题来表述：所有价值观都是以人为中心的，也就是由人来体验的；个人是目的本身，具有最高的价值，社会只是个人目的的手段，而不是相反；在某种意义上说，所有的人在道德上都是平等的，这种平等性表述正如康德所说，是任何人都不能被当作其他人福利的手段"。个人主义的基本信条就是"每个人是其自身利益以及知道如何促进这些利益的最佳判断者"。① 而在黑格尔看来，市民社会就是一个个人主义的社会，人们都以自身为目的，他人只是实现自身目的的手段。市民社会是"各个成员作为独立的单个人的联合"。② 但是市民社会的这种利己主义并没有导致整个社会的孤立，人在主观为自己的行为中不自觉地实现了客观为他人的外在目的，即"主观的利己心转化为对其他一切人的需要得到满足是有帮助的东西"。③ 虽然主观上没有考虑他人，但客观上有利他成分，这就是近代自由主义。自由主义公民（市民）社会中的人都是个人主义的忠诚践行者，他们在这种价值理念的支配下采取行动。

自由主义是近代二分法市民社会的文化底蕴，被自由主义塑造的公民（市民）社会本身又强化了自由主义的基本理念。公民（市民）社会通过社会化的方式将自由主义的基本理念内化为个体成员的基本理念，为社会造就了现代公民。而合格的现代公民又是公民社会健康发展的文化前提，文化理念和公民社会就是在这样的双向强化过程中携手走向现代社会的。

（二）共和主义的公民社会

正如前文所述，在思想史上，公民社会经历了一个从二分法市民社会向三分法公民社会嬗变的过程。那就是柯亨和阿拉托等学者开始用国家—经济—公民社会的三分法来代替国家—市民社会的二分法。④ 表面上，这是公民社会结构的一次变迁，实质上该变迁还蕴含了支撑公民社会的价值理念的变迁。支撑和塑造二分法市民社会的价值理念是自由主义，

---

① 两处引文均出自顾肃《自由主义基本理念》，中央编译出版社，2003，第20页。
② 〔德〕黑格尔：《法哲学原理》，范扬、张企泰译，商务印书馆，1961，第174页。
③ 〔德〕黑格尔：《法哲学原理》，范扬、张企泰译，商务印书馆，1961，第210页。
④ 何增科：《公民社会与民主治理》，中央编译出版社，2007，第14页。

而三分法公民社会的文化底蕴和价值依托则与之有一定的差别。三分法公民社会的文化底蕴是一种积极参与公共事务的倾向，也就是说每个参与现代社会组织的公民都应该真诚地关心公共事务和公共利益，而不是仅仅考虑自我利益，在一定程度上这是对个人主义的超越。如果套用以赛亚·伯林的说法，二分法市民社会的精神支撑是消极自由，而三分法公民社会的精神支撑应该是积极自由，消极自由是不受干涉的自由，"就没有人或人的群体干涉我的活动而言，我是自由的。在这个意义上，政治自由简单地说，就是一个人能够不被别人阻碍地行动的领域。如果别人阻止我做我本来能够做的事，那么我就是不自由的；如果我的不被干涉地行动的领域被人挤压至某种最小的程度，我便可以说是被强制的，或者说，是处于奴役状态的"。① 这种不被干涉，自己按照自己的意愿做自己的事情的自由也就是贡斯当意义上的现代人的自由。这种自由铸就了二分法市民社会，主张市民社会与政治国家分离，政治国家严禁干涉市民社会。而三分法公民社会的文化底蕴则是积极的自由，积极自由就是积极参与公共事务，在公共事务中成为主人的自由。"我希望我的生活与决定取决于我自己，而不是取决于随便哪种外在的强制力。我希望成为我自己的而不是他人的意志活动的工具。我希望成为一个主体，而不是一个客体；希望被理性、有意识的目的推动，而不是被外在的、影响我的原因推动。我希望是个人物，而不希望什么也不是；希望是一个行动者，也就是说是决定的而不是被决定的，是自我导向的，而不是如一个事物、一个动物、一个无力起到人的作用的奴隶那样只受外在自然或他人的作用，也就是说，我是能够领会我自己的目标与策略且能够实现它们的人。"② 也就是贡斯当的古代人参与公共领域的自由，"古代人的自由在于以集体的方式直接行使完整主权的若干部分：诸如在广场协商战争与和平问题，与外国政府缔结联盟，投票表决法律并做出判决，审查执政官的财务、法案及管理，宣召执政官出席人民的集会，对他们进行批评、谴责或豁免"。③ 也就是

---

① 〔英〕以赛亚·伯林：《自由论》，胡传胜译，译林出版社，2003，第 189 页。
② 〔英〕以赛亚·伯林：《自由论》，胡传胜译，译林出版社，2003，第 200 页。
③ 〔法〕邦雅曼·贡斯当：《古代人的自由与现代人的自由》，阎克文、刘满贵译，商务印书馆，1999，第 26 页。

说，对一个成为社会的主人的公民而言，私人领域的事务是次要的，重要的是积极参与公共事务，在公共事务中成为主人才是真正意义上的公民。

当然，纯粹的古代人的积极自由在现代已经明显不合时宜了，但是其特有的对于公共领域的积极参与精神却保留了下来，其实现代西方的共和主义者和社群主义者大都指责消极自由过度主张沉浸在自我的私人领域，不关注公共领域，而他们则在指出这一弊端的同时，张扬了个体人应该积极参与公共领域事务的精神。比如阿伦特就非常推崇个体人涉足公共领域，认为人的本质所在就是积极参与公共领域的事务，"公共领域和私人领域的区别是要暴露的东西和要隐蔽的东西的区别，是自由和必需品的区别，光荣和耻辱的区别"。① 人在私人领域是受必然性支配的，是不自由的，而只有在公共领域里面展示自我才是超越必然性的，才是自由的，只沉浸在私人领域是耻辱的，而积极参与公共事务才是光荣的。丹尼尔·贝尔指出，现代主义的一个基本不足就是社群的衰弱，"社会的基本单位不再是群体、行动、部落或城邦，他们都逐渐让位给个人。这是西方人理想中的独立个人，他拥有自决权力，并将获得完全自由"。② 这是资本主义文化矛盾的表现之一，其弊端之根源就在于人们对于共同体的公共事务的关注度下降了。社群主义者的基本观点是使价值的主体从个人转到了社群，使价值中心从权利转到了公益。③ 这种转向主要是针对公共价值流失的危机而言的，而这种危机的根源就是启蒙运动以来的消极自由的个人主义，正是针对这种危机，社群主义者发出了积极参与社群的呼吁。现代社会的一些迹象表明，关注社会公共事务是公民应有的一项基本精神。

这样一种积极参与公共事务的精神是三分法公民社会的精神底蕴。三分法公民社会不是政治国家，也不是市场经济，它是由私人自愿组成的旨在关注社会公共事务的组织。④ 秦晖先生将志愿、强制与私益、公益进行了排列组合，形成了四种机制：以志愿（自由交易）求私益是市场机制；

---

① 徐大同主编《现代西方政治思想》，人民出版社，2003，第147页。
② 〔美〕丹尼尔·贝尔：《资本主义文化矛盾》，赵一凡、蒲隆、任晓晋译，三联书店，1989，第61页。
③ 徐大同主编《当代西方政治思潮——20世纪70年代以来》，天津人民出版社，2001，第101页。
④ 这里需要说明的是，有些组织是互益性的成员组织，它们只对成员的好处负责，这实际上也是一种公益，只是这种公益的公共性程度不高，只是在组织的成员这个范围内的公益。

以强制（权力运作）求公益的是政治国家；而以志愿求公益则是公民社会；以强制求私益是滥用公权力的腐败行为。① 因此公民社会是利用私人的资源（包括捐助的钱财和时间、精力等等）来成就公共事业，这是公民对社会事业责任心的体现。比如，环境保护组织、私人慈善组织，以及汶川大地震中的各种民间救灾组织和捐款的基金会等，这些组织的资源一般都不是来源于政府，而它要做的事情都是公共事务。这种奉献精神就是上面我们探讨过的积极的自由，就是共和主义者和社群主义者所强调的积极参与公共事务的公共精神。

从思想史的演变过程我们可以总结出现代社会组织所蕴含的价值理念，那就是私法自治精神和公共精神。

二　现代社会组织蕴含私法自治精神

公民社会与政治国家的分离，导致了两种不同形态的权利，一是私权，一是公权。② 一般而言，这两种权利分别由与之相对应的两种法律来调整，即公法和私法。公法是指宪法、行政法等以公权为调整对象的法律部门。所谓私法，目前较为权威的解释是《布莱克法律辞典》对 Private Law（"私法"）的表述："私法是公法的对立词，它是指调整市民与市民之间关系的法律，或者是在权利附着的主体与义务联系的主体均为私的个人的情况下，有关定义、立法及权利实现的法律。"③ 私法，是调整市民社会关系的法。它保障市民的自由、平等以及在市场经济中的诸权利，是市场经济孕育出来的价值理念，所以有学者指出，"市场无非是契约的总和，独立自由的权利主体通过契约平等地让渡自己的商品及其产权。私法正是以契约来表述市场的，在私法中，契约被表述为包括法律要件、意思表示、订立、效力、履行、变更、终止、违约及其救济等等在内的体系化的

---

① 秦晖：《政府与企业以外的现代化——中西公益事业史比较研究》，浙江人民出版社，1999，第5~6页。文中秦先生没有明确以强制求私益是什么行为，笔者认为，以强制求私益应该是以权谋私，是腐败行为。

② 谢维雁：《从宪法到宪政》，山东人民出版社，2004，第170页。

③ 易继明：《将私法作为一个整体的学问》，载易继明主编《私法》（第1辑第2卷），北京大学出版社，2002，第6页。

制度，而对权利主体平等性的确认则是对等级身份和特权体制的彻底否定"。① 自治，是最能体现这一私法精神的治理方式，也是最有效率、成本最低的调整方式。公法和私法的划分，在大陆法系国家具有非常悠久的历史。英美法系国家一些法学家也主张采用此分法，如培根也曾有过公法与私法区分的表述。

私法自治是私法的最高原则，在私法当中，协议就是法律，其法律模式是"凡是法律未禁止的，都是允许的"，②《人权宣言》第五条规定，"人们有权实施法律所不禁止的一切行为"。这实质上就是一种契约精神，该精神根源于人的生而具有的自由权利，"人的意志是生来自由的，而契约便是由当事人双方自由意志的合致而形成。由于是自由的，这种合意就既不是出于外界的强迫，也不是出于一方的一厢情愿，而是发自内心的自由的意思表示相一致"。③ 这集中体现了自由、平等、独立、人权等精神，其价值目标是限制国家公共权力对私权的非法介入，确保每个人的私权得以实现，有效地保障私人的自主权利，所以有学者说，"私法自治追求的是个人对自己生活的自治，它要求有自己独立的空间。在政治国家与市民社会分离的模式下，通常的状态是，一方的范围扩大，另一方的范围就随之缩小；私权利的存在，要求公共权力只在维护与保障私权利的范围内运行。市民社会的主体都是平等的主体，不存在也不允许存在国家的压迫，每个主体都能从自身利益最大化的角度进行行为的选择并自负其责"。④ 私法自治的状态有助于激发社会成员的积极性、创造性，它通过最大限度地鼓励个人对利益的追求从而促进社会整体利益发展和社会的进步。私法自治意味着公民是自律和自治的人，有充分的行动自由，有权决定自己的事务，但同时也意味着他必须对自己的行为负责。有学者指出："在契约关系约束下，双方当事人由个体自由演进至整体自由、由绝对不受强制达致自觉承担责任，乃是交易双方内在自足的实践理性状态，'缔约不受强制'、'约定应当遵守'和'违约应负责任'是契约自由当然的内在规

① 李海清：《法的信仰——一种政治哲学的分析》，知识产权出版社，2008，第107页。
② 邱本：《市场法治论》，中国检察出版社，2002，第91页。
③ 傅静坤：《二十世纪契约法》，法律出版社，1997，第172页。
④ 林国华：《私法自治原则的基础》，《山东大学学报》（哲学社会科学版）2006年第3期。

定。"① 因此，私法自治的社会状态为独立人格的充分发挥，为形成一个多元的、充满生机的社会提供了条件。

相对于公共权力领域来说，公民社会是一个私人领域，它的存在体现了丰厚的私法自治精神。

第一，现代社会组织的发展壮大是私法自治精神形成的基础。

私法自治精神的形成首先应该保证公法与私法的划分，而公法与私法的划分又根源于国家与社会的分离这一现实。在我国封建社会，不存在公民社会，也不存在国家与社会的分离，公法和私法划分不明显，人们的私人事务也需要由公法来调整，这种公法和私法合一的社会状态是不可能培养出私法自治精神的。在西方国家，尤其是在西方大陆法系国家，私法自治精神之所以比较成熟，一个主要的原因就是其资本主义发展得比较成熟，具有相对独立的、成熟的公民社会，国家与社会分离的社会结构比较明显，而且已经定型，这促使公法和私法的划分也比较明显。法律是上层建筑的重要组成部分，它的形成、发展根源于社会经济结构的变化。在一个公共领域和私人领域不分的社会，公法和私法是不可能有明确的划分的，私法自治精神也不可能形成。就西方近代政治哲学尤其是霍布斯、洛克的古典自由主义而言，政府尚未出现的自然状态可以说是一个只有社会领域（或者叫私人领域）而没有政治国家领域的社会状态，而专制主义时代则是一个只有政治国家领域而没有社会领域，或者说是一个极强国家和极弱社会的状态，在这两种状态下都不会出现公法和私法的划分。只有到了资本主义时代，尤其是在自由资本主义的"小政府、大社会"的社会格局中，公法和私法才逐渐明晰起来。在我国，改革开放之前的社会结构是一个超强国家、超弱社会的社会结构，整个社会被政治国家所掌控，社会几乎没有私人领域的存在。改革开放之后，在我国的社会结构中，国家的掌控力和权力范围逐渐缩小，而社会空间逐渐扩大。社会结构的这种变迁为公法和私法的划分奠定了现实基础，尤其是社会空间的扩大促进了私法自治精神的发展。现代社会组织的发展壮大是当今社会结构分化的主要结果之一，同时，现代社会组织的发展壮大反过来又会强化社会结构的分化，促使国家与社会的分离，这就为公法与私法的划分奠定了现实基础，

---

① 孙学致：《唯契约自由论——契约法的精神逻辑导论》，吉林人民出版社，2006，第287页。

也为私法自治精神的形成奠定了基础。人以公民的身份生存，这是人类的巨大进步，同样道理，人类以契约的方式合作也是人类的进步，"考察历史，我们可以发现，人类合作的方式不只契约一种，埃及的金字塔和中国的长城都是人类以某种方式合作的成就，但惟有契约以及由契约整合而成的市场机制成为文明进化过程中为大多数社会优化选择的类型，说明它较之其他秩序更有助益于人类"。① 契约精神和私法自治乃现代社会的精神基础。

第二，私法自治是现代社会组织的内在精神。

私法自治精神和公民社会有着天然的密切关系，有学者指出，"私法自治只能发生在市民社会中，市民社会与政治国家的分离导致了私法与公法的分离，私法的独立存在为私法自治提供了空间和可能，不言而喻，市民社会的形成是私法自治的实践基础"。②

（1）现代社会组织的发展壮大促使有限政府的形成。缩小政府规模，限制国家公共权力对私权的非法干涉是私法自治精神的重要方面。前资本主义社会是一个总体性的社会，整个社会统一于政治，资本主义社会的形成、公民社会的发展使得整个社会分化成政治—经济—社会的结构模式。与未分化的社会相比，现代社会是一个异常复杂的社会，政治已经无力统管整个社会了，而且市场经济的成熟和公民社会的发展也使得政府不可能严格控制整个社会。社会结构的分化缩小了政治在社会中的控制范围，把政府限制在基本的公共管理职能范围内。这一点哈耶克说得更加到位，他以其特有的政治哲学视角极力赞许所谓的进化理性主义，崇尚自生自发秩序，而否认人的理性能够有意识地建构一个人为的、秩序良好的社会。"进化论理性主义传统与建构论唯理主义传统必定在关于社会秩序的一些基本的命题方面发生冲突。首先，建构论唯理主义传统所提出的命题之一是人生而具有智识和道德禀赋，而这种禀赋能够使人根据审慎思考而型构文明，并宣称所有的社会制度都是，而且应当是，审慎思考之设计产物。然而，进化论理性主义者却明确指出，文明乃是经由不断试错、日益积累

---

① 孙学致：《唯契约自由论——契约法的精神逻辑导论》，吉林人民出版社，2006，第155页。

② 林国华：《私法自治原则的基础》，《山东大学学报》（哲学社会科学版）2006年第3期。

而艰难获致的结果，或者说它是经验的总和。因此，他们的命题可以表述为，文明于偶然之中获致的种种成就，实乃是人之行动的非意图的结果，而非一般人所想象的条理井然的智识或设计的产物。""其次，哈耶克认为，上述两种传统之间的最大差异，还在于它们对各种传统的作用的不同认识，在于它们对所有在漫长岁月中并非有意识发展起来的成果之价值的不同判定。""建构论唯理主义在证明制度安排的效力方面确立了一种谬误的条件，即所有并不明显服务于共同同意的目的的制度都应当被否弃。正是在这一要求中，哈耶克发现了笛卡尔原则的根本危害，而笛卡尔的原则就是'我们只应当相信那种我们能够证明的东西'。"① 理性是有限的，人应该控制的范围也是有限的，所以政府作为一种"人为"的事业，其所应该管理的范围也不应该过大。就我国而言，我们的社会转型就是从传统的国家全能主义的计划经济向中国特色社会主义市场经济模式的转变，而在这个过程中，政治国家的范围是逐渐缩小的。在这个缩小的过程中，公民社会力量推动政府缩小势力范围，这是社会力量倒逼权力范围的缩小。

（2）现代社会组织体现了自由理念。自由是一个表征主体意志独立自主程度的概念，私法自治精神中的自由表征的是公民或社会团体在国家权力所允许的范围内活动的能力或状态，它与权利概念联系在一起。它意味着行为主体（公民）可以按照自由意志来行事，这种自由在为国家和社会划定界限的同时，也为自己划定了界限，即自由行为必须限定在合法的范围内。这种对自由的限定，恰恰是每个社会主体得以实现私法自治的前提。私法自治的实质，就是私法领域的一切法律关系由独立、自由、平等的个人通过协商决定，国家不作干预，只有在当事人不能解决之时，国家才能应当事人的请求以法院的身份出面进行裁决，即便法院在进行裁决时也仍然以当事人的自由意志为基准，不得对当事人的约定任意变更。② 这是对个人私权和自由的尊重。现代社会组织就体现了尊重个体自由、个体权利的价值理念。现代社会组织的实践模式是一种自主、自愿的活动模式，人们的实践活动不是听从于别人的命令，而是基于自己的意愿。而且

---

① 邓正来：《自由主义社会理论——解读哈耶克〈自由秩序原理〉》，山东人民出版社，2003，第 90~91 页。

② 李军：《私法自治的基本内涵》，《河北法学》2005 年第 1 期。

整个现代社会组织的运行都是基于这种自由精神，组织的形成除了必要的程序和管理之外，国家无权干涉，组织的活动完全是出于组织本身的意愿。这种自由精神是私法自治的重要方面。

（3）现代社会组织体现尊重私权利的理念。私权，尤其人格权和财产权，是关系人的生存和发展的重要权利。如果自然人或者团体丧失了生存和发展的基本条件，他的生存与发展权就根本无从谈起。在现代国家，私权是公权的目的，按照社会契约论的观点，人们之所以设置公共权力，就在于维护私权，法律的终极目的也是维护私权。现代社会组织的存在和发展就是私权存在的体现，它具有自己独立的法人资格，它的正常活动受国家的保护，任何组织和个人不得干预。我国是一个私法理念欠缺的国家，私法自治精神薄弱，这种状况在我国现行民法中体现得比较明显。表现在：其一，在民事立法中，对国家所有权、集体所有权与个人所有权采用不同的保护方法；其二，一些重要的私权类型（如隐私权等）至今也未明文作出规定；其三，在民事立法中，带有比较明显的政治性色彩；其四，在民事立法中，带有比较明显的国家干涉主义倾向而忽视私法自治的精神，如在《民法通则》中较多地使用"不得""禁止""必须"等强行性词语；其五，在私法立法中，体现出国家管制经济色彩，通过制定一些引致条款，为公共权力的合法干预大开方便之门；其六，在私法立法中，体现出强烈的国家建构主义倾向，国家总是为当事人详尽考虑，唯恐当事人不能虑及，而这种规定常常是国家替市场主体设计的必须遵循的强制性规定，如《公司法》中规定的公司章程必须记载的内容等。这些欠缺应在制定民法典中予以克服和避免。① 私法理念的缺失表明私法自治精神在我国社会发展当中尤其具有重要的价值。现代社会组织是公民自身联合起来关注和承担社会事务的一种机制，它更多的是公民的私人行为，也就是说，虽然现代社会组织关注的是公共事务和公共利益，但它是私人对公共事务和利益的关注，是从私人的角度来关注公共事务的。现代社会组织所开展的活动是一种非政府的行为，政府原则上不应过多地干涉，这是尊重公民私权利的一种表现。而且在现代社会组织内部，其自愿性、自治性、自主性等特点决定，组织也无权在违背成员意愿的情况下强迫其做某种行为，

---

① 参阅李建华、许中缘《论私法自治与我国民法典》，《法制与社会发展》2003 年第 3 期。

现代社会组织的结合本身就是建立在契约基础之上的，所以尊重每个成员的基本权利也是现代社会组织运作的基本原则。

三 现代社会组织蕴含公共精神

公共精神是一种以利他的方式关心公共事务，致力于公共生活的改善、公共秩序建构的精神理念。就境界而言，它包括三个层次："最低的层次是遵守起码的公共行为准则，即我们通常所说的公德；往上一层是对法律的遵守，因为法律是保护平等主体利益的，对法律的遵从，就是对多数人、公共利益的维护；再上一层是对公共事务的参与；更高一层是慈善意识与行为；最高层次是'大公无私'的精神。公共精神也可简单归结为三个境界：利己不害人、利己利人、利人不利己。"① 就内容而言，它也包括三个层次：①公共认知。也就是对于公与私的认知，任何社会都需要公共生活，需要公共领域的存在，为了维护自身的利益，个人必须关心公共事务，维护公共利益。对公与私这一对矛盾的认知只是达到了知识的层面。②公共意识。对公与私的认识进入人的大脑，形成控制人的行为的意识，也就是公共意识。公共意识是公共精神的内核。② 公共意识是公民自律的理性依据，也是公民责任和公民义务的理性依据。具有公共意识意味着个人并不把自己作为一个孤立的个人来看待，而是把自己与整体联系起来，认同整体责任和义务。③公共情怀。也就是对公共事务产生感情之后所形成的态度，与对公共事务的冷漠、疏远态度相反，公共情怀是指公民对公共利益和价值、公共事务、公共秩序所表现出来的一种自觉的、主动的关心与关注态度。公共精神还包括非常丰富的内容，比如独立人格精神、社会公德意识、自治自律的行为规范、善待生命的慈悲胸怀等。③ 它是公民在公共生活中应该具备的基本精神，是精神文明的重要组成部分。它维护社会整体利益，关注社会共同体中每个人的权利和尊严。实践证明，社会成员自觉地发扬公共精神，维护社会整体利益，是一个社会进步和成熟的表现。

---

① 陈永森：《和谐社会与公民的公共精神》，《思想理论教育》2008 年第 23 期。
② 邓丽雅：《公共精神与当代中国民主建设》，华南师范大学硕士学位论文，2004。
③ 潘强恩：《论公共精神》，《光明日报》2003 年 11 月 5 日。

现代社会组织的存在和运行蕴含丰富的公共精神，具体来说，主要包括：

　　第一，现代社会组织的志愿性是公共精神的基础。

　　公共精神必须在参与公共事务的实践活动中孕育。有学者指出："公共精神与公民共同体密不可分。""显而易见，公民共同体既是公共精神的载体，同时又为展示和弘扬公共精神提供了平台和保障。"① 而这里所谓的公民共同体实际上就是现代社会组织。现代社会组织以志愿精神为基础，所谓志愿精神就是一种自愿的奉献精神，"一般而言，志愿精神的内涵表现为三个主要特征：一是自愿性或非强制性；二是非营利目的性或公益性；三是亲身实践性或参与性"。② 也就是说，从动机上来说，是不图回报的；从行动上来说，是参与者自愿的行为；从结果上来说，是一种利他的精神。"奉献、友爱、互助、进步"是志愿精神的价值与旨趣。它所追求的不是物质利益，而是某种信念，"志愿服务是指任何人在不计物质报酬的前提下，基于道义、信念、良知、同情心和责任，自愿贡献时间和精力，为推动人类发展、社会进步和社会福利事业所提供的服务，与此相关，志愿者精神一般被概括为'奉献、友爱、互助和进步'，彰显了志愿者行为的道德崇高性"。③ 总之，志愿精神是一种关注公共事务的不以自我利益最大化为主要内容的精神，是公共精神的重要方面。

　　营利性组织的存在是靠利益来维持的，人都非常关心自己的利益，都在想方设法使自己的利益最大化，这是建立在一般人性基础之上的精神，这一点比较好理解，所以营利性组织的长久存在比较容易接受。而现代社会组织的存在是靠志愿精神来维持的，利他性的行为能否长期存在，关键要看志愿精神是否具有坚实的基础。

　　志愿精神的基础可以追溯到人的本性上。关于人性，诸多的思想家已经做过深刻的探讨。亚当·斯密总结和完善了历史上的人性学说，提出了"理性人"的人性假设，他认为，自利动机是人类与生俱来的本性，也是社会分工产生的根本原因，只要能激起人们的利己之心，人们就有了动

　　① 胡象明、唐波勇：《危机状态中的公共参与和公共精神——基于公共政策视角的厦门 PX 事件透视》，《人文杂志》2009 年第 3 期。
　　② 沈杰：《志愿精神在中国社会的兴起》，《中国青年政治学院学报》2009 年第 6 期。
　　③ 黄富峰：《论志愿者精神的伦理内涵》，《东岳论丛》2009 年第 5 期。

力，目的也就容易达到了。在管理学上，"理性人"假设也叫 X 理论，这种理论认为，只要满足员工的经济需求，企业的效率就会提高，但是这种理论存在明显的缺陷，抹杀了人所具有的创造力、自主性，忽略了自尊等个人社会方面的需求。20 世纪 20 ～ 30 年代，美国哈佛商学院埃尔顿·梅奥（Elton Mayo）教授通过霍桑实验提出了"社会人"的假设，他认为，人类工作的动机是社会需要而不是经济需要，人际关系是影响效率的主要因素。"社会人"假设考虑到了人的社会因素，比"理性人"假设更科学，但是"社会人"假设也存在缺点，它忽视了个人与整个社会的关系。1943 年美国人本主义心理学家马斯洛（A. H. Maslow）在《人类动机论》一文中提出了"需要层次理论"，他把人的需要分成五个层次，这五个层次分别是生理的需要、安全的需要、社交的需要、尊重的需要、自我实现的需要，其中只有前一个需要达到满足之后，后一个需要才能提上日程。道格拉斯·麦格雷戈（Douglus McGregor）和埃德加·沙因（Edgar Shein）在马斯洛的基础上提出了"Y 理论"强调对个人满足的选择性，弥补了"社会人"假设的不足。但"Y 理论"也有不足，因为有时候，人们的理想、信念可以抵制低层次的需要而进入高层次的需要中，实现跨越式前进，比如宗教信仰可以促使人跨过生理需求而去实现自我。之后美国心理学家和行为学家埃德加·沙因在 1965 年出版的《组织心理学》一书中总结了前人的理论，提出了复杂人的理论（超 Y 理论），强调了人不可能仅仅局限于一个"经济人""社会人"，或者"自我实现人"，而是一个因时、因地具有不同反应的复杂人。① 由以上人性研究的发展轨迹我们会发现，人性是复杂的，在一定程度上是利己的，但是在另一种情境下可能是利他的。

人性是人的需要的升华，人的需要是分层次的，人性中的成分也可以分层次。市场之所以是最有效的资源配置方式，其根源于人性的某些基本特征。众所周知，市场配置资源的基本机制是，每个市场主体都是独立的经营者，都追求利益的最大化，在追求利益最大化这一理性的驱动下，每个人都积极关注市场动向，一旦市场中某个领域能够赚钱，市场主体就会积极行动，投资其中。一旦某个领域不再赚钱了，或者说赚钱少了，理性的市场主体就会撤资，另投能够赚钱的领域。这是市场配置资源的基本机

---

① 以上参阅了曾鲲、程建华《人性假设的进化轨迹》，《企业改革与管理》2004 年第 8 期。

制。虽然这一理论假设只是一种理想状态的构想，但它确确实实是市场逻辑的再现。在这个逻辑再现过程中，人性就是市场运行的阿基米德点，整个市场机制的根基是人性。在西方人看来，人性本恶，因为西方人大都信奉基督教，而基督教徒都认同这样一个观点：人都是亚当和夏娃的后代。作为人类祖先的亚当和夏娃曾经无忧无虑地生活在美丽的伊甸园中，由于夏娃受到蛇的诱惑，违背上帝旨意偷吃了禁果，获致了原罪，悲伤地被赶出伊甸园。他们走出伊甸园的时候，身上是带有原罪的，所以要经受做人的种种困苦，而他们的后代——也就是我们人类——则继承了祖先的原罪，所以人性是恶的。而东方社会大都信奉人性本善，我国古代启蒙文本《三字经》开篇即"人之初，性本善"。人性是什么样的，不同的思想家有不同的看法，但是人性作为人固有的具有普遍性的特性，其根源于人的动物属性。人，虽然具有超越普通动物的特质，但从一般意义上来说，也是一种动物，有着与其他动物共享的一些普遍特征。但是人所具有的这些动物性特征都被"人"化了，或者叫作"社会化"了。人同其他动物一样，需要吃东西，但是人吃东西的方式已经消除了动物的那种野蛮性；人也和动物一样都有交媾和繁衍，但是人的交媾进化为通过婚姻组建成家庭，通过合法的、合道德的甚至符合美的特征的方式进行。人超越动物之处就在于人将一些动物的行为提升为文明的行为，脱离了野蛮的品性，人性的形成也是在这个过程中完成的。就拿"理性人"的这种利益最大化的追求来说，人人自私的这种特性就是根源于人的需要，人有吃、穿、住、用、行等需求。满足这些需求就需要人们去追求物质生活资料，经过社会化之后，人的这种需求逐渐演化成对于物质财富的追求。动物性的那种需求演变成人的自私本性，这一本性是人固有的特征，是最为稳定的特质。但人的需求也有不同于普通动物的地方，比如人有精神需求、价值实现需求等高等需求，这些需求支撑了人的本性中能够超越自私的特性，比如舍身救人、奉献精神等。人的这些行为看似与人性有些对立，但它也是根源于人的本性的，那就是人追求满足，包括物质生活需求这样的低层次的需求的满足，也包括精神需求、价值实现需求等高层次需求的满足。公共精神并不与"理性人"相矛盾，无论社会变迁到何种程度，人的发展达到何种境界，人的自私特性都不会"泯灭"。个人境界的提高并不是要人消弭"私"的本性，而是在"私"的低层次需求得到满足，物质财富不再稀缺的情况下产生更高的精神追求。根据马斯洛的"需求层次理论"，低层次需求得到满足之后的人就会将高层次需求的满足提上日程。在一定情况下，人们的奉献精神会增强，人们的公共精神会增强，自私自利行为开始减少。所以有学者说："随着中国从一个匮乏型社会向一个富裕型社会迈进，对于社会成员而言，他们的需求层次呈现出逐渐提高的趋势，满足高层次需要的追求倾向日渐凸显，投身公共服务或者说参与志愿行动，成为他们满足内心社会关怀这一高层次需要的一种重要途径。"①

因此人不都是自私自利的，即便在自由主义、个人主义盛行的美国，参加现代社会组织，致力于社会公益事业的人也非常多，"美国人不论年龄大小，不论出于什么地位，不论志趣是什么，无不时时在组织社团"。②人不仅仅是"为我"而存在的，还具有社会性，是"为他"而存在的动物。马克思说："人的本质不是单个人所固有的抽象物，在其现实性上，它是一切社会关系的总和。"③ 人在情感上离不开他人，没有情感交流，人们无法生存。心理学家发现，情感是需要想象力的。所谓情感的想象，就是在想象中体验别人的情感。人们在经济生活中常常以己及人，以此限制追求自身利益最大化的动机，这也是利他主义发挥作用的一种方式。④ 可以说利他也是人的本性之一，只要人存在，这种本性就会存在。而人的利他本性是志愿精神的基础，本性都是比较稳定的，所以人的志愿精神也不是一时的心血来潮，而是有着坚实的人性基础的。现实也不乏此类例证，比如曾经是世界首富的比尔·盖茨2008年退休的时候，将自己580亿美元的财富全额捐献给自己名下的慈善基金会——比尔和梅琳达·盖茨基金会，这意味着这笔钱的所有权已经不再属于盖茨先生，虽然还由盖茨先生负责，但这笔钱已经不能再用于他的私人开支了。像这样的大笔捐赠的情况还有相当多的例子，随着社会的发展和文明的进步，这样的例子会更多，这是人性的一种表现。现代社会组织的这种利他品性是公共精神的基础。公共精神是对公共事务的关心、关注与参与，如果人们没有这种志愿的、利他的意识，人们不可能有积极参与公共事务、维护公共事务的

① 沈杰：《志愿精神在中国社会的兴起》，《中国青年政治学院学报》2009年第6期。
② 〔法〕托克维尔：《论美国的民主》下卷，董果良译，商务印书馆，2003，第635页。
③ 《马克思恩格斯选集》第1卷，人民出版社，1995，第56页。
④ 段雨澜：《"经济人"假定的人性基础与方法论问题》，《经济问题》2004年第7期。

精神。

　　第二，现代社会组织目的的公益性是公共精神的集中体现。

　　现代社会组织的存在目的不是为本组织内部成员牟利，而是为了社会的某种公益事业（比如慈善、环境保护等等），为了实现公共利益的最大化。所以实现公益是公民社会的基本目的，"非政府组织公开宣布的组织使命和活动目标，一般都是社会公益性的，所致力于解决的问题是被主流社会组织体制，即企业——市场体制和政府——国家体制所罔顾或所顾不及的一些重大社会问题。这些问题有人口、贫困、教育特别是农村基础教育、妇女儿童保护、环境保护、少数民族、卫生保健、残疾人以及人道主义救援和人权等问题"。① 这是公共精神的重要体现。从这个意义上来说，公共精神是现代社会组织的基本价值追求，"从根本上言，公共精神就是存在于公民社会之中的一种关心公共事务，并愿意致力于公共生活的改善和公共秩序的建构，以营造适于人类生存与发展的伦理规范、政治价值和社会制度"。② 这是奉献精神的体现，也是人类文明进步和人的全面发展的表征。

　　现代社会组织不仅在目的的公益性上体现了公共精神，而且在其所开展的活动中也培育着公共精神。公共精神是公民价值准则、公共伦理层面上的事情，不是一朝一夕所能培育成熟的。它不是一个简单的知识习得过程，需要公民在公共生活实践中逐渐训练，积久成习才能形成。公共精神是"一种自然而然的思维和态度乃至行为方式"，③ 这种精神的形成需要公民大量参与公共互动和公共实践，只有在大量公共生活实践中，人们的公共精神才能内化为公民基本精神。现代社会组织的活动就是一种公共生活实践，"'公共价值'是现代'公民社会'公共利益的体现，公共价值的原点、精髓是人的生存、自由和全面发展"。④ 同时也是公民公共生活的精神基础之一。公共生活有广义和狭义之分，"广义上说，公共生活是一种私人之外、涉及多数人交往的社会生活；狭义上看，公共生活指以独立个人身份自主参与的、包含多层次利益关系的社会生活"。⑤ 公共生活是孕育

---

① 赵黎青：《非政府组织与可持续发展》，经济科学出版社，1998，第80页。
② 陈娟娟、祝建兵：《公共精神的价值与培育》，《党政干部论坛》2005年第11期。
③ 李萍：《论公共精神的培养》，《北京行政学院学报》2004年第2期。
④ 马俊锋、袁祖社：《中国"公民社会"的生成与民众"公共精神"品质的培养与化育》，《人文杂志》2006年第1期。
⑤ 李萍：《论公共精神的培养》，《北京行政学院学报》2004年第2期。

公共精神的温床，它是随着原始社会血缘氏族的解体而出现的，在血缘氏族中，个体只是氏族的一分子，氏族严格控制个体，个体没有自己的独立意识，公共生活与私人生活合二为一。公共生活的出现是个体作为独立人格出现之后的事情，对于包括封建社会在内的前资本主义社会来说，个体的独立人格不健全，它的公共生活也比较狭窄。在未来的共产主义社会，个体的独立个性获得了承认与发展，公共生活也得到了空前的扩展。尤其在以高科技、知识经济、信息革命为基本要素的当代社会，公共生活的内容、形式发生了深刻的变化，人们将大量的时间都花在公共生活中。公共生活实践的增多使人们养成了关注公共事务、积极参与公共事务的习惯，这些习惯是公共精神形成十分重要的基础，人的很多意识都是在习惯中形成的。现代社会组织对于丰富公共生活，培育人们参与公共事务的习惯具有重要的意义。现代社会组织是一种谋求经济公平和社会正义、维护整个社会整体利益乃至全人类共同利益的组织，这使得它们成为一种道义性社会组织力量。一般来说，每个现代社会组织都有自己的指导思想，这些指导思想的共同之处就在于利他主义和人道主义。

现代社会组织的活动是公共生活的重要组成部分。现代社会组织在我国的发展已经走过了一个从无到有、从弱小到壮大的过程，随着市场经济的发育成熟、改革开放的逐步深入和社会转型的全面展开，现代社会组织将逐渐走向一个新的高潮。[1] 尤其是这两年，汶川大地震、玉树大地震等重大自然灾害的降临，以及奥运会、世博会等重大活动在中国的成功举行促进了中国志愿者队伍的快速发展。随着志愿者进入公众视野并成为一个为大家所熟知的概念，现代社会组织的公益性逐渐为公众所认可。而且现代社会组织所释放出来的志愿精神感化了国人。比如，玉树大地震中奉献出宝贵生命的香港志愿者阿福以及为灾区慷慨解囊的企业家到到灾区救灾的志愿者等，比如为奥运会辛苦一天所得到的只有一顿午餐的志愿者等，他们的行为感动了人们。王名先生所作的有关汶川大地震中的民间组织的研究表明，"几乎所有的公益组织甚至

---

[1] 王名主编《中国民间组织 30 年——走向公民社会》，社会科学文献出版社，2008，第32 页。

普通公民的公共目标，是人们的慈善追求，不因为价值信仰、知识视野的差异而改变。汶川抗震救灾恰恰提供了这么一个供人们奉献基础公益的场所"。[①] 公共精神在经历了这么几件令人大喜大悲的事件之后，逐渐成为影响我国社会的一支重要精神力量。这就是蕴含在现代社会组织中的精神力量，这种力量不仅对于精神文明建设、社会主义核心价值体系建设具有巨大的引导功能，而且对于市场经济的健康发展也会产生积极的影响。

第三节　现代社会组织对权利意识的培育

权利意识是现代公民意识的重要组成部分，正如前文所述，笔者在总结学术界已有研究的基础上将公民意识归结为两个方面，即权利意识和公共精神。既然是总结（即归纳），那权利意识就包括了所归纳的内容，即广义上的权利意识包括互相联系的几个方面：独立人格意识、权利意识（狭义）、自由意识、平等意识、民主意识，等等。本节围绕这几个方面阐述现代社会组织对权利意识的孕育。需要提前交代的是，现代社会组织之于权利意识并不都是唯一的必要条件，其他的方面如市场经济等对于权利意识也都有重要的孕育作用。现代社会组织只是在一定程度上能够发挥孕育权利意识的作用，但即便只是一定程度上的孕育也是非常值得研究的。

一　现代社会组织有助于催生独立人格意识

人，自己是自己的主人，而不是任何外在权威的附庸。这是现代公民意识的一个基础性的理念，没有这一条，其他的平等、自由、民主、法治、责任、义务等都无从谈起。现代社会组织对于催生公民的独立人格意识具有重要作用。

---

① 王名主编《汶川地震公民行动报告——紧急救援中的 NGO》，社会科学文献出版社，2009，第 3 页。

　　就现代社会组织的组织外功能而言，抵制对政府权威的依附和崇拜是现代社会组织催生独立人格的重要表现。现代社会组织具有自主、自治、自愿、非政府、非营利性等特点，它的活动本身就是人的个性的张扬，自愿加入，同时也自愿退出，参加哪个组织完全是出于个人的志趣，而不是出于外在压力。托克维尔说，在美国，人们一旦有了一个想法，就立即去找自己的志同道合者组织社团，他们一般不信任政府，而宁愿以民间的力量来完成，但是"在法国，凡是创办新的事业，都由政府出面"。① 这说明，在托克维尔时代，法国人的独立人格没有美国人的独立人格强。如果事事都仰赖政府，势必会养成依赖人格，依赖人格不是现代公民所应该具备的，而且依赖性人格的存在是专制主义存在的文化根基。臣民意识的核心之一便是对权威的崇拜和依附，因此"官本位"是封建社会臣民的主要观念。见到官员臣民自发地崇拜、屈膝，缺乏"不为五斗米折腰"的独立精神。现代社会组织的组织原则之一就是自主，"人们相信他们不受政府支配，能够独立地筹措自己的资金，独立地确定自己的方向，独立地实施自己的计划，独立地完成自己的使命。'非营利组织'或'非政府组织'这个叫法也是为了强调这些组织不是政府的附庸和尾巴"。② 不但不做政府的附庸和尾巴，而且现代社会组织还经常主动地影响政府，因为现代公民相信政府不是公民的主人，相反，政府应该是公民的委托人。在社会当中，公民是雇主，政府则是公民雇佣的雇员，因此维护公民（雇主）的权益是政府的天职所在，否则公民有权也有义务予以批评。参与公共事务是独立人格的体现。比如，"1992 年当巴西总统科勒被暗示有腐败丑闻时，新闻工作者和律师专业协会、学生团体、教会代理机构和基层组织发动了一场政治运动，向国会请愿调查科勒。地方委员会组织了沿整个巴西的街道游行，这导致了对总统的弹劾"。③ 这是社会制约权力的表现，也是公民影响政府的表现。

　　就现代社会组织的组织内功能而言，现代社会组织的自主、自治精神

---

① 〔法〕托克维尔：《论美国的民主》下卷，董果良译，商务印书馆，2003，第 635 ~ 636 页。

② 文军、王世军：《非营利组织与中国社会发展》，贵州人民出版社，2004，第 10 页。

③ 〔美〕朱莉·费希尔：《NGO 与第三世界的政治发展》，邓国胜、赵秀梅译，社会科学文献出版社，2002，第 14 页。

孕育了组织成员的独立人格意识。人们加入现代社会组织完全出于自主，组织内活动的基本原则也是平等和自主的，在这样自主、自由的氛围中，人们的主体性和独立人格会在活动中不知不觉地得以强化，如果有人存在主体意识不强的观念（比如臣民意识），组织的活动会冲击其原有观念，促使其形成独立人格。组织成员会在组织的活动中为以前所具有的依赖人格而害羞、惭愧，继而自觉抛弃原有观念，让独立人格占据自己的头脑。理论的抽象总是把复杂的问题说得非常简单，不过这是为了研究复杂问题的需要，我们研究复杂问题总是要把复杂的问题简单化，把我们不能总体把握的问题抽象化，抽象掉一些细枝末节，然后让我们能够看到问题的全貌，看到问题的实质和根本症结所在，在这种抽象的基础上，我们就能够比较全面地、比较容易地思考问题的解决方案了。现代社会组织对独立人格形成的影响是一个复杂的过程，以上所述只是对这一过程的抽象论述，所以看起来很简单，不过这种抽象大致还是能够反映实际过程的实质的。

现代社会组织催生公民的独立人格需要明确两个维度：首先就是原发型的催生过程，这是"自生自发"秩序演变的结果，是真正的发生学意义上的催生；其次就是公民社会对于公民的社会化功能。前者的发生肇始于近代的启蒙运动，关于启蒙，康德高呼，"要有勇气运用你自己的理智！这就是启蒙的口号"。[①] 运用自己的理性也就是不要再成为别人的附庸，而是要形成自己的独立人格，根据自己的看法去评判所面临的事。启蒙运动之所以在近代产生，其最根本的原因不是由于近代出现了像卢梭、伏尔泰、孟德斯鸠、康德等这样的启蒙思想家，而是因为市场经济的发展。促进现代性来临的原因根植于社会生产方式，作为现代生产方式的资本主义生产方式就是为市场而生产，这是资本逻辑的结果。丰子义认为，在马克思那里，现代性的来临就是资本的逻辑呼唤出来的。"现代性的出现是由资本逻辑呼唤出来的。资本逻辑就是不断追求最大限度的利润，利润的驱使必然使资产阶级不停地变革、创新。"[②] 前资本主义时代的生产方式是自给自足的生产，是自然经济，生产就是为了自身的需要。这是生产

① 〔德〕康德：《历史理性批判文集》，何兆武译，商务印书馆，1990，第23页。
② 丰子义：《发展的反思与探索——马克思社会发展理论的当代阐释》，中国人民大学出版社，2006，第111页。

力比较低的时代所特有的生产模式，近代的来临、市场经济的出现冲破了传统的那种生产方式，人们不再仅仅为自己而生产，而是为了市场而生产，市场的需求是广阔的，即便人们加班加点地生产也不能满足市场的需求。资本逻辑的旋风就像春风吹绿了大地一样，促使现代社会来临。在这一走向现代性的社会变迁过程中，每个公民形成独立的人格与市场经济的发展是一个相互影响的过程。一方面，市场经济的出现需要每个人都根据自己对市场状况的判断而作出抉择，抉择所造成的结果自己承担，自负盈亏，盈利归自己，亏本了也由自己承担，这一过程不需要也不可能依附于任何人，独立人格支撑了市场经济的发展。另一方面，市场经济中的实践活动又涵养了人的独立人格，资产阶级就是形成于市场经济的发展过程中，随着社会变迁的深入，资产阶级形成了自己的独立人格，也形成了自己的经济实力，现实的一切表明资产阶级已经具有推翻专制主义的精神基础和经济实力，在这个基础上资产阶级革命的发生就成为历史的必然。市场经济既需要独立人格来支撑其运行，又促进、强化独立人格的形成。这一过程是原发现代化国家所走过的历程，在这个过程中，独立人格的形成和市场经济、公民社会的形成是一个相互影响、互相催生的过程。但是像中国这样的发展中国家，它的现代化不是英美那样的原发现代化。我国不可能再像原发现代化国家那样按部就班、四平八稳地走现代化之路，我们需要在短时期内完成原发现代化国家走过的路。现实是这样的：在改革开放 30 余年的时间里，我们的经济建设已经取得了巨大的成就，社会主义市场经济也正在走向健全，现代社会组织的发展壮大也已经成为我国现阶段不争的事实。但是由于市场经济实行的时间毕竟很短，健康、健全的独立人格还没有完全形成。而我们的法治国家建设、民主政治建设呼吁健康的公民意识的出场，这是现代法治国家的社会根基。[1] 这就需要发挥现代社会组织组织内和组织外功能，在现代社会组织对其成员的再社会化过程中催生我国公民的独立人格意识。

---

[1] 参阅马长山《法治的社会根基》，中国社会科学出版社，2003，第四章。

二　现代社会组织有助于涵养权益维护意识

一般的学者谈论公民意识，所强调的多在于公民的"公"的意识，如责任意识和义务意识，这主要是针对我国公民具有较强的"私"的意识而言的。但是健全的权益观念，理性地维护自己权利的意识也是公民意识中不可或缺的部分。独立人格和权利是分不开的，具有独立人格的人一般都具有较强的权利意识，一旦自己的权利受损，必然会强烈地主张权利。而人格独立性比较弱的人（在一定程度上依附于权威），当其权利被所依附的对象所侵害时，伸张权利的意识比较淡薄，这不是现代公民所应具有的意识。现代社会组织数量非常多，它涉及社会的方方面面，一旦社会有了需要，相应的现代社会组织就会产生。当一个国家其公民的权利受损比较严重，而人们又缺乏有力的伸张武器时，有关的维权组织就会应运而生。我国农民是权利意识比较薄弱的群体，如果他们的权利受到了强势群体的侵害，只要能够忍受，他们是不会采取伸张措施的，这是权利意识薄弱的一个表现。权利意识薄弱是当代中国存在诸多问题的原因之一，孙立平教授断言，在某种意义上，"社会成员的权利越是缺位，社会生活的制度化程度也就越低；而社会生活制度化的程度越低，对于建立庇护主义关系的需求就越强烈，腐败性交易的机会也就越多"。① 不过，近年来，随着农民和农民工的权利受损现象的增多，一些维权组织开始出现，农民的权利意识正在逐渐觉醒。专家调查表明：在权利受损时，"农民采取的主要手段有两种：通过推举代表，直接与侵害方谈判，通过谈判使对方终止侵害行为并做出适当补偿；个体或小范围群体做出极端行为，迫使侵害方就范，终止侵害行为并做出适当补偿"。② 可以看出，农民维权正处在自发阶段，组织化程度很低，但他们已经开始运用集体的力量，结成组织来维护自己的利益，当然这些组织还不能算作正式的现代社会组织，只可以算作现代社会组织的雏形。不过现在也已经存在一些正式的维权组织了，工会就应该是正式的维权组织，尤其对于农民工来说，虽然现在的工会组织在维权

① 孙立平：《失衡——断裂社会的运作逻辑》，社会科学文献出版社，2004，第37~38页。
② 中国（海南）改革发展研究院编《中国农民组织建设》，中国经济出版社，2005，第411页。

方面还有可圈可点的地方，但这毕竟是一种维权组织。积极加入工会或者组织自己的维权组织本身就是权利意识觉醒的表现，维权组织存在的目的非常鲜明，就是维护权利，在这些组织的活动中，人们所想的就是自己的哪些权利受到损害，应该如何维护。

在封建社会的末期，商品经济有了很大的发展，资本主义开始萌芽，资产阶级革命处于酝酿之中。一场革命的到来首先要有革命的舆论，需要革命的理念深入人心。因此，资产阶级启蒙思想家们把"自由、平等、博爱"等理念作为自己追求的目标，终身孜孜不倦地为之而奋斗。资产阶级革命的成功，不仅需要思想家们具备这些理念，更需要这些理念深入广大民众的内心。实际上，这些理念的核心就是人的权利意识，这些基本理念深入人心就是一场从封建主义观念到资本主义观念的思想解放运动，从公民意识方面来说，就是一场公民意识教育活动。

在这场公民意识教育活动当中，现代社会组织起到了非常巨大的作用，从最根本上来说，影响人们公民意识最关键的是市场经济，但是最直接影响人们观念，促使人们现代公民意识形成的是现代社会组织。我们就拿公民意识发展较为典型的美国为例，探讨现代社会组织在公民意识形成中的作用。

美国一直都十分重视公民意识的培养，公民意识的形成最早可以追溯到欧洲移民初到北美的时期，早在第一批移民来到北美的时候，他们就开始了公民意识的培养，在前往北美的轮船"五月花号"上，这批人签署了后来被称为《五月花号公约》的文件，为建立自愿、自治、平等的公民政府奠定了基础。公约中提到，"为了上帝的荣耀，为了吾王与基督信仰和荣誉的增进，吾等越海扬帆，以在弗吉尼亚北部开拓最初之殖民地。因此在上帝面前共同庄严立誓签约，自愿结为一民众自治团体"。① 从上面的引文中我们也可以看到，他们对宗教是非常虔诚的，这个时期的公民意识培育是寓于宗教教育之中的，把公民意识的培养"熔铸在敬仰上帝的宗教教育里，以圣诚作为持身立业的规范，以成为上帝的一个忠实信徒为教育的终极目的"。公民意识如果能够像上帝在清教徒心中那样深入人心，那么它将会非常牢固地扎根于人们的心灵深处。为了使契约精神深入人心（契

---

① 赵一凡编《美国的历史文献》，三联书店，1989，第2页。

约精神是现代权利意识的重要方面），"殖民地的清教徒们还试图在《圣经》中为其契约思想寻找基础，在政治上捍卫使自己的宗教制度得以保持的政权。圣经上记载的上帝分别与亚当、诺亚和亚伯拉罕订立的契约是大家熟悉的神与人之间的协议。这种宗教上的或圣经上记载的做法自然应该推广到一般世俗事务上去，尤其在这样一块连通常的对政府的约束力都缺乏的土地上，更应如此"。① 这是假托《圣经》之名，传播现代公民意识，不过这样做，公民意识能够比较容易地扎根于民众心理。在这一过程中，民众自治团体也好，宗教组织也罢，都是现代社会组织的早期形式，这些组织对美国早期公民意识的形成具有重要意义。

在北美公民意识教育的历史演变中，紧接着发挥重要作用的就是一些启蒙思想家们的宣传。著名的启蒙思想家富兰克林，凭借他本人的兢兢业业、勤奋工作、道德修养和社会名望，以其《格言历书》和《富兰克林自传》等著述影响了人们的思想意识；杰出的资产阶级民主主义宣传教育家潘恩，以一本50页的小册子《常识》，教育和影响了北美一代人，这本令人震惊的小册子出版不到1个月，就激励了那些犹豫不决的人；《独立宣言》的主要作者杰弗逊，生动地叙述了资产阶级的民主思想，使美国人开始相信这一观念。② 这些启蒙思想家虽然不是靠组织来宣传他们的思想的，但是他们宣传这些基本理念的方式是非政府的，是通过民间的方式进行的，这本身就是公民社会精神的体现。

后来美国各党派之间关于联邦政府的争论也起到培养公民意识的作用。再后来，美国为了同化移民，有意识地开展了所谓的"品格教育"以及"好公民"教育，在这些方面现代社会组织对现代公民意识形成发挥了重要的作用。当然，在公民意识形成过程中，市场经济起到了重要所用，市场经济的自由竞争熏陶出了公民自由、平等、公正、守法的意识，而自由、平等、公正、守法的意识又是民主和法治的基石。市场经济的影响为公民意识的形成提供了深厚的基础，有了这些深厚的基础，作为现代公民意识的一些基本理念，一经宣传就能够与广大民众产生强烈的共振，继而

---

① 上述引文出自高峰《美国人公民意识的演进》，《首都师范大学学报》（社会科学版）1999年第3期。

② 参阅高峰《美国人公民意识的演进》，《首都师范大学学报》（社会科学版）1999年第3期。

深入人心。经济基础固然重要，但是如果没有现代社会组织的大力宣传，现代公民意识最起码不会形成得这么快。

以上我们以原发现代化的国家美国为例论证了现代社会组织在促进公民意识形成当中的重要作用。在发展中国家，现代社会组织也是现代公民意识形成的重要机制。发展中国家的情况大致是这样的：在经济、政治等方面已经步入了现代社会，或正在步入现代化国家的行列，在科学技术等方面已经不低于甚至个别方面超过了发达国家，但是其公民不具备现代公民意识，或者说，现代公民意识不深厚。造成这种状况的主要原因是公民意识作为文化因素具有相对滞后性，新中国的成立不可能在短期内消除旧的臣民意识的残留。在全球化时代，由于国家与国家之间的交往和竞争，每个国家都在努力发展自己的实力，这使得世界各国的经济差距相对缩小了，一些落后的国家也迅速发展起来。但是，经济发展起来并不一定代表该国的公民意识也已经形成，由于意识形态的相对滞后性，公民意识往往要落后于快速发展的经济。在这种情况下，公民意识培养就成了社会发展的重要问题，而公民意识的培养涉及人们思想意识方面的东西，它要把人的传统观念改变成现代观念。一般来说，人的基本观念，尤其涉及人生观、价值观、世界观的一些观念，一旦形成并在人们心中扎下根来就不容易改变了。改变有形的物质世界容易，改变无形的精神世界就不那么容易了。要改变一个人的基本观念，我们需要真正触动、震撼他的心灵，让他切实地感受到，以前的旧观念确实已经不适应时代的要求了，处在以前的观念当中，自己被束缚住了，是不自由的，新的观念使自己的思想得到了巨大的解放。以前自己应有的权利被压抑、被践踏，那是没有人权的时代。当人们产生了这种豁然开朗的精神升华时，现代公民意识才开始进入他的内心深处。只可惜，做到这一点困难是相当大的。

不管在发达国家还是在发展中国家，现代公民意识的形成都要经历一个精神升华的过程。人们的认识产生于社会实践，人们的公民意识也产生于人们参加的各种社会实践。现代社会组织在一定程度上能够发挥利益表达机制和权利维护机制的功能，在表达利益和维护权利的实践活动中，人们的权利意识、自我利益维护意识逐渐形成并得到加强。

三　现代社会组织有助于涵养自治精神

公民的自治精神是针对臣民事事仰赖他人的那种依赖精神而言的，梁启超说，"己不能治，则必有他力焉起而代治之者。不自治则治于人，势所不可逃也。人之能治禽兽也，成人之能治小儿也，文明人之能治野蛮也，皆其无自治力使然也"。① 没有自治能力的人必然受制于人而为臣民，"仰治于人，则人之抚我也听之，人之虐我也亦听之；同族之豪强者据而专也听之，异族之横暴者矜而夺也亦听之"。② 西方现代政治文明的一个重要表现就是对权力的戒心，个人能完成的事情绝对不让权力插手，遑论个人成为权力的附庸。因此自治成为西方现代社会基层的重要方面，公民具有强烈的自治精神，这是民主法治的社会根基。自治对于民主法治的维系作用不仅是西方社会的特例，它具有普遍意义。我国民主政治建设、法治社会建设都需要有自治精神作为基础，社会和谐自然也离不开自治。

现代社会组织对于自治精神的涵养可以从如下两个方面来探讨。

第一，现代社会组织对政府心存戒备，反对统治而倡导治理，这是涵养自治精神的重要体现。俞可平指出，统治和治理"最基本的甚至可以说是本质性的区别就是，治理虽然需要有权威，但这个权威并非一定是政府机关；而统治的权威则必定是政府。统治的主体一定是社会的公共机构，而治理的主体既可以是公共机构，也可以是私人机构，还可以是公共机构和私人机构的合作"。③ 现代社会组织就是社会治理的主体之一，它强调的是自治，现代社会组织的自治性主要是指，"民间组织作为独立的自治组织，在人事、财务、决策等方面不依附于任何其他的社会组织，具有独立的决策及其行使能力，能够进行有效的自我管理，是公民实现自组织的社会机制。与市场经济中的企业一样，民间组织也是独立自主的社会主体，它们与政府之间既有功能互补、相互协调的一面，又有彼此竞争、权力制衡、相互监督的一面。民间组织的自治性体现了其独立于政府、独立于企

---

① 梁启超：《新民说》，黄珅评注，中州古籍出版社，1998，第112页。
② 梁启超：《新民说》，黄珅评注，中州古籍出版社，1998，第115页。
③ 俞可平：《引论：治理和善治》，载俞可平主编《治理与善治》，社会科学文献出版社，2000，第5~6页。

业的社会个性，构成公民社会的自治基础"。[①] 民间组织也就是本研究意义上的现代社会组织。[②] 陈乐民先生在他的《启蒙札记》中指出，公民社会具有的特点应包括："第一，人是公民社会的第一因素，人是生而自由的，是一个公民社会的前提。第二，在公民社会里，个人利益与公益、公德是兼顾的。第三，在公民社会里，个人在法律面前是完全平等的。第四，在公民社会里，包括物质的、精神的社会生活是充分自治的。"[③] 即自治是公民社会的基本特征之一。现代社会组织的这种不依不靠的独立自治特性和氛围对于身处这种组织之中的成员会产生一定的教育涵化作用。如果一个成员臣民意识比较重，很多事情都希望依靠政府，自己缺乏应有的独立品格，那么他在现代社会组织所开展的各种活动中将潜移默化地内化该组织的这种自治品性，提升自己面对政府时的理直气壮和不依不靠精神。如果一个人具有自治精神，那么他在现代社会组织的活动中将强化他的这种精神。现代社会组织将其特有的自治精神内化在成员意识深处，这是一种社会化的过程，这一过程是在成员为了实现组织的宗旨而进行的实践活动中实现的。

第二，现代社会组织促成自我管理理念的形成。就政治领域而言，现代化的历史是一个从专制走向民主的过程。而现代民主的一个重要特征就是自行管理自己的事务，美国的联邦制政府运作过程表明，自行管理自己的事务是它们的基本精神。州政府的事务由州政府自行管理，联邦政府无权干预；市政府的事务由市政府自行管理，州政府无权干预。越是基层政府就越是自行管理自己的事务，而禁止上级政府干预基层政府的事务，除非基层政府提出邀请。不仅限于美国，其他发达资本主义国家也大都采用自行管理自己事务的策略。民主的原始含义就是人民自己做自己的主人，自行管理自己的事务是民主政治的一个重要表现。我国也实行基层民主自治制度，虽然我国的基层自治还存在一些问题，比如受宗族观念的影响等，但基层自治是我们民主政治建设的基本方向。现代社会组织本身就是自己管理自己事务的领域。陈乐民先生说："到今天为止，公民社会的问

---

① 王名、刘培峰等：《民间组织通论》，时事出版社，2004，第10～11页。

② 这一点，本书在有关公民组织定义的部分已经作出了明确的说明，请参阅第一章相关内容。

③ 陈乐民：《启蒙札记》，三联书店，2009，第189页。

题在学理上还是一个没有终结的问题。但是不管怎么说，我们可以把公民社会的性质用四个'自'来表述，那就是'自觉、自愿、自为和自律'的社会。这样的社会，不需要指令从上到下的传达，告诉组成社会的人要做什么、不要做什么。"① 他还说，汶川大地震中的志愿者、NGO 就体现了这四个"自"。这种不需要上级指令而自行开展救助的行为就是自治的重要体现。另外还有数量众多的社区自助组织都是自行管理自己事务的典型表现，比如"街道层面自下而上自发形成的业余体育健身组织、业余文艺组织、美术活动组织等以文化、艺术、健身为内容的自发组织；居委会层面的小型托老所、托儿所、敬老院、法律咨询站、体育活动场所、便民服务站等"。② 这些组织有的可能还不是严格意义上的民间组织（现代社会组织），而只能算是准民间组织，但这就是现代社会组织自行管理自己事务精神的体现，随着公民社会的健康发展，这些组织会更加健全。现代社会组织的这种自行管理自己事务的特征不仅对于组织内成员，而且对于非组织成员也会产生深浅不一的影响，一旦人们感觉到了这类组织所带来的方便，人们就会自愿、自发地参与这类组织，潜移默化地形成自治精神。

四　现代社会组织有助于孕育自由精神

自由是西方自近代以来最具有魅力的词语，曾有"生命诚可贵，爱情价更高。若为自由故，二者皆可抛"（裴多菲）的壮美诗句，也有"不自由，毋宁死"的豪迈口号，这表明自由是人们宁以生命为代价也要追求的价值理念。当有人探讨自由适合不适合中国的时候，梁启超说，"自由者，天下之公理，人生之要具，无往而不适用者也"。③ 近代自由理念是消极的自由，即任何人都是自由的，只要不违反法律，人们尽可以按照自己的意志行事。这一理念自从近代霍布斯、洛克提出以来，在西方思想界一直是不绝如缕的思想核心，自由的理念也已经逐渐内化为普通公民的内在心理品质。因此，自由观念是现代公民应该具备的基本理念。虽然随着我国社

---

①　陈乐民：《启蒙札记》，三联书店，2009，第 190 页。
②　王名、刘培峰等：《民间组织通论》，时事出版社，2004，第 223 页。
③　梁启超：《新民说》，黄珅评注，中州古籍出版社，1998，第 98 页。

会主义市场经济的发展，普通公民的权利意识逐渐觉醒，自由理念在人们心灵深处暗滋潜长，但是理性自由理念还是需要相当长的时间来慢慢地培养的，西方发达资本主义国家经历了二三百年的时间才将这种自由理念内化到公民心灵深处。我们要在相对较短的时间内走完西方所走过的现代化道路，完成现代公民的培育任务，这是有相当的难度的。这需要利用各种途径，通过各种手段教育公民形成理性自由的现代修养。这种自由的理念也是现代民主政治建设的社会根基，"如果说民主政治和市场经济是法治得以存在和发展的正式制度要素的话，那么，以主体自由追求和理性自律精神为内核的公民意识，则是其非正式制度要素。正是二者的契合，才使具有普遍理性主义的现代法治得以呈现内在自觉、动态整合的非单一线性的总体性进程"。① 只有把公民意识培育和制度建设结合起来，真正的民主政治才会发展起来。

现代社会组织对自由的孕育表现在如下方面。

第一，现代社会组织的发展壮大，本身就是政治国家与公民社会分离的结果，它反过来又促进"小政府、大社会"格局的形成，而这就是扩大社会自由、缩小政治统治这一理念的表现。这种理念会在现代社会组织的活动中逐渐变成公民的常识。近代自由理念的发端主要是针对封建专制主义，专制社会中人们缺乏自由，真正的自由就是自己依赖自己而存在，而专制社会中严禁个人有独立的观点，臣民必须以封建统治者的观点为观点，否则就是异教徒，就是被打击的对象。近代的资产阶级革命冲破了封建专制的樊篱，重塑个人主体性的权威，其精神核心就是自由主义。努力的目的就是限制权力的势力范围，资产阶级建立的国家就是一个"小政府、大社会"的国家。国家对社会的控制降低到最低程度，而社会的积极性和主动性得到充分发挥。"我们说，社会出现私人利益和社会分裂为阶级，是市民社会和国家产生的共同前提，也即市民社会和政治国家是人类走出天然自在的生命共同体，形成特殊的私人利益、阶级利益与普遍的公共利益相分离和对立的社会共同体的产物。"② 这就是自由理念的体现，最核心的就是将权利变成公共权力，并且严格划定公共权力的边界，不准僭

---

① 马长山：《法治的社会根基》，中国社会科学出版社，2003，第286页。
② 马长山：《国家、市民社会与法治》，商务印书馆，2002，第174页。

越其基本的职分，以充分张扬社会的自由。政府存在的主要目的是保护公民充分享受自己的私人自由，而不是为了展示权力的强大。这就是近代社会较之此前社会的进步性之所在，也是公民社会发展的基本理念之一。

第二，现代社会组织易于孕育宽容精神和尊重彼此观点的精神。自由不仅仅是自己的随心所欲，它还蕴含着尊重彼此、宽容彼此的精神。"自由主义是一种基本的政治信念，一种哲学和社会运动，也是一种社会体制构建和政策取向。它还是一种宽容异己、兼容并包的生活方式。"① 如前所述，自由必须以尊重对方的权利为前提，一个人的自由以不侵害他人的自由为前提。伏尔泰有句名言"我可以不同意你的观点，但是我誓死捍卫你说话的权利！"就非常到位地体现了自由的这一界限。相互尊重彼此的权利是现代公民应该具备的基本素养。现代社会组织是一个由某种公益理念支撑的组织，而且是志愿性组织，这样的组织基本上不存在垂直的统治型组织结构。现代社会组织本身的运行比较典型地体现了治理的基本特征，治理（Governance）不同于统治（Government），这一点前文已经做了解释。政府的运行基础是控制，而治理的运行基础则是协调，现代社会组织内部就是一种治理结构，而不是统治结构。组织成员相互之间是靠协调来维系组织内部秩序，内部秩序良好才能发挥其公益的功能。而协调本身就是一个相互尊重、相互宽容的过程。在这个过程中，人们学会了协调、学会了相互尊重，这是现代社会组织运行最需要的精神，也是现代社会对现代公民的期许。

第三，现代社会组织孕育理性自决意识。前面所述的限制权力和彼此尊重、宽容只是自由的侧面，或者说是自由的条件，没有这些方面——即限制公共权力和彼此尊重、宽容他人——自由就难以存在。而自由的正面意义是自决，即自己对于自己的事情理性地作出选择和裁决。正是在这个意义上，萨特认为自由就是选择的自由。公民的自由就是自己对所处环境作出理性判断，进而采取自主的行为，即通盘考虑自己的利益、危害等因素而作出最终判断，进而付诸行动作出理性的抉择，这就是自由的自决行为。公民的行为不应该依附于任何别人，而应该是自决的结果。现代社会组织对于自决精神的培育表现在：组织自身就是独立自治的，而不是任何

---

① 顾肃：《自由主义基本理念》，中央编译出版社，2003，第1页。

政府机构的附属品，同时组织成员和组织的关系也不是附庸关系。公民自愿加入组织，如果觉着该组织不适合自己，也可以随时退出，不存在强制。长时间浸润在这种自主自治的组织活动中，组织成员会在很大程度上吮吸这种自决的高贵精神。

五　现代社会组织有助于形塑平等意识

平等是人类的一种价值追求，早在封建社会人们就已经提出了"等贵贱""均贫富"等口号，虽然这些口号与真正意义上的现代平等还有不小差距，但这不失为人类对平等的一种期许。"平等就其本来意义而言，是指人与人关系上的同等对待，比如不允许在身份、资格认定和性别等方面的歧视。西方社会自文艺复兴以来的最大进步便是对人的平等权利的认同和追求，从中世纪的等级制身份社会向市民社会的转变，一个重要的标志便是平等的发展。"① 根据学术界的研究，平等分为结果平等和起点平等两类。吴忠民教授根据其对社会公正问题的研究将平等区分为四个方面：基本权利的保障，亦即保证的规则；机会平等，亦即事前的规则；按照贡献进行分配，亦即事后的规则；初次分配后的再调剂，亦即社会调剂规则。② 基本权利的保障就是对人权的基本保障，即任何一个公民都有基本的生存权和发展权，这是前提，任何国家都有义务保障其公民的生存和生活。机会平等即消除身份、地位等方面的等级差别，任何人都有相同的成功机会，而且在机会实现过程中也不能存在因为身份、地位等外在因素所导致的不公平，这是平等的重要表现。初次分派和再次分配都是结果平等的表现。现代社会组织以其特有的价值原则对塑造平等观念发挥着重要的作用。

现代社会组织对于平等意识的形塑主要表现在：保障基本权利，很多现代社会组织都关注弱势群体；强化机会平等，帮助弱势群体寻求更多的成功机会；发挥再分配功能，通过募捐等方式使得财富从富人向贫困人口等弱者流动。具体可参阅第四章第四节。

---

① 顾肃：《自由主义基本理念》，中央编译出版社，2003，第40页。
② 参阅吴忠民、韩克庆等《中国社会政策的演进及问题》，山东人民出版社，2009，第2～4页。

六 现代社会组织有助于培育民主观念

社会主义民主政治建设不仅需要健全和完善各种民主政治制度，还需要培育公民的公民意识、民主精神。阿尔蒙德认为，"公民文化适合于保持一种稳定的和有效的民主政治过程"。① 民主观念属于公民文化的主要内容之一。也就是说，民主观念和民主精神对于政治制度具有十分重要的支撑作用，如果没有积极的民主观念，即便民主制度建立起来也很难正常发挥功能，甚至还会走向反面，走向民主的暴政，甚至偏离民主走向专制。"众所周知，民主政治中最可怕的是公民的政治冷漠和消极。托克维尔认为，公民社会是免费的民主大学，公民可以从中学到团体生活的理论，并培育人们在更高层次、更大规模上参与合作的资本。"② 民主观念的培育是民主政治建设的重要方面，也是社会和谐发展的重要方面，而现代社会组织所开展的各种活动在一定程度上具有培育民主观念的功能。研究表明，虽然公民社会对于民主政治建设的推动作用还存在诸多的不足之处，但大多数东亚国家的现代社会组织对于民主政治建设已经发挥了积极作用，"公民社会在泰国、菲律宾、印尼、韩国的民主转型中发挥了重要的助推作用。在民主转型发生后，这些国家的公民社会也都有一定程度的发展，在政治过程中的重要性也逐渐增强。在民主巩固领域，如西方主流理论所昭示的，公民组织也在发挥一些重要的影响，如监督选举过程、推动政治参与、强化民主教育、训练社会活动家和政治领导人等"。③ 虽然我们不希望这些国家的动乱和悲剧在中国发生，但是我们完全可以从这些国家吸取经验教训，以利于我们的民主政治建设。

现代社会组织在如下方面发挥着培育民主观念的作用。

第一，现代社会组织的价值理念决定它所开展的活动有利于促进人们养成民主的习惯。民主不是用来摆设的花瓶，在某些场合宣扬一番，而在

---

① 〔美〕加布里埃尔·A. 阿尔蒙德、西德尼·维伯：《公民文化——五个国家的政治态度和民主制》，徐湘林等译，华夏出版社，1989，第541页。

② 王乃圣：《公民社会：现代民主政治制度的社会基础》，《中国特色社会主义研究》2008年第1期。

③ 高奇琦：《公民社会与民主巩固：东亚政治实践对西方经典理论的检验》，《晋阳学刊》2009年第2期。

另外一些场合则又收藏起来。民主这一理念只有融入公民的生活方式之中，变成公民的日常习惯才能够真正发挥其应有的作用。也只有以民主的方式生存，人类才算是走向了文明与进步。那么民主的习惯如何形成呢，尤其在我国这样一个臣民文化深厚、民主观念淡薄的国度？这就需要靠民主的实践，需要公民在最普通的日常生活中锻炼运用民主的方式解决所遇到的问题。而能够为公民提供经常性地操练民主的平台的就是现代社会组织，其他方式也能够起到这个作用，但是现代社会组织最贴近人们，大量的现代社会组织（包括在民政部门登记的民间组织，也包括未在民政部门登记的准民间组织）为人们实践民主提供了良好的场所。民主从根源上来说不是一个文化问题，而是利益诉求机制问题，但是民主质量的提高则在很大程度上涉及公民文化，涉及公民的民主观念、民主修养。而公民的这些修养需要在民主的实践活动中养成。人们在现代社会组织所开展的活动中感受到的是自己管理自己事务的轻松愉快，没有必要服从、依附某个人，浸润在这种氛围中，人们会逐渐形成民主的习惯。

第二，现代社会组织有利于形成理性、民主的参与意识。衡量现代民主水准的一个重要指标就是公民对于民主参与的热情与积极性。臣民社会中，人们大都信奉"莫谈国事"，政治事务是"肉食者谋之"的事情，这种政治冷淡症是和专制主义相匹配的。现代社会政治参与中的冷淡现象是民主水准不高的一个重要表现，所以提高参与意识是民主政治建设的重要方面，而活跃的现代社会组织是调动公民参与积极性的重要机制。有学者指出："与势单力薄的个人参与相比，社会成员逐渐习惯于通过社团组织这一'中间桥梁'进入国家的政治系统，能够以较为有利的优势地位被纳入政治生活以发挥较大的作用，这样无疑扩大了公民参与的广度、深度和范围，从而直接地提升了我国的政治民主化进程。"[1] 公民参与公共事务的动机可以分为两类：一类是所参与的公共事务和自己的利益密切相关，所以参与公共事务从一定程度上说就是争取自己的利益；另一类则是为了公共利益而参与公共事务，公益实际上也和自己的利益有相关性，只是这种相关性不是直接的，而是间接的，不是近期的，而是远期的。第一类的参与意识随着人们市场观念的增强而比较容易提高。为了公共利益而参与公

---

[1] 罗辉：《第三域若干问题研究》，中国地质大学出版社，2006，第100页。

共事务的积极性则是公民参与意识的重点之所在，但这种参与意识不像第一种参与意识那样容易培养。现代社会组织的宗旨在于对于某种公益的关注，在宽泛意义上说，这本身就是对于公共事务的参与，它有助于培养为公共利益而行动的参与意识。比如环境保护组织、野生动物保护组织等就是为了解决涉及大多数人的公共性问题而开展活动的。这类组织是为了整个人类的利益而开展活动的，不是为了私人利益而进行活动；它们理性地通过合法的途径影响社会，以改进社会生活方式，影响政府以使其调整政策。理性并且积极地参与公共事务是民主政治对普通公民的基本要求，现代社会组织所开展的活动在一定程度上适应了民主政治的要求，有助于培育公民理性的、积极的参与意识。

七　现代社会组织孕育公民意识的途径

现代社会组织是追求某种公益理念的民间组织，这类组织在现实社会中大量存在，而且随着社会的发展，这类组织在社会中的数量将越来越多，发挥的作用也越来越大。这样一种由公益理念支撑着的组织对于参与其中的组织成员来说，首先是成员的某种理念支撑了组织的生存，任何组织都是由人组成的，如果成员没有公益理念，组织就不可能是公益性的组织；其次，组织追求某种理念的实践活动又会将这种理念内化到成员心中，这本身就是一个互动的过程。在这一互动过程中，现代社会组织发挥了价值孕育功能。有学者说："人是一个具有自觉的需要、具有价值意识、进行着追求和创造价值的活动的存在物。他根据自己所需要的价值来决定自己的活动方式，他又通过创造价值和消费自己所创造的价值来创造自身。同时，他的这种创造使自己由具有自然个性（自然需要和生物能力）的自然存在物转变成具有社会性个性（社会性的需要和社会活动能力）的社会存在物，把没有价值存在的自然环境改变成了充满价值因素的（价值化、人化了的）社会环境。"① 一方面，人是在某种价值理念的支配下进行实践活动的；另一方面，人在实践活动中又内化了实践活动所体现的理念，

---

① 张书琛：《探索价值产生奥秘的理论——价值发生论》，广东人民出版社，2006，第64页。

因此实践活动会促使价值观念的发生。现代社会组织的实践活动也会在一定程度上影响社会价值观念的发生、变动和升华。这种实践活动对于一些人的影响比较大，而对于另一些人的影响则可能没有那么大；对于促使某些价值观念深入人心的作用比较大，对于另一些价值观念的影响则可能不太大。但是现代社会组织对于人们的价值观念必然会产生一定程度的触动和影响，这一点是必然的，只是影响的大小不同而已，这就是本节所要探讨的内容。对于一个现代社会组织而言，虽然这个组织可能比较松散，但毕竟任何组织都会有组织内和组织外之分，现代社会组织对于社会价值观念的影响就包括组织内功能和组织外功能这两个方面，因此现代社会组织对于公民意识的孕育功能可以从组织内功能和组织外功能两个途径来探讨。

（1）现代社会组织的内功能对于公民意识的孕育作用。所谓内功能就是现代社会组织对于组织内成员所发生的价值观影响。现代社会组织的大量存在是成熟的现代社会的普遍现象，在现代社会中，有时候一个公民可能是若干个组织的成员。就总体而言，社会中大多数的公民都是现代社会组织的成员，所以现代社会组织的内功能对公民意识的孕育相对于整个社会来说也是具有普遍性意义的。现代社会组织内功能的发挥主要是通过社会化或者再社会化来完成的。"社会化的基本涵义是指人接受社会文化的过程，更具体地说是指'自然人'或'生物人'成长为'社会人'的全部过程。"① 社会化的主要内容包括：①促进个性形成和发展，培养完美的自我观念。在这里个性是指个人所具有的稳定的、综合的心理特征，是一个人基本的精神面貌。个性的核心内容是自我观念，自我是个体对自己存在及存在状况的觉察，是自己对于属于自己的人的特征及生理、心理状况的认识，其中包括自我评价、自我感觉、自尊心、自信心、自制力、独立性、自卑感等一系列涉及自我认识的内心活动，自我并不是自私，自私只是一种极端个人主义的人生态度和价值观念。②内化价值观念，传递社会文化。③掌握生活技能，培养社会角色。② 公民意识的形成是社会化的一个重要内容。对于一个人来说，早期社会化是人的社会化的关键时期，该时期从幼儿期一直延续到青少年时期。③ 在这一阶段，所内化的价值观念

---

① 郑杭生主编《社会学概论新修》，中国人民大学出版社，1994，第105页。
② 参见郑杭生主编《社会学概论新修》，中国人民大学出版社，1994，第126~129页。
③ 参见郑杭生主编《社会学概论新修》，中国人民大学出版社，1994，第130页。

是比较牢固的，往往是人的心灵中深层次的东西。人的很多性格、品性的养成都可以追溯到这一阶段，弗洛伊德甚至认为精神病发病的最根本原因就在于这个时期出现了问题，所以这个阶段的社会化对人的影响非常深刻和久远。如果独立人格意识在这个阶段深入一个人的心灵，那么这种意识将会影响他的一生。但是，由于儿童的年龄比较小，公民意识教育对他们来说还是比较困难的，所以在这一阶段，人们内化给儿童的公民意识是相当有限的，不过这一时期的影响是基础性的，进入大脑的公民意识内容不多，但都是最基本的东西。现代公民意识大量地进入人的大脑是在青年时期，这个时期，人们主要是通过接受学校教育或者参加各种社会活动，逐渐形成独立人格意识等现代公民意识。以上所述，是一个生长在现代社会中的人逐渐接受公民意识的过程，而对我国很多人来说，他出生的时期并不是一个成熟的现代社会，或者说，社会的现代化程度比较低，所以他起初所接受到的不都是现代公民意识，而随着他的长大和我国社会现代化程度的提升，又需要他形成现代公民意识。这种情况下就需要再社会化，经过再社会化，使人们形成现代公民意识。再社会化概念有广义和狭义之分，广义的再社会化指"在生活急剧转变中，一个人放弃原来的生活方式而适应另一种对他来说全新的生活方式的过程。这种过程可以是自愿的（如专业的改变、国籍的变更等），也可以是被迫的、强制的（如对罪犯的教化）"。狭义的再社会化则"专指强制性的教化过程"。[1] 再社会化没有早期社会化对人的影响深刻，但是，对于不具备现代公民意识而社会又需要他们具备现代公民意识的公民来说，再社会化是最好的形式。人的早期社会化主要是发生在家庭和学校中，"几乎对每个人来说，家庭都是个体出生后接受社会化的第一个社会环境，家庭的教育和影响对个人早期社会化甚至一生的社会化都具有重要意义"。[2] 家庭的影响为以后的社会化定下了基调，如果家庭对儿童产生了良好的影响，那么儿童以后的社会化可能会向着健康的方向发展，否则，儿童很可能向不健康的方向发展。学校和同龄人对儿童的影响也十分重要。"对于进入学校的儿童和青少年来说，随着年龄的长大，在社会化方面学校和教师的教育作用逐渐超过了家庭和

---

① 参见郑杭生主编《社会学概论新修》，中国人民大学出版社，1994，第133页。
② 参见郑杭生主编《社会学概论新修》，中国人民大学出版社，1994，第116页。

家长的教育作用，而成为儿童和青少年社会化的最重要的社会环境因素。"① 在早期社会化当中，现代社会组织所起的作用不大，家庭不是现代社会组织，现代社会组织是介于家庭和国家之间的社会组织。再社会化是发生在人成年之后的社会化，一个人成年之后，他的社会意识基本定型，他的人格意识也随着他的社会意识的定型而定型，要改变原有的人格意识是比较困难的事情。但是随着社会的发展，在原有的意识不再适合现代社会的情况下，原有的意识就必须改变，再社会化的发生就是不可避免的事情了。再社会化是"人与自己的过去彻底决裂，并将截然不同的规范准则、价值标准、认知态度等重新内化的过程。这一过程一般是当一个人面对全新社会文化或一个人的社会人格已与现有社会文化相悖时，才有可能出现"。② 原有的人格意识要被新的意识所代替。现代社会组织所要实现的社会化则是一种政治社会化，"社团组织的政治社会化功能是指社团组织通过组织活动来达到政治文化传播、政治态度演进、个体政治观念内化的目的"。③ 现代社会组织的价值理念在其所开展的实践活动中内化为其成员的价值观念，这就是现代社会组织的内功能。按照皮亚杰的认识发生论，这种内功能主要是通过"同化"和"顺应"两种方式发挥作用："同化"就是认识主体将接触到的价值观念吸纳到自己的认知结构之中；而"顺应"则是认识主体的认知结构在"同化"过程中发生一定的变化以顺应这种价值观念。这是认知过程的两个侧面，现代社会组织所发挥的社会化功能就是通过这一微观层面的主客体互动过程而将其特有的价值内化到认识主体的原有认知结构之中的。

（2）现代社会组织的外功能对于公民意识孕育的作用。这里所谓的现代社会组织的外功能主要是指现代社会组织的社会实践活动对于组织以外的人的影响，也就是现代社会组织通过其活动对非组织成员的影响。现代社会组织实践的是一种志愿精神，当然也含有自治、自助等精神，这种精神所影响的不仅仅是组织成员，它对于那些看到该组织活动的人也起到感化教育作用。感化、示范、引领社会风气等作用是现代社会组织孕育公民

① 参见郑杭生主编《社会学概论新修》，中国人民大学出版社，1994，第117页。
② 苗伟明：《再社会化与罪犯改造——再社会化在罪犯改造活动中的特殊性及其表现》，《青少年犯罪问题》2003年第5期。
③ 罗辉：《第三域若干问题研究》，中国地质大学出版社，2006，第121页。

意识作用的主要表现，也是现代社会组织的外功能。第一，感化作用的主要表现就是现代社会组织对于积极价值观念的弘扬与倡导。现阶段我国存在诸如拜金主义、享乐主义、极端个人主义等消极价值观念和众多各式各样的社会思潮，比如有学者指出当代中国存在八种思潮，即邓小平思想、老左派、自由主义、新左派、民主社会主义、民族主义、新儒家、民粹主义等，①这些思潮的影响大小不一。但有一个共同之处就是这些思潮（除了邓小平理论之外）对社会都产生一定的负面影响，比如道德滑坡、诚信危机、迷信盛行以及对改革开放的消极性看法，等等。追溯这些消极思潮和价值观念的根源，拜金主义、唯利是图等观念难辞其咎。这就需要有一种利他精神、公共精神来平衡这个过度地向私人利益倾斜的社会天平。现代社会组织的活动就是这样一种精神的体现，参与现代社会组织的人不是为了私人利益，不但如此，他还要牺牲私人利益成全他人或者公共利益。现代社会组织是以志愿求公益的组织，求公益需要个人奉献自己的时间、精力、财力和物力。《四川日报》报道，2010 年 5 月 20 日，"曹德旺　曹晖西南五省区市 2 亿扶贫善款捐赠仪式"在云南昆明举行，曹德旺、曹晖父子继上月以个人名义向青海玉树地震灾区捐款 1 亿元人民币之后，又通过中国扶贫基金会向云南、广西、贵州、重庆及四川五省区市贫困农户捐赠 2 亿元人民币，目前捐赠款项已全部到账，其中 2000 万元将投向四川贫困村，这成为国内一次性捐款最多的一笔公益捐赠。②这样一种奉献精神对于物欲横流的现时代具有一种感化功效，人们看到这种无私奉献行为的时候感到的是一种无形的精神力量，自己的心灵得到升华和教育。这种无言的教育对人们的感化作用可能比专门的思想说教和宣传更加强大。第二，现代社会组织的示范作用对于非成员的影响也是十分巨大的。组织起来是办成事的重要途径，而维权更需要组织起来，转型期的我国法制还不健全，在维护弱势群体的基本权益方面还存在诸多问题，比如司法程序复杂、费用高、执行难等，这些困难的存在对于诸如进城务工农民维护自己的合法权益来说是巨大的障碍。在这种情况下，单个的农民工在和资方博弈时不可能完全对等。资方的强大和单个农民工的弱小决定了农民工不可

---

① 参阅马立诚《交锋：当代中国的八种思潮》，《同舟共进》2010 年第 1 期。
② 《国内最大一笔一次性个人公益捐赠产生：父子俩向西南捐赠 2 亿元扶贫》，《四川日报》2010 年 5 月 21 日。

能有胜算，在这种情况下很多农民工采取了各种极其危险的方式争取自己的权益，比如"跳楼秀"，还比如为抵制拆迁而自焚，还有"开胸验肺"等都是弱势群体在迫不得已的情况下铤而走险的例子。而公民维权组织的存在就是通过组织的力量和资方进行博弈，通过法律程序维护自己的合法权益。这就给一些权利意识淡漠的人提供了一个示范，通过合法的途径、合法的手段、合理的方式是能够维护自己的基本权益的。只要有一个农民工通过这种合法、合理的方式维护了合法的权益，那么农民工维护权利的意识就能得到提高。如果权益受损可以通过合法途径理性地解决，农民工是不会选择通过各种极端的、危险的方式来表达诉求的。第三，现代社会组织引领社会风气的作用主要表现在：现代社会组织所追求的价值理念有助于引导一些不健康的行为和观念向健康的方面发展。福建省晋江市慈善总会开展了诸如助学、助行、解困、助听、复明、安居等活动，这些活动对于晋江社会风气起到了一定的引领作用。晋江人对于结婚、孩子满月等有大操大办的习惯，晋江市慈善总会的活动对于引导这种不良风气向健康方向发展起到了积极作用。比如晋江市慈善总会公布一则消息：2008 年 11 月 24 日晚，福建大发集团董事长张道辉先生在儿子的婚礼上，以其母亲施乌莲的名义向晋江市慈善总会捐赠简办婚宴节省下来的 138 万元，据了解，这笔 138 万元的善款中，有 100 万元定向捐给金井双山幼儿园，用于修建幼儿园教学楼。晋江市领导李建辉、周伯恭等出席捐赠仪式。像这样简办婚、丧、嫁、娶等大事，捐助慈善事业的例子在晋江市还有很多。这是现代社会组织引导健康社会风气的典型案例。现代社会组织的上述三种功能不是针对组织内成员的，而主要是针对组织外人员和整个社会的，是组织的外功能。

关于现代社会组织对于公民意识的孕育作用，需要和大家交代的是，现代社会组织种类庞杂，如行业协会、慈善组织、基金会、维权组织、环境保护组织等，几乎所有的领域都有现代社会组织的存在。所以现代社会组织孕育公民意识的功能是复杂的、零碎的，有的组织可能明显一些，有的组织可能不明显；有的组织可能对于提升责任义务意识具有重要意义，有的组织可能侧重于提高公民权益意识。我们探讨的现代社会组织的孕育公民意识的功能只能是总体而论，该功能在不同的组织中有不同的表现。

第四节　现代社会组织对于公共精神的培育

一个合格的现代公民不仅应具有强烈的权利意识，还要有较崇高的公共精神。那么什么是公共精神呢？《南方都市报》刊登过这样一篇文章，一位致力于公民教育的深圳某中学的校长，在他的一次公民教育课堂上，他将2008年金融危机中我国政府拿出4万亿元救市的政策作为案例让学生讨论，最后该校长将学生的观点归纳为三种：第一种观点认为这不关自己的事，政府怎么做都行；第二种观点认为，只要深圳过得去就行了，其他地方爱怎么样就怎么样；第三种观点认为，应该将这笔钱投在教育和医疗上，而不是投在房地产上。最后这位校长总结道：第一种观点是臣民意识，第二种观点是草民意识，第三种观点才是公民意识。① 这个故事生动地说明了，公民不应该仅仅关注自我权利（在这个校长看来这种只关注自我权利而不关注公共利益的人是草民），而应该关注公共事务，应该将公共事务视作自己的事务，而不是相反，对于事不关己，或者和自己的联系比较间接、比较疏远的事情就高高挂起。积极关注公共事务就是公共精神的表现，而公共精神的形成不同于权利意识的形成，权利意识随着市场经济的发展似乎将"自然而然"地形成，追求私人利益似乎奠基于人的本性，而公共精神则是一种奉献精神、利他精神，与追求个人利益的"理性人"假设似乎相悖。所以公共精神的形成需要发挥多种途径的功能，而且还要有长时期的涵化和培育才行。现代社会组织以其特有的公益性价值理念对于涵化公民的公共精神发挥重大作用。

一　现代社会组织有助于孕育责任意识

权利和责任是统一的，主体在要求权利的同时也就意味着选择了责任。责任是社会对个人的一种期许，是个人不可推脱的任务。按照所指向的对象不同，责任可以分为两类：一是对自己的行为结果所承担的责任，

---

① 邵建：《一所学校就是一个公民社会》，《南方都市报》2010年1月28日。

现代人的社会行为一般都是自由选择的结果，而不是被迫的行为，自由选择也就意味着对行为的结果负有不可推卸的责任。二是对社会、对他人所应负的责任，作为社会的个体，人们必须承担自己所担当角色的责任，你是一个父亲就应该承担父亲的责任，你是一个党员就应该承担党员的责任，你是一个公民就应该承担公民的责任。关于责任和责任意识，付洪认为，"责任是在一定的历史条件下，作为社会人对其扮演的社会角色所应当承担的职责和履行的义务。而责任意识则是指人们对于所承担和履行的这种职责与义务的自觉认识"。① 蒋传光认为，"公民责任意识是社会意识的一种存在形式，是一种现代意识，是在现代法治下形成的民众意识。它表现为人们对'公民'作为国家政治、经济、法律等活动主体的一种心理认同与理性自觉，又体现为保障与促进公民权利，合理配置国家权力资源的各种理论思想，具体体现为视自己和他人为拥有自由权利、有尊严、有价值的人，勇于维护自己和他人的自由权利、尊严和价值的意识。这种意识的前提条件是公民对于国家和社会的责任感"。② 陈大伙、高永蓉撰文指出，"责任意识是公民道德规范的重要内核。如果说一个人的基础道德修养是保证社会稳定的基石的话，那么责任心则是推动社会前进的精神支撑力"。③ 从学界已有的研究可以看出，公民的责任意识是指公民对于自己所应承担的职责、任务和使命的自觉意识。它要求公民除了对自身负责之外，还要对所在的群体及社会负责，正确地处理个人与他人、个人与集体、个人与社会的关系。公民的责任意识是维系社会的存在和良性运转的基础，如果社会成员只关心个人的自我利益，而忽视对他人、对社会应负的责任，那么这个社会将是一个自由散漫的、缺乏合作意识的社会。责任意识是社会存在的精神根基，有学者撰文指出，"对个人来说，也许个人利益最大化更有吸引力，但是如果所有的人都选择个人利益最大化，其结果是每个人的收益都将低于群体利益最大化时的收益。从长远来看，个人利益与群体利益其实是'一荣俱荣，一损俱损'的互为依赖的关系，但是

---

① 付洪：《关于当代大学生责任意识培养的一些思考》，《道德与文明》2008年第6期。
② 蒋传光：《公民社会与社会转型中法治秩序的构建——以公民责任意识为视角》，《求是学刊》2009年第1期。
③ 陈大伙、高永蓉：《大学生责任意识培养应紧扣专业特点——以民航类大学生责任意识的培育为例》，《天府新论》2010年第3期。

事实表明，在没有干预措施的自然条件下，长期的群体合作局面难以维系，更多关注个人利益的相对得失，社会两难情境成为一个群体合作的困境。因此，社会两难困境的解决，有赖于参与人形成对群体合作必要性和重要性的共识，而责任意识则是促进合作的关键因素，一些研究表明，假如参与人之间存在某种责任关系的话，那么合作的可能性就会大大地提高"。① 个体责任意识的形成实际上是群体和个体关系长期博弈的结果，也是社会演变过程中无数次试错的结果，社会离不开个人，而社会又是每个个体赖以生存和发展的平台，没有了社会这个平台，或者说，社会这个平台不健全，个体也不会得到充分的发展。所以责任意识是社会稳定有序的重要精神基础。

从理论上来说，现代社会组织对于公民责任意识的孕育主要表现为公民的自由自主行为能够生发出责任意识。自由自主和责任是同一的，一个人应当对自己自由选择行为的结果负全责。如果一个人的行为不是出于自己的自由意志，是被迫的，那么对于他的行为后果，从理论上来说他是不需要负责任的，或者说是不需要负主要责任的。也就是说，自己应该为自己的行为负责，这是道德行为的一个基本信条。② 被迫采取的行为不是自己真实意思的表示，而是强迫者意志的表现，应该由强迫者负责任。所以，自主自由是责任意识形成的前提。计划经济时代，人们的很多行为都是依照上级行政命令而进行的，人们也不需要负责，所以责任意识比较淡薄。随着社会主义市场经济的发展，自主经营、自负盈亏成为人们基本的市场生存方式，自己的市场行为所造成的后果不管是好是坏（赚钱还是赔钱）都要自己负责，自主选择强化了人们的责任意识。而现代社会组织本身就是公民自主自愿参与的组织，其活动也都是以自主自由为基本特征的，人的这种公民社会存在方式为其责任意识的产生和增强提供了前提条件。

从现实来说，现代社会组织对公民责任意识的孕育主要表现在该类组织所表现出的价值理念以及在这种价值理念支撑下所开展的活动对人们的

---

① 陈欣：《责任意识新探：基于行为博弈论视角》，《南京师大学报》（社会科学版）2009 年第 6 期。

② 参阅李永杰《公共权力运用中的道德问题研究》，《中共云南省委党校学报》2008 年第 3 期。

影响上。茅于轼说过，"启动人们心中的道德资源不是靠说教，而是靠行动"。① 现代社会组织是"在一定价值观的指导下活动的，不以营利为目的，致力于社会公益性事业"。现代社会组织的指导思想就是"利他主义和人道主义"，而且"所致力于解决的问题是被主流社会组织体制，即企业——市场体制和政府——国家体制所罔顾或所顾不及的一些重大社会问题。这些问题有人口、贫困、教育特别是农村基础教育、妇女儿童保护、环境保护、少数民族、卫生保健、残疾人以及人道主义援助和人权等问题"。这些组织还"在谋求经济公平和社会正义、维护整个社会整体利益乃至全人类共同利益的旗帜下开展活动，这使他们成为一种道义性社会组织力量"。② 这些组织"不是为本组织成员谋求利益的组织，他们的服务对象主要是社会中的弱势群体，如穷人、农民、失业者、妇女儿童、残疾人、老年人、少数民族以及难民等"。③ 而且现代社会组织的成员参加该组织是基于共同的信念、目标和志趣，即利他的基本信念，他们都是志愿者，是不拿工薪的。他们参加组织主要目的不是追求自我私利，而是为了社会，为了他人，这就表现出一种强烈的"天下兴亡，匹夫有责"的社会责任感和义务感，把社会的问题看作与自己密切相关的事情。比如汶川大地震中就涌现出了许多感人的现代社会组织案例。这里仅举一例：

　　2008 年 5 月 12 日，四川汶川大地震，消息很快传遍了全国，曾经在 2008 年初自发奔赴湖南郴州，支援当地抗击冰雪灾害的唐山 13 位农民又一次行动起来，以最快的速度奔赴灾区。在四川地震灾区，他们被媒体亲切地称为唐山"十三义士"。带头人宋志永说，唐山经历过大地震的苦，也感受过全国的爱，如今正是唐山回报这份爱心的时候。这支自称为"宋志永爱心救援小分队"的 13 位成员，都是河北唐山市玉田县东八里铺村村民，带头人是宋志永。他们这支队伍 2008 年 5 月 15 日（队长宋志永 5 月 14 日早晨到）到达北川，6 月 8 日从安县撤离。在灾区的 26 天，他们进行过现场搜索、搬运物资、心理抚慰、搭建帐篷等各项救灾工作，仅在北川一地，"十三义士"直

---

① 茅于轼：《中国人的道德前景》，暨南大学出版社，2008，第 257 页。
② 赵黎青：《非政府组织与可持续发展》，经济科学出版社，1998，第 80 页。
③ 赵黎青：《非政府组织与可持续发展》，经济科学出版社，1998，第 81 页。

接抢救出伤员 23 人，协助抢救伤员 20 人，登山搜索后引领出受灾群众 300 多人，运送遇难者 40 多人。①

　　这仅仅是参与了汶川大地震救灾的众多现代社会组织中的一个小组织。志愿者们不是为了自身利益，因为他们参与救灾活动都是自己筹集资金，且没有物质性报酬；他们不是强迫的，因为他们的积极行动并不是动员的结果，而是自发的行动。他们曾经在唐山大地震中经历过地震的恐惧，也领略了全国人民无私奉献的精神和巨大感召力，所以他们参与救灾完全是出于一种责任感和义务感，是一种人道主义的精神。这样一种理念和行动不仅将对他人、社会、国家的责任意识表现得淋漓尽致，而且这种精神还会感化人，让每一个看到这个故事的人都产生一种由衷的敬意，在人们感动的那个时刻，油然地产生敬意的那个时刻，现代社会组织就开始发挥它们的价值内化功能了。前文已经说过，价值形成过程是一个"同化"和"顺应"相结合的过程，一方面这种责任意识在人们感动的那一刻被吸纳和同化进人们的认知结构，另一方面人们的认知结构也会在发挥同化作用的同时改变自己的认知结构，在自己的内在心理结构中烙下责任意识的深"印"。"宋志永爱心救援小分队"只是汶川大地震中参与救灾的众多现代社会组织中的一员，还有大量的现代社会组织和很多感人的故事，不仅在汶川大地震中，而且在其他灾难救助中，比如玉树地震、旱灾、水灾等，也有很多的现代社会组织的感人故事；不仅在救灾活动中，而且在日常生活中也有现代社会组织发挥救助弱势群体的感人故事。这些故事都是现代社会组织彰显其责任意识的表现，它必然会在感动人的同时升华和洗涤人们的心灵，激发人们对社会的责任意识。

二　现代社会组织有助于培育法治精神

　　法治精神是公共精神的重要方面。关于法治意识，笔者认同柯卫的观点，他认为"法治意识是反映公民对法律的认识水平以及基于这种认知所

---

① 萧延中、谈火生、唐海华、杨占国等：《多难兴邦——汶川地震见证中国公民社会的成长》，北京大学出版社，2009，第 80 页。

形成对法律、法律的效用和功能的基本态度和信任、依赖程度"。① "是指作为独立主体的社会成员在实践中所形成的关于法治的心态、观念、知识和思想体系的总称，是符合法治社会建设要求的法律意识，是人们对法律和法律现象的看法和对法律规范的认同的自觉程度最高的一种意识。"② 法治意识不但包含了对法律的理性认知，更重要的是包含公民对法律的信任和依赖，对法律规范的自觉认同，也就是说法治已经成为人们基本的生存方式、基本的生活习惯，人们的行为会自觉地遵从法律、推崇法律，有了争端会理性地诉诸法律。公民只有生活在这种意识之中才觉着舒畅，不按照这种意识行事就觉着心里不自在，法治意识只有达到这个程度才是真正起作用的法治意识，公民的这种意识是社会和谐发展的重要保障。但是法治意识的培养，尤其是在像中国这样一个缺乏法治传统的国家里培养公民法治意识是一件十分艰难的事情。由于我们曾经长期浸润于人治社会，人们习惯于人情大于法律的生存模式，习惯于"打官司就是打关系"的争端解决方式，习惯于"朝中有人好办事"的生存法则，习惯于"潜规则"而不推崇、信任和依赖正式的法律规则，等等。这些都是传统社会中的人治特征，由于社会传统具有延续性，所以传统的人治特征在现阶段也有一定的表现，而且在个别领域表现得还相当突出，严重阻滞了我国的法治建设。比如官本位意识的存在，潜规则的存在甚至盛行等，都影响了我国民主法治进程。所以培育法治意识是建设法治国家，实现社会和谐发展的重要方面。而现代社会组织在法治意识的孕育中也发挥着重要的作用。现代社会组织作为公民公共生活的一部分，对于孕育法治意识的作用体现在如下几点。

第一，现代社会组织通过其运作机制抵制各种不符合法治的行为。法治观念的形成需要一个抵制各种违反法律规则的行为的机制，只有以权代法、任意侵害公民权利等违法行为经常受到抵制，人们的法治观念才会逐渐得到强化。如果各种违法行为猖獗而没有人抵制或者抵制也抵制不住，如果违反规则的人每每得逞而不受惩罚，老实人却处处吃亏，人们就会对建设法治国家失去信心，进而影响人们的法治意识形成。逃避、违反法律

---

① 柯卫：《法治与法治意识》，《山东社会科学》2007 年第 4 期。

② 柯卫：《法治意识与人的现代化》，《内蒙古社会科学》（汉文版）2007 年第 2 期。

现象的存在是对遵纪守法的人的伤害，因为违反法律总是比遵守法律能得到额外的好处，而遵纪守法的行为相对来说不会得到额外的好处，如果任由逃避、违反法律现象存在而不抵制，那将是对遵纪守法动机的打击，是鼓励人们违法。抵制逃避和违反法律现象的机制有很多，典型的制度内机制就是司法机关对逃避和违反法律现象的打击。但是司法机关并不是唯一的制度内机制，现代社会组织也是抵制这种现象的机制之一。现代社会组织在抵制违法行为上的影响力主要包括：①组织化的手段。现代社会组织作为一类社会组织，代表一定的社会力量，比单个成员有影响力，当侵权行为出现时，个人的意见往往得不到重视，而由组织出面则较容易引起对方的重视。比如农民工的利益受到损害，尤其是损害来源于雇主的情况下，单个的农民工几乎没有任何优势可与资方博弈，求助于法律程序又需要昂贵的诉讼费用，所以受伤的总是农民工。但是当农民工组织起来，形成自己的工会，或者其他维权组织介入的话，那么劳资双方的博弈力量就会发生重大变化，农民工的利益就有保障了。②专家权威。现代社会组织中的一些成员比较了解有关法律法规，能够正确把握双方的利益，说服对方。比如一些致力于法律援助的律师组织，其言论及行为是对违反法律的行为的一种制约。③舆论的压力。现代社会组织作为组织，在利用报纸、广播等舆论工具方面具有一定的优势，这一点加重了它在抵制违法行为中的砝码。有学者指出："大众传媒具有透明度高、时效性和持续性强、直接面对公众、影响广泛等特点。这使得它能够通过媒体曝光，进行正面或负面的报道，制造和引导舆论，形成一种具有强烈情形性的内外环境，从而对国家权力形成压力，达到制衡和监督的目的。"[①] 而且成功的抵制也增强了人们对于法治的信心，逐渐教会公民用法律手段保护自己的基本权益。

第二，现代社会组织的法治教育作用。如果说上一点是从侧面探讨现代社会组织对法治意识的培育，那么现在我们要探讨的就是现代社会组织正面的法治意识教育。现代社会组织最主要、最直接的法治意识教育体现在其社会教育功能上，社会教育是现代社会组织经常参与的公益活动之

---

① 郭道久：《"以社会制约权力"——民主的一种解析视角》，天津人民出版社，2005，第306页。

一。在社会教育活动中，法治教育是一个重要的方面，这种教育不是由专门的教育机构担任，而是由社会各界无偿地提供。现代社会组织的法治教育活动多种多样，包括举办培训班、进行演讲、发放文字材料、办宣传栏和开展咨询活动等街头活动，还包括运用图片、黑板报、美术、展览、讨论、讲座、电影、书刊等群众喜闻乐见的形式进行法治教育。这些活动对于公民了解法制常识，运用法律保护自己的合法权益具有一定的积极作用。真正的法治意识不仅是对法律常识的了解，"法律要被人们自觉遵行并成为调节社会关系的准则，必须涵化为主体的精神需求，上升为主体对法律的真诚信仰。现代社会秩序已不再是外生性、自守性和异己性的传统秩序，而时刻都要求社会成员的内在精神信仰来赋予其合法性，才能得以维持"。① 真正的法律不是刻在铜板和大理石上，而是刻在公民的心中。而要达到对法律的这种认可和信赖，则需要经历认知—产生情感—内化的过程，法治意识是价值观层面的意识，是内化为价值层面的意识。价值观的形成离不开对价值观的知识性的了解，但仅仅是知识性的了解还远达不到法治意识应有的程度。对法律的理性了解必须升华为信念和信仰才能真正形成法治意识。现代社会组织的实践活动能够推动法治理念深入人心，它不仅可以通过宣传教育促进法治意识的形成，而且还可以通过法治实践促进成员和广大人民群众的法治意识形成。现代社会组织在参政议政实践中、在表达利益诉求实践中、在维护基本权益实践中都把法律作为自己的准绳，依法办事、依法保护、依法表达，这些实践活动对于人们法治意识的形成具有重要的意义。公民利用这些维权组织维护了自己的权利，得到了正面回馈，这又激励人们对法律的信仰和认同。

三 现代社会组织有助于培育公德意识

公德是公共领域中的道德。按照梁启超的说法，"人人独善其身者谓之私德，人人相善其群者谓之公德，二者皆人生所不可缺之具也。无私德则不能立。合无数量卑污虚伪残忍愚懦之人，无以为国也。无公德则不能

---

① 马长山：《法治的社会根基》，中国社会科学出版社，2003，第 179 页。

团。虽有无数量束身自好、廉谨良愿之人，仍无以为国也"。① 公德关系到公民的公共生活，关系到公共领域的正常秩序。公德与私德相对应，私德是处理与自己有关的人的关系的道德规范，比如处理与亲人的关系、与朋友的关系，等等。私德容易建立，因为这些关系的对象与自己有某种关系，是非常"切己"的事情。而公德则不像私德那样对个人具有"切己"特性，它要处理的是与自己无关的人的关系，它是处理与陌生人之间关系的规范。就像上面提到的责任意识一样，它需要的是一种和古典经济学所谓的"理性人"假设不同的奉献精神，需要一种自觉地维护公共秩序的意识。我国传统文化中有着鲜明的私德教育倾向，比如梁启超说，《论语》《孟子》等书，"其中所教，私德居十之九，而公德不及其一焉"。② 况且传统社会即便涉及"公德"，那也仅仅是封建君主的私，封建社会的家天下格局决定，为公就是为了君主的一己之私。传统的重私德、轻公德倾向至今仍有相当残留。而社会和谐发展则需要公民不仅有良好的私德，也要有良好的公德。因为缺乏公共德性的社会将不可避免地出现"公共绿地悲剧"。缺乏为大家提供方便的公共设施的社会不可能是一个和谐发展的社会，所以公德是社会和谐十分重要的方面，也是公民意识的重要方面。现代社会组织的存在和开展活动对于培育公德意识具有十分重要的意义。

第一，现代社会组织的公益性有助于培育社会公德意识。公德意识的培养关键是要使人们超越一己私利的局限。一般来说，人人为私是几近于人性的基本特征，西方古典经济学就是奠基于这一"理性人"假设之上的。对于人是否具有超越私的利他本性，历来众说纷纭、莫衷一是。但是不管是历史上还是现实中，都有超越私利而追求公益的实例。比如美国钢铁大王卡内基的慷慨捐款、比尔·盖茨的捐款几乎穷尽了自己的所有，中国也不乏此类例子。这说明，利他是人的一种基本倾向，只是在很多情况下这种倾向没有被充分激发，或者是因为物质生活基础匮乏，人的需要的满足仅仅处于吃饱、穿暖的层次，更高层次的需要没有提上日程；或者是因为缺乏此类社会风气；等等。但是在条件成熟的情况下，利他的趋势还是会得到彰显的。现代社会组织就是一种公益性组织，它们开展活动是为

① 梁启超：《新民说》，黄珅评注，中州古籍出版社，1998，第 62 页。
② 梁启超：《新民说》，黄珅评注，中州古籍出版社，1998，第 62 页。

了公共利益，而不是出于一己私利。其服务对象都是与现代社会组织成员没有亲戚关系的人，人们的活动是出于一种悲天悯人的公共情怀，是"大庇天下寒士俱欢颜"的情节，而不是出于对个人利益的追求。人们在参与公益的过程中逐渐形成了对待金钱的冷静、理性的态度。对待金钱的态度直接和公德意识的强弱相关联，一般来说，拜金主义倾向明显的人公德意识不强，但当拜金主义达到一定程度之后，一种公益意识、责任意识就会产生，比如一些大企业家在其发家的初期表现得十分吝啬，但等到他们真正成为大企业家的时候，却对社会公益事业慷慨捐助，积极支持、参与现代社会组织，为公德建设提供了良好的榜样。一项关于志愿者组织的研究表明，志愿者组织使青少年从只关心自己的快乐转变为学会关心他人的快乐，"志愿服务活动使得青少年的道德意识增加了积极的因素。同时，全球志愿服务的发展，使青少年在跨越国界、跨越民族的服务、交流、沟通中，体验到每一个国家、民族的伦理道德都有其特殊价值与魅力，从而丰富自己的伦理认识"。[①] 志愿服务让青少年学会尊重他人、关心他人，形成良好的公德意识。

第二，现代社会组织的舆论压力是公德形成的制约机制。道德是靠舆论和良心来维系的，缺乏监督，道德规范的遵守状况不会令人乐观。现代社会组织是公共舆论发挥监督作用的平台，当代德国思想家哈贝马斯在其《公共领域的结构转型》（1962 年）等著作中，探讨了欧洲的商会、俱乐部、咖啡馆、出版社、报纸和杂志以及其他发表公众意见的公共领域的历史，公民社会也是公共领域的一个重要平台。他认为，随着资本主义经济因素的出现及其所导致的个人解放，由这些公众意见"场所"所构成的公共空间日益扩展，这既是瓦解中世纪社会的基础性因素，也成为现代意义上的公共空间的雏形。哈贝马斯断言"公共领域"的主要特征之一就在于它既是公共舆论表达的场所，而且这种表达又不受高压政策的强制。可以说，公共领域是现代社会组织所营造的一种非物质性的舆论空间，它能够对社会不道德现象产生一种无形的压力，使得违反公德的人抬不起头。舆论对人们所产生的心理压力有助于形成道义影响，以约束人们的言论和行为。另外，公共舆论领域不仅通过抨击不良行为和丑恶现象从反面给人们

---

① 江汛清主编《与世界同行——全球化下的志愿服务》，浙江人民出版社，2005，第 26 页。

以精神压力，以制约人们的行为，还通过弘扬正面价值、表彰高尚行为、惩恶扬善，以鼓励、引导社会公德的形成，这是一种道德维护机制。

四　现代社会组织有助于培养积极参与公共事务的习惯

王建勋在《自治二十讲》一书的编者序中指出，自治的好处在于"让每一个地方的公民学会管理本地的公共事务。换句话说，地方自治，使每一个地方都变成了一所实验公民自主治理公共事务的学校。公共事务治理之道是，当每一个公民都学会并习惯管理地方的公共事务后，他（她）才能学会并习惯管理全国性的公共事务"。① 现代性的社会和谐要求公民养成积极关注、参与公共事务的习惯，如果公民缺乏积极参与公共事务的精神，民主社会就无法正常运转，或者很可能堕落为专制社会。托克维尔在《论美国的民主》一书中说，当一个国家的"物质生活享乐爱好发展得快于其文化和自由习惯的发展时，就会出现一个人心激动而且似乎不能自制的时期，人们一看到新的物质生活享乐，就想把它弄到手。由于他们一心一意要发财，所以再也不去理会把他们的个人幸福和全体繁荣联系起来的紧密纽带。你用不着去剥夺他们已经享有的权利，他们会自动地交出来。在他们看来，尽公民的政治义务是一种讨厌的障碍，使他们无法专心于自己的实业活动。如果叫他们去选举代表，或请他们亲自帮助当局做些工作，或共同担负一些公共工作，则他们会说没有时间，不肯将他们的宝贵时间用去做没有收益的工作"。"如果在这个危机时期有一个精明强干的野心家想要执政，那么，他会发现，篡夺各项大权的道路是向他敞着的。"② 公民漠视公共事务在一定程度上为权力滥用提供了方便。现代社会组织对于提升公民的参与积极性具有重要的作用，我们可从如下几点来展开论述。

第一，现代社会组织为公民参与公共事务拓展了平台。参与精神的形成单纯靠说教是很难奏效的，这种精神的形成需要公民有参与公共事务的平台，使公民在实践过程中形成积极参与的意识。就像人在岸上是永远学

---

① 王建勋编《自治二十讲》，天津人民出版社，2008，编者序第 2 页。
② 〔法〕托克维尔：《论美国的民主》下卷，董国良译，商务印书馆，2003，第 672 页。

不会游泳的，要想学会游泳必须下到水里。有学者指出，过去计划经济年代我们"片面强调政府的主导地位，导致事实上的政社不分。这样一方面加大了政府的管理成本，行政成本居高不下；另一方面由于政府越俎代庖，又造成了公民参与社会事务的渠道较少、能力较弱，社会缺乏应有的活力，自治能力低下，严重制约了公民积极性的发挥，不利于社会问题的妥善解决。由此导致社会治理结构中政府与社会的关系严重失衡"。① 这种参与渠道较少、参与积极性不高的状况至今在一定程度上仍然存在，乃至有碍我国民主政治建设。而现代社会组织的发展壮大本身就是公民组织起来参与公共事务的机制。这里我们以业主委员会为例来说明现代社会组织所创造的参与平台。

业主委员会是指由居民业主在一定区域范围内建立的组织，它代表区域内全体业主对物业实施自治管理。业主委员会是社区内在居民委员会之外的最重要的居民自治组织，体现了居民参与、自我治理、自主维护权益这样一些根本性的社会要求。全国第一家业主委员会是 1991 年在万科天景花园成立的业主委员会，设立该委员会具有明显的维权色彩。当时天景花园是商住楼，但供电局要求按商业用电收费。一次偶然的机会，这件事被一位业主很轻易就摆平了。这令人们看到了业主在物业管理中的重要性，如果能够把业主们的力量都充分发挥出来，将是一股巨大的力量。最终，人们借鉴了香港物业管理模式和新加坡的"屋村管理"经验，在 1991 年 3 月 22 日晚 7 时 30 分正式宣布成立天景花园业主委员会，开始在天景花园推行业主和物业服务企业共管模式。②

由于业主委员会具有明显的维权色彩，所以业主也具有很高的参与积极性。除了业主委员会之外，还有很多现代社会组织可以为人们参与公共事务提供良好的平台。慈善组织是广大民众尤其是富人参与扶贫济困的平台；行业协会、商会等会员组织是各个会员积极参与本行业公共事务的平台；民间环保组织是公民关注环保事业，参与环境保护的重要平台；志愿者组织则是公民参与各种社会活动的重要途径；等等。可以说，所有的现代社会组织都是公民参与社会公共事务的平台。

---

① 丰存斌：《民间组织在促进公民参与中的作用分析》，《理论探索》2008 年第 6 期。
② 吴玉章主编《中国民间组织大事记（1978～2008）》，社会科学文献出版社，2010，第 393 页。

第二，公民社会的自治理念为公民的参与意识提供了丰富的滋养。前文已经论及，现代社会组织的基本特征之一就是自治，完善的现代社会组织不依赖于政府，现代社会组织的运转主要是靠公民的志愿活动支撑起来的。所以有学者指出："民间组织倡导的基本理念和精神是自治和志愿。因此，人们在民间组织中的活动是民主的和独立的。民主观念和独立意识可以逐步把人们训练成为具有独立人格、能够明确自己的权利与义务、具有自主行动能力的社会人，也就是合格的社会公民，从而为现代民主参与观念的培育奠定基础。"[1] 近朱者赤，近墨者黑，现代社会组织自治的文化氛围会在潜移默化中培育参与其中的人的积极参与意识。布莱斯指出："地方自治第一种贡献，在于能养成人民对于公共事务的关切心，使人人都知道有监督公共事务之执行的责任。譬如地方官厅有修治道路、清洁水道，以及管理牧场森林等事务，每个住民都应该注意这种事务究竟管理得公平适当与否。怠性及私心，即对于与自己无直接利害关系的事情都很漠视，是于民治整体最危险的。一个人如果对于乡村的事务能够有公共心，能够很公平很热诚，那么这个人对于国家的大事自然会知道尽公民的义务了。"[2] 美国的布鲁斯克也指出："大量的实证增加了支持这种说法的力度，即捐赠者比那些不捐献的人更可能积极参与政治活动。2000 年，捐款人或志愿者参与政治集会、加入政治团体或隶属于致力于政治改革的地方组织的可能性是那些从不行善的人的 2 倍。"[3] 很多研究都表明，参与现代社会组织会培养公民关注公共事务的精神和习惯。

　　第三，现代社会组织的利益表达功能为公民参与意识的提升提供了重要的途径。众所周知，市场经济以利益为导向，但是每个人追求自我利益最大化的行为最终促进整个经济系统的有序运行，社会资源得到较为合理的配置，这就是市场机制。利益对人的吸引是自发的，也是自然的，所以维权类现代社会组织的运行就有良好的参与积极性。学者马长山说："对中国而言，当下迫切地需要推进现代化和民主法治，但是，中国背负着浓

① 丰存斌：《民间组织在促进公民参与中的作用分析》，《理论探索》2008 年第 6 期。
② 〔英〕詹姆斯·布莱斯：《论地方自治的好处》，载王建勋编《自治二十讲》，天津人民出版社，2008，第 120 页。
③ 〔美〕亚瑟·C. 布鲁斯克：《谁会真正关心慈善——保守主义令人称奇的富于同情心的真相》，王青山译，社会科学文献出版社，2008，第 129 页。

重的德治文化传统和上千年国家统摄社会的历史，因而与西方国家有着太多的不同。"① 能够对这样一种深厚的传统进行矫正的必须是一种能够对人产生强烈的吸引力的力量，而维权类的现代社会组织就是这种力量。这类组织为人们维护自己的权利提供了一条有效的渠道，人们在参与这类组织的时候会得到利益，故而参与的积极性就会提高了。

五　现代社会组织培育志愿精神

现代社会组织是一种以志愿求公益的社会组织，它的存在靠个人奉献自我（无论是物质捐助还是时间奉献都是一种奉献自我——笔者注）而成全公共利益的精神来维系。随着我国成功举办奥运会、世博会，还有成功应对汶川大地震和玉树大地震，志愿者这个概念已经为大家所熟悉。志愿者组织是现代社会组织的一种。志愿者的精神是一种自愿奉献社会的崇高道德境界，有人认为，"自愿是志愿者精神的核心内容，奉献是志愿者精神的本质表现"。②

第一，现代社会组织的公益机制有助于培养志愿精神。志愿精神不能仅仅停留在精神上，而应该落到实处，真正在实践活动中传播公益，并以行动感化、教育人们。比如著名的美国国际小母牛项目组织（HPI）是一家专注于农村社区生计干预的国际非政府组织，它在中国四川设立新项目办公室（注册名为"成都办"）并且在我国帮助过很多贫困农民，它的基本信念是，"小母牛深信，如果每个人都能做到主动关怀他人，并自愿与别人分享自己的一切，全球的贫困问题就能得到根本解决"。③ 其具体做法是每个接受援助的贫困农民必须答应将援助给他们的小母牛所生的下一代的第一头小母牛无偿送给其他贫困农民。这种在相互帮扶中努力脱贫的精神就是一种很值得关注的志愿精神和公益精神，而且该组织这种做法的一个重要的影响就是将这种互助精神传递下去，将志愿精神传播开来。"微博打拐"的例子也很能够说明问题。中国社会科学院农村发展研究所于建

---

① 马长山：《非政府组织中的公民参与》，《求是学刊》2009 年第 1 期。
② 黄富峰：《论志愿者精神的伦理内涵》，《东岳论丛》2009 年第 5 期。
③ 张强、余晓敏等：《NGO 参与汶川地震灾后重建研究》，北京大学出版社，2009，第 176 页。

嵘教授在新浪微博上开设的"随手拍照解救乞讨儿童"微博短时间内就引起全国网友、各地公安部门的关注，大量的相关照片被传到网络。看到这个平台，很多人都会积极地参与进来，为寻找那些失踪的儿童略尽绵薄之力。

第二，现代社会组织对于培养志愿精神具有重要的示范作用。榜样的力量是无穷的，志愿者所表现出的高尚精神会对社会起到一定的示范作用。比如汶川大地震救灾过程中涌现出了无私奉献的志愿者，这些志愿者及其行为在物欲横流的当今社会是一股清流，对于追名逐利的人们会产生一种心灵净化作用。有学者指出，志愿者所表现出的志愿精神"强化了公众个体道德的自律性，提升了其道德主体性"。① 人们在看到志愿者感人场面的时候会生发一种心灵提升的冲动，会产生一种心灵上的洗礼。对于志愿者来说，他们在行动中付出了汗水，收获了快乐，他们的行为得到公众的认可和高度赞扬，这本身就是价值实现的一种表现。对于一个人来说，其基本的物质生活满足之后，价值实现就成为获取快乐的重要途径，这一点在需求层次理论中已经给予了明确的阐释，此不赘述。志愿者的行为得到了社会的认可和赞许，这又强化了志愿者发扬志愿精神的决心。

第三，现代社会组织的活动有助于使志愿精神常规化和持久化。志愿精神是否能够常规性地存在是一个重要问题，仅仅是一时心血来潮的志愿精神还不是真正的志愿精神。培育真正的志愿精神需要有一个机制，茅于轼先生曾说，"有人认为为公的动机不可能持久，并举中国、前苏联的经验为例。但我认为为公的动机激发人们苦干，如果苦干的果实能回报给全体百姓，且每个人相信别人也在无偿地为公工作，则这种动机可以持久"。② 茅先生的观点是有道理的，但是如何能够确保每个人或者说大多数人都在无偿地"为公"而工作，如果很多人都在为自己的"私"而工作，享受其他人"为公"而工作的成果，这将是对"为公"而工作的人的严重伤害，最终这些人也会放弃"为公"而工作，所谓"公共绿地悲剧"或者"囚徒困境"就是这个道理。没有一个牢靠的机

① 黄富峰：《论志愿者精神的伦理内涵》，《东岳论丛》2009 年第 5 期。
② 茅于轼：《中国人的道德前景》，暨南大学出版社，2008，第 251 页。

制，志愿精神不可能常规化和持久化，而现代社会组织在一定程度上就是实现志愿精神常规化和持久化的平台。在这样的组织里，人们以志愿求公益，最起码在组织内会保证每个人都在公益的理念支配下行动，不会或者很少有"搭便车"的机会主义行为，这是对志愿精神的一种机制上的支撑。在公民社会不健全的情况下可能会有人不理解现代社会组织的行为，认为这种志愿精神是一种"傻气"，但是，随着现代社会组织的发展壮大及其功能的充分彰显，会有越来越多的人认可和支持现代社会组织的志愿精神。

六 现代社会组织提升社会伦理风尚

社会和谐发展需要诚信友爱、扶贫济弱、勤俭节约、关心公益等良好的社会伦理风尚，在这方面，现代社会组织有重要的促进作用。众所周知，现阶段的道德风尚确实令人担忧，诚信危机、道德滑坡等已经成为媒体批评现实问题的常用字眼，"三鹿奶粉事件""地沟油事件""蔬菜农药超标"等屡见不鲜，人们甚至会惊叹"到底还有什么东西可以放心地吃下肚子"；"小悦悦事件""围观跳楼事件""翻倒货车货物遭哄抢事件"等表现出的人际冷漠屡屡冲击人们的道德底线；拜金主义、极端个人主义、享乐主义等消极价值观念盛行；等等。这些消极价值观念的存在引发了诸多社会问题，需要我们采取积极措施予以应对，但这些问题属于思想观念领域的问题，无法采取行政命令的方式解决，思想观念的问题还需要从思想观念入手去解决。通观这些问题，我们会发现，对利益的不当追求是其根源，利益是社会的关键问题。消除上述消极价值观需要多方面的努力，现代社会组织就是一支重要的力量。现代社会组织所追求的不是自我利益最大化，而是公共利益最大化，这会对一些人膨胀的自我利益形成一定程度的制衡。某个具体的现代社会组织所发挥的作用是有限的，但如果这些现代社会组织多了起来，其作用将是巨大的。下面我们来看晋江市慈善总会的几个例子。

> 晋江市慈善总会向全体理事会成员发出移风易俗的倡议，倡导婚丧喜庆简办，至今此倡议收到良好的效果。2007年6月22日，许书

典（恒安集团总裁许连捷的父亲）在自己八十大寿之日，一次性向晋江市慈善总会捐赠总额达 99999999 元的善款，而在之前的 2006 年，许连捷曾在泉州市慈善总会以其父亲许书典的名义，捐款 3000 万元设立"许书典慈善专项基金"。2009 年 10 月 10 日，晋江市一企业家蔡天守在其子婚庆宴会上，向晋江市慈善总会捐赠 1000 万元人民币；晋江市新塘街道沙塘居委会的王思镖、王成才二人均在自己八十大寿之日，将节约下来的寿宴钱共计 14 万元捐给居委会支持教育、帮助老人等公益事业。2009 年 11 月，龙湖烧灰村原村委会主任洪文亭捐献 10 万元给龙峰小学董事会设立的教育基金会，用于奖教奖学。三年前，洪文亭曾将父亲丧事所收的近 8 万元礼金全部捐出，用于村公益事业；三年后要举办"除服"（即除丧、脱服、脱孝）酒，洪文亭不仅将办酒席所需要的近 6 万元省下，还捐献 10 万元用于教育事业。像这样简办婚丧嫁娶等事宜，然后将所节省的费用捐献给公益事业已经成为福建晋江的一个风尚。而不管是捐大钱还是小钱，不管是大企业家还是平民百姓，减少铺张浪费是一种良好的社会风尚。

福建晋江市历来有婚丧嫁娶等事大操大办的风气，慈善总会的倡议对于扭转这一风气发挥了重要作用。不仅在减少铺张浪费上，而且在其他社会伦理风尚的提倡上，现代社会组织也发挥了诸多积极作用。现代社会组织所开展的活动让世人明白，除了金钱之外，还有更加珍贵的、值得我们去崇拜的东西。这里再举一个例子，这是一位参与广州市癌症患儿家长会活动的志愿者的心声。

六一前后，广州市癌症患儿家长会和广州市青年志愿者协会等，组织人力、物力分头前往 6 家医院，探望住院的癌症患儿，给孩子们送上节日的问候。会长崔伟雄是比我小近 20 年的广雅校友，这段时间我俩开始为家长会的事联系。在他的影响下，我通过浏览家长会网站，看他送的幻灯片、书籍等，对家长会有了初步了解，并自愿成为其注册会员。同时，我在博客上推荐了该网站，还特辟相关栏目"看着孩子的笑脸—爱心"。

儿童节次日，恰逢周六，我第一次参加活动——去肿瘤医院慰问。我提前来到住院部 21 楼内科一区，看见走廊的墙报上有孩子们庆祝六一的画作。拐角处休息活动区墙上，绘着色彩明丽、造型夸张的图形，仿佛是在幼儿园。家长会的宣传栏图文并茂，告诉患儿家长，成立于 2006 年 6 月 30 日的广州市癌症患儿家长会，是由一群患儿家长自发组成的非营利性互助组织。它亲切地说道："我们的孩子，有的已经痊愈，有的还在治疗，有的已经……我们共同的经历让我们走在一起，为了给孩子更多的关爱，让我们携起手来，共建家长会这个大家庭吧！"据了解，目前有 7 家医院的患儿家长入会：中山大学附属第一、第二、第三医院，中山大学附属肿瘤医院，省人民医院，南方医院，市儿童医院。家长会不收会费，还提供咨询、讲座等免费服务。成立一年来，它为发挥家长在患儿治疗与康复过程中的作用做了大量实事。7 家医院的宣传栏，以及派发的宣传折子，都在恳切呼吁："作为患儿的家长，有种种的情况需要您应付，需要帮助的时候，请不要忘记：我们在这里。"

伟雄带着我看望了几个小患者，与护士、家长熟悉地打招呼。分工负责这次活动的家长会委员来了，一群年轻的义工也来了，活动于是正式开始。无须开场白，一切讲实效。他们逐间病房走进去，向生病的孩子问好，送上电动玩具。由于家长会本身是一个弱势群体自发建立的组织，经费仅靠社会捐助，相当有限。这次慰问活动得到了社会各方的大力支持，其中广东高乐玩具股份有限公司赠送了近 400 件精美电动玩具。伟雄专为此事写稿发在家长会网站上，向公司及杨旭恩总经理致谢。一年来他不知为家长会写过多少文章，或长或短，同样认真，还义务管理着网站。

义工们每个病房都走遍，几个娇俏的女孩在门口写着什么，一问，是送给患儿的心愿卡。她们来自中大、华师等高校。慰问活动高潮是演木偶戏，这些义工都成了操控木偶的表演者（木偶由省木偶剧团赠送，怪不得制作精巧），齐齐挤在长桌后面，手舞嘴动很是开心。看表演的患儿也很开心，虽然一个个都戴着大口罩，但口罩上方的双眼闪着兴奋的光。轮到提问抢答环节，孩子们争先恐后举手，赢得了可爱的小玩具。

忧心忡忡的家长们也来到表演现场。许多家长手持挂吊瓶的架子，站在孩子身边。与其说是看演出，不如说是看孩子。见到孩子暂时忘记病痛，笑得那样灿烂，家长沉甸甸的心有了片刻轻松。刚才在某病房门口，一位客家老大娘问伟雄，你们是哪里的？他答，我们是癌症患儿家长会的。我补充介绍道，他就是崔会长。另一位年轻家长走出来问，你的孩子……伟雄答："他已经走了。"那家长愣了一瞬，然后说，我也要参加家长会。伟雄掏出一张宣传折子，告诉她填好申请表后，裁下来交到护士站去。我看到她的孩子躺在床上，周围有透明的隔离防护罩子，伟雄解释道，这是病重的患儿，抵抗力弱。[①]

广州市癌症患儿家长会的故事很感人，相信那位毅然入会的家长是被崔会长的故事感动了，该家长会的行为也让看到这个故事的人们感悟到了什么是比金钱更重要的东西。如果这样的组织、这样的故事越来越多，那它必将是一股激浊扬清，激发"正能量"、抑制负能量的力量。

第五节　现代社会组织对于公私边界意识的培育

一个合格的现代公民对于公共权力和私人领域的边界应该有明确的自觉。当公共权力侵犯私人领域时，公民不会因为"官本位"而屈服甚或点头哈腰、阿谀奉承，而是坚信真理掌握在自己的手中，坚信公共权力的越位是对法律的僭越，并在这一理念的支撑下据理力争，通过自己能使用的各种方式为自己讨回公道。现代社会的权力已经不是专制主义社会中的独裁权力，权力已经成为公共权力，其合法性之基根源于公民的授权与认可，其存在的根本宗旨是维护公民的幸福。公共权力的存在只具有工具性，它是维护公民私人权利的公器。只有社会大多数的公民形成这种明了公私之分的意识，我们的民主法治才能有坚持的基础，社会和谐发展也才能够达到现代性层次。现代社会组织在一定程度上能够催生公私边界意识。

---

① 吴幼坚：《给癌症患儿送上节日问候》，参见广同网吴幼坚的专栏，http：//www.gztz.org/cn/columnist/doc_586023.htm，引用的时候有删减。

一 现代社会组织有助于培育公共权力的边界意识

权力之为物，有其正面的功能，比如为社会提供公共秩序、公共设施等公共产品；也有其负面的效应，最为典型的负面效应就是容易导致腐败，由公共权力滥用所导致的腐败是最大的社会不公，腐败是对公共利益的损害和为个别人牟取他不应该获得的回报。从本质上讲，权力就是控制、支配资源的能力，由于权力有这种能力，在分配资源的时候一旦有人为了一己私利而没有公正地使用权力，社会的天平就会倾斜。但不管怎样说，权力毕竟仅仅是由人操控的工具，操控权力的人是关键因素。人可以利用它正面的积极功能，避免其消极功能；也可以利用它的消极方面为个别人谋私利，所以关键是要形成一种有效的规则，让掌权的人只能够利用权力的积极功能，而不能利用其消极功能。限制、制约权力，让权力在边界内运行是规避权力负面效应的主要方式。权力是有边界的，这一命题是一个具有普遍性的命题。虽然它是西方现代化过程中形成的理念，但是作为现代性的共性成分，它应该是整个人类走向现代性的必需因素。在中国特色社会主义的现代化、社会和谐发展的语境中，权力也是需要受到制约的，当然，我们并不认同西方的三权分立，即用权力制约权力的制约权力的方式，但是权力必须受到制约这一基本理念，我们是认可的。只是我们正在寻找一条适合中国国情的权力制约方式而已。我们党也逐渐认识到了这一点，在制约权力方面也采取了不少的措施。所以权力是有边界的这一观念也应该成为我国公民基本的日常生活信念，这是现代性当中的普适性理念。而这一意识的形成可以通过多种途径实现，学校的公民教育、大众媒介等都能够发挥这一功能。但是现代社会组织发挥着其他途径所没有的特殊的功能。

第一，现代社会组织有助于消除权力万能、权力崇拜等观念。由于漫长的封建专制主义的侵蚀与沉淀，权力在国人心目中一直具有举足轻重的地位。这突出地表现在人们对权力执掌者的敬畏上，"官本位意识"在当今我国仍然有着广阔的市场，已经成为党的建设、政治体制改革、民主政治建设等方面的文化阻滞力。封建社会的权力本位导致"一人得道，鸡犬升天"的观念成为人们的普遍性观念，我国现阶段在一定程度上也存在这样的情况。同样是一个人，没有升官以前和升官之后，或者一些领导干部退休之前和退休之后，所受到的待遇和关注度差别很大，最主要的是人们对他敬畏的差异。马克斯·韦伯曾指出，现代化是一个祛魅的过程，官本位意识实际上就是权力赋予人以某种神圣性，随着现代化的发展，这种神圣性将会逐渐消除，神魅被祛除。执掌权力的官员和其他人不应该有太大的区别，最起码不应该有某种超越现实的神圣性。执掌权力的官员不但应该和其他公民一样不具有什么神圣性，而且还应该是服务于人民的公仆。这才是官员的应然地位和公民对于官员应有的意识和态度。在促使权力从全能主义向有限论转变的过程中，现代社会组织发挥了一定的作用：首先，就我国而言，公民社会的发展壮大本身就意味着权力全能主义向有限论的转变。众所周知，改革开放之前，我们的社会主义是沿袭苏联计划经济模式的社会主义。计划经济从根本上来说是一种理性主义，它坚信人类的理性是全能的，能够成功地控制整个社会的秩序和发展，甚至就连最微观的东西也都能够控制得井然有序。不可否认，计划经济在特殊情况下确实发挥了资本主义不可比拟的积极作用，但是计划经济所体现的理性主义是存在很多问题的，人类的理性是有限的，不可能"细致入微"地了解社会的微观层面。所以，改革开放之后从计划经济向社会主义市场经济的转变是适合中国国情的、成功的道路。而选择这一道路就意味着政治国家与社会的分离，就意味着公民社会的存在空间扩大。我国现代社会组织在改革开放之后，尤其是实行社会主义市场经济之后的发展壮大就是典型的例证，而现代社会组织的发展壮大本身也意味着国家不是全能的，很多事情它既不应该管，也管不好。人类的理性是有限的，如果用有限的理性去掌控变幻莫测的现实，那就是对现实发展的一种束缚，就可能成为生产力发展的障碍。其次，现代社会组织能够很好地完成许多原来是由政府做的事情，并且在很多情况下现代社会组织要比政府更加节省资源、更加有效率。改革开放之后，政治国家逐渐将一些权力下放给社会，而公民社会接过了这些下放的权力，运用自治的办法自行管理原来完全由行政权力管理的事务。社会中很多事情的发生是瞬息万变的，这就需要解决这些事情的机构是高效率的，对问题是了解的。政府的运行有其特有的官僚系统，要有必需的程序和过程才能够行动起来。而这一过程在一定程度上很可能会影响解决问题的效率，可能会丧失解决问题的最佳时机。况且社会中的很多事情，政府又是没有能力管，也不应该管的。比如社区的邻里矛盾、家庭不和等问题虽然都是鸡毛蒜皮的小事，却会影响社会和谐。对于这些事情，公共权力"鞭长莫及"。而社区组织（现代社会组织的一种）则能够比公共权力更好地处理这些事情。公民社会的特点就是贴近社会、了解社会、反应灵活、反应迅速等，这些特点决定，对于一些社会问题，现代社会组织能够发挥比政府更高的效率。

第二，网络公民社会等公共领域对权力边界的讨论及宣扬，和对公共权力的监督都有助于培育公民的权力边界意识。前文已说明，现代社会组织所涵盖的种类极其庞杂丰富，其宗旨也多种多样，有些可能侧重于慈善救济，有些侧重于组织内互益，有些侧重于维权，有些侧重于环保理念的宣扬。网络公民社会作为一种虚拟的社会组织，一种舆论意见形成的公共领域，在宣扬权力应该有明确的边界，权力应该受到严格的监控，甚至揭露某些权力执掌者的嚣张和肆无忌惮，给予其强大的舆论压力方面发挥着重要作用。这样一种力量在当今社会已经成为一种巨大的力量了，它已经释放出了对权力进行监督的巨大能量。比如对于"华南虎事件""罗彩霞事件""躲猫猫事件"等事件的曝光并使当事人受到应有的惩罚，这使得权力执掌者在面对公众舆论时不敢再肆无忌惮、无所顾忌。对于网民来说，他们在阅读"网络意见领袖"的博文或者时评的时候，不自觉地接受了权力边界的观念。除了对于权力的监督外，网络还活跃着一批有思想、有观点的时评写作者。这些人的文章有的激情澎湃、高声呐喊，有的理性分析，在不急不缓之间用思想的魅力征服了读者。凤凰网博报主编吴德强在《网站首页："意见领袖"是怎样炼成的》一书的序言中说："当你经历了太多狂风暴雨般大喊大叫的评论后，看看这些有价值的选题，有特点的角度，难以名状的深度；'润物细无声'式的发散观点，反而最值得我们去理解和思考。"① 但不管是偏激的文章还是理性平和、充满思想的睿智的文章，都能够对读者产生一定的启迪作用。网络是一个自发的"文章市场"，文章之所以能够在大浪淘沙中流传开来，就是因为它的思想性和启人心扉的魅力。而这类文章的广泛流传和巨大的点击量也表明它对于读者

---

① 吴德强：《读懂中国的一种角度》，载盛大林《网站首页："意见领袖"是怎样炼成的》，人民日报出版社，2009，序（4）第8页。

的"启蒙"是有成效的。比如关于中国税收是高还是低，不同的人有不同的观点，有网络文章指出，税收是偏高还是偏低关键是看是否和政府的服务成正比，北欧一些国家税收很高，挪威和丹麦的税负高达50%，但是它们都是以高福利而著称的，"比如，瑞典的福利可谓五花八门，有病人津贴，父母津贴，寡妇抚恤金，妻子生活补助，医疗补助，住房补助，未成年人补贴，从小学到大学全部免交学费，中小学生免费午餐等"。① 读者在读到这一观点的时候是会受到很好的启迪的。很多类似的有思想的文章在网络上流行，且很多都是阐释权力应该有明确边界的文章，随着这些文章的广泛传播，这一现代政治文明的基本理念也会以"随风潜入夜"的缓和方式进入人们的思想之中。

二　现代社会组织有助于培育尊重私人领域的意识

从个体与共同体的关系来说，人类历史发展的过程是一个从共同体本位向个体本位演变的过程。崇尚个体主体意识和尊重私人领域是现代社会的基本特征，社会要和谐发展，必须要为个人追求自己的发展提供良好的条件，也必须使整个社会形成尊重私人空间的社会氛围。现代社会组织在这方面发挥一定的作用。

现代社会组织的发展是私人自治的主要表现，这是人们形成尊重私人领域习惯的根基。尊重私人领域最主要的是尊重个人在私人领域中的自主权，现代社会与古代社会的一个最大区别就是私人事务自己做主，不容公共权力或他人染指与干预，对于公共权力越俎代庖更是坚决反对。"一般而言，自治首先意味着个人的自治，即个人自主决定自己的生活方式、理想目标、职业选择等。其次，自治意味着共同体的自治，即共同体的成员自主决定本共同体的公共事务。个人的自治，主要针对私人事务而言，而共同体的自治，则主要针对公共事务而言。"② 在这里虽然共同体的自治主要是公共事务的自治，但是它所体现的精神仍然是崇尚私人领域的精神，在外人看来，共同体所参与的虽然是公共事务，但是在组织成员看来，这

---

① 盛大林：《中国的税负到底重不重》，载盛大林《网站首页："意见领袖"是怎样炼成的》，人民日报出版社，2009，序（4）第127页。
② 王建勋编《自治二十讲》，天津人民出版社，2008，序言第1页。

些是自己应该承担的责任，是自己的事务，而且很多现代化程度较高的国家的公民认为，只要公民通过自治等手段能做好的事情，就不应该由政府来做。现代社会组织是自觉地、负责任地关注和自己密切相关的公共事务，这和政府关注公共事务是有区别的。古代社会——典型的就是古希腊——的最大特征就是公民在公共领域是主人，而在私人领域中却是奴隶。古希腊雅典的公民耻于只沉浸在自我的私人领域，而认为只有走向广场，只有为诸如战争与和平等公共事务而讨论才是真正的公民的行为，但是现代人的自由主要体现在私人领域的自主权。自治是私人领域张扬主动权的重要表现，现代社会组织的自治特征表明，追求私人领域的自主性和自决性就是现代社会组织的核心理念之一。比如社区组织管理本社区内的事务就是自我治理的体现，还有不可胜数的草根娱乐组织，如秧歌队、歌唱团、业余戏曲演唱队等都是自己组织起来进行娱乐、健身等的组织。再比如市场中大量的行业协会，其主要功能就是服务本行业，为本行业提供一些准公共产品；代表本行业对政府提出一些合理的建议和意见，并使本行业的利益诉求能够传达到决策层；维持本行业内部良好的竞争秩序、缓和企业间的利益冲突以及提高行业整体的信誉度等。①这些事务虽然很难称为私人事务，但是相对于公共权力而言，这毕竟是自己行业内部的事务，是本行业的自我协调，是自己管理自己事务的表现。其精神实质是对于私人领域的维护，对于这些自己能够管理好的事务坚决排斥政府的置喙，而且这也是政府公共权力不可逾越的边界。还比如农村中的农业技术协会等组织就是为了发展本村的经济，或者说就是为参与该类组织的人谋利益，实际上这就是自己组织起来为自己的发展创造条件。所以托克维尔说："乡镇组织将自由带给人民，教导人民安享自由和学会让自由为他们服务。"②原发现代化国家，对私权利进行保护和遵从私人领域的习惯与观念已经成为人们的日常生活理念。托克维尔时代，"使旅游美国的欧洲人最吃惊的，是这里没有我们通常所说的政府或衙门。美国有成文法，而且人们每天都在执行它。一切都在你的周围按部就班地进行，但你到处看不到指挥者。操纵社会机器的那只

---

① 孙春苗：《论行业协会——中国行业协会失灵研究》，中国社会出版社，2010，第3页。
② 〔法〕托克维尔：《论美国的民主》上卷，董国良译，商务印书馆，2003，第67页。

手是隐而不见的"。[①] 而且美国县级区域中，大多数的日常事务都由州和乡镇办理，县级政府没有直接或间接的议会，所以"严格说来，县里并没有政治生活"。[②] 很多所谓的公共事务都由现代社会组织承担。尊重私人空间应该是现代政治文明中普适性的价值理念，所以我们国家也应该大力培育这种理念。虽然我国现代社会组织的发育还有诸多不完善甚至不成熟的地方，但是培育现代社会组织，孕育尊重私人领域的理念，却是我们走向进步与文明的必然趋势。

现代社会组织尊重私人领域的另一表现，即其运行是私人领域自主的表现。慈善组织是现代社会组织中极其重要的一种类型，该类组织的存在是为了让私人能够更好地生存和在私人领域充分享有自主权和应有的尊严。享有私人领域的自主权和人所应该具有的基本尊严的一个基本前提就是要能够保障生存权，要有比较殷实的物质生活，否则自主权和应有的尊严就很难得到保障。慈善组织和各类救助组织存在的目的就是让弱势群体的生活有保障，为他们提供一定的物质生活基础，让他们过上体面的生活。而慈善组织及各类救助组织这样做并不是图回报，不需要被救助的人感恩戴德、感激涕零，甚至俯首听命。慈善组织和救助组织的行为是悲天悯人、大爱无疆的表现，是善良的人对于社会走向和谐的一份期盼。弱势群体能够过上富足宽裕的生活是现代社会组织的目的，除此之外，它们并不谋求别的什么东西。它们不强行干预被救助人员的私人领域，而是在群众私人领域自主的前提下，为了使被救助者能够充分行使自主权而努力为他们创造基本条件。只要人们能够很好地生活，组织的目标就实现了，其工作就是向一些需要救助的人提供救助。和直接针对弱势者个人的慈善组织不同，其他种类的现代社会组织则是为提供公共产品而努力。这些组织看似与私人领域无关，实际上这些组织也有尊重私人领域的特征，它们采取的途径不具有任何强制力，虽然它们试图改变人们的某种生产生活方式，以促成更加环保的生产生活方式，但是它们所选择的方式仅仅是努力去宣传、引导、呼吁，这是一种尊重私人领域自主的方式。

---

① 〔法〕阿列克西·德·托克维尔：《乡镇自治——美国民主的根基》，载王建勋编《自治二十讲》，天津人民出版社，2008，第73页。
② 〔法〕阿列克西·德·托克维尔：《乡镇自治——美国民主的根基》，载王建勋编《自治二十讲》，天津人民出版社，2008，第72页。

三 现代社会组织有助于人们明确公共权力和私人领域的边界

现代公共权力是有明确的界限的，公共权力领域范围以外的事情都是私人领域。现代政治的这一理念并非古而有之，而是随着现代社会的来临才出现的。为了说明这个问题，亨廷顿曾经以腐败为例来说明，"判断腐化与否，首先需要基本承认公职和私利之间的区别。如果某一社会在文化上对国王作为个人和作为国王这两重身份不加区别，那就无法指控国王动用公款即属腐化行为。只是到了现代社会的初期，在西欧才逐步引出私囊和公款的区分"。① 亨廷顿认为，腐败被认定为腐败不但和腐败行为有关，而且还跟腐败的观念有关，在传统社会中，没有公私之分，所以国王用公款办自己的私人事务属于正常而非腐败，但是当公私分明的观念形成之后，国王用国库的金钱满足自己的私欲就属于腐败了。"从某种程度上与其说是行为背离了公认的规范，还不如说是规范背离了公认的行为方式。"② 专制主义时代并不存在明确区分公私边界的公认规范，"根据许多传统社会的传统法典，一个官员有责任和义务向他的家庭成员提供奖励并安插职位。这就无从区分官员对国家的义务和对自己家庭的义务。只有这种差别逐渐被社会内部占统治地位的各集团所接受，才有可能断定上述官员的行为属于裙带关系或腐化"。③ 在我国传统社会中曾经有"子为父隐"的概念，即父亲如果犯了罪，做儿子的有义务为父亲隐瞒罪行，这不仅不是犯罪，还是封建社会所提倡的观念。这一公私边界不明确的观念就是亨廷顿所说的传统社会的特征，但现代政治哲学逐渐厘清了公共权力领域与私人领域的边界。公共权力领域的范围是有明确规定的，哪些事属于政府的职责范围是明确的，政府也必须依法行政，依照法律在法律规定的范围内活动。现代公共权力运行的基本原则是凡是法律没有规定的都是禁止的；私人领域则不同，私人领域运行的基本原则是凡是没有禁止的都是合

---

① 〔美〕塞缪尔·P.亨廷顿：《变化社会中的政治秩序》，王冠华等译，三联书店，1989，第55页。

② 〔美〕塞缪尔·P.亨廷顿：《变化社会中的政治秩序》，王冠华等译，三联书店，1989，第55页。

③ 〔美〕塞缪尔·P.亨廷顿：《变化社会中的政治秩序》，王冠华等译，三联书店，1989，第56页。

法的，人们只要不做违反法律的事情，其他的事情都是自由的。因此，公共权力领域和私人领域是有明确的界限的，而现代公民应该形成这种界限意识。

西方近代政治自由主义的滥觞已经给出了公私边界的合法性论证，即公共权力的形成来源于公民理性地达成的让渡权利的契约。但人们让渡的只是部分权利而非全部权利，公民只让渡了处理单个私人无法完成的事务的权利，即处理公共事务的权利；那些处理靠单个私人能够完成的事务——比如市场交易行为——的权利没有让渡，而是作为私权利被保留在公民手中。由此可见，来源于公民授权的公共权力的范围是公共事务，因为这部分事务靠单个私人无法完成，除此之外都是私人权利，是公民没有让渡的权利，也是公共权力无权干预的领域。公共权力只负责公共事务，除此之外不应该过多作为，这就是公共权力的边界。

公共权力是有边界的，公共权力应该受到制约，这是现代性的普遍性理念。就中国而言，经过改革开放30余年的社会变迁，这一理念也逐渐为我们所认同。但我们的主要工作不是探讨公共权力和私人权利边界的合法性问题（这一边界的合法性已经很明显，西方的政治文明已经为我们做了这一工作），而是如何将公共权力约束在边界之内，不让其僭越其基本职分。从公共权力边界变迁的角度来审视中国改革开放之后所实现的社会变迁可以得出这样的结论：我们所实现的社会变迁实际上就是公共权力边界逐渐明晰的过程。改革开放之前，我们实行的是计划经济，公共权力不仅负责提供公共产品，而且也部分控制着人们的私人领域，整个经济系统被权力严格控制，企业生产什么、怎样生产都得遵照政府指令；人们的迁徙流动也被户籍制度、单位社会所控制，公共权力超出了它应该有的界限。改革开放之后，公共权力开始放弃不该管的领域，向其应有的边界回缩，而且户籍制度逐渐松动，单位社会逐渐解体。这是我国走向现代化的十分有意义的一步，但现阶段公共权力的边界意识还没有充分明晰，权力越界、权力滥用现象还很多，这就需要我们逐渐增强边界意识。

现代社会组织在促进公共权力边界意识形成方面发挥着重要的作用。明确公共权力的边界最重要的是增强权力主体的边界意识，权力是由人所掌握的，而人是受自己的意识所支配的，所以人们的边界意识是严格勘定公共权力边界的社会文化基础。而现代社会组织所开展的活动对边界意识的催生可以从两个方面来探讨。首先，现代社会组织有助于孕育官员的边界意识。只有人才具有意识，所以公共权力的边界意识在一定程度上就是权力执掌者的边界意识，也就是各级官员的边界意识。如果各级官员在掌权、用权过程中，在遇到边界的时候能够对边界产生敬畏之感，能够适可而止，权力就不会被滥用。现代的各级官员应该形成这样的素养和品德，在促进官员形成这样的素养和品德的各种途径中，虽然制定约束权力的制度是最为关键的，但是现代社会组织在权力监督上也发挥着不可或缺的作用，而且现代社会组织还监督制度是否被搁置。其次，现代社会组织还培育了普通公民的边界意识。公民素养是现代民主政治制度的重要社会基础，普通公民的边界意识是权力边界意识的基础。现代社会组织是私人关注公共事务的平台，本质上它是私人联合起来解决社会问题的机制，所以现代社会组织的存在就意味着存在公共权力不准干涉的领域，一旦公共权力干涉了这些领域就意味着公共权力被滥用。参与现代社会组织的普通公民在各种组织活动中逐渐意识到，这些领域不需要政府干预，权力是有边界的。

第四章　现代社会组织的运作原则
有助于化解当前社会矛盾

　　转型期的中国面临着众多社会矛盾，实现社会和谐发展就需要矛盾化解机制，现代社会组织在一定程度上能够起到化解社会矛盾的作用。本章首先从总体上梳理了当前的社会矛盾，之后探讨了现代社会组织的运作机制及其化解社会矛盾的角色定位。接着具体探讨了现代社会组织的矛盾化解机制，即现代社会组织具有利益表达机制、公正维护机制、社会协调发展机制。这些机制本身就是现代社会组织运作机制的重要方面。

　　总体而言，本章的逻辑结构如图 4-1 所示。

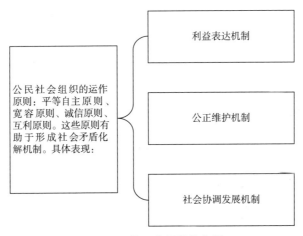

图 4-1　第四章逻辑结构图

第一节 当前社会矛盾及其原因分析

传统社会是稳定的，定了型的现代社会也是稳定的，但是从传统社会向现代社会的转型期很可能是矛盾重重的，旧的社会秩序正在土崩瓦解，而新的社会秩序还没有最终形成并沉淀为社会固有秩序，所以亨廷顿说，"现代性孕育着稳定，而现代化过程却滋生着动乱"。[①] 现阶段的我国就处在这种转型过程之中，也确实出现了众多的社会矛盾。党中央对现阶段的我国作出这样的判断：我国进入了改革发展的关键时期，经济体制深刻变革，社会结构深刻变动，利益格局深刻调整，思想观念深刻变化。[②] 转型期的过渡性决定，这些矛盾如果处理得当，我们将会顺利度过这一矛盾凸显期，实现社会和谐稳定；但是如果处理不好，则可能引发社会动荡，延长转型期的时间。社会和谐发展研究尤其应该关注这些社会问题，以期能很好地处理这些问题，顺利完成社会转型的任务，实现现代性的稳固化。

一 当前社会矛盾概略

学术界关于现阶段我国社会矛盾的研究已经有了相当丰富的成果了，所涉及的范围也基本上涵盖了现阶段我们所遇到的社会矛盾。本书这一部分主要是探讨现代社会组织化解社会矛盾的机制，所以本部分首先对现阶段我国所面临的社会矛盾进行有条理的梳理。

第一，突发公共性群体事件频频发生，干群关系受到影响。2005 年 6 月 26 日，安徽池州因丰田车撞人事件而引发了一场严重群体性暴力事件；2007 年 1 月 17 日四川省达州市奸杀案引发群体性事件；2008 年 6 月 28 日贵州瓮安一些人因对瓮安县公安局对该县一名女学生死因鉴定结果不满而发生群体性事件；2009 年 6 月湖北石首因一名酒店厨师非正常死亡导致数万人持续在现场围观起哄的群体性事件；等等。另外还有一些由于拆迁、

---

① 〔美〕塞缪尔·P. 亨廷顿：《变化社会中的政治秩序》，王冠华等译，三联书店，1989，第 38 页。
② 《中共中央关于构建社会主义和谐社会若干重大问题的决定》，人民出版社，2006，第 3 页。

征地等原因引起的群体上访等事件。学者秦建指出现阶段我国群体性事件的特征为：①数量增多，规模扩大。近年来集体上访、冲击党政机关和企事业单位、请愿游行、示威、罢工等群体性事件，呈现数量多、人数多、规模大的特点。②反映问题涉及面广。群体性事件反映的问题涉及方方面面，大到对国家发展、建设提出批评、建议，小到要求解决个人生产、生活中的问题。主要集中在劳动社保、城镇住房拆迁、农村土地征占、企业改制、涉法涉诉、军队退役人员、环境保护、干部作风八个方面。③行为方式激烈，对抗性因素增加。近些年群体性事件的暴力性、破坏性逐渐增强，出现激化现象，矛盾的对抗程度加剧。④组织程度高，有的带有政治色彩。有相当数量群体性事件的发生是有组织的，而且跨地区、跨部门的串联集体上访有所增加，尤其那些参加人数多、持续时间长、规模较大、反复性强的群体性事件都是经过周密策划的，目标明确，行动统一。⑤矛盾错综复杂，处置难度加大。有的群体性事件，参与者中有不少是与事件无直接利益关系的普通群体。非直接利益者参与群体性事件，事发突然、动机多样、升级较快，导致预防难、排查难、处置难、善后难。① 社会群体事件的发生固然与小道消息传播，或者新闻报道不准确、不及时有关，但其根本性的原因还是在于利益冲突。黄治东指出："回顾群体性事件发生的原因，主要集中在劳资关系、农村征地、城市拆迁、移民安置补偿、企业改制重组等领域，都指向各种利益矛盾，尤其是经济利益矛盾。所涉及的矛盾主体主要包括工人、农民、企业和政府等。"② 而且现阶段群体性事件的一个重要新特征是非直接利益诉求型的泄愤群体性事件增多。"以前的群体性事件多是与参与者直接利益相关的群体性事件，常见的有企业改组改制、国企解体破产、下岗失业、建设征地、旧城改造、拆迁、劳资纠纷等各类经济利益纠纷等引起的群体性事件，参与者多是直接的利益相关者。近几年，在与参与者直接利益相关的群体性事件日益增多的同时，与多数参与者直接利益无关的群体性事件也日趋增多。贵州瓮安事件、重庆万州事件、安徽池州事件、四川达州事件、湖北石首事件都属于这类群

---

① 以上观点参阅秦建《正确认识转型期群体性事件的几个问题》，《当代世界与社会主义》2010 年第 3 期。

② 黄治东：《从利益视角认识和应对群体性事件》，《当代世界与社会主义》2010 年第 1 期。

体性事件。这是一种新型的群体性事件。这类事件往往是群众情绪的风向标。"① 我国改革开放之后利益在总量增加的同时迅速分化，弱势群体逐渐出现，社会逐渐呈现为"断裂"的社会和"碎片化"的社会，这意味着一些人被甩出体制外，丧失了进入体制内的机会。那些相对贫穷的人产生了强烈的被剥夺感，② 而这种被剥夺感则是社会怨气的基础。再加上信息公开不够，以及各种谣传作祟，内外因结合起来，公众的情绪很容易就被煽动起来。哪怕是很小的事情，也容易成为群体性事件的导火线。

第二，住房、医疗、教育等问题突出。在谈到现阶段内需不足的时候，孙立平说，"利息高的时候不将钱拿出来消费，利息低的时候仍然不将这些钱拿出来消费，这是一个很值得研究的现象。既然不是为了利息，那么人们储蓄是为了什么？是生活中的物品已经够用，因而没有了消费需求？是像某些文化学者所说的那样，是节俭文化传统使得人们习惯于进行储蓄（据说这是亚洲文化的特征）？还是其他的考虑？关键是这个其他考虑。一个重要的因素，就是由于制度的不确定性所造成的不安全感，以及在这种不安全感的基础上形成的用储蓄维持安全感的需求"。③ 其中住房、医疗、教育这被称作"新三座大山"的问题是人们产生不安全感的重要根源。住房问题是关系民生的大事，只有居者有其屋，每个人才能有一个自由的私人堡垒，人们也才能够安居乐业。但是近年来城市房价飙升，能够买得起房子的人越来越少了，房价的涨幅远远高于收入的增幅，很多人为此而陷入"房奴"的境地。房价如此之高有众多原因，其中不乏炒作的因素，经过各种炒房团的炒作，房价快速升高。也有人指出，房价的高涨和政府的"土地财政"有关，高地价导致了房价的高涨，甚至有的学者提出了盖房成为一种特权。④ 人们为了买房子，或者给自己的孩子买房子，不敢乱花钱，所以不敢消费。医疗问题也是关系民生的一个大问题，尤其是农村医疗保障问题。农民收入本身就不高，得场大病几乎要耗尽家里的所

① 张传鹤：《我国群体性事件的最新发展态势、成因及对策研究》，《山东社会科学》2010年第5期。

② 陈潭、黄金：《群体性事件多种原因的理论阐释》，《政治学研究》2009年第6期。

③ 孙立平：《断裂——20世纪90年代以来的中国社会》，社会科学文献出版社，2003，第43页。

④ 秋风：《政府的本分——基于民众权利的中国政治与中国经济》，江苏文艺出版社，2010，第132页。

有财富，甚至还要债台高筑，即便这样，有的病还是治不好，所以在一些农村，很多人病了不敢进医院。近年来我国农村合作医疗取得了较好的收效，医疗问题在一定程度上得以缓解，但仍是困扰农民的重要问题。教育也是关系国计民生的大问题，科教兴国是我们的基本国策，但是高等教育的市场化所导致的问题、一些贫困人口上不起大学的情况时常见诸报端，这也是一个大问题。为防备患大病而没钱治病，很多人需要为将来攒足钱，所以也不敢乱花钱。另外，教育资源分配不公、城乡差距太大也是困扰我国的重大问题，也是影响内需的重要方面。

第三，贫富差距过大。适度拉开收入差距是有利于经济发展的，但是收入差距过大则是有碍社会稳定的大问题。有学者将贫富差距分为阶层差距、城乡差距、区域差距、行业差距、企业差距五个方面，[①] 有的学者则主张从区域差异、行业－职业群体之间的差异、族群差异三个方面来分析贫富差距，[②] 从若干不同的角度来分析贫富差距问题是学术界的基本倾向，这也是由贫富差距拉大的复杂性决定的。学界还有一种通用的衡量收入差距的方式，就是用基尼系数这一衡量贫富差距的指标来认识中国目前的贫富差距情况。虽然一些学者对基尼系数在中国的适用程度产生怀疑，但至少这个指标能从总体上反映收入差距状况，中国目前的基尼系数已经远远超出了国际警戒线。现阶段的我国社会，占社会大多数的人口却只占有社会财富的一小部分，而社会中的一小部分人口却占有了大部分的社会财富。有学者指出，这一现象有严重的负面效应：阻碍了我国经济的可持续发展，动摇了改革开放的信心，危害了社会的稳定基础。[③] 导致贫富悬殊的主要原因有如下几个：首先，市场经济本身就是导致贫富分化的基本机制。在市场经济条件下，由身份、地位而导致的不平等逐渐被消除，市场领域人人都有机会成功。但是每个人的天赋、资质乃至所处环境都是不同的，这些因素决定了并不是人人都能够在市场中获得成功，市场这个无情的社会机制将一部分人推上财富的宝座，也将另一部分人推向濒临破产的

---

① 姚旭：《正确认识"共同富裕"进程中的"贫富差距"》，《清华大学学报》（哲学社会科学版）2008 年增 1 期。

② 马戎：《经济发展中的贫富差距问题——区域差异、职业差异和族群差异》，《北京大学学报》（哲学社会科学版）2009 年第 1 期。

③ 施临湘：《从基尼系数看我国贫富悬殊》，《井冈山师范学院学报》（哲学社会科学）2003 年第 4 期。

边缘。这是市场经济的常态，任何选择市场经济的国家都不可能消除市场经济这一优胜劣汰机制，否则就不是市场经济了。市场经济是无情的，但是社会不能任由市场宰制而走向两极分化，因此面对"市场失灵"的时候，政府应该发挥其作用了。但遗憾的是，我国政府在这方面并没有采取有效的措施，"效率优先，兼顾公平"这一原则在实际应用中，"兼顾公平"这一环节被忽视了。而且由于我国市场经济还不健全，个别情况下权力也参与财富分配，这导致了分配上贫富悬殊的加剧。其次，现行的社会保障制度和公共服务加剧了贫富悬殊。"在这个层面上，唯一的价值理念就是公平公正，所采用的办法就是我们常说的'劫富济贫'，亦即通过税收和社会保险缴费来筹措资金，然后实行再分配和转移支付，以缩小贫富差距。但是，目前在中国，并没有将所有的公民都纳入这张安全网的保障之下，没有被覆盖的人当然就会陷入贫困。"[1] 而且住房、教育、医疗等方面的开销使得很多本来收入较低的人口的财富拥有量更低了。再次，城乡二元结构是造成我国贫富悬殊的重要原因。由于历史等诸多原因，我国农村和城市、农业和工业、东部和西部呈现发展上的"断裂"，一些东部城市完全可以和世界一些发达国家的城市相媲美，而西部城市的发展状况仅相当于经济落后国家的水平，发展的这种不平衡也导致了西部收入明显低于东部收入，农村收入明显低于城市收入。另外一些行业，特别是国有垄断行业的收入明显高于其他行业的收入，诸如电信、电力、石油、金融、烟草等行业的收入明显高于其他行业的收入，这也加剧了收入的悬殊。

第四，权力腐败问题严重。公共权力腐败是我国转型期面临的严峻问题，这个问题的存在在一定程度上已经影响到了党在人民群众心目中的形象，实际上苏联共产党的失败已经给我们敲响了警钟。苏联社会主义的失败在一定程度上与苏共的腐败关系密切，据研究，"在苏联解体后，俄罗斯出现一大批暴发户。据俄媒体报道，在苏联解体后出现的俄罗斯暴发户中，61%的人是靠将国有企业化为私有，而9/10的私有企业老板，是过去社会主义企业的领导人"。"在当今俄罗斯政治经济生活中最有影响的七大金融财团中，有好几个金融集团的形成带有明显的'暴富'性质，而这种

---

① 唐钧：《贫富差距：事实与原因》，《中国党政干部论坛》2010年第6期。

‘暴富’与苏联的特权制度又有着紧密的联系，如七财团中的霍多尔科夫斯基原为共青团莫斯科市委第二书记，阿列克别罗夫为苏联的最后一位石油工业部长。美国一个专门研究俄罗斯问题的工作小组负责人弗兰克·奇福德说：‘前苏联共产党是惟一一个在他们自己的葬礼上致富的政党。’"①"苏共在拥有20万左右党员的时候，建立了苏维埃政权，在拥有200万左右党员的时候，战胜了希特勒，而在拥有2000万党员的时候，却失去了政权。"②苏联共产党的腐败葬送了社会主义，这对我党来说无疑是警钟。腐败问题不仅影响党在广大人民群众心目中的形象，使党的权威等无形资源流失，而且对于社会发展也产生负面影响。首先，腐败导致了社会不公，而社会公正是社会稳定的基础。腐败使一些公共权力的执掌者能够一手遮天、一夜暴富，那些因行贿而得到权力特殊庇护的企业或者个人在"致富"的道路上也能够以其他途径所没有的速度前进，这是严重的社会不公。现阶段社会上的仇富倾向在一定程度上主要是针对那些通过腐败等非法手段而暴富的人，而像袁隆平这样以自己的科技创新和辛勤劳动而致富的人则并不是仇视的对象。其次，腐败败坏了社会风气，腐败的示范效应很强。市场经济是鼓励人追求利益最大化的经济体制，为了追求利益最大化，每个人都想"走近路"，腐败就成了大家的共同选择，掌握权力的人利用权力腐败，不掌握权力的人靠收买权力而腐败。腐败虽然增加了个别人的收益，但是对于社会整体来讲并没有创造财富，只是使财富在不同成员之间进行了不公平的分配。最后，腐败破坏了市场秩序。市场经济优于计划经济之处，就在于它利用竞争机制调动了人们的积极性，使人的内在潜能得到充分的发挥。而权力腐败搅乱了竞争秩序，一个人能否成功不主要是靠实力，很大程度上决定于是否得到权力的庇护与青睐。如此，人们相互竞争的拼搏劲头就会减弱，发展的动力自然就会减弱。关于腐败的原因，学界从制度、人性、文化等方面进行了探讨，但是最为关键的还是制度问题。有学者指出："公职人员的经济理性和制度缺陷是导致腐败产生的两个主要因素，而人的经济理性是相对稳定的，因此，制度缺陷才是问

---

① 金鑫、徐晓萍：《中国问题报告——新世纪中国面临的严峻挑战》，中国社会科学出版社，2004，第11页。

② 金鑫、徐晓萍：《中国问题报告——新世纪中国面临的严峻挑战》，中国社会科学出版社，2004，第12页。

题的关键。制度的不合理、不健全是公职人员腐败的外部条件，甚至是推动腐败行为发生的直接原因和最重要的因素。"① 西方公共选择理论提出了一套寻租理论，认为人是理性的经济人，不但在市场领域中这一假设是起作用的，而且在政治领域、在权力运用领域，这一假设也发挥作用。假定人在市场领域中是追求利益最大化的理性人，而在政治领域则是追求公共利益最大化的政治人是不合理的。追求利益最大化的逻辑贯彻到政治领域就是权力寻租，将本应该服务于公共利益的公共权力租给寻租者，掌权者收取权力租金，为寻租者谋取好处。这就是利益逻辑在公共权力领域运用的表现。而要消除权力寻租，关键还是要靠制度约束公共权力。现阶段我国各项制度还有待建立和完善，这是我国腐败现象频发的总根源。

第五，弱势群体问题。弱势群体成为公众话题已经有些年了，虽然弱势群体的生存状况近些年来有所改善和好转，但总体上弱势群体仍然是一个重要的问题。我们这里所说的弱势群体不是传统意义上的弱势群体，传统的弱势群体主要是那些因身体残障而导致在社会竞争中处于弱势状态的群体，这类群体的人数占整个社会的比重是很小的。现阶段我国的弱势群体是结构性的弱势群体，他们身体上并没有什么残障，但是处在社会的弱势地位。这些群体主要包括贫困农民、进城务工的农民工、城市下岗工人这三类群体。② 他们之所以处于弱势地位是因为：他们的现实生活处在一种很不利的状况之中；他们在竞争中处于弱势地位；在社会政治层面，他们往往也处于弱势地位。③ 这样的弱势群体在我国现阶段有一些明显的特征：弱势群体不"弱"，占全国人口比重相当高；高度的同质性、群体性和集中性；弱势群体与社会断裂，几乎被甩出制度之外。④ 有学者撰文指出现阶段弱势群体的特征：社会主要群体弱势化，而且趋势不断加剧；弱势群体的形成背景复杂，原因特殊，是社会转型的伴生物；弱势群体问题

① 杜治洲、刘树彪：《从县委书记腐败案看反腐制度建设》，《安徽师范大学学报》（人文社会科学版）2010 年第 2 期。

② 孙立平：《断裂——20 世纪 90 年代以来的中国社会》，社会科学文献出版社，2003，第 64 ~ 67 页。

③ 孙立平：《断裂——20 世纪 90 年代以来的中国社会》，社会科学文献出版社，2003，第 68 页。

④ 孙立平：《断裂——20 世纪 90 年代以来的中国社会》，社会科学文献出版社，2003，第 69 ~ 70 页。

的解决比过去想象的要棘手得多；弱势群体的潜在影响力令人担忧，一些群体性事件的发生与弱势群体有一定的联系。[①] 弱势群体的大量存在及整个社会的贫富悬殊导致社会结构的金字塔型，而理想的社会则是橄榄型，我们的现状与理想的橄榄型社会结构还有相当的距离。而现阶段的弱势群体在一定程度上已经威胁到了社会的和谐与稳定，有学者从默顿的失范 – 压力理论和社会排斥概念出发，认为社会弱势群体在社会生活中面临的社会排斥有可能造成其追求社会主导价值目标及实现手段受挫，从而引发社会冲突，影响社会稳定。[②]

第六，安全生产问题。《中国问题报告——新世纪中国面临的严峻挑战》第三版披露，"全国每年发生的各类事故都在 100 万起左右，死亡人数在 13 万人以上。其中，一次死亡 10 ~ 29 人的特大事故，平均 3 天一起；一次死亡 30 人以上的特别重大事故，平均 30 天一起。仅 2003 年各类事故造成的直接经济损失相当于国内生产总值的 2.5% 左右。2003 年有 10 万人死于交通事故，平均每天被车祸夺去的生命近 300 人"。[③] 这是包括煤矿、道路交通、建筑等领域在内的所有安全生产事故的统计。矿难等生产事故的高发是我国转型期的一大问题，这一问题牵带了诸多的社会问题，比如腐败问题，一些官员为一些安全设施不合格的煤矿充当保护伞，并参股分红等；还有只追求资本的最大化而对生产者的人身安全不负责的企业家的伦理问题；还有工人权利受侵、工人缺乏法制观念、工人缺乏必要的社会保障等问题。

第七，生态环境问题。自然是人类的无机身体，人的生存需要从自然界获取物质生活资料。随着生产力的提高，人类从自然界获得了越来越多的物质生活资料，但人类在取得巨大"进步"的同时，却造成了自然生态的恶化，出现了生态危机。所谓生态危机，实质上就是指生态系统的一种失衡状态，即和谐有序的生命系统由于外力的干扰特别是人的活动的干扰而出现的严重不协调，具体表现为：环境特别是空气、水和土地的污染，

---

① 王荣红、杜明才：《转型时期弱势群体的政府政策支持》，《社会主义研究》2010 年第 3 期。

② 方巍：《社会排斥和融合视野下的弱势群体与社会稳定》，《浙江工业大学学报》（社会科学版）2010 年第 9 卷第 2 期。

③ 金鑫、徐晓萍：《中国问题报告——新世纪中国面临的严峻挑战》，中国社会科学出版社，2004，第 292 页。

气温升高与气候反常，基本资源（森林、矿藏、河流、土壤等）的衰减、枯竭与变质，动植物种类与数量的急剧下降。[①] 20 世纪罗马俱乐部的研究报告和一些相关著作的问世，惊醒了迷醉于经济增长中的人们，《增长的极限——罗马俱乐部关于人类困境的报告》《寂静的春天》等著作冲破了财大气粗的资本家的阻挠，成为世人皆知的绿色经典。生态问题也成为人们所关注的重大问题，我们党和政府也意识到了这一点，提出了科学发展观，力图实现可持续的发展。但就目前形势而言，生态问题依然是我国面临的重要问题，植被破坏、水资源枯竭和污染、大气污染、沙尘暴的肆虐、垃圾围城现象等都是影响我国发展质量的因素。

我国现阶段确实是一个问题丛生的阶段，本章主要探讨现代社会组织是如何促进社会和谐发展的，基于这一研究视角，我们认为如下因素是造成现阶段社会矛盾的根本原因。

二 利益表达机制不畅通

（一）利益表达机制的内涵

关于利益表达，李景鹏指出，"利益表达是人们对待利益问题的一系列态度和行为的总和。其中包括：1. 人们对社会利益关系和自己利益状况的感受以及对这种感受的公开的情绪流露和语言表述；2. 人们基于自己利益状况向社会公开提出的利益要求；3. 人们对于与自己利益攸关的政策、法律、制度的公开表态以及力图对政府产生影响的各种行为；4. 人们出于维护自身利益的目的而进行的法律诉求；5. 人们借助各种媒体与合法途径，面对处于利益对立面的人们所进行的公开交涉、谈判或抗争"。[②] 董成认为："所谓利益表达，是指各个社会阶层的人，通过一定的渠道和方式向政府、执政党和社会各级组织机构表达自身利益要求，以求影响政治系统公共政策输出的过程。"[③] 学术界的研究表明，利益表达也就是公民将个

---

① 陈永森、黄新建：《资本主义生态危机及其出路——评奥康纳的"生态危机理论"》，《科学社会主义》2008 年第 1 期。

② 李景鹏：《政府职能与人民利益表达》，《中共中央党校学报》2006 年第 3 期。

③ 董成：《论利益表达机制及其功效》，《湖南社会科学》2007 年第 5 期。

人的利益诉求传达开来，以使自己的利益得到重视进而维护自己的利益。利益表达之所以成为重要问题而受到大家的高度关注，其根本原因在于社会变迁过程中利益格局发生了深刻变革，利益格局重新洗牌。由于我国还没有成为一个成熟的现代化国家，利益格局还没有定型，所以一些利益诉求没有得到充分的照顾，这导致了诸多社会问题的涌现。这些利益矛盾的存在和利益格局变动有着密切关系，利益格局的深刻变动是我国社会转型期的重要特征。改革开放之前，我国的利益格局是一元化的，李景鹏指出，当时人们对利益格局表现为两种思维："一种是：从政府必须代表人民利益，引申到政府能够代表人民利益；从政府能够代表人民利益，引申到政府就是代表人民利益的；从政府就是代表人民利益的，引申到政府是人民利益的唯一代表者；从政府是人民利益的唯一代表者，引申到人民的利益只能由政府替人民进行表达而不必由人民群众自己去表达。另一种是：既然个人利益包含在整体的长远利益和根本利益中，而政府是代表人民的长远利益和根本利益的，政府只要向着实现长远利益和根本利益的目标努力，那么个人利益也就自然而然地会得到解决，个人没有必要单独去表达利益了。"[①] 李景鹏的看法是深刻的，但是随着社会从传统的计划经济模式的社会主义向市场经济模式的社会主义转变，原来一元化的利益格局迅速被解构。随着市场经济的快速发展，公民逐渐成为市场中的独立主体，每个人都有自己独立的利益，人们的主体意识、利益观念迅速觉醒。利益格局逐渐走向多元化，这是社会发展的必然。而随着利益格局多元化的形成，多元的利益主体表达自我利益的愿望和欲求也逐渐增强，尤其是那些在社会变迁过程中利益受损失的群体，其利益表达欲望非常强烈。但是现阶段我国各种体制机制还有待进一步健全和完善，其中利益表达机制就包括在内。健全的现代社会必然是一个利益多元化的社会，而健全的社会应该保护多元化的利益，使得各利益群体之间的利益呈现大致平衡的状态，否则就会出现社会不稳定或者动荡。这就需要利益表达稳固化和机制化，即每个利益群体都有充分而畅通的利益表达渠道，所以利益表达机制是利益多元化的社会和谐发展的一个重要机制。为了探讨社会和谐发展的利益表达机制，在明确利益表达的基础上，我们还需要界定利益表达机

---

①　李景鹏：《政府职能与人民利益表达》，《中共中央党校学报》2006 年第 3 期。

制。"机制"一词，英文为 mechanism，也有人翻译为"机理"，原意是指机械系统中各个零件或部件之间的组合、关联和制约的方式和原理，生物学、医学借用"机制"一词来说明生物机体内部各个器官之间的联结、调节、作用和动作的方式，用"生物机制""病理机制"等术语表示有机体内发生生理或病理变化时内部器官之间的联系和调节方式。经济学引入机制概念，用以表示经济机体内部各个构成要素之间的相互联系和相互作用的制约关系，及其在一定的社会目标的指引下，运用各种资源来驱动经济机体的有序运行，以实现社会经济机体功能的方式。总之，"机制"这个术语，"在一般意义上，是指复杂系统结构各个组成部分相互联系、相互制约、相互作用的联结方式，以及通过它们之间的有序作用而完成整体目标、实现其整体功能的运行方式"。① 那么利益表达机制就是指社会当中，各个利益群体渠道之间的相互联系、相互制约、相互作用的联结方式。这一概念表达了如下含义：第一，社会各个利益群体都有表达自己利益的渠道。利益多元化是社会的必然走向，而多元化的利益必须都能得到保障，强势群体有畅通而充足的利益表达渠道，弱势群体也有充足而畅通的利益表达渠道，不会因为他们处于弱势地位，他们的利益就得不到充分的关注。第二，各种表达渠道之间相互联系、相互制约、相互作用而形成一个相对稳定的体系、制度。利益的多元化需要有多元化的利益表达渠道，而且诸渠道之间不能有强弱之分，不能由于某些群体掌握大量资源，处于强势地位，其表达渠道就具有某种优先性，可以挤占弱势群体的利益表达渠道。弱势群体的利益表达渠道也不能因为该群体处于弱势地位而呈现为"弱"的状态。第三，能够使社会各个利益群体之间的利益大致协调，整个社会相对稳定。"利益表达机制就是在承认个体正当利益的基础上，允许社会成员通过正常合法的渠道和方式表达自己的利益诉求的机制。因此，利益表达的过程就是利益表达主体向政府、执政党表达自己的利益诉求，政府和执政党则对各类利益进行协调与综合，在政府政策层面上达成各种利益间的高度整合，使分散的特殊利益整合为国家的整体利益的一种过程。"② 这就是利益表达机制。

---

① 李明华、余少波、叶蓬、周祯祥：《精神文明建设机制论》，广州出版社，1997，第 2 页。
② 董成：《论利益表达机制及其功效》，《湖南社会科学》2007 年第 5 期。

（二）社会和谐应然的利益表达机制

有学者指出，社会主义和谐社会应该是一个各个利益群体之间的利益大体均衡的社会。[①] 又有学者指出，社会主义和谐社会的根本是利益和谐，而利益表达是利益和谐的前提。[②] 多元之间的相互协调才是真正的"和而不同"，所以，社会和谐应然的利益表达机制至少要包括如下两个方面。

第一，社会存在多元、丰富而畅通的利益表达机制。这主要包括：①各个利益群体都有表达自己利益的代表，在政府决策过程中，各个利益群体的利益都能够照顾到。有学者指出，利益表达是政府决策的前提和基础，是政治稳定的安全阀。[③] 在利益多元化的社会中，政府决策应该平衡各利益群体的利益诉求，否则就会影响稳定，我国古语也有"天下熙熙皆为利来，天下攘攘皆为利往"的名言，这表明如果损害了某群体的利益就等于伤害了该群体的感情，就会激起他们的不满。②多元化的表达渠道。表达渠道可以分为直接的表达渠道和间接的表达渠道。在政府决策之前，各个利益群体都应该有自己的声音，促使政府在决策时考虑到各个群体的利益；在政府决策之后的执行中，如果某些群体的利益受损，则社会也应该存在丰富的渠道以伸张和补救受损的利益。③利益表达畅通。也就是在利益表达过程中能够保证各种表达畅通地达到其应该达到的地方，如果存在大量的压制人们表达合理利益的现象，那么这种利益表达就不是畅通的表达。④各种利益表达渠道之间相互协调。强势群体有强势群体的表达渠道，弱势群体有弱势群体的表达渠道，但是强势群体不应该因为其强势地位而压制、破坏弱势群体的表达渠道，尤其是在强势群体和弱势群体利益对立的情况下，比如农民工同直接相关的资产所有者之间应该保证弱势群体的利益表达渠道畅通。

第二，社会应该形成畅通的利益冲突缓解机制。当利益受损无法避免的时候，社会应该有一个利益补救机制，以缓和受损群体的不满情绪。社会是一个复杂的系统，从理论上探讨社会各个方面利益的协调问题似乎很

---

① 孙立平：《利益均衡：和谐社会的基本含义》，《发展论坛》2005 年第 3 期。

② 王臻荣、常轶军：《论社会主义和谐社会视野下的公民利益表达》，《政治学研究》2007年第 2 期。

③ 杨正喜、唐鸣：《论新时期农民利益表达机制的构建》，《政治学研究》2006 年第 2 期。

简单，因为理论总是抽象的，把复杂的社会问题简单化，这是理论的必然。社会现实是复杂的，经常会有一些意想不到的问题，即便是利益表达机制很健全的社会也不能保证利益受损不会发生，何况正处于社会转型期，各种利益表达机制还不健全的我国，这就需要利益缓冲、补救机制。①具有健全的争讼和仲裁机制。当社会中出现利益受损，产生利益冲突时，社会应该有一个安全的缓冲机制，这个缓冲机制最主要的是政府应该拥有有效的争讼解决机制，也就是当人们有了利益上的不满时，社会能给他们顺利地解决问题，而不至于引起社会冲突。②应该具备有效地消除各种非制度性的利益表达的机制。要防止暴力对抗、围攻基层政府等非制度性表达，也要防止那些不正当、不合法、不合理的利益要求借助利益表达渠道表达出来，把表达渠道演化成为对政府不合理的施压机制；要对一些现代社会组织形成有效的管理和监督机制，使它们的行动合理、合法，而不至于出现各种暴力性群体事件。③政府应该具有快速、及时地处理各种利益冲突事件的能力。对于政府制定的政策，一旦发现有些政策在实际执行中损害了某些群体的利益，政府应该及时、快速地调整或重新制定政策，决不能明知政策损害了某些群体的利益却听之任之。再者就是政府应该对各群体反映出的问题及时调查、了解，并且在认真处理的基础上及时反馈给利益群体，暂时不能解决的也应作出解释。无限拖延是对利益表达的漠视、侵害。

（三）利益表达机制不健全是现阶段存在诸多社会矛盾的重要根源

我国的现实情况距离应然的利益表达还有相当的差距，这也是我国存在众多社会矛盾的根源之一。有效的利益表达机制有利于维护社会的政治稳定，① 为了研究我国社会的和谐发展，我们必须探讨现阶段我国利益表达机制的现状。应该说，我们是社会主义国家，人民是国家的主人，人民的利益基本上能够得到比较充分的表达。但是，由于我们还处在社会主义初级阶段，生产力不发达，在利益表达机制上还存在很多不完善的地方，有的甚至还会损害某些群体的利益。

---

① 董成：《论利益表达机制及其功效》，《湖南社会科学》2007 年第 5 期。

现阶段我国社会中利益表达有困难的主要是那些弱势群体，强势群体由于占有丰富的社会资源，其利益诉求一般都能得到充分的伸张，而弱势群体则缺少这些能力和手段。对于弱势群体的利益表达困境，目前学界已经给予了充分的关切，有学者指出，当前我国农民利益表达的困境包括：缺乏利益表达能力，利益表达缺乏组织平台，缺乏有效的利益表达渠道。[①]有学者指出，在现实生活中，弱势群体的利益表达存在以下困境：利益表达能力无法反映真实的利益需求；利益表达形式无法体现利益要求的正当性；利益表达渠道无法满足利益表达的要求；利益表达的个体性无法维护整体性利益。[②]农民工因其弱势地位很难充分表达他们的利益，比如有学者对小煤矿尘肺病的研究表明，这些群体的利益表达是有困难的。[③]有学者指出，总体上来说当前利益表达机制的缺陷是：利益表达主体不成熟，利益表达机会不均等，利益表达作用不平衡。[④]所以有学者指出："现有的利益表达渠道要么由于形式主义和官僚作风早已锈迹斑斑，要么门槛太高成本太大而形同虚设。所谓'人微言轻'，他们的利益诉求很难得到地方政府的重视。"[⑤]孙立平在一次演讲中提到环境治理中个别政府部门"三不查"，即老百姓不去堵马路、不去堵政府大门就不查，党中央领导不批就不查，媒体不揭露就不查。[⑥]面对现阶段利益表达机制的现状，有学者指出，"在政治宣泄渠道不畅、利益表达机制不健全、话语表达方式单一、制度保障不足的语境下，一种'堵塞型社会'便容易形成。有效利益表达机制的迟钝或缺失往往激发部分群众对现存体制的失望与不信任，当其无法借助既有的制度来维权时，便转向依靠最为不雅的手段——暴力来发泄对社会的不满。因此，社会公共治理制度的缺陷，尤其是利益诉求渠道的不通畅与利益维护机制的不完善，是引发群体性事件的矛盾症结和制度性因素"。[⑦]由利

---

①　李尚旗：《当前我国农民利益表达的困境和出路》，《中国延安干部学院学报》2007 年第 1 期。

②　吴晓晴、梁巨龙：《和谐视野下弱势群体问题分析——以利益表达为视角》，《广西社会主义学院学报》2009 年第 1 期。

③　张辉：《农民工的工伤困境、利益表达与劳动保障困境分析——基于 G 省地方小煤矿尘肺病调查的探索性研究》，《甘肃行政学院学报》2010 年第 1 期。

④　王春福：《构建和谐社会与完善利益表达机制》，《中共中央党校学报》2006 年第 3 期。

⑤　王勇：《论大众传媒在弱势群体利益表达中的作用》，《探讨与争鸣》2008 年第 4 期。

⑥　于硕、蓝云主编《从开放社会到公民社会——"中欧社会论坛·中国直播室"演讲报道集》，南方日报出版社，2010，第 103 页。

⑦　陈潭、黄金：《群体性事件多种原因的理论阐释》，《政治学研究》2009 年第 6 期。

益表达机制不完善而引起的社会矛盾已经成为影响社会和谐发展的重大问题了。

现阶段我国利益表达机制不畅通主要是指弱势群体的利益表达机制不畅通,孙立平指出,"贫富悬殊的背后是不同群体在表达和追求自己利益的能力上失衡的结果"。[①] 现阶段,我国弱势群体人口众多、情况复杂,已经成为我国社会的一个重大问题,根据学界研究的梳理,他们的利益表达现状大体表现如下。

第一,利益表达困难重重。表达的困难主要表现在:①其所处的弱势地位决定了伸张利益诉求的困难。《京华时报》2011 年 1 月 29 日报道,河北农民工刘德军为讨回 3200 元工资,在欠薪老板面前欲喝毒药,老板却说,你要死赶紧死,死了给你双份钱。这句话突出表现了农民工在利益表达上的困境。诸如此类的农民工讨薪难的报道时常见诸报端,这生动地反映了弱势群体的利益表达困境。②弱势群体利益表达障碍重重,尤其是人为的障碍。很多地方把降低上访率看作政府的政绩,看作社会稳定的指标。这使得很多合理的上访被压制,人们的利益诉求得不到充分表达。还有来自各方面的阻力,比如"开胸验肺事件"就是一个典型的例子。河南新密市一名企业工人张××工作 3 年多后,被多家医院诊断为尘肺,但企业拒绝为他提供相关资料,在向上级主管部门多次投诉后,他获得了去做正式鉴定的机会,但郑州职防所为其作出了患有"肺结核"的诊断。为寻求真相,28 岁的他跑到郑州大学第一附属医院,不顾医生劝阻,坚持"开胸验肺",用一个人的无奈之举揭穿了谎言,并引起了媒体极大关注,最终问题才得以合理解决。③表达意识不强烈,一些人宁愿忍气吞声也不愿去向政府反映。④制度性的表达成本很高。上访,往往由于集体困境和信访部门的压制而不了了之,进入司法程序则支付不起高昂的诉讼费用以及害怕遭到报复,这使他们无法表达或不愿表达利益诉求。

第二,表达渠道不畅通。表达渠道不畅通主要表现在:①表达方式单一,制度性的表达只能通过党和政府的正式体系(官方渠道),但是这些体系往往不能使所有的利益诉求都得到顺畅的表达。②缺少代表弱势群体的各种现代社会组织。表达利益应该是一个整体的行为,如果没有一个组

---

① 孙立平:《重建社会——转型社会的秩序再造》,社会科学文献出版社,2009,第 247 页。

织起来的整体，只有个别的人出面交涉，则其表达的声音是微弱的，很难引起有关部门的注意。我国弱势群体所缺少的就是这些代表他们利益的组织，只有团结起来，才有更大的声音。在农村，作为农村村民自治性组织的村民委员会应该是表达农民利益的组织，但是村民委员会职能行政化倾向严重，正在演化成为乡（镇）政府的下属机构或派出机构。不仅村民委员是这样，而且其他的自治性组织，比如妇联和工会等群众组织也大都存在行政化倾向。③弱势群体在各级权力机关中缺少代表，而且既有的代表也与选民的关系不密切。各级人大中分配给农民的席位很少，而且大多也为农村干部、农业专家所占，这就很难真实反映农民群体的呼声，表达他们的利益。

第三，利益表达机制化程度低。一些群体利益受损之后很难找到有效的利益表达渠道，因此一些人就铤而走险，通过各种有碍公共秩序的非制度性渠道表达。个别人的行为确实引起了重视，一种"大闹大解决，小闹小解决，不闹不解决"，"会哭的孩子有奶吃"的倾向开始形成，这不利于社会稳定，社会和谐发展必须有制度性的利益表达机制以使利益受损者有固定、有效的表达途径。

我国弱势群体利益表达机制不健全，与理想的和谐社会的应然利益表达机制相差较远。出现这种情况的原因大致有以下几点。

第一，我国利益表达现状有着深刻的背景。这些背景主要有：①我国公民缺乏现代公民意识，尤其是以贫困农民为主体的弱势群体，他们受传统的臣民意识影响太深，"怕官"等官本位观念比较重，当自己的利益受损时不敢、不愿伸张倾向严重。②我国计划经济条件下的某些制度为利益群体之间利益不平衡提供了制度背景。新中国成立初，我国实行的政策明显具有不平衡性，让农业作出牺牲以支持工业，让农村作出牺牲以支持城市。这些不平衡性在现阶段的残存及其影响是现在各种利益不平衡的制度背景。③政府的效率低下也是利益表达不顺畅的原因。有些地方政府对人们反映的各种问题采取压制方针，或者一拖再拖，直到不了了之，这就使人们的利益表达受阻。

第二，政府还没有彻底转变职能，有些该下放的权力还没有下放。计划经济时代，政府是全能政府，社会的一切事情都由政府包下来。这种政府体制在当时的历史条件下确实发挥了积极作用，但是改革开放后，尤其实行社会主义市场经济体制之后，这种政府体制就不能适应社会的需要了。但是我们的政府职能转变还没有真正到位，有些该下放的权力没有真正下放，比如对于现代社会组织成立条件的限制，以及对这些组织的管理、监督等都没有完善；再比如，城市社区的业主委员会的作用没有充分发挥出来。这些都与政府的职能转变有关系。

第三，我国社会正处于转型期，制度变化、社会变迁触及许多人的利益，使得各种利益冲突大量出现，很容易导致某些人的利益表达渠道不畅通。由于社会转型，原来的一些强势群体可能会转变成社会弱势群体，如原来国企的工人现在可能成为下岗工人；原来体制内生活很好的一些人在转型期可能由于不具备相应的科技知识和能力而被甩在体制之外，成为弱势群体。面对瞬息万变的社会，政府的政策也不可能考虑到社会的方方面面，而且由于社会的分化，有些利益群体（比如说某些弱势群体）在政府中能代表他们利益的人不多，在决策过程中其利益经常会被忽视。

三　社会不公比较突出

（一）社会公正含义的界定

公正是人类历久弥新的价值追求，在社会和谐发展的研究中，其地位尤其得以凸显，学者吴忠民指出，维护和促进社会公正是和谐社会建设的核心。[①] 失去公正将意味着：基本制度的畸形安排，市场经济基本准则的破坏，发展活力的丧失，民主化进程的延缓或扭曲，社会安全程度的降低，甚至会引发程度不同的社会危机。[②] 学界对于社会公正问题已经进行了广泛而深入的研究。

公平正义问题之所以成为学界热议的话题和罗尔斯的《正义论》有关，罗尔斯在该著作中指出了公平正义的两个原则："第一个原则：每个人对与其他人所拥有的最广泛的基本自由体系相容的类似自由体系都应有一种平等的权利。第二个原则：社会的和经济的不平等应这样安排，使它们①被合理地期望适合于每一个人的利益；并且②依系于地位和职务向所

---

① 吴忠民：《论和谐社会建设的基本内容》，《中共中央党校学报》2007 年第 2 期。
② 吴忠民：《失去社会公正意味着什么》，《理论视野》2008 年第 4 期。

有人开放。"① 第一个原则主要是针对社会制度和公民的基本权利而言的，诸如政治自由、财产权利等基本权利已经为现代法治国家的宪法所明文规定，这一原则对任何人都是平等的，所以又叫平等原则。第二个原则主要是针对一些社会制度、经济上的不平等而言的，"故又称为不平等原则或差别原则。它承认人们在分配的某些方面是不平等的，但要求这种不平等对每个人都有利；人们在运用权力方面也是不平等的，但同样必须遵从官职对一切人开放的原则，即具有同样才能的人具有从政的同等机会"。② 罗尔斯"正义论"的差别原则实际上是有利于弱者的原则，也正因为如此，有学者将罗尔斯的"正义论"和诺齐克的"正义论"进行比较得出结论：罗尔斯主张公平正义观，而诺齐克则主张权利公平观，前者属于强调分配结果的结果正义观，后者属于强调起点和过程的过程正义观。③ 国内学者对于社会公正问题也进行了大量的研究。王学东对马克思主义的正义观进行了研究，他指出，"马克思主义在人类思想史上第一次科学地指明了真正实现社会公平正义的现实道路——消灭私有制，消灭阶级，实现人类解放。马克思主义雄辩地证明，社会不公正的根源在于生产资料私有制下的阶级剥削制度。只有在根本变革社会制度的基础上，才能真正实现社会公正"。④ 吴忠民指出，社会公正是马克思主义的核心价值观。⑤ 万俊人指出，"所谓社会公正，最一般地说就是平等地分配社会的'基本善物'（罗尔斯语'the primary goods'，亦译'基本益品'），包括各种基本的社会权利和社会义务的对等分配和承诺，以及其他社会公共产品的公平分配。社会藉以实现这一公平分配的基本方式是构建社会的基本制度体系，包括宪法根本、社会的经济、政治和文化之基本制度、通过国家权力机构即政府系统所制定的各种重要政策，等等"。⑥ 史文媛指出，所谓公正，简单地说，就是在一定社会范围内通过对社会角色的公平合理分配使每一个成员得其所应得。⑦ 吴忠民

---

① 〔美〕约翰·罗尔斯：《正义论》，何怀宏、何包钢、廖申白译，中国社会科学出版社，1988，第60~61页。
② 顾肃：《当代西方政治哲学中的社会公正理论》，《河北学刊》2007年第6期。
③ 曲光华：《罗尔斯与诺齐克的正义之辨及其对解决我国社会公正问题的启示》，《北方论丛》2008年第4期。
④ 王学东：《对马克思主义社会公正观的运用和发展》，《科学社会主义》2007年第6期。
⑤ 吴忠民：《关于中国共产党社会公正观的初步研究》，《马克思主义研究》2006年第11期。
⑥ 万俊人：《社会公正为何如此重要?》，《天津社会科学》2009年第5期。
⑦ 史文媛：《完善以社会公正为目标的社会政策体系》，《河北学刊》2008年第1期。

指出，"在现代社会和市场经济条件下，社会公正的基本价值取向包括两项相辅相成、缺一不可的基本内容：其一，让全体社会成员能够共享社会经济发展成果。其二，使每一个社会成员都能够拥有充分的自由发展空间"。① 也有一些学者从具体的层面对社会公正进行梳理。傅金珍认为，社会公正包括分配公正、权利平等、规则公平、保障适时、司法公正等维度。② 冯颜利指出，社会公正主要包括起点公正（机会公正、权利公正），过程公正（法律公正、规则公正），结果公正（分配公正、矫正公正），公正的社会，也就是要做到起点公正、过程公正和结果公正的社会。③

正如前文所述，学界的研究涉及社会公正的方方面面，但笔者认为吴忠民在多篇文章中指出的从四个方面对社会公正的梳理和总结最能全面地反映社会公正问题。吴忠民指出，社会公正包括四个方面：第一，基本权利的保证，即底线规则。它强调一个人来到世上，就具有了不证自明的基本权利，这些权利包括生存权、社会保障权、受教育权等。任何人，只要是中华人民共和国公民，不管贫富贵贱都平等地享受这些基本权利。第二，机会平等。在社会财富形成之前，人们应当遵循机会平等的规则。由于这一规则制定于社会财富形成之前，所以又将这一规则称为事前规则。第三，按照贡献进行分配。多劳多得，少劳少得，使每个人对社会的具体贡献同自身的切身利益紧密地结合在一起，这有利于调动社会成员的积极性，有利于激发整个社会的活力。第四，社会调剂。在现实社会中，由于能力、机会以及具体环境等因素的差别，社会在初次分配之后可能会出现程度或大或小的不合理乃至不公的情形，因此，在初次分配之后，社会有必要进行再调剂。④ 这是一个社会公正的分析框架，本书采用吴忠民先生的研究框架。

（二）社会不公是现阶段社会矛盾的重要根源

这里我们就从吴忠民先生的社会公正四维度对社会公正的现状进行梳

---

① 吴忠民：《立足于社会公正，优化社会结构》，《社会学研究》2007 年第 2 期。

② 傅金珍：《对实现社会公正的若干思考》，《东南学术》2006 年第 5 期。

③ 冯颜利：《社会公正与和谐社会的构建》，《重庆社会科学》2009 年第 8 期。

④ 参见吴忠民《中国现阶段的社会公正问题》，《河北学刊》2008 年第 2 期；《社会公正论》，山东人民出版社，2004；《关于中国共产党社会公正观的初步研究》，《马克思主义研究》2006 年第 11 期等。

理和分析。

第一，基本权利保证的现状。

《公民权利和政治权利国际公约》规定，公民基本权利包括生命权、人身自由和安全的权利、思想良心和宗教自由的权利、和平集会的权利、结社自由的权利、儿童被保护的权利、参与公共事务的权利，等等。[①] 而且《人权宣言》《世界人权宣言》等文件也都对人的基本权利做过详尽的说明。应该说，人权的明确是人类的进步，所以任何一个国家都应该保证该国每个公民都能够享受基本的人权。各国的经济社会发展状况不同，所以各国公民的人权状况是有差别的。但无论如何，像生存权、就业权、受教育权以及社会保障权等是发展中国家每个社会成员所应该具备的权利。[②] 因为这些权利是其他权利的前提，这些权利如果不能保证，其他权利就无法实现。基本权利是保障公民生存并作为人而体面地生活的前提，如果这一点做不到，那就谈不上公正。

应该说，现阶段我国在基本权利保障上已经做得不错了，但也不排除个别地区、个别群体还存在生活条件比较差的情况。现阶段我国弱势群体基本权利保障方面就存在令人担忧的地方。进城务工农民的生存状况相对于前些年虽然有了一些改善，但总体上他们的生活还是相当艰辛的，他们的工作非常辛苦，城市中最累、最脏的活大都由他们来干，他们在工作环境、医疗保障、子女就学等方面仍然存在问题。除进城农民工外，一些经济社会比较落后的地区，人们的生存条件还比较差；一些经济有所发展的地区又面临着严重的空气污染、生态恶化等问题，人们的健康受到了极大的威胁。这些问题的存在表明，我国基本权利保证，即公平的底线规则也存在问题。而这些问题是最基本的方面，也可以说是最亟待解决的方面。所以这需要社会各方发挥作用，为公民健康、体面地生存提供基本的保障。

第二，机会平等的现状。

机会意味着社会成员发展的可能空间和余地。[③] 总体而言，随着改革

---

① 《公民权利和政治权利国际公约》，载冯林主编《中国公民人权读本》，经济日报出版社，1998。

② 吴忠民：《社会公正论》，山东人民出版社，2004，第33页。

③ 吴忠民：《社会公正论》，山东人民出版社，2004，第33页。

开放的深入，机会平等已经成为中国的主流。但机会平等并不必然保证社会公正，机会均等只是保证初始的公平，就像长跑运动一样，起跑线上人人平等，但是在跑的过程中发生了分化。而且社会不同于长跑运动，长跑运动有终点，而社会的大运动没有起点，也没有终点。如果说改革开放之后的第一代人还是机会均等的，那么到了第二代人的时候，由于第一代人所创造的条件完全不同，所以第二代人的初始条件就有差别了，尤其是遗产税等税收制度不完善的情况下，这种差别会更大，这实际已经造成了机会的不平等。随着社会的发展，机会不平等的积累越来越深厚，结果，社会不公在不知不觉间形成了。其实社会所谓的初始机会平等只是个假设，现实中并不存在这样一个初始状态，人人都是在一定的客观条件下参与竞赛，而客观物质条件就是假定的初始机会均等所造成的结果。人人都是在一定的结果基础上参与社会竞争的。"问题在于结果上的不平等必然造成机会上的不平等。一个商人开始对别人并不存在优势，但后来积累了财富，就给自己的孩子创造了极大的优势，而且随着财富的增长，他的机会就会越来越多。""这样，机会均等是个诱人的词藻，但它并不解决任何问题。"[1] 机会平等本身孕育了机会不平等，社会自发的机会平等积累了社会不公正，市场自身无法保证不出现两极分化。

健康正常的市场经济会自然而然地导致收入差距拉大，这是我国现阶段社会不公的一个重要原因。另外，个人天赋、家庭、教育、职业等[2]也是影响机会平等的重要因素。除此之外，现阶段机会不平等还有一些人为的因素。首先，对"效率优先，兼顾公平"政策的误解。应该说该政策是适合社会主义初级阶段的，但是在具体实施过程中，"兼顾公平"的成分被忽略了，这在现阶段已经引起了相当激烈的争论，[3] 这实际上是人为地扩大了市场经济的两极分化效能。吴忠民认为，这种负面影响助长了畸形的经济行为，加重而不是缓解了中国所面临的一些重大社会问题，延缓了合理健全的社会政策的制定。[4] 其次，由公共权力的错位而导致的对市场

---

① 〔美〕格伦·蒂德：《政治思维：永恒的困惑》，潘世强译，浙江人民出版社，1988，第67页。
② 吴忠民：《社会公正论》，山东人民出版社，2004，第125～127页。
③ 吴忠民：《关于"效率优先，兼顾公平"的争论》，《探索与争鸣》2007年第6期。
④ 吴忠民：《社会公正论》，山东人民出版社，2004，第396～398页。

的不合理干涉所引起的机会不平等。我国社会主义政治、经济制度还有待进一步完善，公共权力的腐败在一定程度上也是存在的，且产生了很大的负面影响。其中公共权力过多地插手市场就是其负面影响之一，尤其是权力寻租导致了一些人的特别机会，而另一些没有缴纳"租金"的人就不会从中受益，这是典型的人为因素导致的机会不平等。再次，政策方面的差异也造成了不同群体、不同地域之间的机会不平等。比如，在经济政策上一些地区享受了特殊的优惠政策，这就造成了机会的不平等。再比如，社会政策的不同也会造成机会的不平等，现阶段社会保障政策的城乡二元结构就造成了不同人群之间的机会不平等。同样是退休人员保障待遇却差别很大，"原为企业编制的退休人员的待遇远远不如原为机关事业单位退休人员的退休待遇，而农村的老年人则干脆谈不上'退休'问题"。① 最后，社会文化等方面的因素。比如，性别歧视，女性在就业、劳动保护等方面面临着歧视。再比如，身份歧视，现阶段城市户籍和农村户籍依然存在较大差别，进城打工的农民仍然是农民，备受歧视，没有被国家认可为城市人口，往往从事工作条件差、劳动强度大、工资偏低的低级工种。② 在一定程度上，市场所导致的收入差距拉大还是有一定的合理性的，关键是在自由竞争过程中，一些人为的因素造成了人们无法站在同一个起跑线上起跑。这才是机会不平等的关键性问题。市场经济的收入差距拉大机制和人为的因素结合起来就更加强化了机会的不平等。

第三，初次分配的情况。

初次分配规则是机会平等规则的自然延伸，它所强调的是付出和收获上的一致性。③ 市场经济之所以能够调动人们的积极性，就在于其劳动所得和付出是直接挂钩的，在利益的驱动下，想到有可能会得到好处，所以人们宁愿多付出一些。现阶段我国基本分配制度是以按劳分配为主体，多种分配方式并存的分配制度，但这并不能排除存在初次分配不公的现象，虽然这种不公并非社会主流，但其对社会的影响是巨大的。吴忠民指出，如果一部分社会成员付出少而收益多，同时多数社会成员却是付出多而收益少，那就意味着这个社会存在程度不同的"剥削"和"被剥削"的现

---

① 吴忠民：《社会公正论》，山东人民出版社，2004，第 296 页。
② 吴忠民：《社会公正论》，山东人民出版社，2004，第 296~297 页。
③ 吴忠民：《社会公正论》，山东人民出版社，2004，第 146 页。

象。如果社会成员不论付出多与少，而收益却是一样的，那就意味着这个社会存在程度不同的平均主义现象，平均主义说到底也是一种"剥削"和"被剥削"的现象，是能力弱、贡献少的社会成员剥削能力强、贡献大的社会成员。[①] 所以初次分配必须要处理好付出和收益的关系，如果收入差距过大，即少数人付出少而收益多，那社会就会增加被剥夺感，进而影响社会的和谐与稳定；而如果社会过多地倾向于平均主义，社会成员的积极性就会被挫伤，进而影响社会效率和发展速度，这两者都不是社会和谐发展所希望出现的。但就现阶段的中国而言，平均主义的倾向已经不存在了，"初次分配讲求效率，二次分配讲求公平"的政策基本上保证了社会的效率与发展速度，但是社会分配的差距过大成为我国社会不公的重要表现。

现阶段的我国处于社会矛盾凸显期，群体性突发事件的频发就是一个重要标志。为什么一些非利益相关者也"乐此不疲"地加入群体性突发事件的行列之中呢？为什么一些小事就能够演变成群体性突发事件呢？实际上群体性突发事件等社会矛盾的凸显仅仅是现象，其背后的深层次原因在于社会成员的不满情绪，由于社会不满情绪的积累，一个小小的事情可能成为一个群体性突发事件的导火索，就如烈火遇到了干柴，必然会骤然导致火势增大。究其原因，社会收入差距过大是一个重要根源。而引起社会不满情绪的不是纯粹市场的"按劳分配"所导致的收入差距过大，靠自己的能力致富很少会引起别人的眼红，有"仇富心理"的人一般不会仇视像袁隆平这样靠自己真本事致富的人，他们主要是对那些靠权力寻租、垄断等非正常手段短时间内暴富的人产生不满情绪。不仅个别人的非常手段会导致社会不满情绪，而且由于政策等方面原因所造成的初次分配差距拉大也会导致社会成员的不满情绪。很多社会成员为社会发展作出了贡献，但是没有分享社会发展所带来的成果，贫困如故，甚至还不如以前，这很容易导致不满情绪的升温。

第四，社会调剂原则的状况。

公正是社会和谐发展的重要方面。景天魁认为，社会发展状态（或者模式）可以分为两类：一类是内部有巨大的张力，在片面追求经济增长速

[①] 吴忠民：《社会公正论》，山东人民出版社，2004，第147页。

度的同时，社会矛盾加剧，这种发展可能一时达到较高的增长速度，但难免与危机并存，稍有不慎就有可能陷入金融危机、经济危机、政治危机和社会危机之中，使经济增长的成果毁于一旦。另一类发展模式则是在追求经济发展的同时，高度重视各方面的协调、平衡。这样的发展，速度不惊人，但内耗较小、合力较大、破坏性小、积累性强，能够协调各方面利益，调整社会结构和社会心态，化解社会矛盾，维持社会发展。[①] 显然后者的发展有更大的可持续性，前者的发展则充斥着不和谐的因素。对于我国而言，社会和谐发展应该是保持发展的速度和势头的情况下力求做到社会公正协调。这就需要处理好初次分配和再次分配的关系问题，初次分配是以效率原则为主，但这一原则不能保证社会的收入的大致均衡，这就需要二次分配的调节原则，调节原则是补救由初次分配所导致的社会不公的主要措施之一。对于一个社会而言，社会过度趋于公正会影响活力，而社会过于趋于不公正（主要是收入差距拉大）也会挫伤人们的积极性，甚至会导致社会动荡。所以社会公正度宜保持在一定的范围内，使得社会既有充分的活力，又不致挫伤劳动者的积极性。处理这一问题的重要方面就是处理好初次分配和再次分配的关系，使得二者保持一定的张力。社会调剂原则的具体目的有两个，"一是要从生存的意义上保证社会成员最为基本的生存底线，二是要从发展的意义上普遍提升社会成员的生活质量和发展能力"。[②] 初次分配遵循效率原则，再次分配强调公平，这是"效率优先，兼顾公平"政策的一种体现，但理论上的言说容易，现实的践行则并非易事，尤其是再次分配兼顾公平（即调剂原则）。关于调剂原则，吴忠民先生指出，具体的调剂内容包括：充分就业、合理地收税、社会福利、普及教育、营造广泛的社会公平环境。[③] 其基本宗旨即力图使在初次分配中由于种种原因没有获得丰富生活资料的人在再次分配中能够得到补偿，力图使其能够保持健康体面的生活。

社会调剂原则的实现途径主要靠国家税收和国家的社会政策，但是现阶段税收体制不完善，在一定程度上并没有起到社会调剂的作用，甚至还有可能扩大两极分化，出现"逆向调剂"。比如，《经济参考报》的一篇文

---

① 景天魁：《社会公正：理论与政策》，社会科学文献出版社，2004，第6页。
② 吴忠民：《社会公正论》，山东人民出版社，2004，第172页。
③ 参阅吴忠民《社会公正论》，山东人民出版社，2004，第173～179页。

章刊载：

> 记者在湖南采访时获悉当地一起令人震惊的富人逃税案。在湖南某地有一家当地最大的槟榔企业。由于企业解决了当地 3000 人的就业，被政府视为关系地方稳定的重点企业，平日基本不允许政府职能部门进入企业检查。企业主自己也特地养了好几只高大威猛的狼狗看守院门，防止人员擅自闯入。如此一家戒备森严、备受保护的企业，却不断被举报有严重的偷漏税行为。为此，当地国税部门在缜密的前期调查后，联合公安部门对企业进行了一场突击检查。在公安部门的支持保护下，税务稽查人员迅速进入企业，封存了财务电脑，结果发现企业向税务部门申报的销售额为 1900 余万元，而实际销售收入高达 2 个亿。更令人意外的是，企业内部还专门设有一间金库，堆放着成箱的现金，用于日常交易，以躲避税务部门对企业的账户监控。"1900 万元与 2 个亿，相差近 10 倍，这中间的税收流失十分惊人。如果没有突击检查，这部分钱就直接进了企业主的腰包。"参与此次稽查的湖南省一位税务干部由此发出这样的感叹："现在的富人不是照章纳税发展起来的，很多是靠偷税漏税迅速发家的。"①

这不仅仅是个个案，还具有相当的普遍性，现阶段很多高收入者确实存在偷税漏税现象，很多企业想方设法利用税法的漏洞合法避税，比如"辽宁省本溪地税部门就曾查处一起个案，当事人共有七处收入，每处都低于 2000 元纳税起征点，这样尽管每月拿着万元以上的收入，却不交税"。②而工薪阶层则几乎没有逃税的机会，也就是说，本应该成为中等收入者的那些人则成为纳税重点，工薪阶层本身就有很重的负担，比如要买房子，还要养家糊口，加上个税的严格征收，现阶段我国中产阶层大有"无产化"的倾向。这就不利于"中间大，两头小"的理想社会结构的形成。

---

① 杨玉华、冯雷、丁文杰：《高收入群体税收监管存盲区　加剧收入分配不公》，《经济参考报》2010 年 5 月 17 日。

② 杨玉华、冯雷、丁文杰：《高收入群体税收监管存盲区　加剧收入分配不公》，《经济参考报》2010 年 5 月 17 日。

四　社会发展不协调

改革开放 30 余年的经济发展创造了举世瞩目的"中国奇迹"，中国已经是世界第一出口大国、第二工业大国、第一大汽车市场、第一大外汇储备国，并且在煤炭、钢铁、铝合金、水泥、化肥等方面排名第一，乃至于一些国外舆论认定我们是发达国家，但是我们的问题也是很多的，目前中国有 1.5 亿人达不到联合国规定的一天 1 美元收入的标准，还有 4000 多万人没有脱贫。[①] 在众多的社会问题中，发展不协调是一个重要问题，现阶段我国社会之所以矛盾重重，乃至于诸多社会矛盾"按下葫芦又浮起了瓢"，一个重要原因就是社会发展不协调。

（一）城乡发展不协调

按照国际的一般情况，一个国家内城镇居民人均可支配收入与农村居民人均可支配收入的比例应该小于 1.7 倍，世界上也只有少数国家超过 2 倍，但中国的这一比例 2007 年高达 3.33 倍，居世界第一。[②] 在城乡二元结构中，直接的差别是城乡收入的差距，除此之外，包括社会福利、公共设施的提供等都会扩大城乡的差距。比如，在社会保障方面，景天魁指出，"在工业化、城市化进程中，'失地又失业'的农民如不及时给以必要的社会保障，其状况比下岗职工还要窘迫；大批进城务工农民，奔波于城乡之间，如无工伤、生育和大病医疗方面的必要保障，其生存质量乃至生命将受到严重威胁"。[③] 在公共设施提供方面，教育等公共设施在城镇是由国家负责投资，而农村则很难享受到这一点，农村教育由乡镇投资，其他公共设施大多数采取的是国家出一点、乡镇出一点的举措。另外文化、科技、体育、卫生等方面，城乡都存在明显的差距，这更扩大了城乡的差距。陆学艺在 2010 年出版的《当代中国社会结构》一书中指出，社科院经济所的调查显示，如果将城乡社会福利保障的不平等、公共设施服务的不均等、各项社会事业的城乡差距等方面的问题考虑进来，中国城乡差距

---

①　参阅张西立《国外有关中国发展现状的舆论动向》，《学习时报》2010 年 10 月 4 日。

②　中华人民共和国国家统计局：《中国统计年鉴 2008》，中国统计出版社，2008，第 317 页。

③　景天魁：《社会公正：理论与政策》，社会科学文献出版社，2004，第 219 页。

高于6:1。[①] 近年来，在城乡问题上，我国先后提出了统筹城乡发展战略、工业反哺农业、减免农业税费、推进农村新型合作医疗等一系列政策措施，并实施了对"三农"的"多予、少取、放活"政策，[②] 但是由于问题积重难返，目前城乡差别并没有得到有效的缓解，甚至个别地方还有继续扩大的趋势。在探讨城乡二元结构形成的根源方面，很多学者都认为，我国的户籍制度及由户籍制度所衍生的一系列社会制度是造成这种态势的根源。有学者指出，"直到目前，我们的户籍制度仍然是城乡二元户籍制度，大量的进城农民，仍然没能实现自己的城市梦，充其量只是'半城市化'；作为产业大军主体的农民工仍然不能实现同城里人的'同工同酬'；农民工的子女在城里仍然不能同城里人的子女一样享受同等的受教育权等"。[③] 城乡二元体制的壁垒在目前的中国仍很突出。作为我国城乡二元结构的政策性根源的户籍制度现阶段仍然存在，而且"由它派生出来的就业制度、住房制度、医疗制度、教育制度等也在一定程度上导致了二元结构的固化"。[④] 不仅仅是户籍制度，我国特殊的工业化道路也是二元结构形成的重要根源。城乡之别实际上代表了农业和工业之间的差距，工农业本身就存在剪刀差。新中国成立之后，我们走的是优先发展工业，以农业支持工业的工业化道路，农业为工业的发展作出了巨大牺牲。这样的发展道路在我国具有一定必然性，但是这一工业化道路的必然结果就是城乡差距的拉大。长期以来，我国采取特殊而严格的户籍制度，再加上特殊的工业化道路，这就使得城乡二元结构，城乡两个世界，甚至"一个中国，两个世界"的局面成为必然。而且由于问题的积重难返，二元结构逐渐稳定化，而这样的社会结构势必影响我国社会的和谐发展。

（二）区域发展不协调

根据国家西部大开发战略对于地区的划分，我国（不含港、澳、台）经济、社会发展的总体格局分为东、中、西部三大地区。其中，东部地区包括辽宁、北京、天津、河北、山东、江苏、上海、浙江、福建、广东、

---

① 陆学艺：《当代中国社会结构》，社会科学文献出版社，2010，第269页。
② 安贞元：《我国城乡差距扩大问题的政治考量》，《求索》2010年第7期。
③ 安贞元：《我国城乡差距扩大问题的政治考量》，《求索》2010年第7期。
④ 课题组：《关于统筹城乡发展的思考与建议》，《中国党政干部论坛》2009年第12期。

海南 11 个省、直辖市；中部地区包括黑龙江、吉林、山西、河南、安徽、湖北、湖南、江西 8 个省；西部地区包括重庆、四川、云南、贵州、西藏、陕西、甘肃、宁夏、青海、新疆、内蒙古、广西 12 个省、自治区、直辖市。总体而言，我国东、中、西部发展不均衡，东部地区经济社会发展速度较快，人均国民生产总值较高，而中、西部则发展缓慢，人均国民生产总值较低。不仅国民生产总值差别很大，而且劳动力流向、资本流向、科技和文化发展在东、西部之间都有明显的差别。中、西部地区大批的劳动力流向东部沿海地区，为东部沿海的发展提供了充足的劳动力，而且我国现阶段的特有国情决定，这一劳动力的流向更加大了东、西部之间的差距。有学者指出，东部沿海地区由于经济发展速度较快，吸引了大批的中、西部地区的劳动力，这些劳动力在东部沿海地区为该地区创造了 GDP 和税收，但是这些劳动力所创造的税收很少被用来为这些劳动力提供医疗、教育等公共设施，可以说，东部地区"无偿"占有了这些劳动力所创造的 GDP 和税收，而这又为该地区更加快速发展提供了基础。西部地区的劳动力都跑到东部地区去创造 GDP，但是老、弱、病、残等没有劳动能力的人留在了西部，这些人需要西部地区为他们"负担"公共设施投入，西部财政在本身就比较困窘的情况下，又缺少税收收入，增加支出负担，结果更加困窘。[①] 经济发展缓慢的地方负担加重，经济快速发展的地方负担变轻，这就扩大了"马太效应"，穷者更穷、富者更富。区域间适度的差距会促进经济的发展，激发发展的激情，鼓励欠发达地区奋起直追，赶超发达地区。但是当区域间差距越来越大并且达到一定程度之后，这种差距就会挫伤劳动者的积极性，会导致不公平感、仇富、嫉妒甚至愤怒等消极情绪的产生，成为经济社会发展的阻力。我国区域发展之间的差距已经达到了较高的程度，在一定程度上已经成为阻碍社会和谐发展的一大问题。

（三）人与自然的不和谐

关于人与自然的不和谐，早在资本主义陶醉在大发展、大繁荣的时期，罗马俱乐部就已经觉察到了人与自然的关系中所存在的问题。在《增长的极限——罗马俱乐部关于人类困境的报告》一书的英文版序言中，作

---

① 袁喜禄：《我国区域发展不协调的实质》，《中国经贸导刊》2006 年第 11 期。

者明确描述了他们的结论："如果在世界人口、工业化、污染、粮食生产和资源消耗方面按现在的趋势继续下去，这个行星上增长的极限有朝一日将在今后100年中发生。最可能的结果将是人口和工业生产力双方有相当突然的和不可控制的衰退。"[①] 当然作者也指出，如果人类能够积极地采取措施，改变生产方式，避免这一悲剧性的未来还是有可能的。而蕾切尔·卡逊则在《寂静的春天》中指出，人类大量使用杀虫剂，将来我们的春天可能看不到五彩斑斓的小鸟，看到的将是寂静的死亡的春天。[②] 虽然罗马俱乐部的研究者明确指明了不顾环境承受力的发展可能导致人类的悲剧，但是很多国家和地区的发展仍然没有汲取这一教训，在本国经济发展中没有充分顾及生态环境问题。我国生态问题也不容乐观。学者李业才指出："人口'爆炸'，热带雨林变稀，生物多样性减少，珍稀物种濒临灭绝，工业废水废气、酸雨，臭氧层洞穿，地球温室效应，水土流失严重、荒漠化汹涌，海平面上升，沙尘暴漫天，'母亲河'长期断流和洪水泛滥，可使地球毁灭100次的核武弹头和生物武器的威胁、滥捕滥食野生动物带来的'非典'流行病等等，不胜枚举。如此种种，诸多自然生态严重问题，多因人类对大自然的急功近利、近乎疯狂的掠夺式开采和占用，这些强大干预超过了自然界的自我调节能力。"[③] 仅就2010年而言，中国就经历了众多的自然灾害，西南地区旱灾肆虐，另一些地区则洪涝灾害严重，地质灾害频发，甘肃舟曲发生特大山洪泥石流，台风活动频繁，"狮子山"等5场台风先后在我国登陆，横扫东南沿海地区。这些灾难发生的一个重要根源就是人类的生产方式破坏了生态环境，我们为我们的行为付出了惨重的代价。

关于社会发展中的不协调现象还有一些，比如现在与长远、中央与地方、国际与国内等，由于这些方面与本书的直接关系并不密切，即现代社会组织在处理这些关系上很难发挥作用，所以这里不做爬梳。

① 〔美〕丹尼斯·米都斯等：《增长的极限——罗马俱乐部关于人类困境的报告》，李宝恒译，吉林人民出版社，1997，英文版序言第17页。

② 参阅〔美〕蕾切尔·卡逊《寂静的春天》，吕瑞兰、李长生译，吉林出版社，1997，第八章。

③ 李业才：《广义生态危机省思》，《前沿》2009年第8期。

第二节　现代社会组织的运作原则及其
化解社会矛盾的角色定位

计划经济时代我们奉行的是国家全能主义，经济社会事务全部由国家包下来，在这种社会主义模式下，社会问题自然也由国家包揽解决。改革开放之后，计划经济的社会主义模式逐渐为中国特色社会主义模式所代替，计划经济也逐渐为社会主义市场经济所代替，政治国家与社会逐渐分离，社会空间逐渐扩大。由于转型期社会问题较多，对于很多问题，政治国家还无力给予彻底解决。而社会空间的扩展、现代社会组织的发展壮大在一定程度上体现了公民对社会问题的深切关注，比如慈善组织就是对社会弱势群体的关注，各种维权组织就是对权利受损群体的关注等。虽然在我国相对于政府而言现代社会组织的作用并不占主导地位，但这毕竟是一种趋势，也是一种化解社会矛盾的机制。作为一种独立的、具有自治特征的社会力量，现代社会组织具有自身的运作原则，这些原则决定了它在解决社会问题上明显不同于国家，而这一点决定了它在解决社会问题上可以补充政治国家的不足。如果现代社会组织和政治国家合作，互补不足，社会问题是会得到化解的。

一　现代社会组织运作原则的基础

现代社会组织的运作存在其他社会组织所不具备的特殊原则，这些特殊原则根源于该类组织的一些特点。

第一，现代社会组织的非政府性决定它必须具备一定的组织化程度，这又需要组织成员之间具备较高的合作精神。政府组织的最大特征就在于它以官僚体制为运作基础，在这个机制内部，下级服从上级，地方服从中央，这种组织体制使得整个政治系统就像一架庞大的机器，运作严密、统一，能够减少摩擦，降低物力和人力的消耗等。现代社会组织作为与政府组织相对应的民间组织，不具备这些组织化的手段，但是必须具备一定的组织化程度，只有组织起来，它们才能发挥应有的作用。"如果公民不互相帮助，他们便将毫无力量；如果公民没有权利为了政治的目的而组成联合体，那么，他们便没有独立精神可言。从另一个角度来说，如果他们从没有在日常生活中组成联合体的习性，那他们的文明便很成问题。"① 因此，联合的习惯与合作的精神是现代社会组织运行的精神基础。政府的高度组织化程度是建立在官僚体制的强制基础之上的，与之不同，现代社会组织的组织化是建立在自愿基础上的。自愿加入组织并践履和宣传该组织的理念，同时也可以自愿退出该组织，参与或者退出组织是建立在私法精神、契约精神之上的。组织内部没有强制，没有等级，人与人是平等的。现代社会组织的这一特征决定，一旦较为健全的现代社会组织形成并发展壮大，那就意味着组织成员具有较高的联合和合作的精神，这些精神在一定程度上决定了现代社会组织必须彼此相互宽容、相互信任。有研究表明，农民工在维护自己合法权益的时候，对于具有地缘性的老乡会和同乡商会具有较高的认同度，"在单个农民工无力与企业、政府进行谈判，而官方工会又难以真正代表农民工利益的背景下，有些农民工开始尝试着通过'同乡商会'或'老乡会'来维权。这种'以地缘为纽带的维权'的出现说明了农民工对于组织资源的渴望"。② 一旦通过此类组织维权成功，其效应会扩大化，更多的农民工会更加认同此类组织，更加趋于联合和合作。农民工认同同乡商会和老乡会是传统习惯使然，传统社会是一个熟人社会，熟人之间是讲诚信的和愿意相互帮助的，这也说明，只有相互信任、相互合作才能够铸就健全的民间组织。

第二，现代社会组织的理论基础是政治自由主义，这决定了现代社会组织的运行必须以平等自主为原则。"作为西方人追求自由、自主的生存与活动样式的一种不懈努力，整个市民社会演进历程的始终，都必然伴有某种明确的理论作为指导。这种理论不是别的，就是自由主义。"③ 肇始于霍布斯、洛克，再往前可以追溯到古代斯多葛学派的自由主义，其基本理念可以概括为：在经济上主张放任自流的纯粹市场主义；在社会格局上主张小政府、大社会，政府只是扮演"守夜人"的角色；在哲学基础上强调

---

① 朱世达：《美国市民社会研究》，中国社会科学出版社，2005，第 7 页。
② 江立华、胡杰成：《"地缘维权"组织与农民工的权益保障——基于对福建泉州农民工维权组织的考察》，《文史哲》2007 年第 1 期。
③ 袁祖社：《权利与自由——市民社会的人学考察》，中国社会科学出版社，2003，第 57 页。

个体的价值，反对权力干预个人私生活，反对集体压制个体。也正是这种理念引发了政治国家与社会的分离，小国家、大社会的社会格局为公民社会的发展壮大提供了广阔的空间。而且"大社会"的主要内容就是独立的、自治的、非政府的现代社会组织，在这样的组织里，不存在强制的逻辑，人们参加组织是出于对公益事业的关切和志同道合，人们的行为是出于自愿自主。这种组织是主体性理念的一种落实，是对依附性人格的反动，同时也是公民人格走向成熟的表现，"个体主体性的丧失意味着健全的公民人格的缺失，也就意味着公民社会的不健全"。① 公民独立人格的觉醒和健全的现代公民社会是一而二、二而一的问题。自治（包括地方自治、社会自治等）是现代社会的特征，而现代社会组织是社会自治的主体之一，这也是它的非政府性的主要表现之一，比如行业协会就是行业自治的表现，由于是自治，组织内部没有纵向分层的官僚体制，各会员企业之间都是平等的，在行业发展的协商过程中各会员企业都是自主决定、自由发表言论和看法。因此可以说平等与自主是现代社会组织的主要原则之一。

　　第三，现代社会组织的非营利性和目的的公益性决定了现代社会组织将互利和公益作为基本的运作原则。前文已经表明，现代社会组织的非营利性并不意味着现代社会组织都是完全不营利的，相反，很多现代社会组织都存在服务收费等营利性的业务。现代社会组织的非营利性是指其盈利不得在会员之间分配，即所得盈利仍旧用于该组织所从事的公益事业。比如，世界上最大的私募基金会——由比尔·盖茨夫妇建立的"比尔和梅琳达·盖茨基金会"每年光股票收入就是一个十分巨大的天文数字，但是这些收入不得用于私人事务，而只能用于符合该基金会宗旨的公益事业。公益基金会等民间组织都有促使其资本保值增值的任务，以为实现本组织的宗旨积淀更为雄厚的资金。但经营性的收入都要归入组织的账目中，用于组织开展活动。公益性是现代社会组织的一般性特征之一，尽管不同种类的组织有不同的宗旨、目标，如维权、扶贫、环保、教育资助、科研资助等，但为了公益而不是私利则是这些组织的共性之所在，也是现代社会组织的基本原则之一。

---

① 郭湛：《社会公共性研究》，人民出版社，2009，第279页。

二　现代社会组织的运作原则

现代社会组织之所以不同于政府组织和作为市场主体的企业组织，其中一个重要的方面就是它的运作相对于政府组织和企业组织的运作而言有着自己特有的原则。相对于政府组织的运作，现代社会组织更多地体现为平等、自主等原则，相对于企业组织而言，现代社会组织更多地表现为互利性和公益性原则。就总体而言，本书认为现代社会组织的运作原则主要包括平等、自主原则，宽容原则，诚信原则，互利和公益原则。

（一）平等、自主原则

现代社会组织是由普通公民组成的非政府、非营利、自治、自愿的组织，组织的这些特征决定了成员的交往必然是建立在平等、自主的基础之上的。现代社会组织的非政府性和志愿性蕴含了以契约精神为核心的私法自治理念，而这是平等和自主的精神根基。

马克斯·韦伯指出，官僚体制的纵向分层、横向分科的基本原则在现代政府中被广泛地运用，虽然政府类型存在差异性，官僚体制却是其共性特征。而官僚体制需要有权威，有上下级关系，虽然这种上下级关系与封建专制时代的上下级关系已经有了质的差异，但是在现代政府体制内还是有地位上的差异性的，只不过官僚体制中人们所服从的权威是抽象权威，而不再是具体的某个权威人物。现代社会组织作为非政府组织，它本身不存在官僚体制，而且组织的运行是自愿加入，人与人体现的是一种契约精神，契约精神是公民社会的底蕴。要探讨公民社会的底蕴，我们需要回溯到公民社会的产生。现代公民社会的产生源于公民社会与国家的分离，公民社会与国家的分离产生了两种权力（利）——公权和私权，并由此明确了公法和私法的边界：公法以国家公共领域为调整对象，私法主要调整平等主体之间的关系。也就是说，私法以公民社会为主要的调整对象，私法"协议就是法律"的精神凸显了契约的重要性，契约的订立基于双方的平等、自主、自愿，而不是被迫的，如果自己认为不妥，自己完全可以不签订协议。自己管理自己，自己为自己立法，这是以平等、自主为核心的私法自治精神。法国学者狄骥把私法自治总结为："承认个人在私法领域内，就自己生活之权利义务，能为最合理之'立法者'，在不违背国家法律规定之条件下，皆得基于其意思，自由创造规范，以规律自己与他人之私法关系。"① 它所强调的是个人的自由和权利，强调自己的事情要由自己来作出选择，"私法自治给个人提供一种受法律保护的自由，使个人获得自主决定的可能性"。② 基于自己的意愿而作出决定就是自由。如果依照伯林的消极自由和积极自由之分，③ 公民社会的自由主要是积极的自由，积极参与公共事务的自由，私法主要是要保护公民的积极自由。在这里我们需要明确，公民的积极自由就是国家的消极自由。如果国家行使积极自由，公民就只能拥有消极自由了。消极自由与积极自由需要视其行使主体而确定。伯林本人对积极自由很反感，他认为，"积极自由的本质是控制、驾驭，持积极自由的人对生活持进攻性的、进取性的、干预性态度"，其重心在"控制、统治与应该"。④ 所以，"积极自由导致自由的失落"，"第一方面，积极自由从自我的强制发展为社会的强制；第二方面，积极自由从理性的一律发展到强迫的一律；第三方面，积极自由从合理的自律发展到合理的压制"。⑤ 按照他的观点，现代西方的福利国家制度就是国家行使积极自由，干预了公民某些私人空间，剥夺了公民的部分自由。公民社会所形成的私法自治的文化底蕴不是这种积极自由，而是由公民承担自由主体的那种积极自由，也就是国家的消极自由。

健康的公民社会内蕴了这种私法自治精神，也会通过社会化的途径将这样的理念内化为组织成员的内在品质，从而重塑、巩固、完善组织成员的平等和自主的现代素养。具体表现在：①组织的运作可以增强公民的独立和自主意识，长时间浸润在以平等自主为运作原则的组织环境中，这种轻松愉快的现代公民素养会以"润物细无声"的方式感染和影响组织会员，平等自主的现代公民意识会不知不觉地在会员的心灵深处暗生潜长。②作为法治的一般要求，私法自治不仅完全排斥政治上的专制与独裁，而

---

① 上述引文均引自邱本《市场法治论》，中国检察出版社，2002，第91页。
② 〔德〕迪特尔·梅迪库斯：《德国民法总论》，邵建东译，法律出版社，2001，第143页。
③ 按照伯林的观点，消极自由是免于……的自由，积极自由是自主去做……的自由。
④ 胡传胜：《自由的幻像——伯林思想研究》，南京大学出版社，2001，第90页。
⑤ 胡传胜：《自由的幻像——伯林思想研究》，南京大学出版社，2001，第91页。

且还提出了对公共权力进行有效制约的要求，公民社会的这一特征也会增强公民的独立意识和平等观念。③现代社会组织有助于形成民主制度。①事实上，一些民主制度就是来自私法领域，正如萨尔瓦多·吉内尔所说的，"现今所有民主政治的制度架构均源自于一些特定的公民社会，后者是在自由国家和市场经济中发展起来的"。②④私法关系由公民自主决定，这使私法关系具有多元性、私法自治、开放性等特征，这最终会导致人们观念的变化及政治上的开放性，从而必然要求政治的民主化。科恩说："社会的民主管理意味着什么？也可通过社会生活与个人生活的类比来说明。选择自己的目标时，个人可以自己做主，他可以自己选择，自己决定。以社会为范围的自治或自主就是民主。"③也可以说，自治就是民主的本质，比如有学者认为，"私法自治实现着民主政治"。④这是文化对人的教化作用的表现，一旦一个社会形成了一种先进的文化，那么该社会的成员就会在不知不觉之间把这种先进的文化内化为自己的心理品质，进而在政治经济走向现代化的过程中实现自我观念的现代化变迁。

（二）宽容原则

宽容是现代社会应有的社会氛围，这植根于现代社会的多元性和异质性。高度统一和同质性的社会无所谓宽容，因为宽容本身就是对异端排斥的克服，没有异端自然也就无所谓宽容。我国学者万俊人认为："宽容是具有普遍价值向度的道德态度和文化态度，即在人格平等与尊重的基础之上，以理解、宽谅的心态和友善和平的方式，来对待、容忍、宽恕某种或某些异己行为、异己观念乃至异己者本身的道德与文化态度、品质与行为。"⑤还有学者认为："宽容是一种以价值多元化为基础的理性化的观察和分析问题的方法。具体地说，宽容意味着对价值多元化现实主体的承

① 以上几点参见谢维雁《宪政与公民社会》，《四川师范大学学报》（社会科学版）2002 年第 6 期。

② 〔西〕萨尔瓦多·吉内尔：《公民社会及其未来》，载何增科主编《公民社会与第三部门》，社会科学文献出版社，2000，第 153 页。

③ 〔美〕卡尔·科恩：《自治——民主的本质》，载王建勋主编《自治二十讲》，天津人民出版社，2008，第 284 页。

④ 邱本：《市场法治论》，中国检察出版社，2002，第 88 页。

⑤ 万俊人：《寻求普世伦理》，商务印书馆，2001，第 508 页。

认、尊重和平等看待；意味着对不同价值标准的客观理解；意味着对自己价值观念的执着和恪守。宽容体现的是一种欢迎不同观点而又是非、立场明确而不偏执的精神。"① 现代社会更多地呈现为多元性和异质性，这就需要相互尊重和宽容，"宽容是对不合理的社会排斥行为的克服和超越，现代宽容主张人与人之间按照理性的、人性的理解来展开彼此的关系，只要没有损害他人的正当权利，个人的差异与个性就不应该受到排斥。而且，任何时候一个人作为人的基本权利和尊严都不应该受到漠视和敌视。现代宽容是对人本身的宽容，是让人作为人来生活的宽容"。② 宽容就是对强制力的克服和放弃，强制的权威缺乏逻辑论证的合法性，它只靠威胁、恐吓和压迫来让人屈服，这实际上是不把别人当人看，是对他人的损害。③ 在多元化的现代，社会要和谐发展只能是"和而不同"的和谐，而这需要持有不同观点、信念的人彼此尊重对方的信仰、观点，可以不同意对方的看法，但是必须尊重对方言说的权利。胡适先生也说过，宽容比自由更重要。综上所述，宽容应包括如下内涵：①宽容以多元主义为基础，承认异己观点存在的权利。②对异己观点和行为采取尊重、平等看待的态度。社会应该形成一种宽容彼此、容忍异己观点的态度，这种态度对于社会和谐发展具有十分重要的价值。③宽容并不意味着放弃自己的观点，不是无原则地附和，而是求同存异。

现代社会组织的目的在于社会公益，为了公益，组织成员彼此合作，为了达到合作的目的，他们本着相互理解、彼此宽容的原则真诚交往。因为他们的共同目的是公益，不存在利益冲突，他们的交往更多的是出于真诚的交往。

1. 宽容是现代社会组织存在的前提

公民社会的发展史表明，现代社会组织的出现及发展壮大是人类走向解放的结果。也正因为这个原因，郭湛先生在其著作中认为，马克思所谓的作为自由人联合体的理想社会才是真正的成熟的公民社会，④ 人类社会就是一部从不自由走向自由的历史，也是公民社会发展成熟的过程。这一

---

① 张祥明：《宽容：庄子的认识论精神》，《齐鲁学刊》1998 年第 6 期。
② 彭立群：《公共领域与宽容》，社会科学文献出版社，2008，第 87 页。
③ 参阅彭立群《公共领域与宽容》，社会科学文献出版社，2008，第 86～87 页。
④ 郭湛：《社会公共性研究》，人民出版社，2009，第 283 页。

过程从另一个角度来说也就是走向宽容的过程，以民主为特质的现代政治中宽容的因子得到了充分彰显。学者杨楹、王福民指出："审视现代政治生活的内在特质，宽容不仅解除了政治生活的封闭性与私密性，使现代政治具有开放性、公民的高参与度，并且赋予公民审视、评价政治生活的正当性与合理性的权利，更为重要的是通过公民在法律意义上的平等性，体现出现代政治追求公正、正义和自由的内在价值取向，从而使现代政治从理念到制度安排、现实运作等层面都贯穿着宽容的精神。"[1] 现代政治是在否定前现代的专制主义基础之上发展起来的，对于社会的不同意见，它不再予以强制性的管制，而是将多元利益格局，多元的意见、看法和观点作为公民的私人权利予以尊重和保护。所以约翰·格雷说，宽容的目标不是共识，而是共存。[2] 政治系统放弃了一元化的整合，努力催生多元社会"和而不同"的共存局面，"允许不同利益的公众表达自己的政治权利诉求，各利益集团可以根据自己的政治需要自由地进出政治生活领域，政治生活就成为人们共存的公共领域，也必然成为多元主体追求共善的领域。这样，现代政治生活解除了传统政治生活的私密性，体现出强互动性特征，使政治不再是一种特权的代名词，而是具有公开、公平与公正等诸多特性的公共事务"。[3] 这是现代政治的特质，也正是在这种现代政治氛围下，健全的现代社会组织才能够发展壮大，并发挥应有的作用。因为现代社会组织的基本特征包括非政府性、自治性等属性，这决定了现代社会组织不是政府的附庸，而且现代社会组织还有可能是监督政府权力的重要力量。甚至有的学者指出，现代社会组织就是和政府相对立的，但笔者认为，现代社会组织是合法组织，而不是非法的反政府组织，非法组织本身就不具有合法性，所以现代社会组织不应该是和政府作对的，现代社会组织应该配合政府，和政府合作努力实现组织宗旨。但现代社会组织毕竟不是政府组织，它具有相对独立性，可以弥补政府的不足，甚至可以批评政府的过失。这就需要宽容成为社会的基本氛围，需要政府对于现代社会组织的合理、合法的行为、观点予以尊重和支持。

---

① 杨楹、王福民：《论现代政治哲学视野中的"宽容"》，《社会科学辑刊》2007年第1期。
② 〔英〕约翰·格雷：《自由主义的两张面孔》，顾爱彬、李瑞华译，江苏人民出版社，2005，第3页。
③ 杨楹、王福民：《论现代政治哲学视野中的"宽容"》，《社会科学辑刊》2007年第1期。

社会宽容氛围的形成不仅需要公共权力执掌者具有宽容的素养和心态，更重要的是整个社会应该形成合理的利益观念，因为利益之争是众多不宽容的根源。公民社会的产生需要从两种力量中解脱出来，即权力和利益。权力掌控一切的时代不会有公民社会存在，人们唯利是图地将自我私利作为人生唯一目标时，公民社会也不会产生。因为公民社会主要是以志愿求公益的各类组织的总和，参与这类组织意味着公民要耗费私人资源，为他人提供服务，如果人们对于私人利益没有一定的超脱精神，现代社会组织是不会有坚定的精神支撑的。而且对于人类来说，诸多种类的不宽容的根本之源泉就在于利益之争。中世纪基督教之所以对异端采取残忍的不宽容态度，就是因为这些异端威胁到了基督教的利益。封建社会中之所以不宽容，其根源也在于有人敢于挑战封建统治者的权威，危害统治者利益。现代化的过程就是一个宽容逐渐增加的过程，就法律而言，学者骆群指出，刑事政策的演变实际上就是宽容增加的过程，[①] 即人道主义彰显的过程。对利益的追逐是现代社会发展的动力和社会活力的催化剂，也是现代公民合法、合理、合情的基本权利，刚刚从物质匮乏中走出的中国人对于物质利益可能有一种难以超越的欲望和情怀。但是随着社会的发展和财富的增加，人们会发现，除了物质财富之外，人类还有许多更加珍贵的东西，这些东西是物质财富无法换来的，所以人们对物质利益会逐渐产生一种超脱的精神，而对于那些无法用物质利益衡量的价值和自我实现则产生了追求的欲求。马斯洛的心理学研究表明，人的基本的物质需求得到满足之后，自我价值实现等精神性的需求就会提上日程，成为人们的需求。一些成功的企业家，在其功成名就之时转向慈善就是典型的例子，如卡内基、洛克菲勒以及比尔·盖茨，虽然美国的著名企业家转向慈善与美国特有的宗教文化传统、税收政策有密切的关系，但对金钱的超脱精神也是其公益基金会发达的重要原因。

2. 宽容是现代社会组织内部团结的基础

现代社会组织是以志愿求公益的组织，成员的加入或者退出都基于自愿。组织内虽然存在管理机构及其负责人，但组织内不存在强制力，组织无权对成员提出强制性要求，从这一点来说，现代社会组织内部不存在不

---

① 骆群：《宽容：刑事政策演进中的增量因素》，《河北法学》2010 年第 4 期。

宽容的机制。公民在某一组织内部感到自己的人格没有得到尊重，或者感觉到组织内部宽容和谐的氛围不够浓重，公民尽可自愿退出，"以脚投票"。成熟的现代社会中会成立和继续成立大量的现代社会组织，同时也会有大量的现代社会组织由于种种原因而被历史所抛弃。社会的这种"自然选择"会促使现代社会组织向更加宽容和谐的方向发展，因为只有这样的组织才能够被人们所选择。

从现代社会组织的宗旨来看，公益是其基本的价值指向。因此，组织所营造的社会氛围是这样一种精神状态：人们超越个人私利而指向社会公共利益，人们走出自我的私人城堡而进入公共领域，为公共利益而奔走呼号，人们超越了自我私利，是公共情怀的觉醒和彰显。杨楹先生从政治伦理的角度将宽容分为私德宽容和公德宽容，私德宽容主要是前现代社会中处理私人关系中的宽容，而公德宽容则是公共生活中的宽容，并指出，现代宽容主要指公德宽容。[①] 现代社会组织中的宽容是一种公德宽容，它所指向的对象不是与自己有密切关系的私人，而是与自己无关的他者。这种对公益的观照显示了参与该类组织的人在一定程度上已经超越了自私自利的个人情怀，而这是宽容的基础。人际关系中之所以会存在不宽容的现象，其根本原因在于利益的争夺。当然，宽容与否不能抽象地谈论，宽容是有边界的而不是无限的，只有在一定范围内才是宽容的。对于不应该宽容的事情，无论是从情理上还是法律上都不应予以宽容，对不该宽容的事情的宽容是社会的危机。比如，对于侵害他人利益的违法犯罪行为就不能予以宽容，宽容是在不损害他人利益基础上的宽容，对损害他人利益、显失公平的情况的不宽容是合理的，不是社会不宽容的表现。而在不损害他人利益的基础上，自我在涉及私人利益和公共利益的问题上主动、自愿地牺牲自我利益而成全公共利益，这是一种高尚的宽容。各种志愿者就是牺牲自我时间和精力来为公众服务的人，比如 2008 年四川汶川大地震发生后，江苏黄埔再生资源利用有限公司董事长陈光标就率领 60 台大型机械工程车，披星戴月、风雨兼程，千里救灾，成为全国首支到达地震灾区的民间工程救援队，该团队共掩埋了 6000 多具遇难者尸体，救回 131 条鲜活的生命，捐赠了 785 万元现金、60 台大型机械、600 台教学电脑、3300 顶帐

---

① 杨楹：《宽容：现代政治的伦理内蕴》，《哲学动态》2005 年第 11 期。

篷、2.3 万台收音机、1000 台电视机、1500 台电风扇、8000 个书包和文具、170 万吨大米。[①] 这是对自我私利的一种超越，是对公共事务的关切，也是宽容的一种体现。

现代社会组织也会引导人际交往走向宽容与和谐。交往，无论对于社会还是对于个人来说，都是必需的。没有了交往，也就没有了社会，没有了交往，个人的生活、快乐、幸福也无从谈起。在社会当中，人与人的交往大都是出于善意的目的，这样人才会在交往中获得快乐和认同。但是，由于人际关系是非常复杂的，善意的目的并不一定都能为对方所理解。"由于个人存在着差异，价值观也不同，因而往往会对某些言谈、行为、概念、感觉、情绪等产生不同的看法，做出不同的评价，不理解也就由此而产生。"[②] 尤其是现代社会，随着生活节奏的加快，人们的大部分时间都忙于自己的工作，而工作之余的时间也大都被用来沉浸在私人空间中，在家中上网、看电视、娱乐，逐渐地人与人之间的交往减少了，人们越来越孤独了。原子式的孤立个人成为现代人的基本生存方式，一些大城市中甚至邻居之间彼此不认识。大量现代社会组织的存在在一定程度上就是引导人们走出家庭，走向人群的一个平台。公民社会比较成熟的国家存在大量的现代社会组织，人际交往的很大一部分就是在这类组织中发生的。在这类组织中，人们聚集在一起不是为了营利，也不是为了政治目的，而是为了一个共同的理念，彼此尊重对方的个性与看法，求同存异是其运作基础。比如，一些环境保护组织之所以能够组织起来，靠的是人们对保护环境的认识和理念，是理念支撑着组织的存在和运行。人们彼此志同道合，真诚相待，关系融洽。

现代社会组织不仅让参加组织的相互熟悉的人之间关系更加密切与和谐，而且还能扩大人际关系的范围，使不同地区、不同行业的志同道合者走到一起，并且建立密切的关系。在组织中，人们所熟悉的朋友多了，人际关系也比较和谐，这种和谐的氛围不仅能够影响自身，还能够影响、感染组织成员的家庭关系、同事关系、同学关系等人际关系，使这些关系也逐渐趋于和谐。

---

① 萧延中、谈火生、唐海生、杨占国：《多难兴邦——汶川地震见证中国公民社会的成长》，北京大学出版社，2009，第 87 页。

② 周士琳：《你我他——现代人际关系》，山东科技出版社，1987，第 160 页。

（三）诚信原则

诚信是和谐社会与契约精神的共同机理。诚信意味着秩序，而秩序是社会和谐的表征——一个信用缺失、秩序混乱的社会不可能和谐。就人际关系而言，守信品格是人际和谐的道德基础。

现阶段诚信匮乏已经成为发展市场经济的一个重大问题。诚信出现问题的主要原因大致有两个。其一，对物质利益的非理性追求是诚信缺失的根本原因，市场经济是营利经济，实现利益最大化是经济主体追求的目标。当失信成本小于失信收益，失信行为有利可图时，经济主体就可能主动选择失信行为。当一些失信行为不但未受到惩罚反而获利甚至是暴利时，常常产生很强的负面诱导和示范效应，一些人就会纷纷效仿。① 其二，我国的诚信规范体系不健全。所谓的诚信规范体系主要包括："第一，规范、约束信用行为的法律体系；第二，促进企业和个人自觉履行承诺的诚信体系；第三，帮助债权方判别交易对象信用状况、违约风险，降低信用交易成本的诚信体系。"② 这一套体系在行为前、行为中以及行为后都对诚信行为作出了比较详细的规范，但是在我国，这一套体系还很不健全，甚至还没有建立起来。这使得一些不诚信的行为没有得到有效的遏制。

诚信是现代社会组织运作的一个基本原则。现代社会组织的存在和运作要靠公民的支持，尤其是公民的物质支持，而公民社会自身是否有公信力则是决定人们是否愿意奉献自己财富的关键性因素。中国红十字会新任常务副会长赵白鸽在接受采访的时候曾经说过这样一句话，"郭美美事件"三天毁掉了红十字会百年。也就是说，"郭美美事件"发生后，中国红十字会在民众中的公信力大大降低，因为人们发现，捐献给红十字会的财富被红十字会的个别人所滥用，那谁还愿意捐助呢？如果没有民众的信任，像红十字会这样的民间组织就不可能募集到开展活动的善款。与此相反，根据我们的调研，福建省晋江市慈善总会却能够得到民众和众多企业家的信任和慷慨捐助，因为晋江市慈善总会的每一笔善款收入和每一笔善款支

---

① 参见史翠云《浅析诚信缺失的根源》，《经济论坛》2004 年第 4 期。
② 李晓安、阮俊杰：《信用规制论》，北京大学出版社，2004，第 8 页。

出都在网上公布，包括善款的投资增值也都在网上公布，运转透明，捐助者也能够知道自己的捐助用于何处。所以，透明是现代社会组织成功的重要方面。

现代社会组织不仅自身的运转离不开诚信，而且它还能够促进整个社会诚信度的提升。第一，现代社会组织能够培养诚信的观念。如果一个人在内心深处形成了诚信品质，他就比较容易成为一个诚实守信的人。现代社会组织是非营利、非政府的组织，它的行为不是为了挣更多的钱。它的活动让人懂得，在人类行为中，存在比金钱更重要的东西。现代社会组织的目的是社会公益，这种更高的追求使人们比较看重人的价值。不诚信的成本要比诚信的成本小，而其收益又要比诚信的收益大，这是当今社会出现诚信问题的主要原因之一。不诚信的根本原因之一就在于对利益的扭曲追求，而在现代社会组织当中，利益观念没有那么强，人们的活动不是为了营利，而是为了社会公益，这种价值追求在一定程度上可以培养人们正确对待金钱的态度，也有利于培养诚实守信的理念。第二，现代社会组织有利于促成诚信制度，行业协会在这方面的作用尤其明显。行业协会是现代社会组织的一个重要种类，它可以使信息透明，减轻信息不对称的程度，降低欺骗的可能性。过去有些客户利用信息不对称欺骗银行，骗了一家又一家。有的银行在发现受骗后，甚至要求行骗者再去行骗，将骗贷得到的资金归还本行，而不管其他银行因此而遭殃。行业组织可以通过建立信用记录名单，以信息共享的方式来规避不诚信行为，谁欺骗一家企业，就等于欺骗所有企业。由于违规违纪造成重大损失而被一家企业除名，就等于被所有企业除名，面对巨大的震慑力，行骗者会望而却步，行业协会的这些规避机制在一定程度上起到了信用制度的作用。

（四）互利和公益原则

现代社会组织按照其宗旨可以分为互益性组织和公益性组织两类。所谓互益性组织，即其受益的对象是一些特定的人或组织，如行业协会等会员性的组织，其受益对象只限于参与该组织的会员。公益性组织的受益对象是不特定的人或组织，即任何符合条件的人都可以获益，如慈善组织、环境保护组织、维权组织，等等。互利和公益都与私利相对，都反对仅仅为了一己私利，只是二者的公共性程度有所不同而已，互利的公共性只是限于一定范围，而公益的公共性程度基本上不受限，只要符合公益性组织的救助条件就可以得到援助。

1. 互利性原则

按照博弈论的观点，博弈可以分为负和博弈、零和博弈和正和博弈。负和博弈就是博弈双方的博弈结果之和是负数，这有两种情况：第一，博弈的一方得到了小利益（假如用正数 3 来代表所获利益），另一方却遭到了大损失（假如用 -5 来代表所受到的损失），双方所得结果之和（-5 + 3 = -2）是负数；第二，双方都受到了损失，都是负数，是双败，结果之和自然也是负数。零和博弈指的是博弈双方一方得到了利益，另一方受到损失，得到利益的那一方所得到的利益正是损失方所遭受的损失，用数字可以表示如下：获利方获利是 5，那么损失方的损失就是 -5，双方之和 -5 + 5 = 0，这种博弈是利益矛盾双方的博弈。正和博弈就是指博弈双方都得到了利益，是双赢，其博弈结果自然也就是正数。如果把人际关系也看作博弈的话，负和博弈和零和博弈都会导致人际关系的不和谐，因为这两种博弈或者是双方都不利，或者是一方有利而另一方不利，都会产生利益摩擦和冲突。只有正和博弈是双赢，双方都得到满意的结果。所以人际关系和谐，需要在人际交往当中采取互利原则、双赢原则，使各方都达到满意。互利性原则是互益性现代社会组织的基本运作原则。

第一，互益性现代社会组织的自治原则和契约精神是人际互利的基础。

自治性是现代社会组织的主要特征之一，现代社会组织本身就是一些具有自组织能力的民间组织的总和，其生成、组织和运转也主要以民间形式进行。因此，公民社会主要依靠内部自发生成的秩序来维持，而无须国家强制力从外部建立。"自治"的关键是按照自身法则运行，不受政治团体干预。这意味着公民社会对政治国家或公共权力的排斥和对抗。[①] 现代社会组织作为公民社会的结构性组成要素，其运营模式以自治为基础。其具体的表现就是公民参加组织自主、自愿。这种自主、自愿说到底是一种契约精神、私法自治精神。人们自愿参加，组织内部的事情完全按照民主来决策，一旦自己觉着这个组织没有使自己达到满意，自己完全可以退出

---

① 参见谢维雁《宪政与公民社会》，《四川师范大学学报》（社会科学版）2002 年第 6 期。

这个组织，现代社会组织就是以此为机制运营的。

这种自主、自愿的契约精神是互利的重要前提。一般来说，人在自己的任何活动中都会考虑自己的利益。按照经济学的理论，人都是理性的，都会按照利益最大化的原则来确定自己的行动。如果能实现人与人交往的真正自主、自愿，每个人都会力图实现自己利益的最大化，如果自己的利益没有得到伸张，或者自己的利益有可能受损，自己完全可以终止这场交往，因为公民社会的运行原则是自主、自愿，自己为自己做主，自己为自己立法，所以，在一定程度上，现代社会组织没有使人的利益受损的机制。而非自主、自愿的交往则有可能会产生利益受损现象，因为交往当中，其中至少一方的行动不是出于自愿。非自主、自愿的交往可以分为两类：第一，交往双方地位不平等，一方被情势所逼不得不进行交往。比如，一方受制于另一方，其行为在一定程度上被另一方控制，自己不得不按照另一方的意思来做，即使自己的利益受损或者对所要做的事不感兴趣也得这样做。第二，一方被另一方欺骗而进行交往。一方提供虚假信息，使对方误认为交往对自己有利，表面上这样的交往是一种自愿、自主的交往，实际上由于信息虚假，这场交往是非自愿、自主的交往。这两种非自愿、自主的交往，都不会导致行为双方的互利，它总是以一方的利益受损为代价的。现代社会组织的交往避免了这两种非自主、自愿交往的存在。首先，公民社会是由平等的公民所组成的组织，在这些组织里面，人与人都是平等的，不存在强势和弱势，任何人都没有特殊的身份，这就不存在由于身份不平等所产生的不自主、自愿行为。其次，现代社会组织是非营利、非政府组织，具有信息透明的特点，能避免由信息不对称所产生的欺诈行为，而且现代社会组织本身就具有诚信机制。因此可以说，在互益性现代社会组织内部，互利性原则可以得到充分彰显。

第二，互利是互益性现代社会组织的基本目标。

互益性组织的目标就是要实现互益。行业协会是一种典型的互益性现代社会组织，它是一种实行会员制，在市场中开展活动，以行业为标志，非营利的、非政府的、互益性的社会组织。换言之，行业协会是一种具有自发性、市场性、行业性、会员性、非营利性、非政府性和互益性的社会组织。它不同于企业，不以追求利润最大化为目的，而是为协会成员提供服务；不是政府机构和事业单位；具有利他性，代表行业整体的利益，但不是慈善机构和社会福利机构；是一种中间组织，其公共性程度较慈善机构、福利机构弱；不同于工会，不是雇主或工人组织，它所代表的是行业利益；不是政党，也不是宗教组织，一般不参与公共权力，也不传播某种宗教理念，但不一定不参与政治活动（不同国家的行业协会参与政治活动的形式、程度是有差异的）。① 行业协会的主要职能体现在 16 个方面，"即，维护权益、行业自律、公共服务、政策建议、调查研究、信息服务、行业咨询、协调监督、经营指导、接受委托、教育培训、会议展览、书籍出版、资格认证、优劣评估和协作交流"。② 行业协会是一种典型的会员制组织，在这样的组织里，其活动主要是为了会员的利益，会员制组织不仅能够使会员直接获得利益，而且它还可以通过一些整体的行动，使得会员整体获得长远利益。比如，行业组织的行业自律、公共服务等职能能够促进整个行业的发展，从而也就促进了个体的发展。一项关于广州包装印刷行业协会的研究表明，行业协会在促进本行业的发展方面发挥着重要作用：①提供信息。通过调研获得本行业的一些信息，通过期刊等方式发布给会员。②拓展市场。行业协会通过带队参加展览等方式，推销本行业，为本行业拓展市场。③促进企业间交流。在问卷调查中，分别有 66.7% 和 38.1% 的会员企业表示"通过行业协会组织的活动与同行业/外行业的企业主建立了关系"。③ 它不仅通过提供信息等手段直接为本行业会员提供服务，而且还通过各种手段为本行业整体发展争取良好的环境，间接为会员提供发展空间。

2. 公益性原则

公益性指的是现代社会组织的宗旨是为了公共的利益，而不是私人利益，从宽泛意义上来说，互益性组织也是为了公益，只是它所谓的公益仅仅限于成员之间。这里所谓的公益是为了不特定的大多数人的利益。现代社会组织是以志愿求公益的组织，所以求公益是其主要特性之一。比如，基金会就是典型的例子，我国《基金会管理条例》对于基金会给出的定义是："利用自然人、法人或者其他组织捐赠的财产，以从事公益事业为目

---

① 以上参阅王名、刘培峰等《民间组织通论》，时事出版社，2004，第 186 页。
② 王名、刘培峰等：《民间组织通论》，时事出版社，2004，第 187 页。
③ 邱海雄、陈健民主编《行业组织与社会资本——广东的历史与现状》，商务印书馆，2008，第 236～239 页。

的，按照本条例的规定成立的非营利性法人。"① "公益性是基金会的本质属性。基金会的公益性集中体现在三个方面，一是基金会源于捐赠，是各种公益捐赠的制度化和组织化形式；二是基金会有明确的公益宗旨，是捐赠人各种公益意图、理念和价值的实现形式；三是基金会有明确的公益用途，通过各种活动使特定的弱势群体乃至整个社会受益。公益性决定了基金会在本质上是一种社会公益组织。"② 还比如，各种民间自发的环境保护组织更是以志愿求公益的典型例子，中华环境保护基金会的宗旨是：广泛募集、取之于民、用之于民、保护环境、造福人类。再比如，由梁从诫、杨东平、梁晓燕和王力雄等人于1994年创办的自然之友就是一个典型的民间环保组织，该组织愿景是：在人与自然和谐的社会中，每个人都能分享安全的资源和美好的环境。使命是：建设公众参与环境保护的平台，让环境保护的意识深入人心并转化成自觉的行动。核心价值观：与大自然为友，尊重自然万物的生命权利；真心实意，身体力行；公民社会的发展与健全是环境保护的重要保证。工作目标包括：第一，倡导和推动环境领域公众参与机制的形成；反映和代言弱势的呼声，影响环境公共政策。第二，通过丰富的环境教育活动，倡导更多公众增强环境意识，提升行动意愿和能力，选择绿色生活方式。第三，促进环境 NGO 的合作交流，形成合力；支持草根环保力量的发展，扶持其成长。第四，建立良好的会员机制，稳步发展会员；构建定位明确、机制合理、团队能力较强、拥有良好的社会公信力、优势渐成的民间环保组织。还有一个比较著名的例子就是北京地球村环境文化中心，这是一个非营利的民间环保组织。其宗旨是：通过大众传媒和多种形式的社会活动，来培植公众的环境意识和环保行为，并推动公众参与机制的建立。现代社会组织的产生就是增进公共利益的一种途径，按照古典自由主义理论，政府负责公共事务，市场负责私人事务，这似乎比较全面地覆盖了人类事务。实则不然，人类事务中很多事情政府无法完成，市场不愿去做，也就是说，在政府和市场之间有一个巨大的空间，这个空间就是公民社会大展身手的场域，这就是用志愿求公益的舞台。现代社会组织的产生是公民对于公共事务的深切关注，是人的公

---

① 徐宇珊：《论基金会——中国基金会转型研究》，中国社会出版社，2010，第29页。
② 徐宇珊：《论基金会——中国基金会转型研究》，中国社会出版社，2010，第29页。

共情怀的体现，当然也是公民自发组织起来解决事关自身利益的公共事务的举动。关于这一点，本书在前面已做阐释，此不赘述。

总之，公益性是现代社会组织的一个重要原则。

三 现代社会组织化解社会矛盾的角色定位

亨廷顿说："现代性孕育着稳定，而现代化过程却滋生着动乱。""一般说来，纯正的传统社会虽然愚昧、贫穷，但却是稳定的。"① 而成熟的现代社会也是稳定的，但从传统社会向现代社会过渡的现代化过程则是容易滋生不稳定因素的。"到了 60 年代，所有落后国家都成了处于现代化之中的国家。尽管如此，事实证明，在这些国家里，导致暴力冲突的原因还是在于现代化，而不在于落后。比较富裕的国家较之不甚富裕的国家来得稳定，但是那些位于国际经济水准最低档的赤贫国家，则不像那些比他们地位略高的国家那样容易发生暴力冲突和动乱。""不贫穷的国家发生叛乱的可能性是贫穷国家的两倍。"② 现代化的变迁是一个社会格局大变革的过程，在这一过程中，利益格局、思想观念、社会结构等社会的方方面面都要发生深刻的变动，这必然引起众多社会矛盾的凸显。钱乘旦先生发表在《中国社会科学辑刊》上的《艰难的发展——论现代化过程中的失误现象》一文通过实证地比较英国、德国、奥地利、印度等国家现代化过程中的失误现象，说明大多数的国家在现代化的过程中都存在或多或少、或激烈或缓和的矛盾。英国是第一个实现现代化的国家，亚当·斯密的自由放任经济理论在英国得到了充分运用，也获得奇迹般的成功，但自由放任也导致了严重的社会后果，那就是两极分化。钱先生引用了大量的资料和数据论证了当时英国两极分化的严重性，乃至于本杰明·狄斯雷利说，英国是"两个民族"的国家——一个是富裕的英国，一个是贫穷的英国。③ 德国、印度等国家的现代化也都存在众多的社会问题。由于现代化过程是一个

---

① 〔美〕塞缪尔·P. 亨廷顿:《变化社会中的政治秩序》，王冠华等译，三联书店，1989，第 38 页。
② 〔美〕塞缪尔·P. 亨廷顿:《变化社会中的政治秩序》，王冠华等译，三联书店，1989，第 39 页。
③ 钱乘旦:《艰难的发展——论现代化过程中的失误现象》，载邓正来主编《中国社会科学辑刊》1995 年夏季卷。

社会利益结构重新洗牌的过程，所以众多社会问题的出现是历史的必然。而中国现代化过程中问题较为集中和严重，根源就在于中国的现代化速度比较快，短时间内很多问题集中涌现，这在前文已作解释，这里不再赘述。问题是我们应该如何尽快实现现代化，完成社会转型，使现代的社会结构、利益结构、社会观念都尽快固定下来，步入现代性的正轨。

现代性的塑造过程是一个复杂的过程，涉及政治、经济、文化、思想观念等方方面面。现代社会组织作为社会的一个重要方面，在现代化的发展过程中发挥了重要的作用。一般而言，现代性的核心理念可以表述为：政治上的民主政治，经济上的市场经济，思想观念上的个体主体本位观念觉醒等。现代社会组织作为一个巨大的民间公共领域在催生这些因素上发挥了积极的推动作用。它对于民主政治的功用表现在：它是监督、制约权力的一条途径，对于催生权力边界意识，破除公民的权力本位、官本位意识具有重要意义。在讨论社会公共事务、参与社会公共事务的过程中，可以塑造民众的民主习惯和能力，培育参与理性和参与精神，乃至于西方有些学者指出公民社会是免费的民主大学。对于形塑健康的市场经济，公民社会也大有可为，健康的市场需要良好的社会环境，在相当大的程度上需要政府将不该管的权力下放给社会，同时政府应该积极承担起应该承担的责任，比如加强监管、提供基础设施等。在这一过程中，公民社会将大有可为，比如在塑造健康的市场主体上就可以发挥重要作用，市场主体诚实守信的品质是市场经济健康发展的重要条件。现代社会组织在培育公民意识方面也发挥着积极的作用，前文已经有过论述，这里不再重复。但需要强调的是，现代社会组织也有其不足之处，它缺乏政府所拥有的宏观性和总体性，不能代替政府的职责，很多社会问题的根本解决需要政府从制度层面、从顶层设计层面、从社会管理等方面予以努力，而在这些方面，现代社会组织的功能捉襟见肘。现代社会组织不是万能的，政府的职能不能弱化，只有政府和现代社会组织各自发挥自己的长处，相互补充对方的不足，才能够真正化解现阶段的社会矛盾。所以，现代社会组织在化解社会矛盾上的角色应该是政府的得力助手，能够协助政府缩短矛盾凸显期的时间，使中国特色社会主义早日实现成熟的现代性。

总之，现代社会组织在社会发展总趋势上有助于成熟的现代性早日来临，也有助于早日实现社会的稳定与繁荣。从具体运作的层面来看，现代社会组织所开展的活动有助于缓解社会矛盾，有助于实现社会公正，有助于缩小收入差距，有助于统筹协调发展等，这些方面在本章的后边几节中将会详细展开。

第三节　现代社会组织的利益表达机制

我国现阶段正处于社会转型期和改革的关键期，利益格局的深刻调整是社会变迁的重要方面，也是事关社会稳定与和谐的重大问题，马克思说过，"人们为之奋斗的一切，都同他们的利益有关"。① 利益的调整也必然牵动人们的神经。改革开放之前，我国的利益格局是平衡和稳定的，但是随着改革开放的深入，原来的利益格局和利益诉求表达机制被打破了，而新的利益格局和利益表达机制还没有健全和稳定下来。利益格局的形成是长期利益博弈的结果，是重复性利益博弈和试错的结果，社会转型期在一定程度上可以说就是利益博弈的过程，也是新的利益格局逐渐形成的过程。在这一过渡阶段，制度化的利益表达机制不健全，也不稳定，还没有沉淀为社会的基本运行规则。在这种情况下，一些群体尤其是弱势群体就需要充分利用制度性的利益表达渠道和非制度性的利益表达渠道，即在制度性的利益表达渠道健全和有效的情况下，充分利用制度性利益表达渠道；在制度性利益表达渠道不健全或者无效的情况下，也要理性地利用非制度性的利益表达渠道。党的十七大报告指出："要健全民主制度，丰富民主形式，拓宽民主渠道，依法实行民主选举、民主决策、民主管理、民主监督，保障人民的知情权、参与权、表达权、监督权。"② 首次把表达权作为公民的基本权利提出来。现代社会组织作为公民利益表达的一种渠道，属于非制度性的利益表达渠道，也是伸张公民表达权的重要渠道。虽然很多为弱势群体利益表达而奔波的组织处境很不乐观，甚至在个别情况下，该类组织的发起者或组织者的安全会受到威胁，但在目前利益表达渠道尚不健全的情况下，发展壮大现代社会组织，扩大声音和影响是弱势群

---

① 《马克思恩格斯全集》第 1 卷，人民出版社，1995，第 187 页。
② 胡锦涛：《高举中国特色社会主义伟大旗帜　为全面建设小康社会新胜利而奋斗——在中国共产党第十七次全国代表大会上的报告》，人民出版社，2007，第 29 页。

体理性维护自身利益的一个重要方面。

一 现代社会组织利益表达的合法性根基

现代化程度较高的社会都有较为充分而健全的利益表达渠道。比如，于建嵘在一篇文章中讲述了这样一个故事：

> 2004 年我应邀到台湾访问，在台湾政治大学演讲完，从台北到台南跑了 15 天。我只问台湾老百姓一个问题，假如官员把你的房子拆了怎么办？人家告诉我不可能，99% 的人回答不可能，合法的房产不敢的。我说，假如拆了怎么办？人家告诉我说：到法院去告他，法官会依据法律给我判决。我接着问：假如法院的法官也腐败了怎么办？人家又回答我说：不可能，我们的法官在很多问题上可能腐败，但是只要我有明确的产权，他不会腐败。我说：假如法官就是腐败了怎么办？他们说找议员去告他，议员会来进行调查，议员调查之后就会开新闻发布会，议员就在议会提出建议，这个法官和这个政府官员麻烦就大了，他们待不下去了，会完蛋。我接着问：假如议员也腐败了怎么办呢？我一问到这个假如的时候，人家很讨厌我了，说：你这个大陆人怎么那么多假如？台湾老百姓告诉我，议员就是希望多管事情，媒体一报道，这个议员就会成为英雄，成了英雄不仅可以当县议员、"国会"议员，最终还可能当"总统"，他们怎么会腐败呢？一般台湾的老百姓家里面有名片，收得最多的名片就是议员年事卡。我做了很多次试验，比如打电话报案，一打电话议员都来了，只要在不远的地方马上就会赶到，而且显得非常高兴的样子。①

台湾的现代化程度是比较高的，其利益表达机制也是比较健全的。从上述故事中，我们可以看出，台湾公民在利益受损的时候，其基本的利益诉求表达渠道是找法院和找议员，这两个体制内的利益表达途径基本能将利益受损的问题化解掉，公民没有必要再去寻求体制外的利益表达途径。阿尔蒙德说，现代社会"每种政治体系都为其公民和社会群体提供了某种

---

① 于建嵘：《改革制度使民众不抱怨》，《南风窗》2009 年第 18 期。

方式，从而让他们表达自己的需要和对政府的要求。利益表达过程可采取多种形式，其中最基本的形式就是由个体向市议员或其他政府官员提出要求……"[1] 现代社会的复杂性远远超越了前现代社会，现代社会的利益矛盾乃至冲突也是前现代社会所无法想象的，而经历了现代化的变迁，各种利益经过长时间的博弈，最终将形成成熟的现代社会稳固的利益格局。在这个利益格局中，各利益群体的利益都能得到充分照顾，而且社会也存在各种充分而健全的利益表达渠道，公民的利益受损后都能找到有效的表达途径，这就是成熟的现代社会。

维护每个公民的基本权利是现代政治国家的一个基本职能。可以这样说，公共权力的存在就是为个体实现自我幸福最大化创造条件。基于这一现代性理念，公民有权利在利益受损的时候向政府提出利益申诉或控诉，政府也有义务解决公民的利益诉求困境，维护公民的基本权益。但是现阶段我国还处于社会主义初级阶段，各种体制机制还存在有待继续改革完善的地方，权益受损的情况还存在，甚至个别阶段、个别地区还相当多，这就需要充分利用各种非政府的表达途径表达公民的利益。

公民表达利益的途径有多种，其中通过民间组织的方式组织起来表达利益诉求是现代国家最常见的利益表达方式之一。阿尔蒙德指出："公民团体的集体活动也是利益表达过程的重要组成部分。在较大的政治体系中，许多个体会组合为正式的利益集团，这是促进政治利益的基本工具。"[2] 而且，众所周知，政府和市场都存在不足，民间组织可以弥补二者的不足，用民间组织的方式表达公民利益是历史的必然，对处于发展中、法制还存在不完善之处的中国而言尤其如此。就以农民工权益为例，现阶段农民工权益维护在一定程度上主要依靠政府，但政府的保护和扶助不到位，加上劳资关系不平衡、农民工本身缺乏组织性等问题的存在，这就造成其农民工的权益经常遭受侵害，非理性维权行动屡屡发生，严重影响社会稳定和社会管理。因此，构建和谐社会，拓展农民工权益维护与公民参与途径，推动非政府组织和公民权利理论建构，探索农民工理性、长期、

---

① 〔美〕加布里埃尔·A. 阿尔蒙德等：《当代比较政治学：世界视野》（第八版更新版），杨红伟等译，上海人民出版社，2010，第71页。

② 〔美〕加布里埃尔·A. 阿尔蒙德等：《当代比较政治学：世界视野》（第八版更新版），杨红伟等译，上海人民出版社，2010，第71页。

常规维权渠道，表达和满足其利益诉求，减少政府压力，预防并减少社会冲突，使非政府组织对弱势群体的救助和服务功能得到更多制度支持并形成社会共识，具有重要理论意义和现实意义。[1]

通过现代社会组织来表达利益诉求不仅在理论上具有充足的合法性，而且在我国现实当中也已经成为一种利益表达的基本倾向。比如，刘培峰撰文指出，草根层面的维权组织和倡导组织自觉或不自觉地正在进行着维权尝试。[2] 于建嵘对衡阳县的实证研究表明，"在衡阳县的维权精英看来，他们进行维权抗争行为的限度就是在'法律许可的范围内'，他们无论开展宣传活动，还是上访报警，还是建立非正式的组织网络，都将自己的行动界定在'合法'这个边界内"。[3] 但是这里所说的法律是很复杂的，正式的法律，中共中央、国务院和各部委的有关文件，甚至有关领导的讲话，他们都称之法律。这说明，用现代社会组织的方式来理性、合法地维权是弱势群体权益维护的重要方面。

二　现代社会组织有助于形成组织化的表达手段

稳定是和谐的基本要求，现阶段我国在维护社会的基本稳定上投入了巨大的人力、财力，清华大学的一项研究表明，2010 年"公共安全财政支出在去年增加 16% 的基础上，今年将再增 8.9%，增幅超过军费，实际金额亦与国防开支相差无几"。[4] 虽然我们投入如此巨大的人力、物力，但社会稳定问题仍然是一个十分严峻的问题，这就需要对我们的维稳方式进行反思，我们的维稳方式在一定程度上过于重视对不稳定因素的压制，而社会稳定的维持并不是由压制不稳定因素的力量来决定，而要从根本上处理好社会矛盾。"维稳的工作不是要消除、也不可能完全消除利益

---

① 姜涛、孙玉娟：《非政府组织对农民工维权的影响与制约》，《南京农业大学学报》（社会科学版）2008 年第 1 期。

② 刘培峰：《建构中的公民社会——以维权组织和倡导性组织为例》，《求是学刊》2010 年第 5 期。

③ 于建嵘：《利益表达、法定秩序与社会习惯——对当代中国农民维权抗争行为取向的实证研究》，《中国农村观察》2007 年第 6 期。

④ 清华大学课题组：《以利益表达制度化实现长治久安》，《学习月刊》2010 年第 9 期上半月。

矛盾和冲突，而是要为其设立规则，要为这类问题的解决提供制度化的渠道与方式。良性的体制不是要消灭冲突，而是能够容纳冲突和用制度化的方式化解冲突。"① 辩证法告诉我们，试图消除矛盾的想法是错误的，社会稳定的根本之所在是使得社会保持一种动态的平衡。市场经济社会中，利益博弈是一种常态，社会和谐稳定就是诸多利益群体在利益博弈的过程中保持动态的平衡，而不至于使得一些相对弱势的群体越来越弱势化，包括资本所有者在内的强势群体越来越强势化。诸多利益群体的两极分化最终将促成"两头大，中间小"的哑铃型社会结构的形成，而这种社会结构是最不稳定的社会。相反，如果社会诸多利益群体，或者至少社会中的主要群体之间能够保持一种利益均衡状态，那么中等收入的人将会逐渐增加，"中间大，两头小"的橄榄型社会结构就比较容易形成了。中产阶级是稳定的最大支持者，而贫穷则是社会不稳定的最主要根源。现阶段的我国社会很难说是处于一个利益博弈相对均衡的和谐状态，在利益博弈过程中，资方拥有雄厚的经济资源，甚至还获得了行政资源的支持，但是作为弱势群体的进城务工人员和城市下岗工人在其利益受损的时候，却比较缺乏相应的博弈资本，缺少丰富的利益表达渠道。清华大学课题组的研究表明，"当今的社会，不同利益群体已经有了强势和弱势之分，强势群体拥有的资源多，为自己争取利益的手段也多；而弱势群体要有为自己争取利益的能力，必须得有特殊的施加压力的机制。当然对施加压力的机制需要用法律法治加以规范，但如果没有这样的机制，社会中弱势群体的利益就无法得到保障"。② 其实组织起来就是一种压力机制。社会和谐应该是一种均衡状态，弱势群体和强势群体、劳资双方应该均衡，这样才不会导致劳动者利益明显受损，且无处表达。"和谐社会就是一个有能力解决和化解利益冲突，并由此实现利益均衡的社会。"③ 组织起来就是为了增加弱者与资方博弈的筹码，促使均衡状态的出现。现代社会组织尤其是维权组织的存在对于这种均衡状态的出现发挥了积极的作用。

第一，团结力量，扩大声音，增加利益博弈的筹码。在很多情况下，

① 清华大学课题组：《以利益表达制度化实现长治久安》，《学习月刊》2010 年第 9 期上半月。
② 清华大学课题组：《以利益表达制度化实现长治久安》，《学习月刊》2010 年第 9 期上半月。
③ 戴卫平：《论利益表达与构建和谐》，《攀登》2005 年第 5 期。

一些利益群体的利益诉求得不到表达，权利受到损害，一个重要原因就是他们的力量比较分散，没有组织起来形成集体的力量。有学者指出，农民工权益屡次遭到侵害并且很容易遭到侵害，相当重要的原因在于，农民工们是单个分散的。没有组织作为他们维权的载体和后盾，无法通过组织化的方式来维护自身权益，又缺乏其他利益诉求渠道和手段，因而，在与处于强势地位的企业和雇主的交涉和较量中，无论是民工个体还是整体，都势必处于一种显见的弱势地位。[1] 只有组织起来，形成有组织的力量（比如工会），他们才能够有力量与资方谈判，才能维护自身的利益。于建嵘指出："就目前的社会而言，让工人和农民有自己的利益组织不仅是他们的基本权利问题，而且对社会长期稳定的发展是有益的。因为工人和农民有能力主张自己的基本权利，可以在一定的程度上制约处于强势的资本所有者和公共权力掌握者对工人和农民的侵权行为，使社会处于相对均势。这种理性的、被纳入法治轨道的利益博弈方式，将使社会的风险得以缓解，得到释放，也将使社会更加和谐和公正。"[2] 实际上工会就是维护工人利益的组织，"工会组织存在的合理性或法理依据在于，在劳资关系中老板与工人的力量不对等，工人在合作谈判中常处于劣势地位，客观上要求组建能够代表他们的组织来参与同资方谈判，这样才能在有关工资、劳动保障等方面取得对等的谈判地位"。只是现阶段的工会"被设计为党委和政府领导下的一个工人（职工）福利性、娱乐性组织，其主要领导者实际是为各级党委和政府服务的。这就使工会组织完全丧失了其制约资本和政府权力的可能性，为权力失衡打开了方便之门"。[3] 正是因为没有有效的组织化资源，一些农民工只好把希望寄托在"老乡会""同乡会"等这些非正式的组织上，甚至采取"跳楼秀"、自杀、与利益相关人同归于尽等极端而危险的方式来维权，以引起有关部门的重视，达到维护自身利益的目的。维权组织利益表达的一个优势就是利益表达的组织化，"利益表达的组织化是社会转型期的必然要求，利用集体的力量可以将分散的个人利益

---

① 许明英：《工会：农民工突破"权益困境"的载体》，载中国（海南）改革发展研究院编《中国农民组织建设》，中国经济出版社，2005，第 405～409 页。

② 于建嵘：《化解劳资矛盾要实现工农利益组织化》，《农村工作通讯》2010 年第 13 期。

③ 杨君、李源：《对工会组织法治作用缺位的理性思考——以现实中因工伤维权不畅引发的恶性案件为线索》，《学术交流》2010 年第 9 期。

集中起来，壮大利益表达主体的力量"。①

第二，通过组织手段传达呼声，影响政府决策。学者于家琦指出："我国经济体制改革所引发的社会环境变迁，赋予了民间组织了解民情、表达民意的重要历史使命，而民间组织联系民众、代表相关群体的特点又证明了它具有汇集舆情的天然功能。"② 现代社会组织是非政府组织，虽不以直接参与政府为目的，但是它的活动可以影响政府的决策。现代社会组织的活动影响广泛，比如在一些国际会议召开的同时，一些现代社会组织同样也在集会，虽然它们无权参与决策，但是它们的活动、影响足以促使决策者在决策的时候考虑到这些组织及其所代表的利益群体。如果政府决策的时候损害了某个群体的利益，这些组织是不会听之任之的，它们会通过媒体等各种渠道表达它们的利益，给政府施加一定程度的压力，以达到维护自身利益的目的。所以有学者在探讨农民工问题时指出，农民为维护自己的合法权益，需要建立自己的组织，培育自己的代言人，在国外，"美国有农民协会、农民联盟、农场局三大农民团体代表农民；法国有农民工会、农民协会、农会等组织代表农民利益；日本则有全国农协联盟代表农民利益"。③ 应该说，现代社会组织的传达呼声功能是现代社会基层矛盾向上层传输的重要途径，这有利于矛盾的解决。于家琦指出，现代社会组织的这种传达呼声功能主要表现为：①参与"两会"，向人大或政协提出意见和建议。②与政府行政部门接触。民间组织与行政部门的沟通具有直接、便捷和经常的特点，政府听到民间组织声音的概率较大，效果较明显。③借助各种媒体发表观点，使政府听到组织声音。民间组织通过做广告，创办自己的网站、刊物等方式宣传组织宗旨、章程，介绍组织活动动态，扩大了组织的社会影响力。④ 虽然有的现代社会组织还远达不到于家琦所说的那样规范，但即便如此，它们在表达利益诉求方面也能够发挥积极的作用，这应该被充分利用起来。

第三，充分挖掘各种可以利用的社会资源，以尽最大努力维护弱者的利益。有学者指出："农民工 NGO 致力于动员和集聚各种社会资源，充当

---

① 杨炼：《论非政府组织与社会弱势群体的利益表达》，《湖北社会科学》2008 年第 10 期。

② 于家琦：《民间组织在舆情信息机制中的作用》，《理论与现代化》2007 年第 3 期。

③ 袁金辉：《完善农民的利益表达机制》，《学习时报》2010 年 11 月 1 日。

④ 于家琦：《民间组织在舆情信息机制中的作用》，《理论与现代化》2007 年第 3 期。

了各种社会力量乃至政府力量及官方社团、法律机构、劳动部门与他们之间联系的中介，形成各种社会力量和行政力量共同参与的公共空间，并随其影响力的增强不断扩大。"① 社会和谐发展最重要的固然是建立健全各种机制，以使弱者的利益得到充分的保护，但转型期的我国很多事情正处在建章立制的过程中，这时候维护弱者的利益就需要充分利用各种社会资源，其中农民工组织就是一支重要的力量，我们这里举一个农民工组织的例子来说明问题。

工友之家是北京外来打工人员的一个民间组织，它坐落在远离繁华闹市、北京东五环与东六环之间的朝阳区金盏乡皮村。皮村常住人口只有1000多人，而外来人口却达到1万多人，是典型的城乡交界带，是外来务工人员在城市边缘的暂时栖息之地。穿过皮村一个蜿蜒、幽深的小巷，深处就是工友之家——工人文化建设的基地。走进工友之家，安静的小院里放置了几个乒乓球台，四周则是打工文化艺术博物馆、打工图书馆、新工人剧场。工友之家墙上贴着表现劳动人民劳作的传统剪纸画，上方醒目地方写着"天下打工是一家"。"家"成为工友们心中的坚实后盾，它使工友们在城市有一丝温暖，每天下班后及周末，工友们经常结伴而来，在这里开始他们的另一种生活，相互交流、免费看电影、免费看书、观看或参加演出、享受自己的文化和娱乐。现在，工友之家已经成为工人们的心灵家园和聚集地。

农民工从农村进入城市，以打工为生，没有非农村户口，他们很难获得权益保障以及享受因为城市经济发展而带来的社会福利，他们是城市被雇佣者中劳动条件最差、工作环境最苦、收入最低的群体，他们的子女受教育权得不到保障，他们生活在这个城市，却不属于这个城市，他们同时也是中国产业工人中人数最多的群体。

工友之家全称是北京工友之家文化发展中心，是一家非营利性社会公益服务机构，于2002年11月经北京市工商行政管理部门批准正式注册。工友之家由孙恒、王德志等有文艺专长、有打工经历的人创建，他们对打工者的艰辛生活及诉求有着切身的感受，他们创建的工

---

① 姜涛、孙玉娟：《非政府组织对农民工维权的影响与制约》，《南京农业大学学报》（社会科学版）2008年第1期。

友之家所服务的人群正是从农村到城市务工的新工人，工友之家的服务内容是致力于新工人群体的社会、文化、教育、权益维护及其生活状况的促进与改善。工作重点是对工人文化和自我价值的倡导，目的在于唤起工人的觉醒，即"首先意识到自己是一个人，去争取像一个人一样生活的权力和尊严"。在经费来源上，他们借势借力，获得广泛的社会资源。比如，善用政府资源，与政府保持良好的关系，避免误解；邀请社会精英加入，工友之家成立了顾问团，由温铁军、李昌平、卜卫、崔永元等各领域文化精英组成，这保证了他们能在媒体上群体发声；与其他 NGO 合作、互助，成立以来受到了南都基金会、香港乐施会、福特基金会等众多国内外 NGO 的支持，如香港乐施会为工友之家博物馆提供每年 4 万元的场地租金；借助媒体和网络扩大宣传效果；整合各种社会资源。

工友之家以工人诉求为出发点，其追求的目标和工作方式是在创建工友之家之后逐渐成熟、发展起来的。其定位经历了从利用自己的特长，自编自演，为工友们打工之余提供"自娱自乐"的演出，逐步发展到"为劳动者歌唱——用歌声呐喊，以文艺维权"。创建工友之家的目的是帮助工友们"在城市安一个家"，解决工人劳动保障、住房、子女教育、精神文化建设等问题。

工友之家利用机构自身的核心能力，以歌曲、诗歌、博物馆等为载体，从倡导对劳动的尊重到对自我的尊重和认同，从而唤起了工人们的自我认同，建立起群体的认同感，形成工人自己的文化。自建立起，工友之家先后成立了新工人艺术团（2002 年）、同心试验学校（2005 年）、同心互惠公益商店（2006 年）、打工文化艺术博物馆（2008 年）、新工人剧院、同心创业培训中心、工友之家工会（2009 年），开展了流动的心声儿童发展教育项目（2007 年）和研究出版与倡导项目。文化建设的主要活动是每年奔赴全国各地的工地、剧院、社区义演，已义演数十场；每年举办新工人文化艺术节，已举办三届；建立全国首个打工文化艺术博物馆，并免费向公众开放，倡导对打工劳动价值的尊重。

一位来自河南的农民工在工友之家参加法律培训时写下了一首诗歌，名字叫《五毛钱》，反映了他的遭遇和感受。"记得那年我来到北京，人生地不熟，磕磕碰碰，坎坎又坷坷，心中的辛酸不知向谁说；一年一年过去啦，我的工作换了一个又一个，钱倒是没有挣多少，委屈却受了一大把。""老板把工资拖了一天又一天，我忍饥挨饿地度过每一个孤单的夜晚……想起远方的亲人，心中顿时感到了温暖，我打了个电话向妈妈报了个假平安。"深圳工友贺俊清在信中说，那天他只剩5毛钱。"每天起早贪黑，你说你感到特别累，可是只能拼命地干，才能维持老小一家——安稳的生活。你说你最痛恨那些不劳而获的家伙，他们身上穿着漂亮的衣服，却总是看不起你。"类似的歌曲还有《彪哥》《开胸验肺》《尊严》等。

工友之家的作用可归纳为如下三点：第一，工友之家唤醒了外来务工人员的群体意识，呼唤直面现实，摆脱自卑感；倡导尊重劳动价值，获得自尊并自我认同。第二，工友之家建立了外来务工人员群体的思维方式和行动方式，以家为核心推动群体认同感产生；用歌声呐喊，团结起来，维护基本权利，如震颤人心的《五毛钱》《团结一心讨工钱》等诗歌，且2009年出版了《打工者居住现状和未来发展调查报告》。第三，工友之家建立起新工人文化。①

工友之家不仅能有效地维护农民工的权益，它还有助于培育农民工自尊、自爱等价值观念，消除自卑感。

除了正式的农民工组织之外，农民工还可以利用掌握丰厚资源的老乡、亲朋好友的私人关系，利用"同乡会"的关系，等等。有人指出，"同乡会"就有表达利益的功能，"同乡会"是一种地缘组织，它有着以往传统社区的那种地域性忠诚，它主要是建立在人们共同的信仰和情感基础之上。在落后而缺乏外部交往的社区内部可能存在强有力的内部整合。社区的整体意识、认同感、归属感、凝聚力，都只能从社区成员通过自己的力量共同解决他们所面临的问题并共同享有整体利益的过程中产生。② 相对于现代化的大都市，这种组织虽然显得有些落后，但这确实是扩大声音、维护利益的一种方式。

---

① 康晓光、冯利主编《中国第三部门观察报告（2012）》，社会科学文献出版社，2012，第177~196页。

② 冯钢：《互利互惠与自我管理》，《杭州日报》2007年1月11日。

三 现代社会组织有助于催生理性表达利益诉求的意识

个人或群体的利益受损是社会中的常态事件，任何社会都不能保证消除个别人或群体的利益受损的情况。关键的问题是出现了利益受损情况后能否得到合理的补救，如果能够得到合理的补救，那就不会转化成不稳定因素，否则将影响社会和谐。现阶段的我国利益表达机制还不健全，一些个人或群体的利益受损后，很可能找不到合理的利益表达机制，甚至会出现"叫天天不应，叫地地不灵"的情势，这种情况会引发社会不满情绪，甚至个别情况下还会导致一些突发公共事件的发生。这一方面固然说明我国利益表达机制还不健全，但同时也表明我国公民理性地表达利益诉求的意识还没有成熟。利益受损后要理性地寻求解决途径，这是一个成熟公民所应该选择的维权方式，过激的言论和过激的行为有时候不但不会促使问题得以解决，还会导致问题的恶化。所以，要想保持社会稳定和谐的发展，就需要在建立健全公民利益表达机制的同时，培育公民理性表达利益诉求的意识。实际上现阶段我国公民理性表达意识正在逐渐地增强。于建嵘指出，在1992年以前，农民的多数反抗可以大体归结为西方学者所谓的"弱者武器"的抗争形式。1992年至1998年，农民的反抗（当然是反抗个别基层政府对农民权利的损害——笔者注）可以归结为"依法抗争"或"合法的反抗"等形式，其特点是利用中央政府的政策来对抗基层政府的土政策，以上级为诉求对象，抗争者认定的解决问题的主体是上级，抗争者不直接对抗他们控诉的对象。1998年以后，农民的抗争实际上已进入"有组织抗争"或"以法抗争"阶段。① 理性地主张自己的利益是现代公民伸张利益的基本方式，虽然这种表达方式还有待进一步培养，但不可否认，现代社会组织尤其是一些维权组织的出现催生了公民理性表达利益诉求的意识。具体来说，现代社会组织对培育理性的利益表达意识具有如下几个方面的意义。

第一，一些现代社会组织理性并成功地表达利益诉求将为其他公民提供示范效应。各种维权组织存在的目的不是故意"制造麻烦"，而是为了

---

① 于建嵘：《当前农民维权活动的一个解释框架》，《社会学研究》2004年第2期。

维护权利，如果能够理性地、和平地使问题得到解决，那是再好不过了，这就是现代社会组织发挥示范作用的受众土壤。比如在厦门 PX 事件中，公民在利益受损（PX 项目对环境有污染）的情况下，通过短信、互联网等途径积极行动起来，通过理性的"集体散步"形式表达自身利益诉求，结果使得该项目最终被迁址。《南方都市报》的一篇文章这样说："中国人作为个体的公民理性正在形成，他们已经为参与公共事务作好了准备。"[①] 这是人们理性地、和平地并且也是成功地表达自身利益的例子。这个例子是一个成功的典范，会对很多有类似情况的公民产生启发作用。

第二，现代社会组织对于公民理性表达意识的促进还表现在法律的宣传上。在这里我们需要明确一点，公民理性地表达自己的利益诉求有一个前提，那就是理性的表达能够得到有关部门的重视。如果公民理性地向有关部门表达了自己的利益诉求，但没有得到有关部门的重视，或者被压制下来，那么理性表达对于弱者而言就等于没有表达。所以社会和谐发展从大环境上来说，就是要建立法治国家，让那些恶意欠薪的人受到应有的制裁，也让那些利益受损的人能够通过法制的渠道伸张利益，对法律充满信任。虽然现阶段我国在一些时期（比如年关）也会加大清除欠薪现象的力度，而且效果也相当显著，但这毕竟不是常规化、制度化的行为，而是"运动式"执法，这种方式只能扬汤止沸，不能釜底抽薪。[②] 通过法制渠道伸张利益理应是利益表达的基本途径，但现阶段的弱势群体，尤其是农民工在讨薪等伸张利益的过程中，却很少通过法律途径。究其原因不外如下几点：农民工法制意识淡薄；农民工无力承受诉讼费用；农民工没有时间和精力完成漫长的诉讼过程；农民工对法律不信任；等等。面对这些不利因素，现代社会组织倒是能够发挥积极作用。比如一些维权组织可以免费为农民工等弱势群体提供法律援助，一些组织能够起到法律宣传的作用，等等。一项研究表明，"法律咨询和援助是农民工 NGO 一项重要职能，为方便解答农民工在维权方面的困惑，避免因知识匮乏带来利益损失，NGO 由专职工作人员为所有前来求助的农民工提供免费法律咨询和服务"。[③] 懂

---

① 《行动者有希望》，《南方都市报》2007 年 12 月 20 日。

② 梁江涛：《"讨债哥"的胜利是法治之痛》，《广州日报》2011 年 1 月 31 日。

③ 参阅姜涛、孙玉娟《非政府组织对农民工维权的影响与制约》，《南京农业大学学报》（社会科学版）2008 年第 1 期。

得用法律的手段而不是采取有碍社会稳定的过激方式维护自我利益是理性表达的重要表现。

第三，现代社会组织还会引导公民充分利用制度内的表达途径。阿尔蒙德说过，选举是公众表达利益的基础。[1] 公民可以充分利用选举，通过人大代表向上提交议案，通过信访机构反映自己的情况，等等。总之，合格的现代公民应该是一个熟悉现代民主政治并能够熟练运用各种民主政治渠道保护自己利益的公民。我国传统政治文化是培育顺民的文化，长期浸润在这种政治文化中，人们的主体观念、维护利益的意识变得异常淡薄，只要生活不是没法过，他们宁可逆来顺受，国民性的这些特点早就被近代的思想家所觉察并激烈地批评，鲁迅对我国的国民性"哀其不幸，怒其不争"的批评虽使很多人认识到了我国国民现代意识的不健全状况，但国民性格不可能在短时期内得以彻底改观，实际上，至今这种特点还在相当一部分人的思想中存在。现代社会组织对变革这种传统政治文化观念具有重要意义。比如，维权组织经过努力之后能够维护一些利益受损的人的利益，这使得人们认识到自己的利益能够得到维护，这是自己的权利，这样公民也就不会再对利益受损逆来顺受，而是要伸张、维护自己的利益，会增强利益伸张的信心。现代社会组织对于现代公民意识的培育前文已作专门探讨，这里不再赘述。

四　现代社会组织利益表达的一个新表现：网络公民社会的利益表达

网络这种新兴事物自其产生之日算起，在很短时间内就融入人们的日常生活，乃至于成为人们须臾不可或缺的工具。网络公民社会的兴起正是在这种大背景下发生的重大社会事件，现实公民社会尚不健全的当今中国，网络公民社会开始担负起了弱势群体利益表达的重任。

（一）网络公民社会的概念界定

近年来我国网络普及率快速提高，2013 年 1 月 15 日中国互联网络信

---

① 〔美〕加布里埃尔·A. 阿尔蒙德等：《当代比较政治学：世界视野》（第八版更新版），杨红伟等译，上海人民出版社，2010，第 71 页。

息中心（CNNIC）发布的第 31 次《中国互联网发展状况统计报告》显示，截至 2012 年 12 月底，我国网民规模达 5.64 亿，互联网普及率为 42.1%，2012 年手机网民数量 4.2 亿，截至 2012 年 12 月底，我国微博用户规模为 3.09 亿，网民中的微博用户比例达到 54.7%，手机微博用户 2.02 亿，占所有微博用户的 65.6%，接近总体人数的 2/3。[①] 互联网已经融入很多人的生活方式，尤其是年轻人。而网络社会则是一个内容丰富、特征迥异于现实社会的一个虚拟空间，在这个虚拟的空间中，社会诸相都有其存在表象。

秦晖撰文指出，以志愿求私益的领域是市场，以强制求公益的领域是国家（政府），以志愿求公益的领域是第三部门（即公民社会），以强制求私益的行为秦先生没有给出具体领域。[②] 实际上以强制求私益的行为属于权力腐败，用权力的强制性为私人谋取利益。从这一排列组合中可以看出，公民社会行为是以志愿求公益，其社会资源出自私人，是为了公益，是私人自愿捐献出自己的资源（时间、精力、物质财富等）以成就公益事业。公民社会行为的典型特征在这四个排列组合中得以充分彰显，它不是政府行为，是民间行为；不是市场行为，而是为了公共利益。那么根据这一分类，网络社会行为也有类似的分类。网民购物、娱乐、了解自己需要的信息等行为属于私人行为，不仅行为是私人的，而且目的也是私人的；政务公开等由政府主办，是为了社会公共利益，属于政府行为；而积极参与网络讨论，发表自己的见解，目的在于批评社会丑恶现象以使公共利益最大化的行为则属于网络公民社会行为。公民在网络上理性地发表对一些问题和现象的看法，并参与公共领域的讨论，并不是为了一己的私利，而是为了批评现实中的不合理现象。比如，近年来所发生的"华南虎事件""躲猫猫事件""富家子飙车事件""邓玉娇事件""罗彩霞事件""林嘉祥事件""周久耕事件"等，这些事件的发生足以表明网民对于社会不合理现象的关注程度，也表明了网络公民社会作为民间公共领域对于权力腐败的批评。这些批评不是为了私人或某个群体的利益，而是为了整个社会的

① 《CNNIC 发布第 31 次〈中国互联网络发展状况统计报告〉》，新华网，http://news.xin-huanet.com/tech/2013-01/15/c_124233840.htm。

② 秦晖：《政府与企业以外的现代化——中西公益事业史比较研究》，浙江人民出版社，1999，第 5~6 页。

进步，所以应该归入公民社会的范围内。

（二）网络公民社会的利益表达功能

在表达弱势群体利益诉求上，网络公民社会展现了如下优点。第一，网络所披露的利益表达事件具有示范效应，促使弱势群体的利益表达意识觉醒。尤其是受到传统社会只知道服从不知道维权的臣民意识的影响，很多人在面对来自强势群体的利益损害时，不愿伸张自己的利益，甚至自吞苦果。这种行为反过来又会助长个别强势群体的嚣张气焰。网络公民社会对于一些利益表达事件的成功报道会在弱势群体中产生示范效应，促使其形成争取权利的观念。第二，网络公民社会之所以能够发挥弱势群体利益表达功能，究其根源在于网络能够扩大影响，增大社会舆论压力，促使利益诉求传达到相关的部门，以期给予足够的重视。比如"开胸验肺事件"就是典型的网络公民社会扩大其影响促成公民利益诉求得到解决的案例。第三，网络公民社会的虚拟性和匿名性避免了打击报复，网民可以充分表达自己的喜怒哀乐。对于一些引发网民同情的事件，网民之所以敢于批评，一个重要的方面是不存在任何后顾之忧。第四，网络公民社会的热议有可能引发国家创制行为，比如"孙志刚事件"。这是促使制度完善的一个重要方式。弱势群体利益表达体系的健全，重要的不是有多少个具体的利益表达个案被成功解决，而是所有利益表达机制得以创建和完善。第五，可以直接将利益诉求向领导者传达。我党从中央到地方，很多领导都非常重视网络，也经常会有领导在网络上和网民直接交流。利益诉求被上传到领导者那里，为上级领导决策提供了丰富而全面的社会信息，利益诉求也就比较容易在决策中得到关注。第六，网络降低了公民利益表达的门槛。现阶段体制内的利益表达渠道门槛较高，信访制度等利益表达渠道有时会被人为地延缓甚至阻滞，而网络公民社会的利益表达大大降低了表达门槛。胡泳认为，微博在中国"破天荒地形成跨越地域和阶层的全国性公共领域"，因为社会名人、草根民众乃至弱势群体都能在微博上发出声音，并且同样有机会获得很大回应。①

---

① 《"微博"降低民众言论表达门槛》，《新华每日电讯》2010年12月3日。

（三）网络公民社会的利益表达绩效评判

网络公民社会在弱势群体利益表达机制上确有很多优点，很多合法利益受损的事件通过网络得到了很好的解决，但是这并不意味着网络公民社会在利益表达机制上是完美的，网络公民社会在利益表达上也有其弊端。

首先，网络公民社会的利益表达具有一定的偶然性，只有那些能够上网，懂得互联网的人才能够通过网络向社会求助，而且其诉求能否得到网络公民社会的关注和热评也是一个大问题。所以网络公民社会作为一种利益表达渠道还很难称作一种常规化的机制，孙立平指出，在构建和谐社会过程中政策很重要，但机制更重要。① 网络公民社会在表达公民利益诉求的时候还不能被称作利益表达机制，只能视为具有利益表达功能。很多弱势群体往往地处偏远地区，信息上传对于这些人来说也不一定是件容易的事情，况且面对各种利益事件的"泛滥"，网民的神经似乎也有点麻木了，如此众多的利益事件，到底哪个事件能够引起网民的关注也主要看事件的独特性了，如果利益诉求得不到网络的回应，也很难发挥轰动效应进而收不到应有的效果。

其次，网络公民社会有网络暴政的倾向。网络事件被关注固然能收到扩大影响，造成舆论压力的效果，但是一些事件的曝光并不一定是客观的，很多人从有失偏颇的角度评判一个事件，由于评判迎合了网民的心理，所以能够很快在网络传播开来。比如，在 2009 年长江大学的大学生为救落水少年而牺牲的事件中，一幅"挟尸要价"的照片在网络迅速传开，乃至于这个船主被人谩骂，甚至在荆州卖鱼时被扔砖头，最终查清事实并非像网络所传言。长江大学宣传部已经发出澄清事实的呼吁。还有，几年前的"柑橘有虫"的消息在网上广泛传播，以致谣言四起，全国各地的橘子严重滞销，给农民造成了极大损失。一些事件的曝光缺乏一个是否符合实际的调查机制，甚至有时候网络舆论会被人有意操控，而且网络舆论倾向一旦形成就很难更改过来，对于那些被舆论所不公正批评的人来说，网络也缺乏应有的申辩机制，其在网络上的发言大多数情况下都会受到围

---

① 于硕、蓝云主编《从开放社会到公民社会——"中欧社会论坛·中国直播室"演讲报道集》，南方日报出版社，2010，第 99 页。

攻、嘲讽。也就是说，网络在伸张一些人的利益诉求的同时也有可能在压制一些人的诉求。

最后，网络公民社会在利益表达的过程中有一种非理性的倾向。现代公民社会应该是公民为了公共利益而理性地组织起来的社会领域，但是网络公民社会在一些情况下却充斥着非理性的谩骂、攻击等。只要上网看一下网络的回帖就会发现这一现象的存在。这一现象的存在表明虚拟公民社会的发展状态直接受到现实公民社会发展状况的影响。就现实而言，现阶段的我国虽然已经有了相当数量的现代社会组织，但很难说我国已经拥有一个成熟的公民社会。因为公民社会除了要拥有大量的现代社会组织之外，还需要成熟的现代公民，具有公民意识，理性地看待和评判公共事件，理性地维护公共利益是现代公民所应当具备的基本素养。目前我国公民在这方面尚显不足，在遇到一些突发性事件的时候，缺乏应有的理性的和辩证的分析，而是非理性地、一味地将责任归咎于某一方，甚至出现发泄情绪式的谩骂。网络本身不是社会，只有人参与其中，网络才构成社会，现实公民的不成熟是网络公民社会不成熟的根源。

第四节　现代社会组织的公正维护机制

公正是社会和谐的重要方面，甚至可以称为和谐社会的核心价值。但是由于种种原因，我国现阶段还存在诸多社会不公现象，而这些社会不公是影响社会和谐的根本原因之一，所以消除社会不公就是从根本上促进社会和谐。要消除社会不公最主要的是要在党的领导下进行制度创新，消除社会公正的制度性障碍，比如约束权力，减少权力对经济的干预，消除权力或明或暗地参与分配现象，等等。但是制度变革不是短时期内能够完成的，在进行制度变革的同时，我们应该发挥各方面的积极作用，降低社会不公的程度。现代社会组织在一定程度上能够发挥维护社会公正的作用。现代社会组织维护社会公正的机制，实际上就是化解社会矛盾的机制，所以，从总体上来说，本节的论证逻辑是这样的：现代社会组织—维护社会公正机制—消除引发社会矛盾的根源—化解社会矛盾的机制。

前文已经阐述，在社会公正问题上，笔者比较赞同吴忠民先生的看法，认为社会公正可以分为基本权利保障、机会平等、按贡献进行分配、社会调剂原则这四个方面，为了更加清晰地说明问题，我们可以将吴忠民先生的社会公正分析框架制成图 4-2。

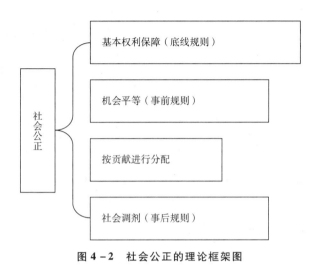

图 4-2　社会公正的理论框架图

本节仍然按照这一框架梳理公民社会的社会公正维护机制。而本节的论证逻辑是这样的：现代社会组织从上述四个方面促进了社会公正，而消除社会不公就是消除社会矛盾的主要根源之一，所以现代社会组织促进社会公正的机制，就是现代社会组织化解社会矛盾的机制。

一　现代社会组织对基本权利的保障机制

诚如前文所述，任何一个国家的公民都享有一些基本的权利，如生存权，任何一个国家都应该保证该国公民的基本生存权利，否则就是国家的失职。保证公民的基本权利也是社会公正的底线。当中华人民共和国公民在外国受到不公正待遇，或者生存受到威胁时，我国驻外使馆有义务同该公民所在国交涉，以保障本国公民的生命财产安全，这是国家的义务。对境外的中国公民应该予以保护，对境内中国公民的基本权利也应当予以保护，这是社会公正的底线，社会公正不能低于该原则。保证社会的公平度不低于基本人权这一底线也是政府的基本责任，但对处于发展中国家行列中的中国而言，由于人口多、底子薄等原因，还有很多身处困难中的人，比如还有相当多的人口处于贫困的境地或者处于贫困的边缘，有相当多的人如果得了大病就没有能力进行治疗，有相当多的人由于生活困境而无法让孩子完成学业等，而这些问题都涉及公民的基本权利。但现阶段我国政府还没有能力完全解决这些问题，这就需要发挥多种渠道的积极作用以保障公民的基本权利。其中现代社会组织就是维护公民基本权利的重要渠道，现代社会组织充分利用民间社会资源，对于那些需要救济的人口进行救济。现代社会组织对公民基本权利的保障可做如下梳理。

第一，对贫困人口特殊需求的帮扶。

社会主义初级阶段的特殊国情决定，现阶段我国还存在一些贫困人口，特别是在一些西部农村，还有一些人存在看不起病、上不起学（尤其是大学）等问题。对于这些问题，党和政府也在努力进行解决，但问题的根本改观还需要一定的时间，在这种情况下现代社会组织就发挥了重要的积极作用，辅助党和政府解决或缓解这些问题。下面的几个例子就很能够说明问题。

中国红十字基金会的"红十字天使计划"系列公益项目就是"在医疗卫生领域面向贫困地区农民和儿童推出的大型社会公益事业，宗旨是协助政府改善贫困乡村的医疗卫生条件，捐建乡村博爱卫生院（站）；建立医疗救助基金；培训乡村医生"。① 这对于经济比较落后、生活比较贫困、医疗条件比较差的农村而言是非常有意义的，也是对农民基本权利的保障，而开展这一行动的就是现代社会组织——中国红十字基金会。

2000 年 10 月，中国扶贫基金会启动"母婴平安 120 行动"，该行动是中国扶贫基金会推出的一个持续性的社会公益项目，其宗旨在于消除贫困地区孕产妇生育过程中母婴平安脆弱性和低保障性，促进贫困人口母婴生命保健。② 这对于贫困地区农户提高健康水平、提升身体素质具有重要意义。

2004 年 6 月 15 日，"中华红丝带基金会"成立，该基金会是中国工商联和 27 家民营企业共同发起的旨在动员社会力量特别是动员广大民营企业

---

① 吴玉章主编《中国民间组织大事记（1978～2008）》，社会科学文献出版社，2010，第 68～69 页。

② 吴玉章主编《中国民间组织大事记（1978～2008）》，社会科学文献出版社，2010，第 58 页。

家积极参与艾滋病防控的非政府组织。该组织与政府合作，开展如下活动：将所筹款项用于加强艾滋病宣传教育；开展联合行动等系列活动；对艾滋病人和艾滋病感染者的人道关怀与治疗；救助艾滋病孤儿；等等。① 该组织开展的活动在促进人们珍爱生命，提高对艾滋病的认识以及对艾滋病人的人道主义关爱等方面发挥了重要的作用。

再比如，王名教授的研究表明，海外在华的民间组织②的主要活动领域有：扶贫开发、环境保护和自然资源管理、文化和教育、残障人服务、儿童福利、灾后重建、健康、艾滋病防治、法律和政府治理、小额贷款、公共政策研究、社会福利、水力资源保护，等等。③ 这里举几个例子以说明之。在扶贫领域，世界宣明会（一个发端于战乱中国家的国际基督教救援及发展组织）在华开展的项目涉及紧急救援、社区发展、社会福利等许多方面，1998 年度的项目总经费为 3500 万元人民币。香港乐施会 1993 年开始在中国内地开展项目，1998 年在内地项目总开支 2300 万元人民币。英国救助儿童会从 1995 年开始在昆明设立办事处，年度项目经费达到了 1200 万元人民币。④ 贫困是导致看病难、上学难等问题的根本原因，所以解决这些问题最根本途径就是解决贫困问题。活跃在扶贫领域中的各种现代社会组织为缓解乃至解决贫困问题提供了一种民间机制。

综合上述实例，我们可以看出，现代社会组织在直接救济那些需要特殊救济的人群方面有积极意义，对于那些看不起病的人直接予以援助，对于上不起学的孩子直接予以资助，不但如此，现代社会组织还试图从根本上来解决贫困问题，不仅"授之以鱼"，而且"授之以渔"。还有很多乃至于难以计数的现代社会组织在开展类似上述活动，随着公民社会的发展壮大，这样的组织会越来越多。从这个意义上说，现代社会组织对于公民基本权利的救济是一种长效的机制。

---

① 吴玉章主编《中国民间组织大事记（1978～2008）》，社会科学文献出版社，2010，第65 页。

② 主要是指在国外和中国香港、澳门、台湾等地区登记注册或成立，在中国大陆开展各种援助活动的民间组织、民间组织的分支机构和代表机构。参见王名、刘培峰等《民间组织通论》，时事出版社，2004，第299 页。

③ 王名、刘培峰等：《民间组织通论》，时事出版社，2004，第303 页。

④ 王名、刘培峰等：《民间组织通论》，时事出版社，2004，第303 页。

第二，在灾难救助中发挥积极作用。

灾难救助也是现代社会组织发挥积极作用的重要方面，2008年汶川大地震的发生，有相当数量的现代社会组织积极行动起来，通过捐钱、出力、捐物等方式参与到救灾过程当中。对处于灾难中的人来说，多一份救援力量就意味着多一份生还的希望，多一份救援物资就意味着多一点早日康复的可能。现代社会组织也正是出于这一理念而开展活动的。

2008年5月12日汶川大地震刚发生，正在召开应对气候变化会议的香港乐施会，立即转移议题，当场决定首先拨款1200万港币为灾区购买救援物资，并组织人员到达灾区。当天下午，李连杰壹基金就拨款100万元用于紧急救助，并迅速联合腾讯、搜狐、淘宝、天涯、空中网等合作网站进行联合募捐。晚上7点，爱德基金会已经到达成都，成立紧急救援办公室，拨付100万元用于采购救援物资，开展救援工作。晚上7点，中国红十字会决定紧急拨发价值78万多元的救灾物资，中国扶贫基金会也与新浪网共同发起"我们心在一起——汶川地震紧急救援行动"募捐行动。① 积极开展活动的现代社会组织名单还可以列下去，很多组织参与了这场重大灾难的救援，也发挥了积极作用。

第三，在环境保护中开展有效的活动。

清新的空气、清洁的水源等优质的生态环境是人类健康生活的前提条件，也是真正落实人的健康权的重要方面，这就需要保护生态环境。环境保护已经成为现代人的共识性理念，现代社会组织在环境保护中发挥着直接的、富有成效的作用。

比如，自然之友是中国较早在民政部登记的民间环保组织之一，梁从诚是创会会长，该会已经发展会员1万多人，其中活跃会员3000多人，累计获得20余项国际国内大奖，具有较高的公信力。该组织的愿景是：在人与自然和谐的社会中，每个人都能分享安全的资源和美好的环境。使命是：建设公众参与环境保护的平台，让环境保护的意识深入人心并转化成自觉的行动。核心价值是：与大自然为友，尊重自然万物的生命权利；真心实意，身体力行；公民社会的发展与健全是环境保护的重要保证。绿色

---

① 以上诸实例参阅王名主编《汶川地震公民行动报告——紧急救援中的 NGO》，社会科学文献出版社，2009，第185~186页。

希望行动就是一个落实其基本宗旨的重要行动。绿色希望行动是自然之友与中国青少年发展基金会合作，由德国米苏尔社会发展基金会资助，旨在培养孩子们对环境的热爱之情，增强环保意识，参与环保行动，同时培养当地环境教育力量。自 2000 年项目实施至今，累计有 175 个出行小组共 750 余名志愿者参与到该行动当中，给 26 个省市 300 余所乡村小学、城市民工小学带去环境教育活动。该项目通过集聚当地教育专家、当地会员和志愿者，通过组织志愿者培训，协调志愿者到当地小学进行环境教学，协调师资推动学校师生持续地开展校园周边环保行动，以此来增强青少年的环境保护意识。这是该组织"让环境保护的意识深入人心并转化成自觉的行动"这一使命的落实。

再比如，王名等的《民间组织通论》中提到，热心自然资源和环境保护的海外在华民间组织在大陆积极开展活动，美国大自然保护协会是全球最大的国际生态环境保护非营利性民间组织之一，其工作是以各种方式保护地球特定动物、植物和自然群落赖以生存的陆地和水域。1998 年该协会应云南省政府邀请，开始与云南省合作开展"滇西北保护与发展行动计划"项目，经过两年多的工作，于 2000 年底完成了滇西北项目区（包括 4 个地州、15 个县）的生态区域规划，并制定了保护措施。从 2001 年开始，该协会先后与项目所在地政府和相关部门合作，在已建立的自然保护区内协助管理部门制定管理规划，在尚未建立自然保护区的项目点与有关部门合作进行自然保护区的综合科学考察和申报材料编写。几年来，该协会在滇西北项目区选出了 5 个具有代表性的生物多样性地区（拉市海、梅里雪山、横跨滇西北四地州的老君山、香格里拉大峡谷以及高黎贡山自然保护区）开展项目工作。现在协会的工作人员已增至 40 人，驻云南办事处已经升格为"中国西部项目部"。① 像这样直接参与环境保护的组织（包括海外在华组织和国内环境保护组织）还有很多，它们以实际行动来缓解乃至于改善环境生态出现的危机状态。

二　现代社会组织对机会平等的促进机制

机会平等是保证社会流动的基础性机制，每个人都应该拥有相同的成

---

① 王名、刘培峰等：《民间组织通论》，时事出版社，2004，第 304 页。

功机会，这样才能够保证不同群体之间的流动。如果一个社会中身份等外在的东西成为决定成功的关键因素，那么社会成员就不可能有同等的成功机会了。强者由于掌握了大量的社会资源，所以其后代也会很顺利地成为强者；弱者由于没有掌握丰富的资源，其后代一般情况下也不会进入强势群体行列。比如，现阶段网络讨论很多的"富二代"现象、"官二代"现象，这种"富"和"官"之所以被继承，就是因为"富二代"和"官二代"掌握了丰富的社会资源，进而拥有了比别人更多的机会。机会可以分为社会性的机会和非社会性的机会。非社会性的机会就是自然因素所导致的机会，比如有的人天赋很高，有的人运气很好，所以能拥有别人所无法拥有的机会；社会性机会是指由政府所提供的、人为所造成的机会，比如政府为公民提供的公共教育资源实际上就是为公民提供了受教育的机会。非社会性机会允许不平等，如果以机会平等的名义剥夺天赋高、运气好的人因为天赋和运气所带来的收益，那才是不公平的。社会性机会应该平等地分配给每个人，也就是说政府所提供的机会应该向所有人开放，本书所探讨的机会不平等主要是社会性机会不平等。现阶段的社会性机会不平等的主要表现就是政府在提供公共服务方面存在不均等的因素。为改变这种不平等的情况，现代社会组织发挥了一定的作用，具体表现在如下几个方面。

第一，现代社会组织的捐资助学是改变贫困地区儿童命运的重要途径。

教育平等的理念"主张确立一种自致性的努力方向以开发每个人的潜能，并为社会成员提供一种平等竞争的公正环境，而力图消除先赋性等影响个人发展的不正常因素"。① 在现代社会，接受教育水平的高低直接决定了人们是否能够充分发挥自己的潜能，每个具有相同天赋的人都应具有同样的成功机会。但现阶段我国城乡发展不平衡、区域发展不平衡导致了城乡、区域之间教育资源分配的不平等。很明显，一个城市儿童所接受的教育远非农村儿童所能比拟。而且城乡教育之间的差异还表现在城乡家庭收入悬殊而导致孩子拥有不同的成功机会，在西部偏远山区，由于家境困难

---

① 李江源、王蜜：《论教育机会平等》，《河北师范大学学报》（教育科学版）2007 年第 4
期。

考上大学却上不起大学的情况频频见诸报端。如果真的考上了大学却没有上成大学，那就是城乡之间的机会不平等，具有相同潜力的孩子却有着不同的机会。现代社会组织对于教育的援助可以缓解这种机会不公。比如，截至 2011 年 2 月 28 日，福建省晋江市慈善总会共资助学生 8134 人，共资助 1398.39 万元。① 又如，中国青少年发展基金会和"希望工程"，资助了众多的贫困儿童上学，而且资助建立了众多的"希望小学"，为贫困地区改善教育硬件设施提供了帮助。研究表明，"希望工程"在其成立的前 8 年（即从 1989 年 10 月 30 日成立到 1997 年），全国共资助失学儿童 1847025 人，自主建设"希望小学"5256 所。② 再如，南都公益基金会开展了一项叫"新公民计划"的项目，宗旨在于"改善农民工子女的成长环境"。农民工为城市建设付出了劳动和汗水，但是他们的子女无法享受城市的教育资源，同样是子女，城市职工子女和农民工子女被人为地放置在了不同的起跑线上。该项目就是为了改善农民工子女的成长环境而开展的，"以项目招标的方式，资助非营利组织开展农民工子女教育、心灵关怀的志愿服务和公益创新项目，捐建民办非营利农民工子女学校"。"'新公民学校'项目着眼于农民工子女的教育公平问题，使农民工子女'人人有学上，上好学'，接受有质量的公平教育。"南都公益基金会并不直接参与该项行动，而是资助各种非营利组织开展这类活动，该项目的开展为提高农民工子女的教育质量，促使农民工子女享受较高质量的教育资源发挥了积极作用。

第二，现代社会组织对残疾人的救济是实现机会平等的重要方面。

任何社会都有残疾人，而且在有些地区残疾人的数量还相当多。由于残疾人群体有各种身体残障，与健康人比起来，在同等的机会面前，他们处于天然的弱势。换言之，他们很难和健全人一样享有同等的成功机会。救助残疾人是每个社会都应该做的事情，"残疾人希望得到，并且应该得到和健康人一样的选择机会，享有同样的生活方式。残疾人既不应该被抛进社会的垃圾箱，也不应该被供放在高台上，他们希望得到和正常人一样

---

① 参见《晋江市慈善总会慈善资金收支汇总表》，《晋江慈善》（晋江慈善总会内刊）2011 年第 3 期。

② 李强等：《生命的历程——重大社会事件与中国人的生命轨迹》，浙江人民出版社，1999，第 268 页。

的待遇"。① 社会的每个人，包括普通公民和政府官员都应该意识到这一点，并且努力让残疾人实现他们的这一愿望。现代社会组织为残疾人实现这一愿望所能做的事情就是对残疾人的资助。实际上现代社会组织尤其是民间慈善组织在这方面已经发挥了重要的作用。"萤火虫助残社"是成立于 2008 年 2 月的一个助残组织，其创立者孙卫本身就是一个残疾人，而且聚集在该组织周围的志愿者半数以上也都是残疾人，他们通过网络等各种方式募捐，开展各种助残活动，并在心理上给残疾人以安慰，也实现他们自身的价值。2007 年底"萤火虫助残社"被评为"南京市十大杰出志愿服务集体"。此外，还有众多的民间慈善组织都在发挥着积极的作用。

第三，扩大弱势群体参与，促使社会政策向弱者倾斜。

保证每一个公民都站在同一条起跑线上，都有同样的成功机会，不仅要保障社会政策对每个社会成员都同样开放，而且还要力促其向弱势群体倾斜。从总体上来说，残障人口以及结构性的弱势群体和强势群体甚至和中等收入者比起来，在社会中获取社会资源的能力是弱小的，成功的机会很小。所以对于强者和弱者，只有向弱者倾斜才算公平，因为只有向弱者倾斜，二者才能够勉强站在同一个起跑线上。为了实现这一目的，社会应该为弱势群体的政治参与提供广阔的空间，应让弱者有更强的参与能力。在这个意义上有学者指出，应该"扩大弱势群体政治参与，从根本上实现社会公正"。② 参与的扩大不仅是政治文明的重要根基，也是维护参与者利益的一条根本途径，只有弱者的呼声传达到决策层，政策才有可能向弱者倾斜。现代社会组织是弱者表达自己声音的一个重要平台。现阶段我国公民政治参与的方式除了选举投票之外，主要有如下几种：①公民个别接触活动，即通过非正规、非正常的熟人朋友关系，甚至通过送礼、行贿等途径接近政府官员，以期影响相应的决策，实质上有利于自己的利益诉求的实现。②有组织的程序化反映，即公民通过所信任的各种组织或团体反映自己的看法，这是一种制度化、程序化的表达过程。③公民投诉和控诉活动，即公民个人或集体通过上访、向媒体反映等手段来影响党和政府的决

---

① 〔印度〕A. 巴克尔：《残疾——挑战与回应：人人机会平等》，新馨译，《国外社会科学》2003 年第 6 期。

② 彭向刚、袁明旭：《论转型期弱势群体政治参与与社会公正》，《吉林大学社会科学学报》2007 年第 1 期。

策。④公民的抗议和对抗活动。这是政治参与最激烈的方式，往往带有一定的暴力性质。① 对于弱势群体而言，这些方式在一定程度上也都能够发挥作用，但是把弱势群体组织起来，或者代表弱势群体的现代社会组织发挥组织的影响力，向人大、政府等决策部门反映情况是我国社会主义民主政治发展的重要方面，也是维护弱势群体利益以保证他们能够和别人有同样的机会的重要途径。

三　现代社会组织在促进按贡献分配中的作用

按贡献进行分配，多劳多得、少劳少得，有劳动能力的人不劳不得，这是社会公正的重要方面。绝对平均主义看似公平，实则是懒惰者对勤劳者的剥夺，是不公平的。现阶段按贡献进行分配过程中最大的问题主要是社会垄断以及公共权力腐败所造成的社会不公，再就是劳动报酬太低，在初次分配中，资本所分得的份额太高，劳动报酬所占份额太低。这是我国收入差距拉大的重要原因，也是我国消费不足的重要原因，劳动者有广阔的消费空间，但由于劳动报酬太低，加上住房、养老、教育等需要较高的花费，劳动者的消费能力十分有限。所以社会要和谐发展就需要想方设法提高普通劳动者的收入。

现阶段劳动过剩和资本的强势地位决定了劳动者在同资方博弈的过程中处于劣势。随着改革开放的深入，农村的劳动力被逐渐解放出来，这些被解放出来的劳动力涌向了东部沿海经济较发达地区，在有些地区，过剩的劳动力决定了其劳动收入较低的状况。加上我国法制不健全，劳动者的法制观念也不强，所以很多劳动强度很大的劳动者却获得了很低的工资，社会保障很低，甚至负工伤、患职业病也得不到资方的及时有效赔付。正是因为这个原因，近年来广东、浙江等省份在年初经常会出现"用工荒"。因为工资低，很多农民工在本地打工收入也不少，何必背井离乡？如果说劳动力的过剩决定了其在同资方的博弈中处于劣势地位，那么资本的稀缺性则决定了资方在与劳动者的博弈中处于强势地位。自改革开放开始，资金就成了发展中的紧缺资源，为了发展，我们进行改革开放，引进外来的

---

① 参见李强等《生命的历程——重大社会事件与中国人的生命轨迹》，浙江人民出版社，1999，第 245~246 页。

资金；为了发展，很多地方想方设法招商引资。而且一些地方政府为了招商引资，还采取了种种优惠措施，在资方与劳动者的利益博弈过程中，个别政府甚至站在了资方的立场上说话。资本和权力的强强联合使得原本就处于弱势的劳动者更加弱势化。

现代社会组织可以整合分散的力量与处于强势的资方进行博弈。比如劳动者组织，尤其是工会就是将工人联合起来的载体。比如 2010 年，希腊多个工会联合组织了 24 小时大罢工，抗议政府为减少财政赤字推出的一系列紧缩政策，反对由普通民众为希腊的债务危机买单，此次罢工造成学校停课、银行关门，医院只有急诊医生在岗。工会本质上就是工人组织起来与资方进行谈判，以维护自身利益的组织，但是现阶段我国工会的定位在一定程度上有不合理之处，且民营企业很少成立工会，据统计，我国工会组织组建率不足六成，特别是非公有制企业中空白较大，农民工和劳务派遣工加入工会的比例刚刚超过 1/3，全国工会组建率只有 55.8%。有的企业虽建立了工会，但加入工会的职工数量不多，工会组织作用发挥不够。[①]现阶段民营企业中劳资矛盾还是比较突出的，但在这类企业中，工会发挥的作用很小，劳动者在寻求提高收入上缺乏应有的手段。但我国是发展中国家，正在经历深刻的社会转型，工会组织的不健全及其定位上的不合理还只是转型期的过渡状态，随着社会的发展，工会组织会逐渐地健全起来并发挥其利益平衡机制的作用。工会组织只是众多现代社会组织中的一种，还有其他众多的组织可以发挥整合力量的功能。

四　现代社会组织发展发挥 "第三次分配" 的调剂作用

众所周知，第一次分配是在市场中完成的，市场按照贡献大小进行分配；第二次分配是由税收来完成的，政府通过个人收入所得税等税收形式进行社会调剂，通过让高收入群体多纳税，并通过各种社会政策将税收用于人民，并对低收入群体予以适当倾斜，以避免收入差距过大。被人们称作 "第三次分配" 的是慈善组织的募捐活动，慈善组织通过募捐善款的方式从社会尤其是富人那里募集善款用于救济贫困人口。实际上，慈善组织

---

① 《我国工会组织组建率不足六成》，《共产党员》2010 年第 19 期。

的这种"第三次分配"是第二次分配的延续，属于社会调剂原则的序列。现代社会组织发挥"第三次分配"的调剂作用是对已经出现的收入差距过大现象的直接回应，慈善组织实际上是和社会政策相类似的，"社会政策的概念最早起源于欧洲。起初，社会政策的主要表现形式是依靠慈善组织或宗教团体实施扶贫济困活动"。① 而社会政策就是以实现社会公正为基本宗旨的。下面我们以晋江市慈善总会为例来说明现代社会组织的"第三次分配"。

> 晋江市慈善总会成立于 2002 年底，在短短的不到 10 年的时间里，晋江市慈善总会已经募集近 14 亿元人民币的善款（截至 2012 年 5 月 31 日，善款累计达 14.7156 亿元）。该会开展了众多积极的活动，截止到 2012 年 5 月 31 日晋江慈善总会的解困工程救济 13645 人，累计投入善款 3544.2436 万元；被拆迁困难补助救济 2517 人，累计投入善款 1838.5088 万元；助学工程救助 9772 人次，累计投入善款 1718.06 万元；助行工程救济 593 人，累计投入善款 343.5206 万元；助听工程救济 796 人，累计投入善款 174.51242 万元；复明工程救济 1295 人次，累计投入善款 473.44 万元；安居工程共救济 399 人，累计投入善款 947 万元；荧屏文化工程救济 2200 人，累计投入善款 339.187 万元；被征地低保保险救济 1221 人，累计投入善款 613.8868 万元；关爱母亲工程救济 692 人，累计投入善款 140.4 万元；低保新农合工程救济 73602 人，累计投入善款 197.7 万元；孤儿助养五保门诊救济 810 人，累计投入善款 43.2 万元；镇养老院投入 120 万元；其他慈善工程 20296 人，共投入 1775.0681 万元。②

而这些善款的主要来源之一就是募捐，福建省晋江市民营企业发展较快，成功的民营企业家也非常多。这些成功的企业家就是晋江市慈善总会能够成功募集巨额善款的经济基础，晋江市慈善总会的善款虽然包括经营、利息等方面的收入，但主要来源于募捐，而所得善款都用于慈善事

---

① 吴忠民、韩克庆等：《中国社会政策的演进及问题》，山东人民出版社，2009，第 19 页。
② 参见《晋江慈善》（晋江慈善总会内刊）2012 年第 6 期（2012 年 5 月 31 日）公布的晋江慈善总会的资金收支汇总表。

业，晋江市慈善总会先后实施了解困、助学、助行、复明、助听、关爱母亲等慈善工程，经常开展慈善义诊活动、"两节"期间送温暖、突发事件慰问、配合开展社区服务等活动。晋江市慈善总会的例子非常典型地展现了民间慈善组织的社会调剂功能：慈善组织通过募捐，将高收入者的部分收入吸收成为善款，然后将这些所得善款通过慈善的方式捐赠给那些低收入者。这实际上就是财富的流动，也是缩小收入差距的手段之一。

慈善组织的"第三次分配"有比政府税收这一"第二次分配"更加优越之处。税收是实现社会调剂的主要方式，政府通过征税使得富裕群体的财富转化为公共财政，然后将这些公共财政用于社会建设，尤其是向那些收入低下的群体倾斜，以保证社会的大致均衡，而不至于出现收入差距过大的现象。而慈善组织的"第三次分配"则是将富有人群的财富（当然慈善捐赠不仅仅来自富有人群，中等收入或低收入者也是慈善捐赠的重要人群，但富有人群最有能力和实力捐助大量的财富）转化为善款，然后再将善款用于慈善事业，最主要的就是用于那些因收入低下而生活困难的人群。政府征税和慈善捐赠的目的相近，但其手段不同。征税是通过国家机器将缴税转变为公民义务，强制执行，否则就是违法；而慈善组织则是通过募捐的方式，捐献者主动、自愿地捐献自己的财富。一个是强制，一个是自愿，这就是作为"第二次分配"的税收和作为"第三次分配"的慈善组织的募捐活动之间的差别。对于慈善的优越性，布鲁斯克指出，"众所周知（而且人们深有体会），这种纳税式的、强迫性的'捐赠'会减少人们工作的动机，也就是说如果不能保住挣来的钱，人们就会降低对工作的热情。这就是为什么当政府提高税率时，税收反而常常下降的原因"。而与此不同，在"慷慨地捐赠的时候，我们会更富有，而我们所帮助的那些人和事业也都会得到改善。这就是为什么说那些抑制私人捐赠积极性的收入再分配政策以及用国家行为替代个人行为的政治意识形态是十分危险的，他们白白浪费了慷慨和生产力之间不可思议的、相辅相成的力量"。[①]也就是说，在慷慨的慈善和生产力发展之间有一种正相关的力量，即慈善会促进生产力的发展。但是国家的再分配政策没有能够充分利用这种正相

---

① 〔美〕亚瑟·C.布鲁斯克：《谁会真正关心慈善——保守主义令人称奇的富于同情心的真相》，王青山译，社会科学文献出版社，2008，第130~131页。

关性，这是一种浪费。人在被强制的状态中所感受到的更多是自主性的匮乏和自由度的降低，尤其是自己的财富被强制征收，人们的劳动积极性会受到影响。而慈善组织的募捐则是自主自愿的，捐助者在捐助行为中感到的是自由和主动，而且研究表明，捐助者在捐助行为中会获得更多的健康、幸福和财富。哈佛大学医学院的研究人员进行了一项实验，"他们把132名多发性硬化症的患者分为两组，让其中一组的患者对另一组进行慈善帮助。研究者随后发现，与另一组接受帮助的人相比，施助的这组人体验到'他们的生活发生了惊人的变化'，他们的自信心、自我意识和忧郁状况几乎改善了3至7倍。这些研究人员建议，应该把帮助他人的做法正式纳入到疾病康复治疗中"。① 捐赠者在捐赠过程中会获得幸福、健康和财富，而这又反过来激发捐助者的捐助积极性。捐助行为不仅不会挫伤捐助者的劳动积极性，而且还有激励捐助者以更加积极、乐观的心态去积极工作的功效。

我国税收还有其不足之处，那就是很多税收政策初衷是为了抑制高收入者的收入增长过快，以平抑收入差距过大现象。但是在税收政策实际执行的过程中，很多高收入者往往抓住法律的漏洞合理避税，甚至偷税漏税，将税收的实际承担义务转嫁到了中等收入人群的身上。比如，《经济参考报》的一篇文章转引一位税务干部的话来说明问题，"辽宁省地税局个人所得税处副处长朱江天介绍，现在很多企业老板采用各种手段偷逃税款，增加个人财富，而税务部门由于征管手段跟不上，很难查处。例如，目前针对有限责任公司的负责人，通常是按照其获得企业利润的20%进行征税。但很多老板为了避税，尽管企业利润已经很多了，但却长期不进行分配，个人的购车、购房、吃喝等开支都从企业出账。这样，尽管个人工资收入很低，但却是实实在在的高收入群体。对此，税务部门也只能眼睁睁看着，十分无奈"。② 虚报收入、不开发票、利用现有的税收制度漏洞"合理合法"逃税是现阶段一些高收入群体惯常使用的避税逃税手法。

---

① 〔美〕亚瑟·C. 布鲁斯克：《谁会真正关心慈善——保守主义令人称奇的富于同情心的真相》，王青山译，社会科学文献出版社，2008，第 125~126 页。布鲁斯克在该著作中还举出了很多实验和实例来证明慈善会给捐助者带来幸福和健康。

② 杨玉华、冯雷、丁文杰：《高收入群体税收监管存盲区　加剧收入分配不公》，《经济参考报》2010 年 5 月 17 日。

而本应成为中等收入群体的白领工薪阶层由于其收入完全有据可查，所以几乎不存在避税逃税的空间。因此，本应起到调剂收入差距作用的税收政策在实际运行中没有能够充分发挥它的正面作用，甚至个别地方还会出现"逆向调节"倾向，即不但没有缓解两极分化，还可能出现促使两极分化扩大的倾向，即税务部门为了完成税收任务，在高收入群体"合理避税"而无可奈何的情况下，就对中低收入者严厉课税。结果中低收入者以其本来就很低下的收入缴纳较高的税，而不能真正成为中等收入群体。

如果现代社会组织的积极性被充分调动起来，其"第三次分配"的功能确实能够缓解两极分化，因为现代社会组织对那些最需要帮助的人直接提供救济，是让社会财富从富人向穷人流动。但是现阶段我国公民社会发展尚处于初级阶段，还有很多不够完善之处，其中一个重要的方面就是直接救济贫困人口的现代社会组织还不是太多，比如王名在早些时候的一项研究表明，在 48 家全国性的社会团体中，有 4 家是直接为弱势群体服务的，有 17 家是为社会中间阶层或者中下阶层群体服务的，有 27 家则是为社会中上阶层群体服务的。[1] 也就是说，在现有的现代社会组织中，其结构是不合理的。弱势群体是最需要这类组织予以救济的，但是直接救济弱势群体的组织数量很少。虽然中上阶层人口也需要现代社会组织，但相对来说，处于社会最底层的弱势群体更需要这类组织，尤其是直接以救济为目的的组织。这些年来直接以救济弱势群体为目的的组织越来越多，尤其是汶川大地震之后，各种民间基金会、慈善组织呈现"井喷"态势，但是这些组织难以摆脱管理体制、经费、行政色彩浓厚、公信度不高等困境。[2]虽然在发展的道路上还困难重重，但是现代社会组织的发展壮大是社会的必然，英美等发达资本主义国家强大的公民社会表明，随着现代化的深入，公民社会的崛起是历史的必然。我国公民社会的发展壮大是社会和谐发展的客观需要，也是现代化的必然结果。

---

[1] 王名：《中国社团改革——从政府选择到社会选择》，社会科学文献出版社，2001，第 116 页。

[2] 崔恒展、高灵敏：《非营利组织与社会公正》，《山东社会科学》2005 年第 9 期。

第五节　现代社会组织的社会协调发展促进机制

协调发展是社会和谐发展的题中应有之义，现阶段之所以矛盾凸显，一个重要根源就是社会不协调。按照十七大报告的说法，协调发展需要"统筹城乡发展、区域发展、经济社会发展、人与自然和谐发展、国内发展和对外开放……"[①] 促进社会协调发展，当然最重要的途径就是发挥党和政府的作用，从政策引导上予以统筹兼顾。但是政策的实施不是一朝一夕就能够奏效的，而是需要相应政策在较长的时间内持续发挥作用才能够逐渐改变现阶段的发展不协调局面。而在这一过程中，现代社会组织能辅助政府发挥协调发展机制，以尽快实现社会的协调发展。现代社会组织种类繁多，数量庞大，其中并不是每个组织都能够发挥协调发展的功能，而是其中的某一类或者几类组织能够发挥协调发展的功能。现代社会组织促进社会协调发展的机制实际上就是社会矛盾化解机制，本节的论证逻辑大致是这样的：现代社会组织—社会协调促进机制—消除社会矛盾凸显的根源—化解社会矛盾的机制。

所以，现代社会组织促进社会协调发展的机制就是矛盾化解机制。

一　扶贫类组织的协调发展机制

社会不协调的主要表现就是一些地区发展缓慢，人民群众生活比较困难和整个社会发展速度不协调。在这个意义上，最重要的促进社会协调的方法之一就是扶贫，帮助贫困人口脱贫，并使贫困落后地区提升发展能力，以缩小同经济较发达地区的差距。

扶贫的最主要力量当然应该是政府，但是政府的扶贫在一定程度上存在弊端，比如有学者指出，"政府扶贫财力不足，客观上制约着整个扶贫事业的发展；扶贫工作程序的官僚化、能力的局限性及相关机制的不健

---

① 胡锦涛：《高举中国特色社会主义伟大旗帜　为夺取全面建设小康社会新胜利而奋斗——在中国共产党第十七次全国代表大会上的报告》，人民出版社，2007，第16页。

全，影响了扶贫资金的使用效率，也使政府扶贫的效率较低；政府部门的工作人员挪用公款、贪污腐败等现象时有发生，严重影响政府在农民心目中的地位，并大有造成农民对政府产生信任危机的可能，等等"。① 这些问题的存在表明政府扶贫虽然是现阶段最主要的扶贫方式，但是它也存在一些自身的不足，而民间扶贫组织扶贫是一种能够补充政府扶贫的不足的扶贫方式。目前我国已经存在并活跃着一大批扶贫组织，有学者罗列了一些典型，如中国扶贫基金会、中国国际民间组织合作促进会、中国人口福利基金会、中国计划生育协会、中国青少年发展基金会、中华慈善总会、农家女实用技能培训学校、爱德基金会、香港乐施会、救助儿童会、四川农村发展组织，等等。这些组织开展了各式各样的扶贫活动。② 这些组织有其自身的优点。

第一，民间扶贫组织具有很强的针对性。政府扶贫的主要特点是面对一般性的人群，主要靠政策，而政策则具有较高的公共性，其所指向的对象虽然已经明确是贫困人口，但其所针对的范围仍然不够具体。而民间扶贫组织的扶贫对象则更加具体，更加具有针对性。"单个非营利组织的扶贫活动一般都比较专一，集中在机构有自身优势的专业领域，扶贫活动的专业性和技术性都比较高。"③ 民间扶贫组织不采取政府自上而下的扶贫方式，而是点对点扶贫。"所谓点对点扶贫，意指扶贫主体与扶贫对象一一对应，一个扶贫对象定有一个与之相对应的扶贫单位。"④ 政府所面对的不是具体的个人，而是宏观的社会整体，所以它无法制定具体的"点对点"式的扶贫方案；但是民间扶贫组织则可以具体到某个地域，甚至某个村落的某几个人。民间扶贫组织的作用有很多，比如有学者认为民间扶贫组织在扶贫中所扮演的角色主要有资源筹集者、项目实施者、宣扬支持者、施加影响者、联系者、协调者和监督者、利益表达者、沟通者等。⑤

---

① 谭国志、王远少：《非政府组织在农村发展中的角色研究——以 W 组织在广西扶贫为例》，《学会》2010 年第 4 期。

② 王宏伟：《发挥非政府组织在我国农村扶贫中的作用》，《经济师》2009 年第 10 期。

③ 万俊毅、赖作卿、欧晓明：《扶贫攻坚、非营利组织与中国农村社会发展》，《贵州社会科学》2007 年第 1 期。

④ 许源源、邹丽：《非政府组织农村扶贫：制度优势与运行逻辑》，《经济与管理研究》2009 年第 1 期。

⑤ 谭国志、王远少：《非政府组织在农村发展中的角色研究——以 W 组织在广西扶贫为例》，《学会》2010 年第 4 期。

有学者认为民间扶贫组织的扶贫"包括生存扶贫、技术扶贫、教育扶贫、救助贫困母亲、合作扶贫、文化扶贫、实物扶贫等等"。[1] 还有学者指出，目前非政府组织的扶贫方式大致有：物质扶贫，比如无国界医生、乐施会、拯救儿童等非政府组织，主要开展直接的物质救济；知识扶贫，比如"希望工程"对教育的资助；能力扶贫，比如通过小额贷款促使贫困人口走向独立；制度扶贫，通过开展各种活动推动制度建设。[2] 如此等等，不一而足。虽然对于民间扶贫组织的具体功能，学者们众说纷纭，但有一点是大多数学者都认可的，那就是民间扶贫组织的功能和方式是多元的，所能够获得的资源也是多样的。这样丰富的功能、方式和资源如果都汇集到某些具体的地区，那对该地区的扶贫必然是卓有成效的。另外，贫困者自我组织合作社也是自我扶贫、自我发展的有效途径，兹举世界上第一个成功的合作社为例来说明问题。

1844 年 12 月 21 日，在英格兰西北部兰开夏郡的罗契戴尔，有一家简陋得不能再简陋的小店在一条被叫作"蛤蟆胡同"（Toad Lane）的小巷里开张，这家小店的制度与众不同，正是因此，它成了如今海内外众多向往者"朝拜"的"圣地"。这就是罗契戴尔公平先锋社（Rochdale Society of Equitable Pioneers），世界上第一个成功的合作社。

该社所在地罗契戴尔位于曼彻斯特市北约 19 公里的一个小镇，那时居民大约 2.5 万人，而曼彻斯特则是当时英格兰的纺织工业中心。开设这家店的初衷并没有想开创什么惊天动地的伟业，只是为了缓解他们所处的困境，满足他们现实的生活需求。他们作为劳动者（雇佣者）和消费者，受到工厂主和私商的双重盘剥。罗契戴尔是当时工人聚居的地方，那里环境污染不堪，儿童死亡率很高，平均寿命很短，市场出售食品掺假盛行，发芽的马铃薯也照样在市场出售，缺斤短两司空见惯。这个小店是消费者自己的零售合作社，它的创建就是改变他们艰辛处境的尝试。小店之所以取名公平先锋社，就是试图表明它坚持以价格公平、准斤足两向顾客（即社员）出售不掺假使杂的纯净

① 王宏伟：《发挥非政府组织在我国农村扶贫中的作用》，《经济师》2009 年第 10 期。
② 赵晓芳：《非政府组织的界定及其参与扶贫的战略分析》，《兰州学刊》2010 年第 4 期。

食品（那时英国政府尚无食品安全的规定，先锋社率先自动保证供应安全食品）。先锋在英文中就是"拓荒者"的含义，他们自称"拓荒者"就是决心在市场经济中尚未有人开拓成功的荒野里垦殖出一片他们自己能够立足的生存空间，依靠他们群体力量争取把市场交易的谈判权掌握在自己手里。

该社初期，由于资本缺乏，只出售面粉、燕麦片、黄油和食糖这四种当时英国人日常生活最必需的食品，加上照明用的蜡烛，以后逐渐增加了很多项目。小店只在周末晚上开张，因为周一到周六工作日，他们都要白天干活。但由于业务的发展，到1851年的时候，该店改为每天都全天营业。开创时期，该社只有28个社员，到1880年已经突破了1万人。后来罗契戴尔公平先锋社成功融资，促进了合作零售业的发展，到1851年的时候，全国已经有零售连锁合作社130个左右。1994年，英国为罗契戴尔公平先锋社诞辰150周年开展了隆重的举国庆祝活动。罗契戴尔公平先锋社无论在英国还是在世界上，都不是第一家合作社，但它是第一个成功的合作社。[①]

贫困者自我组织的合作社当然是针对贫困者的贫困问题而组织的，所以它的针对性非常强，其作用的发挥也会非常直接。

第二，民间扶贫组织更加贴近底层群众。政府所要提供的公共产品是面向公共性更为宏大的区域和领域，这就决定了它在一定程度上要和群众保持一定的距离；而民间扶贫组织则不同，它具有天然的草根特性，和普通民众具有天然的亲和性，所以有学者说"该种性质使它与政府官员无论是思维、心志还是在做事风格上有很大的差异。由于政府主要是解决面上的普遍性问题，难以有更多的精力针对贫困个体的特殊需求来采取扶贫干预措施。而规模小、亲和力强的非政府组织在帮助分散的贫困户上具有明显的优势"。[②] 这些组织以平等的、互动的、参与的方式开展工作，很容易得到群众的信赖。而且它们所开展的扶贫活动一般见效较快，当地群众理解了这些组织的意图之后，会更加积极地配合这些组织，并从组织所开展的活动中获益。而且有些本地的民间扶贫组织是基于本地的一些特点而建

---

① 参阅唐宗焜《合作社真谛》，知识产权出版社，2012，第三章。
② 王宏伟：《发挥非政府组织在我国农村扶贫中的作用》，《经济师》2009年第10期。

立的，比如重庆开县的"开县村级互助资金是基于贫困村内血缘、地缘、亲缘关系基础上建立的财政扶贫组织，其组织内成员间彼此信息对称，而且参与互助资金的贫困户也是有一定融资需求的客户"。该组织是一个自助性的民间组织，能充分掌握贫困户融资信息，能满足贫困户就近融资需求，有能力填补农村金融空白，等等。① 民间扶贫组织的这一贴近群众的特点是其灵活发挥作用的基础。

第三，民间扶贫组织能够创新扶贫模式。民间组织的扶贫是对政府扶贫的补充，它的最大优点就是能够更加具体而准确地了解贫困人口的需求，并针对具体需求采取具体的措施。有学者指出："非政府组织的成员有意愿和能力在贫困地区实地从事扶贫活动，因而能够获得第一手关于贫困人群的资料，了解贫困人群的需求，依据自身的组织特点向其提供具有针对性的援助。在长期开展项目的过程中，非政府组织的工作人员逐步积累经验和知识、技能，成为各个扶贫领域的专家，他们比各级政府的工作人员更熟悉业务，同时也更深入基层，能够更直接和有效地针对不同地区、不同人群、不同贫困层的不同问题开展具体的、有针对性的扶贫活动。"② 这就大大提高了扶贫的效率。当然民间组织也不是万能的，它也存在一些不足，比如资金不充足、人才缺乏等。但是如果政府和民间组织结合起来相互补充则会集中各自的优点，促进扶贫工作以更快的速度发展。比如，"2006 年 1 月至 2008 年 9 月国务院扶贫办与 NGO 合作开展了参与式村级扶贫规划江西试点项目，中央通过江西省扶贫办投入政府财政扶贫资金 1100 万元，以服务外包的方式交由 9 家国内本土 NGO 使用和管理，协助、指导村民参与村级扶贫规划。试点取得了较好效果，在 NGO 参与实施的试点村，村民对扶贫规划的参与度（56%）明显高于政府独自负责的对照村（20%）；试点村的贫困瞄准率明显高于对照村，一方面，在试点村，79% 的被调查贫困户认为规划实施改善了他们的生活条件，73% 认为改善了他们的生产条件，而在对照村这两个比例分别只有 40% 和 7.5%；另一方面，在试点村，27% 的被调查贫困户认为规划实施增加了他们的收入，29% 认为提高了他们的能力，而在对照村，没有贫困农户认为规划实

① 刘娟、曾国平：《财政扶贫组织的新探索——重庆市开县"村级发展互助资金"案例的启示》，《贵州社会科学》2009 年第 12 期。
② 王宏伟：《发挥非政府组织在我国农村扶贫中的作用》，《经济师》2009 年第 10 期。

施增加了他们的收入或提高了他们的能力"。① 这是一种重要的模式创新，在这个过程中，政府从实施者变成了赞助者和监督者，从而从具体的事务中超脱出来，规避官僚气息；而民间组织则在这一过程中获得了资金的资助，很多民间组织想做善事，只是苦于得不到充足的资金资助，而在这种合作模式中，政府通过服务外包这一市场化的运作模式给民间组织以资金上的支持，而民间组织则以敬业的精神投入扶贫工作中去。这种合作方式既能够提高扶贫的效率，也能够提高扶贫的质量，是一种非常值得推广的扶贫模式。

第四，有利于培养扶贫管理人才和丰富扶贫管理经验。尤其是在华的一些国际非政府组织，"在中国开展扶贫活动的国外非营利机构主要有联合国开发计划署（UN－DP）、粮农组织（FAO）等国际发展援助机构，世界银行（WB）、亚洲开发银行（ADB）等国际金融机构，澳大利亚（Aus-AID）、加拿大（CIDA）、英国（DFID）、德国（GTZ）、荷兰、芬兰、瑞典和日本（JICA）等国外政府双边机构以及福特基金会、自然基金会等国际非政府机构"。② 这些组织大都来自发达国家，发达国家公民社会发展得比较成熟，有比较成熟的扶贫开发管理经验和优秀的民间组织人才。这些组织来华开展各种扶贫活动自然而然地就会将这些国家的扶贫开发经验和模式带到中国，有学者将这些来自国际非政府组织的积极影响归纳为如下几点：①提供了新型的扶贫开发模式；②引进了先进的项目管理经验；③培养了一批扶贫专业机构和人才；④改变了不少传统而又不合时宜的观念；⑤促进了中国民间组织的规范化经营。③ 这一归纳还是比较全面的，这些经验对于我国民间扶贫组织的发展起到了难能可贵的启迪作用。

民间扶贫组织的这些积极作用对于解决贫困落后地区人口的生活困难以及提高该地区发展能力和发展速度以缩小与经济较发达地区的差距都具有十分重要的积极作用。

---

① 黄春蕾、呼延钦：《非政府组织的扶贫机制及其政策启示——基于宁夏扶贫与环境改造中心的研究》，《经济与管理研究》2009 年第 10 期。

② 万俊毅、赖作卿、欧晓明：《扶贫攻坚、非营利组织与中国农村社会发展》，《贵州社会科学》2007 年第 1 期。

③ 黄浩明：《国际民间组织合作与中国扶贫开发事业》，《学会》2008 年第 4 期。

二　民间环保组织的环境保护机制

生态问题已经成为一个引起国际国内普遍关注的重点问题，温室效应、气候变化、空气污染、水污染、土壤污染等问题已经成为威胁人类生存的重大问题了。同其他重要的社会问题一样，问题的解决最主要的还是需要政府的努力，但政府也有其自身的不足，比如有学者指出，"政府并不是每时每刻都能很好地履行'公共信托'功能的，因为政府受政党、经济利益集团、地方利益的影响，所以很难保证政府的一切行为都代表公共利益"。① 而且政府行为中也有可能出现官僚主义作风、权力寻租行为，这必然会损害环境保护的效率。在这个意义上，积极拓展环境保护的渠道具有重大意义。现代社会组织当中，民间环保组织是最具代表意义的组织之一，它在环境保护方面发挥着重要的作用。美国、日本等国家的非政府组织已经在环境保护中发挥了十分重要的作用。我国现代社会组织虽然还有待进一步发展，但是它也早已经开始关注环境问题，并正在积极开展行动。

第一，促使政府有关生态环境的决策更加科学化、合理化。

生态环境的破坏根源于人类对自然的掠夺性开采，制止这些破坏行为最重要的途径当然是由政府制定相关的法律、政策，并严格执行这些法律和政策。但是政府在通过上述途径制止破坏行为的过程中也有其不足：首先，政府部门尤其是基层政府部门对于环境保护不专业；其次，政府对破坏行为往往是事后制裁，不能做到防患于未然，而生态环境一旦遭破坏，恢复就很难了，对于破坏行为的惩处丝毫不会有助于生态恢复；最后，基层政府人力、物力缺乏，尤其在一些自然资源丰富而人口稀少的地方。除了这些不足之外，个别基层政府在利益的驱动下，本身就很有可能成为破坏生态的始作俑者。民间环保组织能够补充政府的不足。首先，民间环保组织专业水准很高，很多组织本身就是由专业人士组建的，或者至少是由专业的学者组织起来的，比如自然之友、北京地球村等民间环保组织就包括很多专业的生态学学者，他们具有丰富的生态学知识，对生态环境的调

---

① 陈廷辉：《民间环保组织在环境保护中的作用》，《中山大学学报论丛》2003 年第 4 期。

查可以为政府科学决策提供参考，促使政府决策更加科学化、合理化。其次，民间环保组织可以整合社会资源，增大生态环境保护的投入，弥补政府在人力、物力上的不足，比如阿拉善 SEE 生态协会就是由一批国内大企业家发起的旨在防止沙漠化的一个民间环保组织，募集了大量的相关资金用于制止沙进人退的局面，还将企业家精神和市场的效率机制引入沙漠化治理。最后，民间环保组织还能够通过媒体等途径施压，阻止个别基层政府破坏生态的行为。比如 1995 年，云南省德钦县为解决财政困难而试图在白马雪山自然保护区南侧砍伐 100 平方公里的原始森林，而这对于生活在这里的滇金丝猴等珍稀动植物来说无疑是灭顶之灾，自然之友得知后，马上通过新闻、报纸等途径成功阻止了这一行为，有力地保护了这些珍稀动植物。民间环保组织对政府的影响不限于上述案例，大量的活跃在全国各地的民间环保组织对政府决策都会产生或大或小的影响。随着民间环保组织的发展壮大以及人们环保意识的觉醒，会有更多的民间环保组织发挥较大的作用，这些作用汇集起来将是推动生态文明建设的一支重要力量。

第二，积极开展各种环境保护活动。

民间环保组织是一种公益组织，其宗旨在于维护公共生态的良好发展。为达此目的，各类民间环保组织都在积极行动。我们以几个例子为证。第一个例子：绿色家园创始人汪永晨得知日本老人远山正瑛发起日本志愿者来中国内蒙古沙漠上植树，每年都有很多人来植树，但没有中国志愿者前往。他从 1997 年五一开始组织绿色家园志愿者推动植树计划，活动非常成功。第二个例子：自然之友、绿色北京等民间环保组织积极参与了保护藏羚羊的活动。自然之友创会会长梁从诫 1998 年 10 月给正在中国访问的英国首相布莱尔写公开信，要求英国制止其国内非法的藏羚羊羊绒贸易，布莱尔见信后，立即表示支持和理解，回国后积极配合中国，禁止了藏羚羊羊绒贸易。第三个例子：阿拉善 SEE 生态协会会员宋军利用梭梭树与肉苁蓉①的共生关系，鼓励阿拉善干旱地区的牧民种植梭梭树，不仅可以防止沙漠化，而且还可以收获名贵药材肉苁蓉。种植梭梭树还可以得到经济回报，这就使得牧民们更有动力种植梭梭树。一项研究表明，农村村

---

① 肉苁蓉是一种与人参、灵芝齐名的名贵药材。

民自治组织在环境保护中发挥了重要的作用，如有的村民自治组织组织村民订立村规民约，规定对森林资源只能定期砍伐；按照林木生长状况制定封山制度；一些渔业村为了保证捕捞的公平，规定每户居民的打捞地域并实施周期性的轮换，对捕捞时间和渔网网格的大小也有明确规定。村民自治组织非常了解本地现实，提出的解决方案也切合实际，所以也很有效。[①] 比如一项关于国外环境保护组织的研究表明，国外环保组织所开展的活动主要有：游说政府官员，制定相关政策；筹集并合理利用资金；开展有关环保的政治和商业性活动及组织抗议活动；提高媒体对环境问题的曝光度；提起有关诉讼和对环境执法进行监督；有关环境保护的信息交换；承担研究调查任务；获取并管理有关环境的财产；引导当地居民在环境保护中积极参与；等等。[②] 民间环保组织开展的生态保护活动比较零散，缺乏系统性和整体性，但是如果参与这类活动的民间组织越来越多，投入的民间资源越来越雄厚的话，这些零散的点滴力量也会汇集成生态文明建设的滔滔江河。

第三，宣传环保意识，倡导环保的生活方式。

环境保护是政府的事情，更是每个公民的事情，环境的优劣和每个公民息息相关，所以保护环境就不能仅仅靠政府出台关于环境保护的政策，制定关于环境保护的法律，更重要的应该靠每个公民积极行动起来保护环境。这就需要每个公民形成环境保护的观念和基本素养，如果普通公民没有相应的环保意识和理念，即便环境保护法律出台了，环境保护的效果也不会很好。卢梭说过，真正的法律"既不是铭刻在大理石上，也不是铭刻在铜表上，而是铭刻在公民们的内心里；它形成了国家的真正宪法……"[③] 只有真正内化为公民的内在心理品质，法律才会变成人们的生活方式，才会被自觉地遵从。环境保护也是这样，只有每个公民增强环保意识，环保法律才会真正起作用。所以，生态文明建设应该从每个公民做起，只有整个社会形成保护环境的观念、意识、生活方式、生活习惯，生态才能真正

---

① 陈丽华：《论村民自治组织在保护农村生态环境中的权力》，《湘潭大学学报》（哲学社会科学版）2007 年第 3 期。

② 万俊、罗猛：《论国际环境保护非政府组织的兴起、形式及其作用机制》，《黑龙江省政法管理干部学院学报》2006 年第 2 期。

③ 〔法〕卢梭：《社会契约论》，何兆武译，商务印书馆，1980，第 73 页。

成为一种文明的形态。而在环保意识启蒙方面，民间环保组织功不可没，它们开展了各种宣传教育活动，比如北京地球村就实施了儿童环保教育工程——绿天使工程，开展了各种意义重大、影响深远的活动，它用点滴的环保行动带动了家庭参与环保，为儿童幼小的心灵灌输了环保理念。2006年，青藏铁路开通的时候，绿色江河组织启动了"乘青藏铁路列车，做高原绿色天使"的环保宣传项目，招募志愿者在格尔木站、拉萨站和青藏铁路列车上展开广泛宣传，以减少游客对高原的污染。除了开展各种各样的环保宣传活动之外，民间环保组织还编写各种环保读本，让更多的人了解环境知识，增强环保意识。比如北京地球村编著了《村民环保读本》（2006年），用通俗易懂、人民群众喜闻乐见的方式图文并茂地介绍了各种生态知识，并积极倡导环保的生存方式。自然之友编著了《教你认识北京的植物》（2012年），用鲜艳的图片配以简洁明快的文字介绍，向人们介绍北京的各种植物，让人们更加深入地了解北京的生态情况。生态意识、生态的习惯和生存方式是生态文明的基础，只有在积极开展环境保护活动的同时，培育公民的生态意识、习惯和生存方式，才能算是综合推动生态文明建设。还比如一项关于江西妇女组织的研究显示，妇女组织在改变当地农村生活方式，倡导更加环保的生活方式上发挥了重要作用，如赣南"猪—沼—果"农村能源生态模式，将沼气推广和果树种植结合起来，使能量多次循环，达到少投入、多产出，促进农业可持续发展的目的。在这一过程中，"农户通过建沼气池利用人畜粪便、生活污水下池发酵，产生的沼气用于农户日常做饭点灯，沼渣用于果树或其他农作物做肥料，沼液用于果树农作物防治病虫害。既减少了污染、净化了庭院，又利用了废物、节约了能源，还保护了林草、扩大了植被，并促进了生产、增加了收入，还减轻了劳动强度、改变了生活方式"。① 该项目在农村具有很强的可操作性，因为该项目方法简便，就地取材，将一些废物充分利用，又为果树种植提供了有机肥，这不仅增加了农民的收入，而且净化了环境，也减少了烧煤、柴所造成的空气污染。因为沼气燃烧之后几乎没有污染，这种生活方式如果在大多数地区得到推广，那么就会有效降低环境污染，而且

① 江西省妇联课题组：《环境保护中的妇女组织作用探析》，《江西行政学院学报》2006年第4期。

还会节省相当数量的煤炭等能源。民间环保组织在开展生态教育方面有着其独特的优势，它的这一优势的充分发挥将会以"润物细无声"的方式启迪人们的生态文明观念。

第四，通过各种途径推进政府环保立法。

民间环保组织的另一个重大作用就是通过其各种途径，积极参与政府决策，或积极影响政府决策以推进政府的环境立法工作。毕竟，政府的法律是以强制为后盾的，其环保的力度是强大的。"民间环保组织具备各种各样的既懂专业又懂法律的人才，能够在对话的基础上以'听证会'、'环保论坛'等形式帮助政府作出科学的决策……"一项法律是否科学，相关专家的意见十分关键，环保组织集聚了相当数量的相关专家，甚至很多民间环保组织就是由某方面的专家发起创办的。这样的组织对于目前环境保护最需要什么、应该怎么办都有较深入的研究，所以它们的意见对于科学地制定相关法律是非常有价值的。而且"环保组织以其专业的眼光，较好的社会号召力，能够帮助公民在获得环境知情权的基础上，有效地参与到政府的环保工作中来，并在参与过程中作为一股社会力量，监督政府按法定依据、法定职权和法定程序行政，力图及时纠正政府行政行为的不当"。① 环保组织还通过电视、网络、报刊等媒体形成公共舆论给政府施加压力，促使其制定有关法律，或者加快相关方面的立法。国际上的很多环境保护国际性条约的签订过程也都渗透着环保组织的汗水，民间组织在国际性条约签订过程中通过向政府施压，促成多个国际性条约通过审议，比如现代社会组织参与了《濒危物种贸易国际公约》《世界继承公约》《生物多样性公约》等条约的准备工作，它们还在《荒漠化公约》的谈判工作中起到了重要的作用。② 国际和国内情况不一样，国际社会更加复杂，因为处于全球化过程中的当今世界，虽然有联合国这样发挥重大作用的国际组织，但是联合国并不是世界政府，没有强制的权力，世界环境保护没有一个全球性的机构能采取强制性的措施，这一点和民族国家内部情况不

---

① 以上两处引文出自陈廷辉《民间环保组织在环境保护中的作用》，《中山大学学报论丛》2003 年第 4 期。

② 鄂晓梅：《国际非政府组织对国际法的影响》，《政法论坛》2001 年第 3 期；李艳芳：《公众参与环境保护的法律制度建设——以非政府组织（NGO）为中心》，《浙江社会科学》2004 年第 2 期。

同。全球生态危机会影响到每个国家，温室效应、气候变化、臭氧层破坏等会影响到所有国家，客观现实要求所有国家采取一致的行动，但是各国政府都从自我利益出发，全球生态危机"虽有害，但非我独挡"，消除危机"虽有利，但非我独享"，所以在国际性环境保护会议上各国政府更多的是责任和义务的推诿扯皮。环境危机促进了众多国际非政府组织积极采取行动，力图促成各种环境保护合作，在一定程度上，环境保护组织确实发挥了很大作用。

三 行业组织在对外贸易中的利益维护机制

社会协调发展，也包括国内市场和国际市场的协调。目前随着中国经济的快速发展，中国的对外贸易发展非常迅速，而对外贸易中的摩擦也与日俱增，其中很多贸易摩擦都是贸易保护主义在作祟。"自 1995 年以来，我国已连续 13 年成为国外反倾销调查的重点对象国，共有 18 个国家（地区）对华启动反倾销案件，以美国为最，其次是印度和欧盟。2007 年中国共遭受 77 起贸易救济调查，反倾销 60 起，其中 8 起案件遭遇反倾销的同时遭遇反补贴调查。"[①] 在应对对外贸易的保护主义壁垒中，行业协会发挥了重要的作用，在此类事件中，政府不宜出面，单个企业应诉势单力薄，成本巨大，胜诉无望，而由行业协会出面，则会凝聚巨大的力量参与协调和处理。其实行业协会在对外贸易中所发挥的作用不仅仅是应对各种贸易壁垒，还在促进本国企业参与国际竞争中发挥十分重要的作用。因此可以说，行业协会在协调国内市场和国际市场这两个市场方面发挥着重要的作用。

第一，行业协会可以协调出口竞争秩序，避免出口中的恶性竞争。市场竞争是残酷的，市场是一个弱肉强食的无情领域，竞争不过的时候必然会败下阵来。但是健康的市场应该是一个有序竞争的市场，我国现阶段在很多领域出现了无序竞争的态势。众所周知，市场竞争最主要的竞争就是价格竞争，一些商家为了获得价格优势，甚至不惜以低于成本的价格竞

---

① 郁建兴：《在参与中成长的中国公民社会——基于浙江温州商会的研究》，浙江人民出版社，2008，第 123 页。

争。比如，旅游市场的竞争就存在这种现象，在报价上，很多旅行社都打低价牌，甚至个别的旅行社还以低于成本价报价，结果一些旅行社为了弥补损失，就带顾客到纪念品店购买纪念品，从中捞取回扣。不仅国内市场领域的竞争存在这种现象，而且对外贸易的竞争中也存在这种现象。有学者称，"无序出口，压价竞销，是我国农产品出口中的突出问题。这不仅导致大量外汇损失，还容易引起国外对我国农产品动用农产品贸易壁垒，发起反倾销，甚至动用特别保障条款"。① 这种竞争不仅损害了个别企业的利益，也损害了行业整体的利益。这就需要有组织者协调行业内的竞争，行业协会就是协调本行业竞争秩序的组织之一。

第二，行业协会在推动本行业标准化方面发挥着重要的作用。对外贸易中，标准化是一项重要的要求，而且国外的一些行业协会都为国外产品制定了相当高的行业标准，实际上就是设法采用技术壁垒的方式实施贸易保护主义。技术贸易壁垒就是利用技术标准来设置各种贸易壁垒，以阻止国外的商品进入本国。这种贸易壁垒也经常为一些实行贸易保护主义的国家所采用。有学者称，"行业协会等非政府组织在各国技术性壁垒活动中正发挥着中坚作用。行业协会所制定的各国国内市场规则和技术性贸易壁垒，已经成为游离于 WTO 宗旨和其争端解决机制之外的市场屏障。这样的目的是千方百计不用政府出面采取措施而保护了本国经济与市场在表面公允的条件下不受外国资本的无限侵入，其做法是回避那些受 WTO 总则调整与约束的法律法规，设计并实施符合 WTO 总原则的某些技术性措施"。其中美、日、德等国都规定，行业协会有权利制定本行业的技术标准或者技术标准草案。② 我们明明知道这些标准是贸易保护主义，但它游离于 WTO 规则之外，并不违反相关规则，所以我们也没有办法，我们所能做的就是紧跟国外行业技术标准的变化，尽量规避各种技术性的贸易壁垒。比如，农产品行业协会"能够组织会员企业制定与国际接轨的食品安全卫生标准，完善企业质量管理体系及农残、药残监控体系，有效提高农产品质量，保证食品安全，推动农产品出口生产基地建设和产业化经营，

---

① 郑春慧：《从囚徒困境到合作博弈——发展农产品行业协会，突破农产品贸易壁垒》，《北京农学院学报》2006 年 4 月增刊。

② 陈剑、滕飞：《发达国家行业协会与技术性贸易壁垒》，《国际技术经济研究》2003 年第 4 期。

规避国外农产品贸易壁垒"。① 不但如此，行业协会还可以通过开展各种活动，让国外的同行了解本国的情况，让本行业的企业了解国外的有关标准化的信息，"农产品行业协会可以通过组织会员企业参加国际行业年会、专业展览会，在国外召开洽谈会等方式，与国外同行业组织互换市场、客户信息，帮助国内农业企业开拓市场，开拓拉美、中东和非洲市场，促进出口量增长"。②

第三，行业协会在破除贸易壁垒、化解贸易摩擦上发挥着重要作用。在国际贸易中，一些国家采用贸易保护主义，设置各种贸易壁垒，以保护本国企业。在应对国际贸易壁垒的过程中，行业协会发挥着十分重要的作用。这里笔者引用温州打火机行业协会在应对贸易壁垒中的作用为例来说明。

> 温州是世界上最大的打火机生产基地，现在拥有打火机生产企业 500 多家，产品大都出口，年产金属打火机 6 亿多只，占全球金属打火机市场总量的 60% 到 70%，其中 1/3 出口欧盟。2001 年 10 月，欧盟标准化委员会通过 CR 法案，要求 2 欧元以下的打火机必须设置防止儿童开启的安全装置。所谓 CR 法案即《儿童保护法》（Child Resistance Law），指的是在打火机的销售中，2 欧元以下的打火机必须加装安全锁装置，以防止儿童玩耍可能受到的伤害。这对中国打火机行业将构成很大的威胁，因为 2 欧元以下的打火机大都是中国生产的。

> 在知道欧盟即将出台 CR 法案后，温州打火机行业协会马上作出反应，由协会方面和外经贸部有关官员组成的 7 人代表团赴欧盟各国进行长达 17 天的谈判游说，分别与制定 CR 法案的主要机构欧洲标准化委员会、欧盟健康和消费者保护委员会、欧洲儿童保护协会、意大利经济活动部、比利时标准化所、葡萄牙经济部、西班牙标准化协会、法国标准化协会、法国经济财政和工业部以及鼓动制定 CR 法案

---

① 郑春慧：《从囚徒困境到合作博弈——发展农产品行业协会，突破农产品贸易壁垒》，《北京农学院学报》2006 年 4 月增刊。

② 郑春慧：《从囚徒困境到合作博弈——发展农产品行业协会，突破农产品贸易壁垒》，《北京农学院学报》2006 年 4 月增刊。

的德国 BIC 总公司等方面进行了 10 多次的交流和谈判交涉，阐述了抵制法规的理由：首先，出口价低于 2 欧元的打火机应该安装"安全锁"，是对自由贸易设置壁垒。其次，把价格与安全牵合在一起不合理。价格是可变的，而安全标准是相对稳定的，价格高低无法替代安全标准。最后，中国几乎是唯一生产出口价低于 2 欧元打火机的国家，该法案违背了 WTO 非歧视性原则。同时，该代表团邀请欧洲打火机进口商协会考察温州打火机业。

紧接着在通过 CR 法案不到两个月后，欧盟又决定对中国出口欧盟的打火机进行反倾销立案调查。温州烟具行业协会的理事得知该信息后当晚召开紧急会议，连夜商讨具体对策，决定筹资 200 多万元，聘请国际律师，组织大虎打火机有限公司等 15 家企业提出无损害抗辩，东方打火机有限公司申请市场经济地位，分两路应诉，协同作战。它们分别聘请了位于欧盟总部比利时布鲁塞尔的艾维律师事务所、法国基德律师事务所的律师担任诉讼代理。

最终，2003 年 7 月 14 日，作为起诉方的欧洲打火机制造商联合会致函欧盟委员会，提出撤回反倾销申诉的要求。7 月 17 日，欧盟委员会决定终止目前进行的反倾销调查程序，中国打火机企业的应诉取得实质性胜诉。2003 年 9 月 13 日，温州市烟具协会接到代理律师转来的欧盟正式终止对中国打火机反倾销调查的官方公报。这意味着历时一年多的中国打火机行业应对欧盟反倾销一案已取得彻底胜利。①

行业协会是互益性组织、会员性组织，其存在之目的就是维护会员利益及行业整体的利益。而贸易壁垒的应对就是对外保护本行业的整体利益，对此它们有积极性、灵活性、高度关注本行业情况的特点，这就决定了它们在维护本行业利益上比政府部门更加积极。有学者指出："国际农产品贸易壁垒和由此引起的贸易争端，往往具有突发性，如果反应迟钝，应对失当，就会造成重大损失，严重影响农民利益。农产品行业协会一般会与国外同行业组织及进口商建立起密切联系，往往能比政府部门更快更

---

① 古小刚、任金玲：《从温州打火机案看行业协会在应对国际贸易壁垒中的作用》，《河南财政税务高等专科学校学报》2007 年第 3 期。

准地获得相关信息，能及时提出切实可行的对策建议，并可以联合国外的业界共同应对其政府的贸易壁垒。"①

　　另外，现代社会组织在促进社会建设以及经济发展和社会发展相协调上也发挥着重要的作用，这一点我们在第五章中还有详细的探讨，这里就不再展开了。

---

① 郑春慧：《从囚徒困境到合作博弈——发展农产品行业协会，突破农产品贸易壁垒》，《北京农学院学报》2006 年 4 月增刊。

第五章 现代社会组织的发展壮大
有助于社会结构和谐

　　结构合理是社会和谐的结构层面，转型期的我国社会正在经历从政治一元化的社会结构（计划经济时代的社会结构）向诸领域相对分离状态的转变，也就是说我们正在经历社会结构的深刻变迁，而现代社会组织的发展壮大就是这一结构变迁的结果，没有社会空间的形成和发展就不会有现代社会组织的存在，同时现代社会组织的发展壮大反过来又深化社会结构的变迁。本章首先探讨了社会结构的变迁与现代社会组织的发展壮大，接着具体探讨了现代社会组织对政治系统和谐、经济系统和谐和社会建设等具体领域健康发展的积极作用，最后还探讨了现代社会组织对整个社会结构走向合理化的促进作用。

　　总体而言，本章的逻辑结构可用图 5 - 1 来概括。

第一节　社会结构转型及现代社会组织的发展壮大

　　社会和谐固然需要化解微观层面的各种社会矛盾和冲突，但是如果只探讨微观层面的和谐，而置宏观的社会结构层面于不顾，这样的研究恐怕有"捡了芝麻，丢了西瓜"之嫌。再者，如果社会结构层面不合理，即便微观的社会层面再没有矛盾和冲突，也不是我们所追求的社会和谐。在政治一元化的社会中，由于政治国家强制性地将各种利益限定在一定的范围之内，减少利益矛盾和冲突，这样的社会在微观上是稳定和谐的，但是这

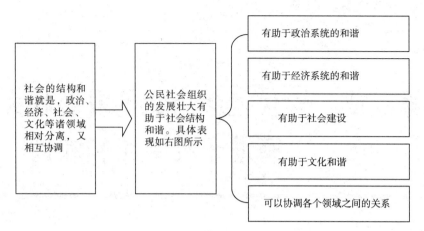

图 5 - 1　第五章逻辑结构图

种和谐不是我们所追求的社会和谐，我们所追求的社会和谐表现在社会结构上，即完成现代化的结构变迁，诸领域处于相对分离①的状态，这是现代性的社会结构。有这样结构的社会才是我们所追求的和谐社会，只有实现了社会结构从传统的一元化状态向诸领域分离状态的变迁，社会结构才是现代性的社会结构；也只有社会结构完成了这种变迁，社会和谐也才有可能是现代性的社会和谐。

一　社会结构概念界定

关于社会结构概念的内涵，不同的学者从不同的角度给出了不同的界定，这些界定可以梳理为如下四种观点。

第一种观点，即社会阶级（阶层）结构。这是一种被广泛采用的观点，陆学艺先生的研究就是典型的例子，他的著作《当代中国社会结构》《当代中国社会阶层研究报告》《当代中国社会流动》等都是从阶层结构来探讨社会问题的。学者龚维斌指出："原来的'两个阶级一个阶层'（工人阶级、农民阶级和知识分子阶层）的社会结构发生了显著的分化，一些新的社会阶层逐渐形成，各阶层之间的社会、经济、生活方式以及利益认同差异日益明晰化，以职业为基础的新的社会阶层分化机制逐渐取代过去的

---

①　该概念出自王南湜《从领域合一到领域分离》，陕西教育出版社，1998。

以政治身份、户口身份和行政身份为依据的分化机制。"① 研究西方发达资本主义国家社会结构的学者邱海平等指出:"当代西方发达国家社会结构的变化首先表现在,资产阶级与工人阶级这两个主要阶级内部出现了多层次化、多元化的趋势和现象。"② 还有一种大家很熟悉的关于阶层结构的观点:稳定社会的社会结构应该是橄榄型的,即中产阶级(阶层)群体占社会的大多数,非常富有的和非常贫穷的阶级(阶层)则占社会的少数;相反,金字塔型的社会结构——富有者占极少数,是金字塔尖,贫穷者占大多数,是金字塔基——则是不和谐的社会结构。

第二种观点,从身份的角度来探讨社会结构。社会学学者从单位的角度探讨计划经济时代的社会结构,单位等身份的限制将人区分为不同的群体,这些群体构成了社会的刚性结构,塑造这种社会结构的规则也是非常明确的,且个人难以改变,具体做什么群体的人几乎是天生就决定了的。③处于这种社会结构中的个人几乎没有超出自己身份的可能性。

第三种观点,从社会领域的角度来划分。将社会划分为政治、经济、社会等领域,社会结构就是这些领域之间的构成及其相互之间的关系状态。比如有学者指出:"在新中国成立后确立起来的体制中,'中国没有社会'。改革开放以后,随着市场这一新领域的诞生,'社会开始产生'。"④这主要是从政治、经济、社会等领域来说的。又比如王南湜先生指出,改革开放之前的我国,社会结构的特征是领域合一,即经济、文化等诸领域都被政治领域所掌控,经济、文化等领域都被淹没在政治领域之中,而改革开放之后,尤其是实行社会主义市场经济以来,"最为基本的变化是经济、政治、文化活动三大领域之间的结构关系从领域合一状态向领域分离状态的转变"。⑤

第四种观点,就是除了上述三种观点之外的其他观点,比如就业结

① 龚维斌:《中国社会结构变迁及其风险》,《国家行政学院学报》2010 年第 5 期。
② 邱海平、王娟:《西方发达国家社会结构的新变化与政治经济学的创新》,《经济纵横》2010 年第 7 期。
③ 郑杭生、李强、李路路等:《当代中国社会结构和社会关系研究》,首都师范大学出版社,1997,第 49 页。
④ 〔日〕田中重好、〔中〕朱安新:《中国社会结构变动和社会性调节机制的弱化》,《学习与探索》2010 年第 4 期。
⑤ 王南湜:《社会哲学——现实实践哲学视野中的社会生活》,云南人民出版社,2002,第311 页。另参见王南湜《从领域合一到领域分离》,陕西教育出版社,1998。

构、收入分配结构、消费结构、组织结构，等等。由于这些观点与本书关系不大，所以这里不再赘述。

笔者这里所采用的社会结构概念是第三种观点，即社会结构就是社会的政治、经济、社会等领域之间的构成及其相互之间的关系状态。本书之所以要探讨社会结构层面的和谐，其意图在于探讨更为宏观、更为根本的大框架上的和谐。一个社会如果仅仅追求微观层面的无冲突，而忽视社会大框架的问题，致使社会在结构层面上存在重大问题，基本框架没有理顺，这样的社会不可能和谐，即便微观层面会出现暂时的和谐，那也不可能长久。这是笔者探讨社会结构和谐的本意之所在。为此，笔者认为，社会阶级（阶层）结构的不合理、身份的存在等问题仍不够宏观和根本，更为根本的是政治、经济、社会之间关系问题。实现现代化的社会结构，即政治、经济、社会相互分离，严格划定政治权力的边界，缩小公共权力的势力范围，实行有限政府；实行市场经济，在资源配置上以市场为主导，政府不得随意干预市场；预留广阔的社会空间，减少过多的政府控制，让公民在以私法自治精神为主要运行规则的社会空间中施展自己的才华。政治上是民主政治，经济上是市场经济，有足够的自主空间和健康的公民社会，只有这样的社会结构才是现代性的社会结构，只有走向这样的社会结构才是真正走向现代化，也才能够实现现代性的社会和谐。这是现代化的一般规律，我们不能超越这一规律，也只有这样的社会才是理想的和谐社会。

二　结构和谐在社会和谐中的意义

系统论认为，整体功能大于各个部分功能之和，部分在整合为整体的过程中，创生出单个部分所不具有的功能。但是在复杂的系统中，各个部分之间并不都是协调的，而是充斥着摩擦、冲突、斗争的。这些不协调不但不能创生出额外的功能，而且还会消耗系统大量的能量，致使系统的整体功能小于各个部分功能之和，甚至整体功能为零或者负数，这就是内耗。内耗原本是物理学中的一个概念，意指一个物体在从外部输入能量的过程中，由于自身的元素性能不良或者结构不合理而致使其中一部分能量"走失"或消耗，做了无用功。社会是一个开放的物质系统，存在与所处环境（自然界）之间的物质、能量和信息的交换（索取生存资料和排出废物）。在这一交换过程中，社会系统内的各部分、各层次之间也发生着摩擦、冲突、斗争。[①] 内耗概念引入社会系统就是指这种现象。

根据引起内耗的因素不同，社会内耗可以分为如下三种。[②]

第一，社会要素性内耗。社会系统是由社会要素组成的，这里的要素可以是个人，也可以是社会的子系统，比如经济系统、政治系统、社会系统等。这些要素的合理与否直接关涉到整个社会系统能否和谐发展。社会要素性内耗就是指由社会要素不合理或者社会要素自变幅度与社会系统整体不协调而引起的系统内部摩擦或对抗所产生的内耗，这种内耗主要表现为两种方式：社会要素本身的破坏性，社会要素自变幅度与社会系统整体不协调而引起的破坏。出现这种内耗的原因是，在系统当中，任何要素都不是完全孤立、彼此无关的，而是相互联系、相辅相成的，任何变动必会影响其他要素甚至整个系统，俗语说的"牵一发而动全身"和"蝼蚁之穴"可"溃千里之堤"就体现了要素性内耗的破坏作用。

第二，社会结构性内耗。要素是构成系统的基础，要素无内耗是系统和谐的基础，但只有要素还不足以组成系统，同样，单有要素无内耗也并不能保证系统无内耗。构成系统的条件当中，除了要素之外还有一个重要的方面就是系统的结构。要素的功能通过结构才能整合为系统整体的功能，没有一个合理的结构，系统是不可能和谐发展的，在很多情况下，即使要素的性能再好，如果结构不合理、不协调，内耗也会很大，由于系统结构不合理、不协调而产生的内耗就是结构性内耗。社会是一个非常复杂的系统，它的结构也是如蛛网般盘根错节，如此复杂的结构很容易出现不合理从而导致社会的结构性内耗。

第三，社会与自然环境不和谐引起的内耗。任何一个系统都是在一定的环境中生存的，它不仅通过结构与自身内部的要素相联系，还要通过物质、能量、信息的交换与外部环境相联系。自然环境是社会存在的基础，社会每时每刻都在与自然环境进行着物质、能量、信息的交换，以保持自身的生存与发展。同时在这种交换中，社会还表现出一定的适应环境、控

① 参见田霍卿、刘锦棠、王树新、郑燕燕《内耗论》，经济管理出版社，1996。
② 参见田霍卿、刘锦棠、王树新、郑燕燕《内耗论》，经济管理出版社，1996。

制环境和改造环境的能力，但是由于人类的短视，这种适应、控制和改造并不都是和谐地进行的。这种不和谐会引起巨大的内耗，荒漠化、沙尘暴、酸雨、臭氧层破坏、全球变暖等都是由社会与自然环境的不和谐引起的内耗。

结构性内耗是十分巨大的社会内耗形式，如果社会结构不和谐，社会要素和社会子系统所产生的巨大的社会能量将被社会结构层面的冲突与摩擦消耗掉，从而不能形成巨大的整体社会能量。整体社会能量是社会成员的社会能量经过社会的有机整合而形成的整个社会所具有的能量，一个社会整体能量大，那么这个社会发展的动力就大，发展速度就快；相反，如果一个社会的整体能量小，那么它的发展动力就小，发展速度就慢。社会整体能量本质上根源于社会成员自身的力量，但是社会能量又不是社会成员自身力量的简单相加，从社会成员自身的力量到社会整体能量的转变是一个包括能量合并和能量对抗在内的社会整合过程。如果这种整合适合该社会，原子式的成员力量将被整合成一个强大的社会推动力，推动社会发展；如果这种社会整合不适合该社会，社会成员的力量或者是一盘散沙，或者在冲突中相互抵消，最终不能形成推动社会进步的强大力量。恩格斯曾经用力的"平行四边形法则"来形容这种整合过程。这种整合过程在一定程度上就是在社会结构层面发生的。由此看来，结构层面的和谐是社会和谐发展极其重要的方面。

三 我国正在经历深刻的社会结构变迁

我国的社会结构转型是从改革开放之后开始的。改革开放之前，我们采用的是计划经济的社会主义模式。计划经济是一种指令性经济，在这种经济模式中，指令中心详尽无遗地预先设定好一切社会活动，活动者个人也完全为指令所支配，没有也无须有任何主动性。[①] 那时候，我们把计划经济看作社会主义的基本特征和社会主义优越性的表现，把市场经济看作资本主义的专属特性。也不可否认，在新中国成立初期的一段时间里，计

---

① 王南湜：《社会哲学——现实实践哲学视野中的社会生活》，云南人民出版社，2002，第278页。

划经济对我国的社会发展产生了巨大的积极效应。总体而言，计划经济的整体结构呈现如下特征。

第一，政治一元化。各自具有自身运行规律的诸领域都被整合为政治领域，或者被政治领域所牢牢控制。王南湜指出，计划经济时代以政治活动为全部社会生活的基准，从政治的角度看待和处理全部人类活动，"这种从政治的角度看待和处理全部问题，意味着其他活动领域已在很大程度上失去了其独立性，成为从属于政治活动领域的东西"。比如本应该是为了满足人们物质生活资料需求的经济活动必须将协助政治作为首要目标；又比如本来是为人生提供意义的文化活动领域更要服务于政治活动，以进行社会整合，所以这种社会是一个领域合一的社会结构状态。① 也就是说，社会所有领域都必须以政治为中心，接受政治系统的控制，并且以服务政治为首要的任务。这样的社会是一个过于集中的社会，社会权力高度集中于政治系统，尤其是集中于政治系统的中央机构。这样的社会结构，其优点是效率高，有集中力量办大事的好处；其缺点是社会缺乏活力，整个社会都被人为地控制着发展，处于社会基层的个体的劳动积极性没有被充分调动起来，甚至在很多情况下，个体不能发挥积极主动性，必须服从上级命令。

第二，经济上的指令性。计划经济最大的特征表现在经济的指令性上，作为基本经济单位的企业生产什么、怎样生产、生产多少、为谁生产，这些基本问题都必须按照指令性的计划进行。经济必须服从政治这一中心，政治系统确定指令性计划，经济系统执行政治系统的指令性计划。马克思、恩格斯等经典著作中的计划经济，主要是针对当时资本主义的发展矛盾而提出的，资本主义的基本矛盾在于个别企业内部生产的有组织性与整个社会生产的无政府状态之间的矛盾。这一矛盾根源于资本主义私有制，在资本主义私有制的条件下，市场中的每个企业主都是追求利益最大化的"理性人"，为了实现这一目的，他们会在自己的企业内采用各种高效率的管理模式，以提高劳动生产率，但就自由资本主义时代而言，整个社会的生产是处于无政府状态之中的。当时奉行"守夜人"的小政府理

---

① 王南湜：《社会哲学——现实实践哲学视野中的社会生活》，云南人民出版社，2002，第297页。

念，严禁政府对市场指手画脚，结果导致了经济危机的周期性爆发。经济危机的根源在于，每个企业在利益最大化的驱动下，会提高自身的生产效率，但整个社会是缺乏宏观指导的，结果导致社会资源向某一行业的过度集中，最终导致该行业商品生产的相对过剩，大量商品积压引发经济危机。马克思所谓的计划主要是针对这种生产的无政府状态而提出的既符合社会化大生产趋势，又可以扬弃资本主义之不足的社会主义模式。应该说，在马克思的语境中，社会主义是有计划的社会这一判断是有其合理性的，但是这一观点在苏联时代被系统化为社会主义只能是计划经济、市场经济是资本主义特有的资源配置方式这样的理念。指令性的计划确实有其优越之处，但其不足是明显的，它严重地束缚了生产力的发展，人们的劳动积极性被人为地抑制，东欧剧变实质上就是这种特殊的社会主义模式的失败。

第三，对人的严格控制。在计划经济时代，为了将整个社会都纳入政治一元化的社会结构之中，国家制定了各种控制措施，最重要的控制措施就是户籍制度和单位制度等制度。那个时代，我国实行严格的户籍制度，个人几乎没有流动的可能。在这种制度下，农民要想出门都需要有本村或者乡里出具的介绍信，否则在城市中会被当作"盲流"，吃、穿、住、用都有问题。而且，这种户籍制度还和各种社会资源相关联，不同户籍的人口享受不同的待遇，城乡户籍人口待遇差别极大。这种人为限制个人自由流动的制度以及在此基础上人为设定不同待遇的资源分配模式在新中国成立初期的经济社会发展中有其特殊的历史必然性，但随着社会的发展，尤其是改革开放之后，这种户籍制度逐渐成为我国经济社会发展的障碍了。发挥控制作用的还有单位制度，我国自新中国成立初就逐渐形成了单位社会的社会结构模式，每个人都归属于一个单位，人的各项事务都与单位密切相连，不仅生老病死与单位有关，而且个人身份的认定、婚丧嫁娶，甚至家庭矛盾、邻里纠纷的化解等都离不开单位，人们只有被归置到某一个单位之中才能够被社会所认可。户籍制度和单位制度这两种制度的共同特征表现在在群己关系上强调群体本位。个体的人只是社会大机器上的螺丝钉，不应该有独立的个性；个体的利益应该服从集体的利益，个体的活动应该听从集体的安排。在价值观念上强调大公无私、公而忘私的集体主义观念，甚至在一段时间还提出"狠斗私字一闪念"的口号，人们连"私"

的念头都要泯灭掉。这实际上是将个体湮没于整体主义之中，这样的价值观念是和政治一元化的社会格局、指令性的计划经济相辅相成的。价值观念是对社会结构的文化支撑，计划经济的社会结构又强化了群体本位的价值观念。

笔者并不试图事无巨细地全面铺陈计划经济的特征，而是试图勾勒出计划经济时代社会结构的大致轮廓。上述三个基本特征的梳理已经基本完成了这个任务。

随着改革开放政策的实施，尤其是实行社会主义市场经济以来，我国社会结构发生了深刻的变化。总体而言，这一变化最核心的表现包括如下几点。

第一，公共权力的边界逐渐明晰，其管辖范围逐渐缩小。为公共权力划出明晰的边界，这是现代性的一个普遍性特征。西方成熟现代化国家公共权力的边界勘定主要是根据肇始于霍布斯、洛克等人的自由主义政治哲学。在洛克看来，国家的产生是因为人类自身无法克服自然状态的困境，为了不至于在自然状态这一"永远的战争状态"中走向灭亡，而理性地达成契约，每个人让渡自己的部分权利，以形成公共权力，为社会提供秩序、安全等公共产品，这就是政府形成的逻辑论证。[①] 但是人们在让渡自己的权利以形成公共权力的时候，并没有让渡自己的所有权利，而只是让渡了自己的部分权利，那么人们的哪部分权利需要让渡，哪部分权利不需要让渡呢？这取决于哪些权利靠单个人无法实现。比如，裁决争端的权利靠单个人是无法实现的，像这样的处理靠单个人无法完成的事情的权利应该让渡出来，由国家来为个人完成，而处理靠自己能够完成的事情的权利——比如家庭私生活的权利、市场交易的权利等——不需要外在力量（尤其是政府）的干预就能够很好地实现，这些权利不需要让渡出来。让渡出来的主要是提供公共产品的权利，这些权利让渡出来形成公共权力，而那些没有让渡出来的权利被保留在个人手里，这就是私权利。既然公共权力的合法性根源就是提供个人无法提供的公共产品，那么公共权力就应该恪守自己的职分，为公民提供公共产品。对于作为私权利保留在公民手中的私人领域，公共权力则无权干预，因为人们没有让渡，没有委托给公

---

① 参见〔英〕洛克《政府论》下篇，叶启芳、瞿菊农译，商务印书馆，2005，第八章。

共权力，没有委托的事情，委托人（政府）就自然不得干预，这是政治现代性的基本理念之一。改革开放之后，我国所发生的社会结构变迁的一个重要方面，就是公共权力从以前的几乎没有边界的状态向现在的边界逐渐明晰并缩小的状态转变。计划经济是政府靠指令全面掌控经济发展的经济运行模式，权力超越了其应有的边界，而社会主义市场经济条件下，政府逐渐停止对微观经济的干预，将其交给市场来负责，政府只负责宏观调控，即便是宏观调控，政府也逐渐减少直接的行政命令，而是采用税收等经济杠杆来间接地实现。除此之外，政府也逐渐减少了对社会领域的直接控制，户籍制度逐渐松动，单位制社会也逐渐走向解体。我国社会变迁的过程就是政府权力逐渐缩减的过程，虽然典型的"小政府、大社会"的格局在我国可能无法形成，但是缩小政府权力范围应该是我国社会变迁的基本趋势。虽然西方发达资本主义国家大都有扩大政府职能的趋势，福利国家已成为西方国家的共同选择，但是政府权力的边界应该是明晰的这一基本理念在西方并没有改变，这是现代政治文明的基础。我国正处于社会转型过程之中，政府权力的边界也正处于变迁之中，权力的边界意识远没有达到明晰而有限的程度，划定政府公共权力的边界仍是我们变迁的主要趋势之一。

第二，市场领域逐渐成为独立的领域，自由契约逐渐成为自由市场的基本规则。市场是有效的资源配置方式，市场的资源配置机制根源于市场的供求机制，而供求机制正常运转的前提就是市场主体形成独立人格。众所周知，古典政治经济学理论认为，市场机制是一种自发机制，不需要人为地干预，这一自发机制的理论前提就是"理性人"的预设，即人人都在追求自我利益的最大化，这一近似本能的追求使得人们高度关注市场供求，并以自己的观察及时调整自己的生产，市场主体理性决策的最终结果将会导致整个市场实现大体的供求平衡。在这个理论中，市场主体的独立人格非常关键，我国以社会主义市场经济为导向的经济体制改革就是要给市场主体以独立人格，令其自主经营、自负盈亏。改革开放初期，农村实行家庭联产承包责任制，城市推进国有企业改革，这些都是向市场经济变迁过程中的具体环节，其目的之一就是培育市场主体的独立人格。在市场领域，因为是自主经营、自负盈亏，每个人都不会盲目轻信他人，而是服从自我的理智判断，虽然他很可能参考别人的意见，但最终的决策还是要基于他自己的理性判断。商场如战场，每个市场主体，在每次市场交易中都在理性地算计。市场经济对人的影响是一场悄无声息的启蒙，它在不知不觉之间培育了人们的独立人格，由具有独立人格的市场主体参与的市场领域也逐渐成为相对独立于政治系统的领域。

第三，社会空间逐渐扩大。政府公共权力的触角逐渐从经济、社会中撤出就意味着经济社会的独立空间逐渐扩大。这一变迁不仅牵涉到社会空间的转换，也引发了价值观念的逐渐转变。王南湜先生指出："一旦市场经济和市民社会的兴起破坏了传统共同体的存在，使之消解或弱化，不再能起到黏结的作用，则个人在市民社会中便不可避免地要趋向原子化的存在。"在这种较为松散的原子化的人际关系状态中，"在利益原则支配下，一个人只是碰巧与另外一个人进行商品交换，并没有什么必然性把他们锁合在一起"。① 计划经济就是一个被紧紧锁合在一起的高度整合的社会状态，在这种状态下，社会几乎没有自主空间。按照德国社会学家滕尼斯的观点，计划经济时代是一个"共同体"的状态，而改革开放所要走向的状态是一个"社会"的状态。"共同体是持久的和真正的共同生活，社会只不过是一种暂时的和表面的共同生活。因此，共同体本身应该被理解为一种生机勃勃的有机体，而社会应该被理解为一种机械的聚合和人工制品。"② 共同体具有高度的整合性，个体缺乏独立性，而在社会状态下，个体具有较高的自由度。"在'社会'里，个人与个人之间的关系是以利益为基础的，'契约'和'法律'是人们联系的纽带，人们的自私心和获利动机把他们结合成相互依赖的联合体。"③ 这样一个相对较为松散的、自由的联合体状态是"社会"的基本特征。现代性的状态就应该是这样的较为松散的联合体。现阶段我国的社会结构虽然还没有形成这样的社会状态，但是我国的社会结构正在向这样的社会状态变迁，原来的那种高度整合的社会状态正在逐渐解体，代之而兴起的将是逐渐趋向合理的社会结构状态。

---

① 参见王南湜《社会哲学——现代实践哲学视野中的社会生活》，云南人民出版社，2001，第324页。

② 〔德〕裴迪南·滕尼斯：《共同体与社会——纯粹社会学的基本概念》，林荣远译，商务印书馆，1999，第54页。

③ 童星：《发展社会学与中国现代化》，社会科学文献出版社，2005，第23页。

四 社会结构变迁为现代社会组织的发展壮大提供了空间

从上述论述可以看出，社会结构变迁的一个重要方面就是社会公共空间的扩展，而公共空间的扩展是公民社会形成和发展壮大的前提条件。

一般而言，社会自主空间的存在是民间组织发展的条件。历史研究也表明，凡是政治权力对社会控制严格的地方，民间组织就不发达，甚至不存在；凡是政治权力对社会的控制有所松动，或者控制不严的时候，民间组织就有很大的发展。在中国传统的封建社会中，由于能力有限，封建专制主义统治的控制还无法深入社会的最底层，这就为民间组织的存在提供了一定的前提，我国封建社会也确实曾经存在过数量可观的民间组织。比如王日根的研究表明，我国明清两代底层的民间组织就非常发达，而且对于社会秩序的维系发挥十分重要的作用，该研究用翔实的史料论证了义田、会馆、会社等民间组织对社会秩序的维系发挥了十分重要的作用。[①]除了该研究所列出的民间组织外，我国传统的民间组织种类还有很多，比如传统的慈善组织，传统的帮会组织、行会组织，等等。这些组织的存在虽然不是现代意义上的公民社会，但不可否认，这是调动社会自主力量的重要表现。在近代中国，封建专制主义统治忙于应付外来侵略，对社会的控制有所松动，这也为民间组织的发展提供了空间。学者罗威廉对晚清帝国的研究表明，"晚清帝国在总体上既没有能力也不想直接控制中国社会的日常运作过程（尽管它在特殊情况下集中全力予以关注的时候，能获得惊人的有效结果）。相反，鉴于实施一系列世俗统治的需要，国家反而依赖于各种各样的外在于官僚体制的社团组织。因此，这些社团组织的力量得到了有效的加强，他们的较为狭隘的利益也得到了实现"。[②] 正是在帝国能力有限且将主要精力用于应付外来侵略的这段时间，中国的民间组织有了较为快速的发展。中国的社会发展如此，西方发达资本主义国家的发展也是这样，英国的封建专制主义统治并不十分严格，封建君主的权力也要

---

① 参见王日根《明清民间社会的秩序》，岳麓书社，2003。

② 〔美〕罗威廉：《晚清帝国的"市民社会"问题》，邓正来、杨念群译，载邓正来、〔英〕J. C. 亚历山大编《国家与市民社会——一种社会理论的研究路径》，中央编译出版社，1999，第411页。

接受约束，所以民间组织有一定的发展，但西方的中世纪是基督教一统天下的时代，所以其民间组织更多的是宗教组织。一般而言，在中世纪，专制统治强的社会，民间力量就弱，反之则强。而随着现代化的到来，尤其是随着自由、民主、平等等现代性理念深入人心和现代民主政治制度的确立，民间组织的发展壮大就成为普遍的趋势了。哈贝马斯所谓的资产阶级公共领域的出现和发展就是发生在这个时期。

我国社会结构变迁就是社会自主空间扩展的过程，也是公民社会逐渐发展壮大的过程。诚如上文所指出的，计划经济时代，政府指令几乎控制了整个社会，经济、社会甚至人们的日常生活都被政治系统所控制。这种高度整合的社会模式在改革开放之后发生了变化，尤其是实行社会主义市场经济以来，公共权力逐渐从社会中撤出，还权于民。社会空间逐渐从无到有、从小到大，这为公民社会的发展提供了广阔的空间。研究表明，20世纪50年代的时候，全国性的社团只有44个，1965年还不到100个，地方性社团只有6000个。① 但是到1989年的时候，全国性的社团增加到了1600多个，地方性的社团发展到了20多万个。② 1989年之后，经过政府的整顿和重新登记，1992年地方性社团为18万个，全国性社团为1200个。③ 到2008年底，我国已经有各种形式的民间组织近42万家，而参与其中的公民则不计其数。④ 还有很多没有登记的民间草根组织，从宽泛意义上说，村民自治组织、社区自治组织也可以算作民间自治组织，如果算上这些组织，数量将会更大。计划经济年代，整个社会都被公共权力包揽下来；改革开放之后，政府逐渐缩小了公共权力的范围，将这些不该管理的领域归还给社会，但是这些归还给社会管理的领域也需要有承接的主体，民间组织就是管理这些领域的社会主体。

依照现代治理理论，我国社会所发生的变迁实际上是从"统治"向"治理"的转变。治理是一个自下而上的过程，良好的治理就是善治，善治实际上"是国家权力向社会的回归，善治的过程就是一个还政于民的过

---

① 吴忠泽：《社团管理工作》，中国社会出版社，1996，第5页。
② 俞可平：《中国公民社会的兴起与治理的变迁》，社会科学文献出版社，2002，第1~2页。
③ 吴忠泽：《社团管理工作》，中国社会出版社，1996，第6~7页。
④ 吴玉章主编《中国民间组织大事记（1978~2008）》，社会科学文献出版社，2010，第1页。

程"。"从全社会的范围看,善治离不开政府,但善治更离不开公民。"①
善治就是民间组织和政府合作来治理社会,这种社会治理模式不仅充分
利用了政府的优点,也充分调动了社会的能动性,社会不再是消极被动
地被治理,而成为社会治理的主体,这是政府管理和社会自治的结合。
社会契约论等现代性政治理论向我们表明,由公民让渡自己的部分权利
而形成的公共权力的适用范围实际上十分有限,它只能够在公民让渡的
那些权利范围内,也就是那些靠单个的公民无法完成的事情上开展活动,
除此之外的领域中,公民应该充分发挥自己的主动性,实现自治。在美
国等成熟的现代国家,公民对权力有一种天然的敌视,认为凡是公民能
够完成的事情,政府不应该过多插手,这样的理念是政治现代性的基本
成分。我国公民社会在社会结构变迁为其提供的广阔自主空间中得到了
快速的发展壮大,这是我们走向现代性的一个重要标志。

五 公民社会的发展壮大又促进社会结构的合理化

从全能主义的政治一元化国家向现代社会的变迁,必然是一个从领域
合一到领域分离的转化过程。原来被政治国家所高度整合的社会随着社会
结构的转型,逐渐分化出各个相对独立的领域,公民社会的发展壮大就是
这一社会结构变迁的结果。与此同时,公民社会的发展壮大反过来又促进
和深化了社会结构的这种变迁。

公民社会的发展壮大有利于缩小公共权力的范围。现阶段我国正处于
社会转型期,计划经济时代政治一元化的社会结构已经被打破,并逐渐走
向消解,新的政治、经济、社会等诸领域相分离的社会结构正在形成过程
之中,但还没有最终形成,计划经济时代政府包揽一切的社会结构及相应
的社会观念还有相当的延续性。这个时候,推动社会结构进一步变迁就成
为社会发展的重要任务,而推动社会变迁就是努力消除过去曾经的全能主
义政府的残留,也就逐渐使得政府把不应该管的领域归还给社会。公民社
会的发展壮大对此有积极的意义。

首先,现代社会组织很好地接管政府交还社会的权力,为公共权力

---

① 俞可平:《中国公民社会的兴起与治理的变迁》,社会科学文献出版社,2002,第195页。

"瘦身"奠定了组织基础。现阶段，我国政府的很多职能从法理上来说不应该由政府掌管，应该下放给社会，但是如果社会缺乏相应的接管主体，下放权力就等于抛弃权力，很多事情没人管。虽然现阶段公民社会在接管本应该是"权利"的"权力"上还有其不足之处，比如一些民间组织公信力严重缺失导致了对本该管理好的事情的失职，但是现代社会组织是接管社会权力的主体，只要政府加以合理的引导和监管，现代社会组织是会得到健康发展的，也能够履行好这一职能。

其次，公民社会可以监督公共权力，防止权力僭越其边界。现代社会组织的发展壮大本身就是社会监督力量的发展，有学者指出，"可以说，在人人竞奔私利的世间，由于有公共空间或公共领域的出现，才使得政治不会沦为权力与私利的斗兽场，也因而有正义或公共善的实现，能为个别社群甚或全人类的历史性之实现开辟康庄大道"。① 权力超越其边界在转型期有两种表现：一种即制度性的超越边界，即转型期的过渡性决定了一些制度还存在不合理之处，权力还管理着一些本不应该管的事情，公共权力对边界的这一超越暂时还是不违法的；另一种则是腐败性的超越边界，即公共权力的滥用，这是腐败，是违反法律的。公民社会的监督既对前者有一定的约束作用，也对腐败有一定的制约作用。约束前者主要是通过促进体制改革，制约后者主要是靠舆论监督。

最后，公民社会促进公民现代性政治理念的形成。有什么样的公民，就有什么样的政府。在西方，政府是"必要的恶"的观念已经成为深入人心的基本理念，人们基本认同：权力虽然是社会所必需，但要严格限定权力的范围，将权力装进笼子里，严格控制权力，不让权力僭越其基本职分。在一定程度上，合格的现代公民是限制、监督权力的社会基础，没有这一点，众多制约、监管权力的法律条文都是一纸空文。公民社会的发展壮大及其对现代公民意识的塑造（这在前文已经论述，此不赘述）促进了公民的现代性政治理念的形成。

---

① 沈清松：《〈哲学与文化〉导言：政治、哲学与公共领域》，台湾《哲学与文化》2004年第6期。

第二节　现代社会组织对政治系统和谐发展的积极意义

社会是一个复杂的系统，这个复杂的系统的和谐发展需要该系统中的诸子系统本身和谐，也需要诸子系统之间的关系大致和谐，这样的社会系统才是和谐的社会系统。而在社会系统中，政治系统是重要的子系统，它的和谐是整个社会和谐发展的前提条件。我们所探讨的政治系统的和谐不仅仅是一个诸要素相安无事的状态，就我国而言，最为重要的是，我们应该在实现政治系统走向现代性的基础上走向和谐，这才是我国所追求的社会和谐。现代社会组织对于政治系统的和谐发展发挥着十分重要的作用，该作用的探讨构成本节的主题。

一　政治系统和谐的界定

政治系统的和谐最核心之处在于，这个政治系统应该是现代性的政治系统，亦即政治系统是现代民主政治的系统，如果这一点达不到，即便再和谐也不是我们所追求的政治系统和谐。这样的政治系统主要包括：

第一，公民文化是现代政治系统的文化底蕴。

阿尔蒙德指出，自古至今的政治文化大致可以分为三类：第一类是村民政治文化，非洲部落就是典型的村民文化，在其政治系统中，政治专业化程度非常低，"没有专业化的政治角色，首领、酋长、'萨满教巫师'是混合的政治——经济——宗教的角色，而且对这些社会的成员来说，他们对这些角色的政治取向没有从他们的宗教和社会的取向中分离出来"。这是一种原始的政治文化。第二类是臣民政治文化，"臣民意识到专业化政府的权威；他在情感上取向于它，或许对它感到骄傲，或许不喜欢它；他评价它为合法的或者为不合法的"。臣民对于政治权威总体而言是消极的。第三类是参与者政治文化，即公民积极参与政治系统的政治文化，"他们往往取向于政体中自我的'积极分子'……"① 阿尔蒙德指出，实际上这

---

① 〔美〕加布里埃尔·A. 阿尔蒙德、西德尼·维巴：《公民文化——五个国家的政治态度和民主制》，徐湘林译，东方出版社，2008，第16～18页。

三种政治文化并不单独存在，而是相互混合地存在的，比如存在着村民—臣民文化、臣民—参与者文化、村民—参与者文化等类型，但在每个类型中，都有一个主导的政治文化，这个占主导地位的政治文化起了关键作用。以参与者政治文化为主导的政治文化就是公民文化。"公民文化是一种忠诚的参与者文化。个人不仅取向于政治输入，而且他们还积极地趋向于输入结构和输出过程。"换言之，"公民文化是一种政治文化和政治结构相互协调的参与者政治文化"。① 公民文化是现代民主政治制度的文化底蕴，它支撑了整个现代民主政治制度的正常运转。如果没有这一文化底蕴，即便人为地设计出现代民主政治制度，那这个政治制度也不可能输出其应有的功能，不可能正常运转，王绍光先生在《民主四讲》一书中讲到的菲律宾就是一个典型的例子。

> 美国于 1898 年占领菲律宾，把它变为自己的殖民地。1935 年菲律宾成立自治政府时，其宪法便是由一批熟悉美国宪法的学者效仿美国宪法制定的，且通过美国总统罗斯福批准。虽然直到 1946 年菲律宾才独立，这部 1935 年宪法也在 1946～1973 年适用。根据这部宪法，除了没实行联邦制外，菲律宾的政体几乎与美国一模一样。即使按照现行的 1987 年宪法（全世界最长的宪法之一），菲律宾的政体仍与美国高度相似，同样设置三权分立，有直选的总统、众议院、参议院、最高法院。在很长的时间里，菲律宾一直被誉为"东亚最悠久的民主"，被视为美国在亚洲的"民主橱窗"，用马科斯总统女儿艾米（Imee）的话说，菲律宾实行的是"（美国）制度的拷贝"。但美式的民主架构并没有让菲律宾逃过马科斯的独裁；自 1986 年"人民力量"推翻马科斯政权后，这套美式制度也没有让菲律宾避免长期的纷争与动荡。20 世纪 50、60 年代，菲律宾人均国民生产总值仅次于日本，居亚洲第二；但现在它不仅被"四小龙"远远抛在后边，也落到其他不少亚洲国家后面，包括中国。②

---

① 〔美〕加布里埃尔·A. 阿尔蒙德、西德尼·维巴：《公民文化——五个国家的政治态度和民主制》，徐湘林译，东方出版社，2008，第 28～29 页。
② 王绍光：《民主四讲》，三联书店，2008，第 94～95 页。

美国的民主政治制度可以说是资本主义世界比较完善的现代民主制度了，但为什么在美国运行良好且悠久的这种民主政治制度移植到菲律宾之后并没有发挥民主的作用，反而出现了马科斯的独裁专制呢？民主和专制是水火不相容的，但设计完善的民主制度最终在菲律宾输出了独裁专制。菲律宾所复制的美式的民主制度之所以在菲律宾失败，其根源就在于菲律宾只复制了政治制度框架，其政治文化并没有做相应的调整，其政治文化也不可能在短时间内调整过来。臣民文化是不可能支撑现代民主政治制度正常运转的，菲律宾底层的政治文化与上层的制度设计是不匹配的，这是菲律宾悲剧的根源之所在。制度设计很容易，但是制度设计有时候并不能完全奏效，所以帕特南说："新制度设计师的努力常常是徒劳的，制度变革并不总是根本改变政治的模式，德尚内尔（Deshanel）总结法兰西第四共和国政治和政府的特征时说：'上层是共和国，下层是帝国。''新瓶装旧酒'，这是意大利建立地区政府时普遍的预期，因为意大利人已经经历了太多没有改变任何东西的制度变革了。"① 所以保证政治系统现代性的一个重要方面就是要培育现代政治文化。

第二，和谐的政治系统需要有健全的现代民主政治制度。

公民文化是保证政治系统现代性的文化底蕴，但是直接体现政治系统现代性的还是各种现代民主政治制度。刚性的制度是现代民主政治的重要方面，邓小平在讲到制度的重要性的时候说："我们过去发生的各种错误，固然与某些领导人的思想、作风有关，但是组织制度、工作制度方面的问题更重要。这些方面的制度好可以使坏人无法任意横行，制度不好可以使好人无法充分做好事，甚至会走向反面。即使像毛泽东同志这样伟大的人物，也受到一些不好的制度的严重影响，以至对党对国家对他个人都造成了很大的不幸。"② 制度是现代民主政治的关键因素，没有良好的制度设计，现代民主政治只能是空洞的口号。健全的现代民主政治制度是社会和谐的保障，社会变迁带来利益结构的调整，而利益问题则是最能够牵动人的神经的问题。利益结构的调整实际上就是利益的重新洗牌，在这一个变迁过程中，不可避免地会出现利益受损现象，甚至还会出现利益冲突，个

---

① 〔美〕罗伯特·D. 帕特南：《使民主运转起来》，王列、赖海榕译，江西人民出版社，2001，第 19 页。

② 《邓小平文选》第 2 卷，人民出版社，1994，第 333 页。

别情况下还有可能危害社会稳定。出现有碍社会稳定的问题，我们当然要采取有效的措施避免社会动荡，甚至在个别情况下，采取特事特办的方法也是能够理解的。但毕竟社会问题的暂时缓解仅仅是治标之举，问题并没有得到根本的解决。只有将问题的解决上升到体制机制、上升到国家的顶层设计层面，问题的解决才会有常规的渠道，人民群众也才能够找到体制内的解决渠道，所以于建嵘说："要真正解决社会冲突和社会问题，最终的出路还是要实现民主和宪政。"[1] 固然，扬汤止沸可以暂时缓解问题，但是釜底抽薪才是解决问题的根本，而欲达到这一目的就要建立现代民主政治制度，让人民群众在利益受损的情况下有体制内的、有效的解决渠道。现阶段也有一些设计较好的体制内制度，但是当人民群众在找到相关部门的时候，可能会面临"门难进、脸难看、话难听、事难办"的困境；现阶段也有法制化的解决渠道，但是当人们诉诸法制渠道的时候则可能面临"立案难、审理难、执行难"的困境，虽然有制度，但是出现制度休眠、制度迟钝。[2] 这些困境促使人们寻求体制外的解决方式，突发群体性事件的发生就是一种典型的体制外的解决方式。一些很好的体制机制没有能够发挥其应有的作用，这是现阶段诸多问题的根源之一，所以中国特色社会主义的发展需要建立、健全社会主义民主政治制度，包括健全现代民主政治制度，健全人民代表大会制度、中国共产党领导的多党合作和政治协商制度，建立社会主义法治国家，建立有效的公共权力监督制约机制，健全利益表达机制，尤其是健全体制内的利益表达机制，等等。

第三，和谐的政治系统应该有一个廉洁高效的政府。

公民文化是现代政治系统的文化底蕴，民主政治制度是现代政治体系的制度保障，而最具可操作性的是政府，政府处于政治系统中的行政层面。公民文化的底蕴，民主政治制度的功效都要通过政府表现出来。对于人民群众而言，文化和制度都是抽象的，而政府则是具体的、感性层面的政治系统。政府的廉洁高效是现代社会和谐发展的最具体层面。政治现代性理念表明，政府存在的合法性根基在于一些事情单靠个人是无法完成的，这些事情就是提供公共产品。公共产品的非排他性决定个人对此缺乏

---

① 于建嵘：《抗争性政治：中国政治社会学基本问题》，人民出版社，2010，第50页。
② 《警惕面对群众诉求的"制度休眠"》，《人民日报》2011年1月27日。

兴趣，因为这种产品的提供与个人利益最大化不一致，所以，提供公共产品就成为政府的责任了。现代社会，政府为公民提供公共产品，个人负责私人产品，彼此各尽所能，各自的需求也都能得到满足，这样的社会才能够保持总体的和谐。一般而言，市场能够提供充裕的私人产品，求利动机驱动市场主体为市场提供商品的行为。但政府则未必能够提供充足的公共产品，尤其是像中国这样的发展中国家，首先，其经济实力不够雄厚，在某些公共产品的提供上有捉襟见肘之困境；其次，我国正处于转型期，很多体制机制还不健全，公共产品的提供还存在诸如城乡二元结构等问题。而这些问题的存在是政治系统不和谐的重要方面，也是有碍整个社会和谐的重要方面。

二 现代社会组织对现代公民文化的培育

前文曾论述到了现代社会组织对公民意识的培育，这也是现代社会组织培育公民文化的重要表现。只不过，这仅仅是公民文化的一个方面，这里我们试图从总体上来探讨现代社会组织对公民文化的培育。

第一，现代社会组织的"内部效应"（王绍光语——笔者注）有助于培育现代公民文化。公民文化是现代的政治文化，"政治文化是指一定的政治态度、情感和价值在人们中的分布。政治文化的核心内容之一是认同感和忠诚，对特定政治体系的认同感和忠诚是这一体系运行良好，特别是在危机时刻仍能维持秩序的关键因素，它关系到政权和政体合法性的根本"。[①] 政治文化的核心表现为某种社会态度的认同，在很大程度上，政治文化靠长时间的培育才能够形成，作为现代政治文化的公民文化同样需要长时间的培育才能够成为社会的主导型文化，现代社会组织在一定程度上能发挥这种培育功能。王绍光先生指出，大多数关注现代社会组织的学者非常重视公民社会的外部效应，即重视现代社会组织的如下功能：可以为现代社会组织的成员提供表达渠道；可以用自己动员起来的力量来对政府施加压力，从而制衡政府，使其不能滥用权力；等等。[②] 而现代社会组织的内部效应主要包括如下几点："一是培育合作习惯和公共精神。在社团

①　马超、娄亚：《塑造公民文化——联邦德国的政治文化变迁》，《德国研究》2005 年第 1 期。
②　王绍光：《民主四讲》，三联书店，2008，第 113～114 页。

里面，尤其是非政治性、非经济性的社团，人们如果聚集在一起的话，他们更容易学会合作的习惯。原因很简单，这里不涉及任何利益。相反在政治性、经济性的社团里面可能涉及利益纷争，所以大家很难合作。二是培育互信、互惠、温和、妥协、谅解、宽容的品性。在社团活动中，人们更容易超越狭隘的自我，逐步认识到合作互助的必要性和优越性，从而学会互相信任，不走极端，妥协包容的习惯。三是培育与人交往、共事的交流技能。除了前面的这些东西以外，人们在社团中还能学会怎么开会、怎么在公众面前说话、怎么写信、怎么组织项目、怎么去辩论等这样一些技能。"① 从王绍光的解释中我们可以看出来，现代社会组织（王绍光叫社团——笔者注）的内部效应主要就是现代社会组织成员在开展活动的过程中，经过耳濡目染学会如何过公共生活，而这就是现代社会组织对公民文化的培育功能。文化离不开人，据文化学者研究，文化之"文"原为"纹"，即刻有人的印痕的物品，也就是说凡是刻有人的痕迹的物品皆为文化；而狭义上的文化则主要是精神层面的文化。公民文化属于狭义层面的文化，但它离不开文化的基本特征，即离不开人。公民文化的形成，关键是要实现人的思想、观念、行为习惯的改变，真正实现文化化人的功能。文化以人为依托，没有人作为主体的文化不是活的文化，所以，公民文化的培育关键是要促使现代人的形成，而现代社会组织在其所开展的长期的、大量的活动中可以促使人的现代化，培育现代公民文化。

第二，现代社会组织有助于培育公民能力。公民能力是公民影响政治的能力，它是考量政治文化的重要方面。卢梭曾说："作为主权权威的参与者，就叫做公民；作为国家法律的服从者，就叫做臣民。"② 也就是说，公民是公共事务的主人，臣民更多的则只是服从和执行，卢梭的观点说到了公民的要害处。要培育现代公民文化，首先要能够培育出真正的公民。何为现代公民，现代公民应该具备哪些能力呢？有学者把公民能力划分为公民的主观能力和客观能力。"所谓公民的主观能力，是指公民对自己影响和参与政府决策、参与行政的能力和认知、情感和态度。对于一项政府决策，'如果他相信自己能够行使这样的影响，那么他就是有主观能力

---

① 王绍光：《民主四讲》，三联书店，2008，第 116 页。
② 〔法〕卢梭：《社会契约论》，何兆武译，商务印书馆，1980，第 26 页。

的'。如果他认为自己孤立无援，无能为力，那么他就是没有主观能力的。公民的客观能力是指公民影响和参与政府决策、参与行政的实际能力。通过政治参与和行政参与，对于一项政府决策，'如果个人能够行使这样的影响，我们即认为他是有政治能力的'。"① 实际上，主观的公民能力和客观的公民能力是分不开的，一个缺乏影响政府的动机的人所具有的是臣民的心态。"臣民不参与制定法律，而且他的参与不涉及施加政治影响的问题。他参与时，总的政策已经制定，而且正在实施。臣民的能力主要是知道在法规管辖之下自己有哪些权利，而不是参加制定法律。为了让政府官员作出反应，臣民多是求助，而不是要求。"② 而公民对政府官员施加影响则主要是"要求"。另外，一个缺乏客观公民能力的人，其影响政府的任何实际行动都不能奏效，其主观公民能力也不会得到健全的发展。公民能力，不管是主观的公民能力还是客观的公民能力都需逐渐地形成，试图在短时间内形成这种能力是不切实际的想法。公民能力的培养是一个系统工程，需要诸多方面的共同作用，现代社会组织是培养公民能力的重要途径。在国外，通过现代社会组织来影响政府，或者通过压力集团组织（是现代社会组织的一类）来迫使政府采取某种政策是公民影响政府的重要途径。实际上很多民间组织所开展的活动或多或少地都在试图影响政府的决策，比如环境保护组织试图影响政府决策以使其更加倾向于环境保护；行业协会试图影响政府，以保护本行业的长期利益；慈善组织也希望政府的决策能够向弱势群体倾斜；等等。人们在社会组织中学会了用组织的力量影响政府决策，单个公民影响政府的能力有限，而组织起来的力量会产生放大效应，其影响力比较大，目标也比较容易实现。

第三，现代社会组织培育参与意识。阿尔蒙德指出，现代公民文化是以参与者文化为主的政治文化，不管公民对政治对象持赞成态度还是否定态度，公民都应该积极关注政治、参与政治。③ 我国传统社会的那种冷漠地对待政治的态度是典型的臣民文化的表现，是和公民文化相悖的政治态

---

① 许江桥：《公民能力浅析》，《中国特色社会主义研究》2005 年第 4 期。

② 〔美〕加布里埃尔·A. 阿尔蒙德、西德尼·维巴：《公民文化——五个国家的政治态度和民主制》，徐湘林译，东方出版社，2008，第 200 页。

③ 参见〔美〕加布里埃尔·A. 阿尔蒙德、西德尼·维巴《公民文化——五个国家的政治态度和民主制》，徐湘林译，东方出版社，2008，第 18 页。

度。在传统社会中，人们认为政治事务是"肉食者谋之"的事情，跟平民百姓没有瓜葛，而且普通民众已经认同了"劳心者治人，劳力者治于人"的社会现实，加之一些朝代大兴言论控制，严禁对政治指三道四，结果莫谈国事、道路以目成为普通民众的基本生活方式。我国漫长的封建社会使这种政治态度内化为民众的内在心理品质，久而久之，对于政治，人们也丧失了兴趣。至今这种态度在我国公民心里仍然占有一定的地位，这是我国民主政治建设的文化阻滞力。现代社会组织所开展的活动就是普通公民对公共事务的积极参与，虽然现代社会组织所开展的大多数活动并不都是以直接的政治参与为目的，但毕竟是对公共事务的参与，它让人们走出了纯粹自我的私人领域而积极参与公共事务。积极参与公共事务是参与意识的重要方面，人们只有对公共事务有兴趣，才会对政治事务有所参与。而且现代社会的复杂性远远超出了传统社会，公共事务和每个人都有密切的关系，在一定程度上，为了更好地关注自我利益，每个人也必须积极关注公共事务。

三　现代社会组织对于完善民主政治制度的推动

民主政治制度的形成和完善需要一个过程，一般不可能是这样的：人为地设计一个完美的制度，然后将这个完美的制度落实。一些国家在建国初期，大规模的制度创建确实有类似的情况，比如美国在建国初期，政治思想家经过审慎的思考和研究大致确定下了美国的一些基本制度。新中国成立初期，也是人为地设计了一系列基本制度。但是这种大规模的制度创建也需要考虑众多情况，尤其是文化底蕴，这一点前文征引的菲律宾的例子就是典型的例子，只有那些适应了文化根基的制度创建才能够获得成功。而且，即便是在大规模的制度创建中，也只能是创建了总体的制度框架，很多细节的制度需要慢慢地完善。美国政治制度就是在发展过程中逐渐完善起来的，甚至是在众多思想家的争论过程中逐渐走向完善的。现阶段的我国处于社会转型期，不是大规模的制度创建时期，基本的民主政治制度框架已经形成，只是个别的地方还有待完善，这就需要在现实中不断丰富和发展既有的民主政治制度。人的理性是有限的，对于没有发生的事情，人不可能有先知先觉的理性，只有问题发生了我们才能够研究出针对该问题的法律和制度。比如100年前的美国食品安全问题丝毫不比我们现在好，"'食品加工车间里垃圾遍地，污水横流。腐烂了的猪肉，被搓上苏打粉去除酸臭味；毒死的老鼠被一同铲进香肠搅拌机；洗过手的水被配制成调料；工人们在肉上走来走去，随地吐痰，播下成亿的肺结核细菌……'这是100年前，美国作家厄普顿·辛克莱在著名的《屠场》一书中所描述的场景。据说正是因为这本书，直接促使当时的美国政府下决心解决食品安全问题"。① 食品安全成为社会关注的重大问题，这导致美国政府下决心制定相关的法律。而相关法律制定出来之后，经过一段时间，食品安全问题就会慢慢好转的。也就是说，制度完善是一个"出现问题—造成恶劣影响—政府制定相应法律—问题逐渐得到解决—制度得以完善"的过程，这一过程既是问题得到解决的过程，也是法律制度完善的过程。现阶段的我国就处在矛盾凸显期，众多问题同时出现，比如瘦肉精、牛肉膏、地沟油、毒奶粉、不适当的食品添加剂、蔬菜上的农药超标等食品安全问题，甚至在个别情况下，我们都不知道什么样的食物可以放心地、安全地吃下肚去。又比如，假冒伪劣、坑蒙拐骗等诚信问题已经成为影响我国市场经济健康发展迫切需要解决的问题了。越是问题表现得最严重的时期也就越是相关法律制定最迫切的时期。实际上社会发展就是一个出现问题—解决问题—再出现问题—再解决问题的波浪式前进、螺旋式上升的过程。发展不可能是直线的，制度的完善也有这样一个过程，现实中出现了新问题表明，相关的制度和法律已经明显不适应现实了，客观现实推动立法者去制定、修改相关的法律。而相关法律制定出来后，一些问题也就会逐渐得到解决。这一过程实际上就是将解决现实问题的方式提炼、上升为相应的法律制度，以使问题得到根本的解决的过程。

现代社会组织是将现实问题的解决上升为法律制度的中介。现实中现代社会组织成功推动制度完善的例子很多，比如2003年的"孙志刚案"的发生，引发了3位法学博士生联名上书全国人大常委会，要求对《城市流浪乞讨人员收容遣送办法》进行违宪审查，废止收容遣送制度。贺卫方等5位法学家也先后以公民的身份联名上书全国人大常委会，最终使得国务院出台了《城市生活无着的流浪乞讨人员救助管理办法》，同时废除

① 晓德：《我们的底线到底有多低》，《国际先驱导报》2011年4月20日。

1982 年 5 月国务院颁布的《城市流浪乞讨人员收容遣送办法》，这是由民间发起的终止不适应现实的法律的一个典型案例。现代社会组织推动政治制度修改、完善甚至创制的法律依据在于，公民有权对民主政治制度进行修改和创制，可以说现代社会组织的这些活动就是公民权利的落实。

四　现代社会组织有利于提高政府绩效

现代社会组织可以提高政府绩效主要表现在政府对公共产品的购买上。为了追求效率，政府可以将提供公共产品的职能部分地通过合同的方式转包给现代社会组织，从而使得政府能够从繁忙的事务中抽身出来，将其主要精力放在大政方针的研究和制定上，也可以精兵简政，相对减少公共财政开支。比如晋江市致和社工事务所就是一个典型的承包政府部分职能的机构，我们援引该机构 2012 年 5 月份所作工作报告的一部分（该报告的第二部分）来说明问题。

> 城乡社区居家养老服务项目有序推进。76 个社区的居家养老服务工作是我事务所承接的第一个政府购买服务项目。一是协助 2009 ~ 2010 年已建成的 20 个居家养老服务站完善各项内容，推进服务站自主、持续有效运作。社工根据前期调研的情况，协助村（社区）完善健全服务站各项内容，展示特色和亮点。例如，社工通过调动服务站老人志愿服务队的热情，引入青年志愿者协会 90H 志愿服务队，在社区开展"结对帮扶"服务。"老人趣味运动会"、"游园活动"、"生日会"、联欢会、讲座、"红领巾为老人展才艺"等活动更是吸引了老人的关注和积极参与。以"守护心灵·传递爱心"为主题的"护心"小组缓解、疏导老人心理压力，协助老人健康老龄化。另外，机构还开通了心理、法律咨询服务热线为老人提供及时有效的咨询与辅导。二是评估 2011 年新建的 56 个居家养老服务站试点村（社区）的资源与优势，整合多方力量，督促与指导服务站完成建站工作和开展服务。社工通过整合村（社区）的资源与优势，协调村（社区）尽最大力量支持老人工作，激发老人服务热情，发挥为老服务队伍在建站中的功能与作用，督促跟进建站过程，指导解决建站中遇到的问题，协助社

区组织开展为老服务，与村（社区）共同推进服务站的建站工作。并在各镇（街道）培育典型社区，其他社区就近参观学习，实现以点带面、以面带片。如"日间照料室"为有需要的老人提供日间托管和午餐；"老年人KTV"以音乐的方式放松自我，实现老有所乐；"老年人后花园"组织老人种花种草，丰富晚年生活；"老人服务时间储蓄银行"鼓励老人积极服务身边老人以换取日后别人为他提供同样的服务；"夕阳红老年巡逻队"等特色服务在晋江遍地开花。三是落脚村（社区）居家养老服务站，秉持社会工作的专业理念与方法，为老年人提供专业社工服务。为有需要的老人提供个案服务，帮助其协调身边的资源，解决苦难；重新树立老人对生活的信心；减轻老人孤寂感；引导老人走出家门参加村（社区）的集体活动，改善与促进老人人际关系；协助老人缓解因年老、退休、疾病而产生的不适心理等。同时以村（社区）居家养老服务站为依托，针对服务站的老人开展各类主题的小组工作。四是助人自助，协助服务站实现自主运作。社工的介入为村（社区）居家养老服务站注入了新的活力，为服务站的发展完善提供了有力支持，但是服务站的功能需要从"外在供血"转变为"自我造血"。社工在协助各村（社区）居家养老服务站开展各项工作，组织实施各项专业服务的同时也在积极引导服务站独立自主地运作：培训服务站领导及助老服务员；提供服务实施方案和服务站年度工作计划由服务站具体负责组织实施，事务所给予指导和支持。居家养老服务站由受助转变为自助，实现了独立自主、有效持续的运作。①

这样，政府只是公共服务的出租者和质量验证者，有利于提高服务效率和服务质量。

还有一个案例也很能说明问题，那就是福建省晋江市非羁押诉讼帮教基地。

这个基地成立的原因，主要是为了协助检察院管理那些轻犯羁押问题：首先，是为了解决"无逮捕必要"的外来涉案人员的管理问

---

① 《晋江市致和社工事务所工作报告（2012年5月）》，本课题调研时的资料。

题。据统计，2003 年至 2008 年间，市检察院共受理各类刑事案件 8170 件 12434 人，其中外来人员就占到了 5744 件 8796 人。其中半数以上的犯罪人员属较轻犯罪，在羁押期间本"无逮捕必要"，但由于他们居无定所，没有固定职业，不予逮捕羁押就无法保证其能够随时传唤到案，所以只能采取逮捕羁押的措施。而这相对于晋江本地同类犯人来说就属于"同命不同价"了，这是不公平的，为此市检察院和一家企业联合设立了这个专门的帮扶基地。而且本"无逮捕必要"但逮捕的情况存在众多的问题：导致"预先惩罚"，在一定程度上侵犯了被告人的权利；导致羁押场所压力过大，不利于管理；导致羁押期间犯人之间"交叉感染"，使得一些犯人尤其是青少年不但没有得到挽救，反而更加难以矫正。该基地的具体做法是，让犯罪较轻的犯人与帮扶基地签订用工合同，让他与其他员工一样正常劳动，正常获取报酬，并在正常工作过程中一边候审、一边帮教。这样做的好处有：首先，实现了司法公正。解决了外来务工人员轻犯取保候审的困难，使得外来务工人员和晋江本地人享受同等的权利。在帮教基地的工厂里，犯人会受到和普通人一样的尊重。其次，减轻了羁押场所的压力，降低了行政成本。最后，做到避免犯人尤其是青少年在羁押场所交叉"感染"而变得更加难以矫正，在帮教基地，这些犯人受到应有的尊重和教育，收效良好。

虽然这家帮教基地所依托的是企业，并非现代社会组织，但这样的工作，现代社会组织也完全可以做，如果大量的现代社会组织都在做这些事情，这不但能够提高政府效率，降低行政成本，而且还会将事情做得很好。

概而言之，现代社会组织促使政府提高绩效主要表现在如下几点。

第一，政府购买引入了竞争，引进了效率原则。竞争导致效率，这是古典政治经济学理论中的一个常识性观点，但在提供公共产品上，政府缺少竞争性，也会影响其效率，这一点新制度经济学已经给予了较多的批评。政府向现代社会组织采购公共产品则是将竞争机制引入公共产品提供的有效途径，政府通过采购的方式将提供公共产品的职能外包给现代社会组织，但这一外包是有条件的，到底哪个组织能够中标，需要经过严格的筛选，这就是竞争机制的引入。政府采购有两种理解：一种即政府购买自身正常运转所需要的产品，比如办公用品之类的；另一种则是政府将提供公共产品的职能通过合同的方式转移给企业组织或者非营利性组织。我们这里所谓的政府采购主要是第二种意义上的政府采购。政府从企业组织或者非营利性组织手中购买公共产品在西方已经非常普遍（当然，就本书而言，我们主要关注非营利性组织在政府购买公共服务中的作用），这是西方自由主义理论在当代的重要表现。自由主义认为市场是最讲效率的，政府的职能是提供公共产品，而政府完全可以将这种职能交付给市场来提供，政府出钱向非营利性组织购买公共产品，这就将效率原则引进政府领域，政府不再是公共产品的直接提供者，而成为公共产品质量的监督者和出资人，这样政府可以节省公共财政成本，非营利性组织可以拿到盈余，合同双方各取所需，现代社会组织得到了服务的酬劳，而政府的效率也得到了提高。

第二，政府从繁忙的直接事务中抽身出来，成为公共产品的购买者、质量标准的制定者和监督者，这样政府的效率就会提高了。政府购买公共产品的模式使得公共产品的生产者、购买者和使用者这三者分离，政府是购买者，现代社会组织（或企业、个人等）是生产者，而特定的公民则是使用者，三者的分离有利于提高政府的效率。王浦劬先生在其著作中指出，政府用一笔公共财政提供公共服务有两种方式，"一是由政府设立一个机构（在我国，这类机构通常被称为事业单位）来提供公共服务，那么这一笔钱首先要支付的就是这个机构的人员的工资以及办公费用（这笔费用往往非常庞大），剩下的钱才能用于生产公共服务。在这种情况下，往往会使得公共服务的提供效率相当低下。而另一种办法，就是政府不专门成立机构，而是直接利用社会上现有的服务机构，将公共服务经费直接付给社会机构，由社会机构向公民提供服务"。[①] 后一种方式就是政府购买公共服务的方式，这种方式能够降低成本，提高效率。而且，政府购买公共产品的方式还可以大大减少政府的工作量，使其从具体琐碎的事务性工作中超脱出来，成为公共服务的购买者、质量监督者。现在政府工作人员最

---

① 王浦劬、〔美〕莱斯特·M. 萨拉蒙等：《政府向社会组织购买公共服务研究——中国与全球经验分析》，北京大学出版社，2010，第6~7页。

大的特征就是忙，"白加黑，五加二"在一些地方成为一些政府公务人员工作的常态，即便这样工作，很多事情还是做得不理想，且行政成本居高不下。政府公务人员到底为什么那么忙呢？一个重要的原因就是政府直接插手管辖的事务太多了，被众多的事务所缠身，加之现阶段处于矛盾凸显期，很多矛盾需要耗费大量的人力、物力，所以才造成现在的这种状态。而如果我们用政府采购公共产品的方式，将政府所管辖的一些事情转包给现代社会组织，政府只做一个监督者和质量检验者，现代社会组织在竞争中会提高产品提供的质量和产品提供的效率。所以有学者指出："对于许多服务而言，政府（和政府部门）其实不必自己动手（不必自给自足），而是应该由专门的供应商来生产和提供这些服务；政府需要做的只是预先确定所需要的服务类别和应达到的质量标准，然后根据合同向供应商购买这些服务以满足使用者的需求。易言之，政府的适当角色是服务'购买者'而非'生产者'。"[1] 现代政府应该更多地担当服务类别的确定者和服务质量标准的制定者，这样政府就从繁忙的具体事务中抽身出来，从而减轻了政府的负担，减少了政府开支，提高了政府效率，提高了公共产品质量，而且还有利于转变政府职能，使得传统从全能主义政府逐渐转变为有限政府。

　　第三，充分调动了现代社会组织提供服务的积极性。财政部财政科学研究所区域财政研究室孙洁博士在接受采访的时候介绍了上海闵行区的公私伙伴关系（Public Private Partnership，PPP）情况，其具体做法是政府发放志愿者服务卡，志愿者每参与一次志愿服务就得到相应的积分，持该卡在指定商店消费可享受打折优惠。开始的时候，政府往每个服务卡中注入100元钱，担心一些商家不愿意合作，但后来发现很多商家争相加盟，调动起了商家的积极性。志愿者不但可以购物享受打折优惠，而且志愿者本人或其亲属也可以免费享受别的志愿者的相应服务，这种模式在西方国家已经非常普遍。[2] 这种模式甚至已经不能算是严格意义上的政府采购了。但从这个例子可以看出，如果方式科学的话，对公共产品的提供，民众的积极性还是有挖掘潜力的。笔者引用这个例子的目的是说，政府购买的模

---

① 彭浩：《借鉴发达国家经验　推进政府购买公共服务》，《财政研究》2010年第7期。
② 冯一凡：《政府购买服务走向PPP》，《政府理财》2010年第12期。

式或者说上述 PPP 模式能够调动民间组织的积极性，民间组织的积极性被充分调动起来后，政府就会大大减轻提供公共产品的压力，只要做到相应的监管就可以了。王浦劬在实证研究的基础上得出结论："各地政府通过政府向社会组织购买公共服务等方式，有效地推动了社会组织的发展壮大，培育了社会组织的'领军人物'。"① 而且现代社会组织成功地提供优质公共产品的行为使现代社会组织赢得了知名度，为其进一步的发展提供了良好的氛围。

第四，提高了公共产品的质量。政府购买的方式有利于促使有限的资源得到最优化的利用。对于公共产品的提供，政府不一定具备技术上的优势，而一些现代社会组织则很可能在某些产品的提供上优越于政府，政府如果能够通过购买的方式将竞争引入公共产品提供，市场竞争的优胜劣汰机制必然会将那些有优势的组织推向前台，市场机制就会将有能力生产物美价廉产品的组织拣选出来。不但如此，现代社会组织还有政府所不具有的特点，那就是"根植于社会，贴近社区，反应迅速、机制灵活，能为公众提供多样化、个性化的公共服务"。② 这一点政府是很难办到的，养老、教育等公共服务的特殊性要求该服务的提供应该具备较强的针对性，最好是每个人都有一套具体的服务方案。这一点现代社会组织能够做到，而政府却不可能做到，比如社区服务组织对本社区情况了解得比较透彻，甚至对于个别服务对象的脾气、性格都了如指掌，这是提供令服务接受者满意的服务的前提条件。在王浦劬开展的研究中，BJ 案例表明，"老年人协会一开始就开展服务需求调查，把握老年人需求状况。其调查结果显示，老年人服务需求涉及日常生活各个方面，但主要集中在医疗卫生和家政服务两个方面，这为地方政府购买养老服务提供了重要的信息，也确定了政府向社会组织购买公共服务的方向"。③ 现代社会组织可以做得这么细致，而政府则不太可能做到这些。

第五，政府购买公共产品还有利于创造就业，减轻政府在民生问题上

---

① 王浦劬、〔美〕莱斯特·M.萨拉蒙等：《政府向社会组织购买公共服务研究——中国与全球经验分析》，北京大学出版社，2010，第 26 页。

② 王浦劬、〔美〕莱斯特·M.萨拉蒙等：《政府向社会组织购买公共服务研究——中国与全球经验分析》，北京大学出版社，2010，第 24 页。

③ 王浦劬、〔美〕莱斯特·M.萨拉蒙等：《政府向社会组织购买公共服务研究——中国与全球经验分析》，北京大学出版社，2010，第 26 页。

的压力。就业是事关国计民生的大问题，这个问题处理不好是会影响社会和谐稳定的。现代社会组织是扩大就业的重要渠道，比如"上海市从2004年开始实施的'万、千、百就业项目'，重点就是开发公益性岗位。仅2004年一年，就成立各类社会组织1934家，吸纳6.66万困难人员就业，其中低保人员1.3万、农村富余人员2.04万、残疾人员0.5万，切实起到了解决困难人员就业的作用"。① 政府购买公共产品为现代社会组织的发展壮大提供了重要的途径，从而也为扩大就业提供了途径。

第三节　现代社会组织对经济系统和谐发展的积极意义

在诸领域分离的社会结构中，市场领域是一个独立自足的领域，它不再受政府行政指令的支配，同时政府除了用法律监管和进行宏观调控之外也无权过多地直接干预市场领域。政府的不干涉并不意味着市场不需要约束，市场领域的发展也需要规范和约束，纯粹的市场领域有一定的盲目性，身处市场领域的每个市场主体"不识庐山真面目，只缘身在此山中"。企业主在微观层面可能会将自己的企业管理得井井有条，但在宏观层面上，他的生产则可能是盲目的。企业生产的有组织性和市场的无政府状态之间形成了难以化解的矛盾，这实际上是自由资本主义时代市场领域的痼疾，是引发经济危机的重要根源。这一矛盾表明，市场主体需要引导，但政府对市场这一"私人领域"没有直接的干预权，这就需要市场自律组织予以规范和自律。发挥自律功能的市场组织很多，比如众多的行业协会、商会以及各种各样的企业联合会，等等。这些组织的存在对本行业的发展具有重要意义，比如，在市场份额已经十分充足的情况下进行相关的引导，避免导致本行业的"生产相对过剩"，甚至导致本行业的亏损。又比如，发挥沟通信息、扩大交往、维护利益等功能，这些功能的发挥为市场独立发展提供了良好的环境。

成熟的现代性社会的市场离不开现代社会组织的自律，处于转型期的我国，市场领域还不十分成熟，这同样离不开现代社会组织的自律。

---

① 万军：《大力推进政府购买公共服务：公共治理变革之道》，《新视野》2009年第6期。

一 经济系统的和谐发展

现代经济区别于前现代经济的重要方面是，现代经济的资源配置方式是市场，而前现代经济则是自给自足的自然经济，这种经济模式驱动力十分有限，使得我国传统社会历经一两千年而社会结构却没有什么大的改变，在一治一乱、"合久必分，分久必合"的社会演变中，社会结构也呈现为破坏—恢复—再破坏—再恢复的过程，虽然不乏改朝换代的动荡，但其社会结构有着顽强的再生能力。随着我国改革开放的深入，社会主义市场经济逐渐成为中国特色社会主义经济占主导地位的资源配置方式。而我们所追求的经济系统的和谐发展在很大程度上就是要建立一个健康的市场。一个健康和谐的市场至少要有两个前提条件：一是合法地追求"个人利益最大化"的"经济人"的存在，传统自然经济的那种崇本抑末的观念，那种视追求自我利益为可耻行为，将追求自我利益看作自私自利的观念是不适合市场经济的，只有能够理性地对待利益问题，将利益看成是现代人合理、合情、合法的追求的观念才是现代人应有的观念，也才会为市场经济的发展提供文化根基。二是市场经济必须要有健康的市场环境，比如健康的外部环境，包括健康而有序的市场竞争秩序、较低的交易成本、各行业的利益都得到同等程度的保护等方面，还有就是经济的健康和谐发展需要政府提供相应的社会公正度。这两个条件中，第一个条件会随着改革开放的深入而逐渐地成熟起来，因为追求自身利益是人的一种几近于本能的趋向，只要没有人为压制，这种趋向就会被释放出来。而第二个条件则需要花费很大的力气去培养，我们也主要是从第二个条件进行探讨的。以上这两个条件可以细化为如下若干原则。

（1）市场主体要成为理性人。市场主体是市场经济健康运行的基本细胞，如果市场主体不健康、不完善，市场经济也不可能健康和谐发展。健康、完善、合格的市场主体应该是理性的个人，这样的理性的个人应该包括如下几个特点。第一，追求自我利益最大化。这点大家都很熟悉，古典政治经济学的理性人假设已经成为人们的常识性观念了，只有每个人都追求自我利益的最大化，市场才能够运行，经济规律才能够正常发挥作用。第二，在追求自我利益的同时遵循市场基本规则。追求利益最大化有两种方式：一种方式是合法经营，诚信致富；另一种方式是通过不正当的手段，甚至通过坑蒙拐骗等卑劣的手段谋取暴富。第一种方式是健康的市场经济的基础，第二种方式则会破坏市场经济的健康发展，因为不道德的行为会对道德行为产生腐蚀作用，通过不道德的行为致富——尤其是通过不道德的行为致富了还没有受到应有的惩罚——会破坏整个行业的信誉，也会给合法经营的市场主体树立一个很坏的榜样。所以，合格的市场主体在追求利益最大化的同时不能有短期行为，要有长远的眼光，这样的市场才会健康发展。

（2）市场应该是自由竞争的市场。自由竞争是促进经济快速发展最主要的驱动力之一，而自由竞争的根源是对利益最大化的追求。追求利益最大化是个人的自由，也正是人的这种追求私利的强大动机解放了人类，曼德维尔在其著名的《蜜蜂的寓言——私人的恶德　公众的利益》一书中指出，如果让每个人去合理地追求他自身的利益，那将会促进整个社会的财富的增长。[1] 也就是说，私人追求自我利益的强大冲动如果能够被充分调动起来，它将会大大增进整个社会的公共利益。应该说，近代自由主义所彰显的理念确实在涤荡慵惰与懒散、激发人的积极主动性方面发挥了前所未有的作用，正如康德所说，自由竞争为个人走向成功所设置的阻力"唤起了人类的全部能力，推动着他去克服自己的懒惰倾向，并且由于虚荣心、权力欲或贪婪心的驱使而要在他的同胞们——他既不能很好地容忍他们，可又不能脱离他们——中间为自己争得一席地位。于是就出现了由野蛮进入文化的真正的第一步，而文化本来就是人类的社会价值之所在；于是人类全部的才智就逐渐地发展起来了，趣味就形成了，并且由于继续不断的启蒙就开始奠定了一种思想方式，这种思想方式可以把粗糙的辨别道德的自然禀赋随着时间的推移而转化为确切的实践原则，从而把那种病态地被迫组成了社会的一致性终于转化为一个道德的整体"。[2] 自由竞争为人类充分发挥自己的潜能提供了广阔的舞台。人民群众是历史发展的根本动力，如果每个人的积极性都被充分调动，或者说大部分人的积极性被调动起来了，个人的冲动经

---

[1]　〔荷〕伯纳德·曼德维尔：《蜜蜂的寓言——私人的恶德　公众的利益》，肖聿译，中国社会科学出版社，2002，第12页。

[2]　〔德〕康德：《历史理性批判文集》，何兆武译，商务印书馆，1990，第7页。

由"平行四边形法则"而整合成的社会动力也将空前地被调动起来，进而推动整个社会的快速发展与进步，这就是曼德维尔所谓的"私人的恶德成就公众的利益"的理念。市场之所以能够发挥这么大的驱动作用，其根源就在于它鼓励自由竞争，但是市场也最容易抑制自由竞争，因为受利益最大化的驱使，市场主体有走向垄断的倾向。不健全的市场经济也有可能妨碍自由竞争，比如政府过多地干预经济的微观运行，公共权力参与经济运行等都有可能妨碍自由竞争，而这必然影响市场经济的健康发展，导致市场主体不是将主要的精力放在如何提高产品质量、提高自身竞争能力上，而是放在如何去钻营、如何去讨好公共权力上，所以一个健康和谐的市场经济应该是一个能够最大限度地维护自由竞争的经济体系。

（3）市场经济需要行业自律。市场经济中各行业都需要得到健康的发展，行业自律和行业自治是促进各个行业健康发展的重要因素。一些发达国家的发展表明，在市场经济建立初期的时候，欺诈行为、假冒伪劣等现象是比较多的，但是随着市场经济的发展，这样一个阶段迟早是会度过的，因为这些短期行为是不符合市场主体利益最大化原则的。而在消除这些短期行为过程中，政府部门应当承担必要的监管职能，司法机构也要对各种违法行为进行惩治，但是毕竟政府与司法机构都只是进行事后处理，即出现问题后，它们才发挥作用，它们的作用对市场主体而言是一种他律，而不是自律。在现代法治社会中，政府的边界是明晰的，不应该过多地干预市场领域。其实市场本身有进行自律的动力，因为理性的市场主体都希望使自己的企业长远发展下去，虽然短期行为会给某些企业带来丰厚的利润，但从长远来看，这不利于整个行业的发展，也不利于自身的发展，所以在同一个行业中，每个真正具有企业家精神的市场主体都会严格要求自己的企业，也有规范整个行业发展的心愿。

（4）较低的交易成本。交易费用是指在交易过程中所产生的费用，它包括合约签订的费用、信息搜寻的费用、量度标的所需费用、保障履约的费用、执行合同的费用、议价的费用等。这些费用在很大程度上与市场环境有关，"由于人们担心欺诈行为的存在，所以要花费大量的时间、精力和金钱以保证交易的真实性和正常进行，以至于许多正常的交易由于互不信任而不敢采取最基本的信用方式，而不得已倒退到原始的简单商品交换

时代，一手交钱一手交货"。① 试想一下，如果"重阳节你要学会验证阳澄
湖大闸蟹的'金毛银爪白肚皮'；中秋节你得掰开月饼，学会辨认馅子是
否隔年，菠萝馅是不是冬瓜冒充的；去修车你必须认明修车铺子会不会偷
换你的好零件，会不会在换机油时以次充好……"，② 那么人们花在交易过
程中的成本将是十分高昂的，交易成本的提高无疑会妨碍市场主体利益最
大化的原则。恩格斯曾指出："现代政治经济学的规律之一（虽然通行的
教科书里没有明确提出）就是：资本主义生产越发展，它就越不能采用作
为它早期阶段的特征的那些小的哄骗和欺诈手段……的确，这些狡猾手腕
在大市场上已经不合算了，那里时间就是金钱，那里商业道德必然发展到
一定的水平，其所以如此，并不是出于伦理的狂热，而纯粹是为了不白费
时间和辛劳。"③ 在这里，时间就是交易成本的内容，真正的现代大企业所
竞争的不是这些狡猾的手腕，而是产品质量。当然也只有降低交易成本，
企业才会降低成本，提升竞争力。健康和谐的市场应该充满竞争和活力，
但是竞争应该在产品质量上竞争，"歪门邪道"上的竞争多了必然会影响
产品质量的竞争，也必然会影响市场的健康发展。

（5）市场经济要有宏观调控。能够总结历史的经验，这是人类之所以
能够进步的重要根源。在经济学说史上，最早成为资本主义经济理论的是
古典自由主义经济理论，该理论主张，小政府、大社会的社会结构是最为
理想的社会模式，其有限政府理论认为，政府的角色仅仅是"守夜人"，
除了必要的管理之外，政府不应该过多地干预市场。应该说，该理论主导
的自由资本主义确实取得了令人瞩目的成就，马克思说："资产阶级在它
的不到一百年的阶级统治中所创造的生产力，比过去一切世代创造的全部
生产力还要多，还要大。自然力的征服，机器的采用，化学在工业和农业
中的应用，轮船的行驶，铁路的通行，电报的使用，整个整个大陆的开
垦，河川的通航，仿佛用法术从地下呼唤出来的大量人口，——过去哪一
个世纪料想到在社会劳动里蕴藏有这样的生产力呢？"④ 但是古典自由主义

---

① 罗明空：《谈经济自由与诚信约束》，《商业时代》2004 年第 3 期。
② 张建华主编《十六大之后——关注中国面临的紧要问题》，经济日报出版社，2003，第
　 153 页。
③ 《马克思恩格斯选集》第 4 卷，人民出版社，1995，第 419 页。
④ 《马克思恩格斯选集》第 1 卷，人民出版社，1995，第 277 页。

经济理论所主导的自由资本主义的弊端很快就暴露出来了，那就是资本主义周期性的经济危机。关于资本主义的经济危机，马克思认为其根源在于资本主义社会化大生产与生产资料资本主义私人所有制之间的矛盾。在自由资本主义社会中，每个企业的生产都是有组织性的，而且其组织性相当高，相当有效率，这根源于资本家对利润的狂热追求，因此企业的生产能力是相当高的。但就资本主义社会的总体而言，整个社会的生产是处于"无政府状态"之中的，因为自由资本主义的政府不准干预经济，市场的发展就会出现这样的情况：某一个行业生产的产品已经供求相当，甚至已经供过于求了，但是还有很多缺乏宏观意识的资本家将资本投入这个行业，而且个别企业的生产力还是比较高的，这样必然会导致该行业生产的相对过剩，引发经济危机。马克思主义经典作家对此作出的判断是，资本主义个别企业生产的有组织性要求社会化大生产，即要求社会掌握生产资料，但是生产资料的私人所有制决定这不可能实现，这是资本主义必然灭亡的根本原因。取而代之的社会主义应该弥补资本主义的不足，应该是有计划的经济，这一点被苏联社会主义发展成为计划经济。实际上苏联的计划经济从自由资本主义这一极端走向了另一个极端，从"无政府主义"走向了"全能主义"政府。我国改革开放之后所形成的中国特色社会主义逐渐抛弃了僵化的计划经济模式，实行了社会主义市场经济，但是我们的市场经济是有宏观调控的，能够从总体上对经济系统进行宏观指导，以使经济健康发展。实际上凯恩斯主义也是主张采取经济手段对市场进行干预，以弥补自由资本主义的不足。中国特色社会主义市场经济既有市场在资源配置中发挥决定性作用，又有国家的宏观调控，既不要极端的"无政府主义"，也不要"全能主义"政府，吸收二者的优点，弥补二者的不足，这才是健康和谐的市场经济。

现代社会组织对于市场经济的和谐发展具有重要的积极意义，但公民社会并不是万能的，它的作用是有边界的，在有些方面它是很难发挥作用的，比如在宏观调控等方面它就很难发挥作用。但在行业自律、降低交易成本、维护行业利益、保护弱者利益等方面现代社会组织是能够发挥积极作用的，只要能发挥积极作用，我们就应该充分肯定并利用这些积极作用，下面笔者就从这几个方面展开论述。

二 有利于行业自律

各个行业都需要规范管理，而这些管理不可能都依靠政府，政府也没有那么强大的监管能力，也不应该统管得这么微观，政府监管只是底线，只要不违法、不违纪，政府就没有干预的权力；相反，如果违反了法律，政府就会发挥惩治的作用了。与政府监管只是底线相反，行业自律则是为了追求卓越，以卓越为标准，引领本行业健康发展。行业自律能够将行业中政府管不好的某些领域管理好，因为政府监管是底线，行业自律则追求的是卓越。行业自律主要是通过行业协会等行业组织来实现的，所谓行业协会就是指"自愿组织起来的同行或与之相关的企业和自然人组成的，以中介方式进行自律或管制活动，以保护和增进其内部群体成员共同利益为目标的社团法人联合体"。[①] 这类组织的成员基于共同的目标自愿成立该组织，它们的经费不依赖于官方，而来源于会费等民间资金，其目的在于完成靠单个会员无法完成的本行业的公共性事务，它们是实现行业自我治理的民间性组织。

俗话说，"三百六十行，行行出状元"，意即每个行业都可以成功，但是这里的"三百六十行"只是个虚数，实际上市场经济中的行业远不止"三百六十行"。如此众多的行业都需要有各行业的基本管理规范，否则将会出现某行业发展的"囚徒困境"，如恶性竞争、假冒伪劣等现象的存在，最终影响该行业的健康发展。但行业的管理又不能处处依赖政府，因为：首先，在一定程度上，市场领域属于私人领域，作为公共权力执掌者的政府不得过多地干预。其次，如果这些事情都靠政府来管理的话，那么政府将被塑造成一个超大型政府，这也不是现代政治理念所能容忍的。最后，政府的管理是一种外行对内行的管理，因为政府最主要的职能不是对微观经济的过多干预，其对具体的行业特征也不熟悉。而行业协会的管理则是一种内行人对内行事的管理，它们对本行业的问题看得也比较透彻，所以给出的解决办法也更具针对性和可操作性。行业协会的自律是一种更为有效的管理，实际上在市场管理上，政府应该将更多的权力交给行业协会，

---

① 罗辉：《第三域若干问题研究》，中国地质大学出版社，2006，第177页。

政府只做监督者，监督行业协会的行为，让行业协会实现对本行业的自律、自治。

关于行业协会的自律功能，学术界已经有相当的研究了。比如，贾西津等学者的著作《转型时期的行业协会——角色、功能与管理体制》，罗辉的著作《第三域若干问题研究》等著作中对于国内外行业协会自律的梳理已经较为系统，笔者试图根据我国行业协会的发展以及已有的研究阐述行业协会的自律功能。

第一，行业自律是很多行业协会成立的初衷。贾西津等 3 位学者在合著的《转型时期的行业协会——角色、功能与管理体制》一书中以温州乐清市低压电器行业协会为例来说明这一点。乐清市是温州下属的县级市，是全国著名的低压电器生产基地，其中光柳市镇就集中了 1000 家企业和 2000 家作坊，全部是私营企业。但是在 20 世纪 90 年代，由于行业内部的恶性竞争，部分企业生产冒牌产品，最终导致 1998 年的"柳市危机"，近千家企业竞相压价，多数企业亏损，300 余家企业倒闭。为了维护本行业的整体利益，乐清市低压电器企业自发组建了行业协会，采取制定质量保证价、打击假冒伪劣行为、舆论宣传等治理手段，全面制止了混乱的局面，使乐清市的低压电器重新走向了健康发展的道路。[①] 比如温州商会的成立在一定程度上也是行业自律需求的结果，1987 年"8 月 8 日，5000 多双劣质温州皮鞋在杭州武林广场被付之一炬，温州鞋业的产品形象受到极大的影响。1988 年 6 月，中国皮鞋行业第一个行业协会——温州市鹿城鞋业行业协会宣告成立"。[②] 当时温州鞋业、服装业等行业内存在恶性竞争，产品质量低劣、行业形象较差，温州商会的成立就是探讨化解这一行业困境的结果。这一困境靠单个的个人无法解决，只有联合起来才能够维护本行业整体利益，从而维护行业中每个企业的利益，这就是行业自律，是实现行业自我治理的重要方面，也是实现内行人管内行事的基本途径。

第二，自律是行业协会最被认可的基本职能之一。关于行业协会的自律功能，学者郁建兴认为包括"制定行业管理的行规行约，以建立行业自

---

① 贾西津、沈恒超、胡文安：《转型时期的行业协会——角色、功能与管理体制》，社会科学文献出版社，2004，第 133 ~ 134 页。

② 郁建兴、江华、周俊：《在参与中成长的中国公民社会——基于浙江温州商会的研究》，浙江大学出版社，2008，第 82 页。

律性机制，规范行业自我管理行为，提高行业整体素质，维护行业整体利益，充分发挥'内行人管内行事'的商会特点"。① 而且行业协会的会员对于行业协会的自律功能也相当支持，调查显示，温州商会普遍地对行业自律十分重视，"会员企业对商会18项职能的逐项评价中，'建立行业自律性机制'这项职能在履行情况和会员支持程度中均被排在第二位"。② 可见各企业也都认同行业协会的这种自律功能，它们也都意识到了行业自律的重要性。市场主体的利益最大化不可能靠坑蒙拐骗等短期手段来实现，要想真正实现其"理性人"的预期，就必须打击各种短期行为，而行业协会则是实现这一目的的有效途径。比如温州最初的经济发展都是靠拳头产业，"例如服装、打火机、低压电器，都属于技术、资金要求低的产品。由于市场准入门槛比较低，容易出现互相压价倾销和仿制等问题，温州的打火机、低压电器、服装都遇到过这样的问题，加上政府对企业自发整顿市场的行为给予积极支持，就使得温州自发的行业协会在最初阶段都是市场整顿之类的服务"。③ 行业协会的这一功能正是本行业各企业所期望的功能，行业的健康发展也为各个企业实现正当竞争、实现自身利益最大化提供了良好的环境。

第三，行业协会通过制定各种标准，建立了治理市场的各种规范。市场经济条件下，质量是行业发展的立行之本，质量上的欺诈行为必然会影响行业长远发展。而在恶性竞争或者无序竞争的条件下，单靠某个企业努力，行业的产品质量是不可能提高的。行业协会实现行业自律的一个重要方面就是制定本行业的各种标准，规范本行业的健康发展。郁建兴先生的研究表明，温州商会在洗刷温州产品的恶名、提升温州产品的质量上发挥了重要的作用："一是质量认证。由商会组织引导会员进行ISO系列、CR和ROHS等认证，以达到国内国际标准的要求。""二是质量检测。模具、服装、鞋革、五金、烟具、眼镜等商会，与质监部门和科研院校合作，建立各自的质量检测中心。中心为会员提供检测，既降低了会员的检测成

---

① 郁建兴、江华、周俊：《在参与中成长的中国公民社会——基于浙江温州商会的研究》，浙江大学出版社，2008，第83页。

② 郁建兴、江华、周俊：《在参与中成长的中国公民社会——基于浙江温州商会的研究》，浙江大学出版社，2008，第83页。

③ 贾西津、沈恒超、胡文安：《转型时期的行业协会——角色、功能与管理体制》，社会科学文献出版社，2004，第136页。

本，又增加了商会的经费来源，提高了商会服务会员的能力。""三是制定行业标准。质量认证和质量检测都以行业标准为依据，但某些产品没有质量标准，如压电点火装置。"商会则可以制定标准以规范其发展。① 温州商会在促使温州企业从恶性竞争和无序竞争转向良性竞争方面发挥了重要的作用，温州各种拳头产业也逐渐走上了正规的发展道路。温州商会是一种"市场内生"型的行业组织，该类组织的自律功能发挥得比较充分，也比较成功，这也为其他地区的市场经济发展提供了一条可资借鉴的发展道路。

三　有利于降低交易成本

现代社会组织降低交易成本的功能不具有系统性，即并不是所有组织都能够发挥降低交易成本的作用，而且即便某些组织能够发挥降低交易成本的作用，那也只能是降低某一种交易成本。而交易成本的内容很多，也就是说，现代社会组织降低交易成本具有零散性（实际上现代社会组织的其他功能也有这个特点）。但是由于现代社会组织数量巨大、种类繁多，遍及社会生活的方方面面，所以累积起来，这些零散的功能可能汇集成巨大的社会力量，促进市场经济健康和谐发展。

第一，一些现代社会组织能够规范市场，促进诚信机制的形成。不诚信是造成交易成本上升的重要根源之一。市场主体之所以要花费重金保证契约的履行就是担心履约过程中的不诚信问题。现阶段我国市场法规不健全，市场培育得不够成熟，欺诈行为、假冒伪劣现象的存在严重影响了市场主体对未来的预期，所以履约成本、谈判成本等交易成本居高不下。行业协会能够为市场主体提供沟通、交流平台，增进彼此的互信，而且能够通过舆论、监督等机制发挥一定的惩罚功能。比如消费者协会也是一个约束市场主体的民间组织，消费者协会本来就是消费者组织起来的旨在维护消费者权益的公益性组织，和我国很多现代社会组织一样，它是一个半官方组织，但这并不影响它约束市场主体功能的发挥。现阶段，消费者协会

---

① 郁建兴、江华、周俊：《在参与中成长的中国公民社会——基于浙江温州商会的研究》，浙江大学出版社，2008，第115页。

通过媒体曝光等手段已经给一些市场主体以警示，并让它们付出了沉重的代价。在一定程度上，这些组织发挥了震慑不诚信的市场主体、规范市场秩序的功能。

第二，一些现代社会组织能够发挥信息搜集功能。信息的不透明是交易成本增高的重要根源，所以在市场经济条件下，信息尤为重要。一项关于农村中介组织对降低交易成本作用的研究表明，"中介组织对信息的搜寻、处理、传递和利用能力大大增强，这主要体现在：由中介组织替代农户对信息的分散重复搜寻，不仅可减少信息搜寻次数，提高信息搜寻效率，而且可克服农户在收集信息过程中的盲目性、随机性，节约信息搜寻费用；由中介组织根据价格信号协调买卖双方的交易活动，组织农产品购销流向，可减少交易中的不确定性，避免交易损失；由各层中介组织上传下达，担负'毛细血管'的功能，可将信息通过国家信息网这些'大动脉'输送到农民生产者、经营者这些细胞中，有效地发挥信息对农户进入市场的引导作用"。① 中介组织虽然并非严格意义上的现代社会组织，因为中介组织很可能是营利性的，但是它是民间组织，在市场经济中的作用类似于现代社会组织。当然，中介组织也完全可以是现代社会组织，事实上也确实有很多中介组织是非营利性的。行业协会、商会也发挥着重要的信息服务功能，据晋江市陈埭商会（一个乡镇级商会）2011年的工作汇报，晋江市陈埭商会积极为会员提供信息，印发《安全生产手册》《国务院关于调整进口设备税收政策的通知》《免税退税政策汇编》《成功经理人》《安全生产图片》等材料，并送达会员企业及各村委会、老人协会，积极配合政府搞好各项工作。"11·9"宣传日，商会与镇安办联合举办安全生产活动晚会。为解决企业"劳工荒"，商会主动联手镇企业办、镇劳务保障所，组织大森、国辉、超达、霸克等10余家企业赴云南、贵州招工。②

第三，一些现代社会组织可以缩短流通环节。就现阶段我国的农产品而言，一些农产品价格过高就是由于中间的流通环节太多，每个流通环节都要加价，因为每个中间商都要赚钱。这样，农产品从农民手中售出的时候价格并不高，而真正到消费者手中的时候价格却不低。从真正的生产者

① 汤鹏飞：《我国农产品市场交易成本的状况分析及其中介组织研究》，《华商》2007年第24期。
② 2012年初《陈埭镇商会2011年工作汇报》，本课题调研材料。

到真正的消费者所需要的流通费用太高，交易成本太大。而一些现代社会组织在减少中间环节方面能够发挥重要的作用，台湾农会就是一个典型的例子，"在台湾的超市，顾客仅凭农产品包装上的条形码，比如一个蔬菜包装袋，就能查询出，这是台湾哪个农会、哪个农户，甚至哪块儿茶田地里生产出来的产品。农会高质量的信誉保证了食品安全，并且由于农会是公益法人，它还帮助农民组织起了具有小型公司性质的产销班，其运作实现了'农超对接'，农民和市民的利益都得到了保证。总之，没有台湾的农会，台湾农民的地位不会像今天这般重要，农民的权利不会和社会其他阶层那样平等"。① 台湾农会实现了"农超对接"，使农民和超市直接挂钩，农产品直接销售给超市，减少了中间环节。这样既可以提高农产品从其生产者手中售出时的价格以维护农民利益，又可以降低消费者购买农产品时的价格以维护消费者的利益。应该说台湾农会的这一做法对我们很有启发，如果我们的农业合作组织真正发展起来，也可以降低交易费用，维护生产者和消费者的利益。

第四，一些现代社会组织可以降低储存费用。储存费用是交易费用中的重要方面，对于生产者而言，储存场所需要投入大量的资金，而且对于单个生产者而言，其利用率并不高。但如果由民间组织来专门提供这些储存场所，则可以提高储存场所的利用率，降低农户的交易费用，比如一些新鲜农产品需要冷库来保存，但是单个农户不可能有冷库，如果由农户联合起来建造冷库，则不仅可以提高冷库的利用率，也可以降低农户的储存费用。当然，此类功能不一定都要非营利性组织来提供，营利性的市场组织也可以提供，但如果若干户农民联合起来共同出资建造冷库（那就是非营利性组织了），则可能比求助于营利性的市场组织更多地降低成本。

第五，为企业排忧解难，化解纠纷。据我们调研，晋江市陈埭商会在为企业当好保姆、为会员企业排忧解难方面做得很好。

> 陈埭商会积极与职能部门协调，协助 11 家企业和 47 家鞋业材料商解决久拖不决的经营问题。凡会员企业急办难办的事，商会都义不容辞地帮助解决。商会为化解经济矛盾，节约司法成本，构建和谐商

---

① 王世奇：《大陆农业有必要借鉴台湾农会成功经验》，《南方都市报》2011 年 4 月 23 日。

务氛围，2010年12月20日在上级有关部门的支持下，组建了全省首家乡镇商会商务人民调解委员会，至2011年12月8日共受理各类经济纠纷107件，总金额61364355元，已结28件，金额38100000元，特别是今年（2011年）4月9日商会调解委员会比较成功地调解了一起典型的由公司并购重组所产生的权利义务及拖欠材料纠纷，涉及金额3900多万，材料商108家，遍及广东、江西、浙江等地域，并在最高法院和全国工商联莅临我商会调研时，得到了充分的肯定。①

当然，陈埭商会的运营是较为成功的，还有很多商会、行业协会的运行还不成熟，为企业排忧解难、化解纠纷的作用还没有充分发挥。但随着我国社会转型的进一步深化，各类现代社会组织都会逐渐发展壮大、逐渐走向成熟的，商会、行业协会为会员企业排忧解难、化解纠纷的作用也会逐渐得到充分发挥。

四　有利于维护行业利益

任何一个国民经济体系都包括众多的行业，每个行业都有自己的利益，社会健康和谐发展需要每个行业的利益都得到维护和伸张。在计划经济时代，经济发展遵照政府的指令，各行业之间的利益由公共权力予以保障，即便个别行业长期亏损也没关系，一切都由政府买单。但随着改革开放的深入，尤其是实行社会主义市场经济以来，政府职能开始转变，逐渐将那些不该管的事情下放给社会，诚如国务院总理李克强所说，政府职能转变要"把该放的权力放掉，把该管的事务管好"。② 在政府职能转变过程中，经济逐渐从权力的掌控中脱离出来，政府不再直接掌控各行业的具体利益，但是市场竞争的加剧和个别地方有碍公平竞争的人为因素的存在，使得一些行业的利益受到损失，各行业应该怎样维护自己的利益呢？行业组织是维护本行业利益的一个重要渠道。

第一，行业组织可以规范本行业的运营，以维护本行业的长远利益。

---

① 2012年初《陈埭镇商会2011年工作汇报》，本课题调研材料。
② 《简政放权　转变职能　创新管理　激发市场创造活力和发展内生动力》，《人民日报》2013年5月14日。

整个行业的规范运行是单个企业健康成长的大环境，如果行业内部竞争无序，甚至充斥着不正当竞争等各种短期行为，那么该行业是不可能很好发展的。行业组织在规范本行业发展、维护本行业长远利益方面发挥着重要的作用。一项关于南海平洲珠宝玉器行业协会的研究表明，平洲珠宝玉器行业协会在维护本行业发展上发挥的作用包括：首先，调解和仲裁生意纠纷，规范市场秩序。比如在协会有文字记录的纠纷调节日志中，共发生过117起纠纷，只有1起无法调解，其他都通过调解得到妥善解决。其次，建立"诚信"机制，推动行业自律。再次，反映企业诉求，争取行业整体发展。又次，参与社会公益服务，培育会员企业的公民性。最后，民间外交，实现海外行业合作。① 这些作用对于整个平洲珠宝玉器行业意义重大。还比如，温州市行业协会积极发挥行业自律功能，维护本行业整体利益，包括：同行议价，以保护平等竞争；遏制恶性竞争，维护行业秩序；同行同负，即为行业内部不同企业争取一个平等竞争的公平税负环境；制定行业标准、发放行业许可证、进行质量检查；制定行规行约，以规范本行业经营；等等。② 还有很多类似的行业协会都在发挥积极作用，维护本行业利益。对于某个行业而言，行业整体的发展是个公共利益问题，由于公共利益问题容易导致"搭便车"的机会主义行为，所以单个企业没有维护这个公共利益的动力，而这个公共利益又是单个企业健康发展的前提性环境因素，行业协会是维护本行业公共利益的会员性组织，是补充个体企业公共利益维护动力之不足的平台。

第二，行业组织可以代表本行业同政府决策部门进行沟通，以维护本行业的利益。众所周知，政府决策，尤其是涉及某些具体行业的决策对行业整体利益的影响是十分巨大的。比如，政府决定从外国进口大量廉价的某种产品，那么这种决策对国内该行业的利益将构成一个巨大的冲击，因为国外廉价产品的进入必然会使该行业产品价格下降，而这有可能使本行业整体受损，甚至个别企业有可能在这一过程中破产。当然政府的某种决策也很有可能使一些行业在发展中获利。各行业十分关注政策问题，而

---

① 参见邱海雄、陈健民主编《行业组织与社会资本——广东的历史与现状》，商务印书馆，2008，第255~270页。
② 参见贾西津、沈恒超、胡文安《转型时期的行业协会——角色、功能与管理体制》，社会科学文献出版社，2004，第229~230页。

各企业又无力与政府进行沟通，这个重任就落在了行业自治组织——行业协会身上。行业协会和政府部门进行沟通以维护自身利益的方式有两种：第一种，努力避免影响本行业整体利益的政策出台，在决策前与政府进行充分的交流，以伸张本行业的利益；如果某种影响本行业整体利益的政策出台了，行业组织则可以代表本行业同政府进行协调，以补偿本行业的利益损失，或者变更相关政策。第二种即行业组织通过与政府沟通，尽力促使政府通过有利于本行业发展的各种政策。比如，某行业的发展可能出现这种情况：政府的某些方针政策、规章制度已经过时了，而且已经开始束缚本行业的发展了，这就有必要促使政府修订相关的政策方针，以利于该行业的发展，而促使这一改变的往往就是该类行业的行业组织。在这方面晋江市总商会就是一个典型的例子。

　　晋江市总商会的主要功能之一就是担当企业和政府之间的桥梁角色，按照晋江市总商会会长的说法，要学会"变脸"，一方面要同政府打交道，企业的发展离不开政府，很多政策的制定都可能影响企业的发展，总商会就是代表企业与政府沟通的桥梁；另一方面还要同企业打交道，最重要的是服务企业。晋江市总商会利用项目带动为企业服务，比如展览中心就是晋江市总商会做的，该项目把企业和政府联系在了一起。晋江市总商会还积极创造平台，让本地企业走出去，到国外寻找商机，比如土耳其两年后将加入欧盟，但在正式入盟之前，土耳其有政府走私码头，通过土耳其进入欧盟是一个重要商机，对于晋江市的一些企业来说，这是一件大事。另外，晋江市总商会在纠纷调解上也发挥着积极作用，比如总商会就有一个纠纷调解机制，由晋江市总商会出面请著名的企业家担当调解人，实践证明，这种方式效果很好，比法院调解还有效。①

　　第三，行业组织可以代表本行业同外国有关部门交涉，以维护本行业在外贸中的利益。随着全球化的步伐越来越快，国际交流和贸易日益频繁，贸易往来是国际交往的一项重要内容。实际上国际外交活动在很大程度上就是贸易外交，而行业组织等民间组织在外交活动中发挥着与政府不

_____

①　资料来源于本课题的调研。

同的作用，有时候这种作用可以补充政府外交的不足。比如，《第三种力量》一书指出，"对于大多数从事国际关系和外交工作的非营利机构而言，它们反映的是非官方性质的社会精英群体的各种观点和力量，是美国多元的政治文化的积极倡导者和决策过程的影响者。在高度敏感的国际政治中，它们可以利用'民间大使'的身份，成就政府无法直接做到的事情"。① 政府的外交活动在一定程度上需要民间组织的积极配合。行业协会在对外贸易活动中的一个重要项目就是维护本行业的利益，尤其是在发生贸易摩擦的时候，但我国大多数的行业协会还不能顺利而成功地完成这一任务，比如王仲辉撰文指出，我国行业协会在应对对外贸易摩擦过程中表现出了严重的不足：欠缺行业自律和管理能力；欠缺公共关系处理能力；中国行业协会与政府、企业之间存在信息不对称现象；等等。② 行业协会的这一状况与我国对外贸易的发展规模是不相适应的，所以我们应该大力培育功能健全的行业协会，健全的行业协会是能够承担在对外贸易中维护国内行业整体利益这一重任的。现代社会组织不仅能够应对贸易摩擦以保护本行业的利益，而且还能够积极开拓海外市场，比如南部非洲浙江义乌总商会的宗旨就是"维护旅居南部非洲各国的浙江义乌籍商人和乡亲在侨居国的合法权益，推动南非和义乌两地的经贸往来和文化交流，推动义乌籍侨胞积极融入南非的主流社会"。而且，"非洲大陆增长潜力巨大，华侨华人在当地发展活跃，不仅促进了中非外交关系和经贸往来，也为中国企业走出去提供重要依托"。③ 出现了贸易摩擦就积极应对以维护本国企业利益，这是从消极方面维护本国企业利益；而积极开拓国际市场则是从积极的方面拓展本国企业的利益。如果现代社会组织发展得好，对我国经济的发展是能够发挥积极作用的。

五　有利于保护弱者利益

首先，现代社会组织的发展有利于保护社会中的弱者，保护弱者利益

---

① 潘启雯：《看美国"第三力量"如何填充政府和市场缺位——评卢咏〈第三力量〉》，《上海证券报》2011年6月11日。
② 参阅王仲辉《行业协会如何应对贸易摩擦?》，《人民日报海外版》2008年3月26日。
③ 《海外侨社牵线搭桥　助推企业"走出去"实现双赢》，《人民日报海外版》2011年6月10日。

是社会和谐的前提，而社会的健康和谐是市场健康和谐的大环境，没有大环境的健康和谐，经济也不会和谐发展。目前我国经济发展对外依存度较高，内需对经济的拉动还没有真正发挥作用。现阶段我国内需之所以没有发挥应有的拉动作用，一个重要的根源就是我国收入差距过大，少数人获取社会的大多数财富，而大多数的劳动者获取的财富占国民经济的比例偏低，且大有继续降低的趋势。孙立平指出，这些年来，在国民财富分配过程中，政府和企业拿的越来越多，劳动者拿的就只能越来越少了，2002 年之前，我国劳动者报酬占 GDP 的比重基本在 50% 以上，2003 年下降到49.6%，2007 年下降到 39.7%，而且，就在收入降低的情况下，劳动者群众还发生了分化，占全国职工总数 8% 的垄断部门职工所有的工资、奖金、津贴加上福利，相当于全国工资总额的 55%。① 那么占社会大多数的普通行业的劳动者的收入就可想而知了。尤其是当低收入再遭遇高物价的时候，普通劳动者的消费能力就更低了。这样的状况不利于内需的扩大，也不利于市场经济的健康发展，市场的健康和谐与社会的健康和谐是分不开的。所以社会的和谐发展需要有一个使国民财富向收入过低的人群流动的机制，公民社会就具备这种功能，这一点本书在前文已经做过探讨，这里不再重复。

其次，现代社会组织的存在有利于平衡劳资双方的力量对比。劳资关系是经济系统健康和谐的重要因素，劳资双方结成的纽带及所指向的目标是利益，他们进行博弈的动力也来自利益，但是劳资双方博弈的能力是不对等的，资方掌握资本和各种社会资源，而劳方则缺乏应有的博弈筹码，这必然会使劳动者在博弈中处于不利地位。现代博弈论证明，在劳资双方的博弈过程中，"按照集体行动的逻辑，再多的无组织的劳动者也不会增加谈判力。但是，如果劳动者组成工会，工会就具有与资方相对平等的讨价还价能力，这就是西方发达国家的集体谈判（Collective Bargaining）制度"。② 但现阶段我国的工会基本上被定位为党委领导下的一个群众福利或娱乐组织，当然维护劳动者的利益也是工会的重要职能，只不过这种职能没有充分发挥出来，而民营企业中又很少成立工会。在发达资本主义国家中，企业几乎都存在维护劳动者利益的组织，以维护劳动者利益。但我国

① 孙立平：《当前中国的贫富格局》，《团结》2011 年第 2 期。
② 柯华庆：《集体谈判：博弈论视野下的劳资关系》，《学习时报》2010 年 9 月 13 日。

在这方面的民间组织还存在欠缺之处，当然，随着经济社会的发展和公民社会的发展壮大，劳动者组织会有一定的发展的，平衡劳资双方力量的功能也会发挥出来的。

最后，弱势群体自己的组织有助于维护自己的利益。北京"工友之家"就是一家有影响力的农民工组织（请参见第四章第三节相关部分），它不仅帮助农民工维护自己的利益，还催生尊重劳动价值意识，提升自我认同感，消除自卑感，而且该组织还为农民提供文化娱乐服务。有文章指出："社会在广泛关注打工者讨薪、医疗保障、子女教育等问题的同时，常常忽略了他们精神世界的匮乏。'白天是机器人，晚上是木头人'，'怕加班，更怕下班，业余时间无从打发'，是打工者真实的生活写照。从心理层面上来说，'除承受了教育与现实的严重错位的创痛外，还承受着另一种特殊的内伤：压抑、不公、屈辱、迷惘以及不安全感。'（'打工诗人'罗德远语）""'打工文学的价值在于，是作为处于社会边缘的弱势群体发出的自我关怀的真切诉求，为市场经济挤迫之下的打工一族提供了舒缓紧张压力的精神食粮。'对打工文学有着多年研究的深圳市文联副主席杨宏海说。"① "工友之家"成立了自己的艺术团，用歌曲呐喊，用歌曲维权，也用歌曲自娱自乐，工友们在"工友之家"可以免费看电影、读书，以及参加体育锻炼等，可以说"工友之家"已经成为农民工真正的"家"了。"工友之家"是成功的，还有很多农民工的组织不是太成功，但是实践证明，只要农民工有了自己的组织，不仅他们的利益能够得以维护，而且也能有丰富的业余文化生活。

其他关于现代社会组织对于弱势群体利益的维护在前文已经探讨过了，这里不再重复。

第四节　现代社会组织对社会建设的促进

以改善民生为重点的社会建设是现阶段我国经济社会发展的重点领域，党的十八大报告以及《中华人民共和国国民经济和社会发展第十二个

---

① 赵玙：《倾听他们的声音　感知他们的疼痛——打工文化作品面面观》，《光明日报》2011年1月10日。

五年规划纲要》都十分重视这一点。社会建设的主要领导力量当然是党和政府，但现代社会组织也是社会建设的重要力量，虽然它的力量较为零散，不像政府那样系统和全面，但零散的力量多了也会汇集成强大的社会资源。在一定程度上我们可以断言，现代社会组织配合政府所开展的各种活动大大减轻了党和政府社会建设的压力，促进了社会建设。

一　社会建设的概念

我党曾经提出过"小康社会建设""法治社会建设""和谐社会建设"，还有就是社会建设。社会建设所谓的"社会"需要界定一下，社会概念有广义和狭义两种：广义的社会就是整个社会，包括政治、经济、文化和（狭义）社会等领域；而狭义上的社会就是与政治、经济、文化处于同一个概念层次的社会领域。我们所说的社会建设的"社会"是狭义上的社会，这一点学界还是比较一致的。但是对于什么是社会建设、社会建设具体包括哪些内容，学界则仁者见仁、智者见智。陆学艺先生将国内有关社会建设的理解梳理为四种观点：第一种观点，"认为社会建设应以保障和改善民生为重点，大力推进就业、社会保障和科技、教育、文化、卫生等各项社会事业的建设，加大收入分配调节力度，推进基本公共服务均等化，促进社会公平正义，使发展成果惠及全体人民，走共同富裕道路"。第二种观点，"认为社会建设当前要加强和创新社会管理，应以维系社会秩序为核心，通过政府主导、多方参与，规范社会行为、协调社会关系、促进社会认同、解决社会问题、化解社会矛盾、维护社会治安、应对社会风险，为人类社会生存和发展创造既有秩序又有活力的基础性条件和社会环境，促进社会和谐"。第三种观点，"认为社会建设是适应我国由农业社会向工业社会转型，由计划经济体制向社会主义市场经济体制转变，适应人们的生产方式、生活方式和人际关系的变化，面对由此产生的种种社会矛盾和问题，有组织、有计划、有目的地进行各种有利于保障和改善民生，建立新的社会秩序，促进社会进步的社会行动。同时进行社会体制改革，创新社会政策，调整和优化社会结构，建立与社会主义市场经济体制相适应、与经济结构相协调的社会结构。认为社会建设的核心是要构建一个合理的社会结构"。第四种观点，"认为我国目前社会建设的根本目标是要建设一个制约权力、驾驭资本、遏制社会失序的社会主体，因此要进行社会重建，建立一个与政府、市场并列的社会；认为在工业社会条件下不仅要有市场，有政府，还要有发育良好的社会环境，整个社会才能健康有序地可持续发展；认为健全的社会是市场经济的基础"。① 其实这四种观点之间存在诸多重叠之处，只是彼此之间的侧重点不同而已，而这些视角和侧重点不尽相同的各种观点追根溯源都可以说来源于党的十七大报告。按照党的十七大报告的论述，"社会建设与人民幸福安康息息相关。必须在经济发展的基础上，更加注重社会建设，着力保障和改善民生，推进社会体制改革，扩大公共服务，完善社会管理，促进社会公平正义，努力使全体人民学有所教、劳有所得、病有所医、老有所养、住有所居，推动建设和谐社会"。② 按照这一论述，社会体制改革、公共服务、社会管理、社会公正、教育、就业、医疗、养老、住房、社会和谐等都属于社会建设的内容。本书所使用的社会建设概念就涵盖了上述内容。

现代社会组织在社会建设中发挥了重要的作用，本节的论述主要就下述几个方面展开，笔者认为这几个方面是现代社会组织最能发挥作用的方面，而其他方面（比如有利于促进社会公正等）在前文已经涉及，这里不再做专门的论述。需要另外说明的是，现代社会组织的功能也并不能涵盖社会建设的所有方面，比如在住房建设等方面，其作用就相当有限，基于上述考虑，我们从如下几个方面展开论述。

二 协助政府开展社会救助活动

正如前文所述，现代社会组织存在的合法性奠基于"市场失灵"和"政府失灵"之上，它可以弥补市场和政府的不足。现代社会组织是一种以志愿求公益的社会组织，它通过募集的方式集中各种社会资源用于公益事业，这在一定程度上就是配合政府为社会提供公共产品。

第一，对落后地区教育事业的资助。大多数发达资本主义国家都将教育视为政府应该提供的公共产品，我国也将中小学教育纳入义务教育范围

---

① 陆学艺：《目前形势和社会建设、社会管理》，《中共福建省委党校学报》2011 年第 4 期。
② 胡锦涛：《高举中国特色社会主义伟大旗帜 为夺取全面建设小康社会新胜利而奋斗——在中国共产党第十七次全国代表大会上的报告》，人民出版社，2007，第 37 页。

之列，这意味着中小学教育在我国属于公共产品，但是由于经济实力等原因，一些偏远山区的中小学教育设施还比较薄弱，甚至还存在上不起学的情况，资助偏远山区的教育事业是现代社会组织最感兴趣的行动之一。"希望工程"就是旨在关注青少年成长发展的现代社会组织，而且该组织已经成为我国社会参与最广泛、最具影响的民间公益事业，资助建立"希望小学"，资助贫困学生上学等是其基本的运行模式。"希望工程"只是成功的案例之一，还有很多以教育救助为基本宗旨的现代社会组织在开展着各种积极而有益的活动，包括各类教育基金会、慈善组织等，这些组织所开展的卓有成效的工作在很大程度上减轻了政府提供公共产品的负担。一项关于我国慈善捐赠的报告显示，2010 年，教育领域吸收慈善捐赠总额高达 225 亿元，占我国社会捐赠总额的 21.85%。① 这么多的善款意味着教育事业将得到现代社会组织的大力支持，而这必然减轻政府的公共支出负担。

第二，灾难救助。重大自然灾害的救助是政府应该承担的基本责任之一，而现代社会组织在配合政府开展救援以及灾后重建工作中发挥着重要的作用。汶川大地震中所涌现出来的现代社会组织及其开展的工作就是典型的例子，很多民间组织在得知灾难发生的第一时间里就开展了救援行动。有学者说："如果说 2003 年的 SARS 和 2008 年初南方雪灾中，中国的NGO 还只是有反应没举措，那么在汶川地震过程中，中国的 NGO 真正地行动起来了，几乎形成了全国 NGO 总动员，而且，在此次的救灾过程中还催生了大量的草根 NGO。"② 正因为现代社会组织的积极作用被广泛认可，有学者将 2008 年称为"公民社会元年"。现代社会组织所开展的活动有力配合了政府的工作，提高了救灾效率。

第三，扶贫。扶贫是促进社会和谐发展的一个重要措施，发展的城乡不平衡、地区不平衡是影响我国社会和谐的重要方面，所以缩小城乡差距和地区差距是构建和谐社会的重要方面。扶贫就是缩小差距的最直接的方式之一，扶贫类的现代社会组织在落后地区所开展的扶贫活动有力地加快

---

① 孟志强、彭建梅、刘佑平主编《2011 中国慈善捐助报告》，中国社会出版社，2012，第110 页。

② 萧延中、谈火生、唐海华、杨占国：《多难兴邦——汶川地震见证中国公民社会的成长》，北京大学出版社，2009，第 114 页。

了贫困地区的脱贫步伐。公益组织所开展的扶贫活动不是慈善活动，不是简单的给钱养活，而是要帮助贫困人口形成造血功能。我们用阿拉善 SEE 生态协会的一个例子来说明。

王军是阿拉善 SEE 生态协会的发起人之一，可以说，没有王军在月亮湖建旅游度假区并把该项目的意义同防治荒漠化、减少沙尘暴结合起来，就没有成立 SEE 的背景。他在一次讨论中道出了他的做法和想法：我们要做的事，就是一点点地恢复梭梭林（据百度百科介绍，梭梭树，又称盐木、琐琐。分布在北纬 36°~48°、东经 60°~111°的干旱沙漠地带，燃烧时火力旺，是优质薪炭林；嫩枝可做饲料；树根上寄生的苁蓉是名贵中药材。大灌木呈灌丛状，树高 3~8 米。喜光，耐高温，耐严寒。适应大气干旱和土壤干旱，能在年降水量 25~200毫米的地区荒漠土壤上存活，生命力极强——笔者注）。我们在宁夏调研发现，每户牧民退牧还草，一亩地补助 30 元，牧民没有替代产业，到了第二年，看卖树苗可以赚钱，转眼两家邻居商量好，你去挖我家的，我挖你家的，这样把树苗就挖没了。但老天对阿拉善还是很好的，那就是在梭梭树的根部生长了一种非常珍贵的药材——肉苁蓉，在传统中药中，人参、灵芝、肉苁蓉是并列的。在古代，肉苁蓉一直是贡品，我们和中科院植物所，加上当地的专家合作，把人工种植的办法给研制了出来。这就为当地牧民提供了另外一条谋生之路，我们找到了一条用经济驱动力让牧民来种植梭梭树的渠道，也就是说，牧民要想得到肉苁蓉，就必须保护现有的梭梭树，要想得到更多的肉苁蓉，就必须种植更多的梭梭树，我们给牧民提供资金、技术、种子，让他们人工种植，恢复植被，他们从第三年、第四年交肉苁蓉。我们和北京医科大学合作深度加工肉苁蓉，然后让肉苁蓉走向市场，这样又有资金资助牧民种植更多的梭梭树，形成良性循环。种植肉苁蓉，我们认为可以有三条路。第一是沙漠生态探险旅游，我们做了一个生态旅游的项目，吸引城里人来，让他们由旅游者逐渐变成沙漠生态修复的热心人。第二是发展社会文化产业，组织农牧民生产本地文化产品，以公平贸易的形式销售，其中一部分回款用于治沙。第三是围绕旅游业的替代产业，为游客提供蔬菜、肉食，能带动当地许多产业。[①]

这是将公益心和市场效率结合起来的典型案例，也是企业家发挥其优势的典型案例，既是防沙治沙项目，又是扶贫项目。

现代社会组织所提供的公共产品除了以上三类之外还有疾病救助、心理疏导、培训等众多方面，限于篇幅，此不赘述。

三　发挥"第三次分配"功能缩小收入差距

缓解收入差距过大的途径可以归为两大类：第一大类途径是消除导致收入差距过大的不合理因素，而导致收入差距拉大的因素有多种，至少可以分为两种情况：第一种情况，市场的自由竞争可以导致收入差距拉大，每个人的禀赋、运气及家庭负担不同也会导致收入差距拉大，但由这些情况所导致的收入差距拉大都是合理的，没有必要消除；相反，如果非要消除这种差距，实现绝对平均主义，那才是不公正的。第二种情况，不合理的体制机制更会导致收入差距的拉大，这种因素是收入分配不公的主要表现，应该予以消除。第二大类途径就是从收入分配入手缓解两极分化，比如提高劳动者报酬，加强社会收入再分配的调剂力度，使得国民财富向收入较低的群体流动。第一大类途径从源头上抑制收入差距过大，第二大类途径则是从结果上来平抑收入差距。前者治本，后者治标。治本的措施当然要开展，治标的举措也不能偏废，现代社会组织缩小收入差距主要采取的是第二大类途径，它的主要作用是通过社会募捐的方式，使高收入者的资源向那些低收入群体流动，这就是财富的一次再分配，虽然捐款的人不一定都是富人，但应该说富人的捐助从数量上来说是最多的，因为他们有实力这样做。现代社会组织实际上就是将富人所捐助的财富转移到生活贫穷的人那里的一种平台，被称作财富的"第三次分配"。"第三次分配"比较直接，也比较有针对性，它使财富从富人手中直接流向最需要帮助的穷人手中，这是对两极分化的直接缓解。这一点前文已经涉及了，请参考第四章第四节相关部分。

---

① 杨鹏：《为公益而共和——阿拉善 SEE 生态协会治理之路》，中信出版社，2012，第8~9页。

四 充当诉求表达机制缓和社会矛盾

近年来社会稳定已经成为一个大问题了，用于维稳的开支逐年上升，清华大学的一项研究表明，2010 年我国维稳开支已经超过了军费开支，[①]足可见维稳代价的高昂。该研究还指出，现阶段的维稳方式主要是试图将出现的矛盾压制下去，在一定程度上，这种方式确实能够起到维稳的作用，但问题并没有得到根本的解决，反而积压起来，如果问题长期得不到解决，迟早有一天问题总会爆发的。大禹治水成功之处不在围堵，而在疏导，社会问题也需要疏导，现阶段影响稳定的因素中，最根本的是利益问题。利益问题是由社会转型引起的，社会转型实际上就是利益格局的大调整，是利益的重新洗牌，这个过程必然会涉及众多的利益问题。而利益是最牵动人的神经的问题，马克思说，"人们为之奋斗的一切，都同他们的利益有关"。[②] 利益受损必然招致受损者的不满。现阶段利益问题的一个主要表现就是弱势群体的利益问题，他们处于弱势地位的一个重要表现就是他们的利益受损后会因为缺乏利益表达渠道而无法表达其诉求。比如，农民工讨薪难的报道经常见诸报端，甚至一些农民工为了讨薪采取极端危险的手段，个别情况还以死来威胁，即便如此，有的人也不能顺利地拿到该拿的工钱。另外，弱势群体在房屋拆迁、征地等问题上也有利益诉求表达难的困境。自己的利益被损害，寻求法律解决需要缴纳高昂的诉讼费用，还要花费很多的时间与精力，上访也很难得到顺利解决，结果一些利益诉求难以得到疏导，进而演变成社会怨恨，这构成了社会不稳定的根源。胡锦涛同志指出，当前创新社会管理的重要任务之一就是，"进一步加强和完善党和政府主导的维护群众权益机制，形成科学有效的利益协调机制、诉求表达机制、矛盾调处机制、权益保障机制，统筹协调各方面利益关系，加强社会矛盾源头治理，妥善处理人民内部矛盾，坚决纠正损害群众利益的不正之风，切实维护群众合法权益"。[③] 这说明，维护人民群众尤其

---

① 清华大学课题：《以利益表达制度化实现长治久安》，《学习月刊》2010 年第 9 期。
② 《马克思恩格斯全集》第 1 卷，人民出版社，1995，第 187 页。
③ 《胡锦涛在省部级主要领导干部社会管理及其创新专题研讨班开班式上发表重要讲话强调：扎扎实实提高社会管理科学化水平　建设中国特色社会主义管理体系》，《人民日报》2011 年 2 月 20 日。

是弱势群体的权利是现阶段社会管理的重要任务。

利益问题应该以疏导为本，从根源上解决利益受损问题，让那些弱势者有机会、有渠道伸张他们的利益诉求，这是排解社会怨气、缓解社会矛盾的治本之举。现代社会组织本身就能够发挥利益表达机制的功能。具体论述可参阅第四章第三节。

五　施展社会管理功能维护社会稳定

胡锦涛同志在省部级主要领导干部社会管理及其创新专题研讨班开班式上的讲话中提出，我们加强和创新社会管理的根本目的是"维护社会秩序、促进社会和谐、保障人民安居乐业，为党和国家事业发展营造良好社会环境"。现阶段社会管理的基本任务"包括协调社会关系、规范社会行为、解决社会问题、化解社会矛盾、促进社会公正、应对社会风险、保持社会稳定等方面"。为了实现这些任务，我们已经初步形成了"党委领导、政府负责、社会协同、公众参与的社会管理格局……"① 在社会管理主体上，我党已经逐步认同了党、政府、社会这一多元化的管理主体。其中现代社会组织是社会管理中的重要主体，该类组织对于社会和谐的积极作用正在逐渐发挥出来，而且我国的社会管理应该特别注意避免政府侵蚀社会，有学者指出，当前"由于社会自身发育的不完善，很多时候必须依赖政府的制度建构，来为社会管理提供基本的运行制度框架。但并不是所有的政府行为都有利于社会管理，当政府过多介入到社会管理中时，其过度的行政控制和管理中的官僚主义，会对社会管理产生负面影响"。② 其负面影响就是政府在社会管理的名义下扩大自己的权力范围，这样"强国家，弱社会"的情况不但不会缓解，还有可能更加强化，而这有违社会建设的初衷。

正如前文所述，社会的和谐稳定有两种模式：一种是自上而下高度控制下的和谐，社会各个部分在人为控制之下彼此协调、和谐；另一种则是

① 胡锦涛：《胡锦涛在省部级主要领导干部社会管理及其创新专题研讨班开班式上发表重要讲话强调：扎扎实实提高社会管理科学化水平　建设中国特色社会主义社会管理体系》，《人民日报》2011 年 2 月 20 日。
② 江锦军：《社会管理创新应避免政府侵蚀社会》，《学习时报》2011 年 5 月 16 日。

自下而上自发产生的社会和谐。前者更多地体现为人为设计的结果，后者更多表现出自然自发的状态。对现阶段的我国社会而言，单纯的第一种和单纯的第二种都不是我们所追求的和谐，我们所追求的和谐应该既有人为设计与指导，又有社会自身的自致和谐，是二者有机的结合。现阶段我们所追求的社会和谐当然离不开党和政府的人为设计、引导与管理，但也离不开民间的自下而上的和谐促进机制，现代社会组织对社会和谐发展的促进就是自下而上的促进机制。现代社会组织对于社会和谐的促进机制可梳理如下：第一，现代社会组织的发展是社会和谐的现代性保障，这一点前文已经涉及，此不赘述。第二，现代社会组织的发展壮大是社会结构和谐的基础，这一点前文也涉及了，此处不再展开。第三，现代社会组织本身就是社会矛盾化解机制。前文所述的现代社会组织"第三次分配"功能、利益表达功能就是从源头化解矛盾的表现，另外，现代社会组织通对经济欠发达地区的支援还可以缩小城乡差距、地区差距，促进社会协调发展。应该说，这些作用都是从根本上缓解现阶段社会矛盾的途径。第四，现代社会组织可以吸纳劳动力，扩大就业。就业是社会建设的重要方面，现代社会组织在扩大就业方面具有巨大的劳动力吸纳能力。现代社会组织是非政府、非营利性、志愿性的组织，但这并不意味着这类组织就不需要拿薪酬的工作岗位，相反，现代社会组织需要大量的专业人才。现阶段缺乏相应的人才已经成为我国公民社会发展壮大的一个瓶颈，在公民社会比较成熟的国家，这类组织都具有十分巨大的劳动力吸纳能力。萨拉蒙对若干国家的研究表明，非营利组织（也就是现代社会组织）吸纳就业的人数已经超出了私营公司的就业人数。[①] 我国现代社会组织还正在发展过程之中，随着它的发展壮大，它将会吸纳更多的就业人员，在中国特色社会主义的发展道路上，现代社会组织将是提供就业的一个重要途径。

六 有助于促进社会自治能力的提高

社会建设和社会管理的根本目标是社会的稳定与和谐，实现这样一个

---

① 〔美〕莱斯特·M. 萨拉蒙等：《全球公民社会——非营利部门视界》，社会科学文献出版社，2002，第11页。

目标当然需要用强制的方式将有碍社会稳定的社会问题压制下去，以保证社会的稳定。因为我国正处在社会矛盾凸显期，矛盾众多，而且有的矛盾表现得还相当激烈，如果缺乏强有力的应对方式，恐怕后果将难以想象。但是对于社会而言，促进社会治理方式转变，提高社会自治能力，以增强社会自我管理、自我控制的能力，这才是从源头上促进社会稳定和谐的方式。比利时的无政府状态已经创造了一项新的世界纪录，在相当长的时间里没有正式的政府，但是比利时的社会照常运转，公共汽车照常跑，公务员按时上下班，公园照常开门，甚至 2010 年下半年还成功担任了半年的欧盟轮值主席国，人们的生活和存在政府的时候毫无二致。为什么比利时在没有政府的状态下还能够秩序井然、和谐稳定，根本原因是比利时社会自治能力比较强。比利时除了外交和国防等权力之外，大部分的社会权力都由社会掌握，社会已经习惯于自我管理和自我治理了，不需要政府过多操心。现阶段我国的国情决定，我们的社会自治能力不可能达到比利时那样高，但提高社会自治能力是我们社会管理及其创新的必由之路。因此，从长远来说，我们应该积极培育社会自治能力。现代社会组织是提高社会自治能力的重要载体，它本身就是社会自治组织，比如晋江市阳光社区就是成功实现自我治理的一个典型例子：

> 阳光社区在集体经济时代就已经不错，但真正的发展是 20 世纪 90 年代后，300 多亩自留地统一收归集体统一计划管理，招商引资，并创办了多家产业，目前社区拥有南苑酒店、阳光商务酒店、阳光信息大厦、物业管理公司 4 家自营集体企业，拥有爱乐酒店、阳光百货、亿盛康乐中心、马可波罗酒店（鸿福酒店）、阳光地产 5 家集体入股合资企业，社区自营物业出租面积 4 万平方米，第二、三产业特别是商业已成为社区主要的经济增长点。阳光路商业街已成为目前晋江市区最繁华的路段。[①]

自治是实现社会自我管理的重要方面，也是社会管理创新的重要方面，如果越来越多的社区能够像阳光社区那样实现良好的自我治理，那我们的社会管理水平就会上一个大台阶。

---

① 资料来源于本课题的调研。

社会领域的自治是成熟的现代社会的一个基本特征。在现代社会中，社会领域属于私法自治领域，在这个领域中，人与人按照"契约就是法律"的准则开展交往活动，求同存异，彼此尊重对方的观点，不将自己的意志强加给对方。一个合理的社会应该使人的潜能得到充分的发挥，政府既不应该越俎代庖，替代公民管理他有能力管好的事情，也不应该将公民没有能力完成的事务交付公民来完成。社会领域更多的是公民能力范围内的事务，而对于社会自治，公民最常用的方式就是组织起来实行自治。托克维尔在其著名的《论美国的民主》一书中阐释了美国社会通过民间组织而实现的成功的社会自治。正处于社会转型期的我国，虽然社会自治程度还远没有达到理想状态，但是随着公民社会的发展壮大，社会的自治能力是会得到提高的。

社会治理理论告诉我们，社会自治是调动社会力量积极参与社会治理的重要因素。诚如前文所述，治理的主体是多元的，包括政府、民间组织等各种主体，其首要功能之一就是使互相冲突的或不同的利益得以调和并且采取联合行动。协调利益矛盾是社会治理的重要功能，它必然有利于社会管理，因为现阶段的社会管理最重要的任务之一就是协调日益增加的利益矛盾。社会治理的这种利益矛盾调解机制主要来源于现代社会组织（民间组织），正是这种社会组织的社会治理功能调动了公民的积极性。传统的社会管理思维认为，社会管理的主体是政府，而公民则是消极被动地接受管理的客体，这样的社会管理并没有充分调动普通公民的积极性。政府要做的事情很多，而且管理效果也不一定很好，因为普通公民没有积极配合政府进行管理。而治理理论的思维主要是社会管理不仅仅是政府的事，更是社会的事，每个公民都有责任关注社会事务，积极参与化解利益矛盾的活动。现代社会组织来源于民间，贴近民众，了解社会，能够调动普通公民的积极性，有利于在协商的过程中探索矛盾的化解机制。

就社会矛盾而言，按其发展演变及其解决的难易程度大致可以分为如下几个阶段。第一个阶段：前矛盾时期。社会矛盾尤其是社会利益矛盾大都根源于社会的变革，一项考虑周全的社会变革有可能避免利益矛盾的出现，或者至少可以避免重大社会矛盾的出现，为了达到这个目的，我们的每一项改革政策都应该进行严密的论证，尽量减少社会矛盾，避免出现利益受损的情况；如果利益受损不可避免，那就详细研究设计一个合理的利益补偿机制和利益表达机制。第二个阶段：矛盾萌芽期。由于第一个阶段没有做到详尽的布置，结果导致了部分群体利益受损，但刚刚露出苗头，利益受损还不大，受损群体还没有形成不满情绪。这个时候如果我们能够及时修正改革方案，或者及时调整补偿机制，问题也会很容易得到解决。一般而言，患病早期的时候，难以诊断却容易治疗；而患病晚期的时候，容易诊断却难以治疗。如果我们能够见微知著，在矛盾出现征兆的时期就发现矛盾，并采取及时有效的措施，那问题也不会发展成为影响社会稳定的大问题。第三个阶段：社会矛盾明确表现了出来。由于第二个阶段没有处理好，人们的不满情绪逐渐凸显，个别不满情绪开始以较为激烈的方式表现，社会的大多数人都能意识到社会问题的明显存在。如果这个时期采取及时有效的措施，问题也是会得以缓解的，但如果没有得到及时有效的治理，矛盾会更加激化。任何现代化过程都有动荡不安的时期，这是矛盾集中暴露的时期，但很多国家在现代化过程中成功地解决了众多的社会问题，最终跨过了这一不稳定时期，迈进了成熟的现代性门槛。出现了问题，只要能够采取有效的措施，尤其是对于那些导致社会问题的制度性因素进行及时的调整，这个矛盾丛生期是会安全度过的。第四个阶段：矛盾激烈表现期。矛盾逐渐到了积重难返的程度，必然会以激烈的方式表现出来，这是个危险时期。这个时期的持续发展有可能出现两种结果：一种是长期动荡不安，社会发展受到影响，例如拉美国家就是这样；另一种则是不仅采取了必要的措施控制社会问题的蔓延，而且从根本上改变导致问题出现的制度性因素，最终走向稳定与和谐。现代社会组织对于社会矛盾的出现及演变有着比政府部门更加敏锐的眼光，因为它更加贴近社会、了解社会，能够及时了解利益受损群体的诉求，易于在早期发现矛盾并尽早化解，也能够及时发现政策性和制度性问题，所谓"知屋漏者在宇下，知政失者在草野"是现实经验的总结。当然，我国社会自治能力还远远达不到比利时那样的发达国家的程度，我国的现代社会组织也很不健全，还有待引导和发展，其社会治理功能也有待进一步发挥。

第五节　现代社会组织对诸领域之间关系的协调

现代社会是一个政治、经济、社会相对分离的社会，但这只是相对分离，社会诸领域之间不可能绝对分开。很明显，政治对于经济发展、社会建设发挥着重要的引导作用，即便是堪称自由主义最为典型的美国也不例外；经济对政治领域发挥着基础性作用，长期健康稳定的市场经济是民主政治的经济基础，也为社会建设提供强有力的物质资源支持；社会建设是保证经济健康运行的基础，也为政治稳定和长治久安提供支持，而文化则是这种社会结构分离的精神支撑。所以，社会的和谐发展不仅需要政治、经济、社会诸领域的发展，也需要诸领域之间的关系相互协调。社会是一个有机体，任何一个单独的领域都不是社会全体，而任何一个领域的不健康也都是整个有机体的不健康。不仅如此，诸领域之间关系的和谐也是整个有机体健康和谐的重要方面。整个社会的存在，基础是人，目的也是人。社会的发展与进步就是人的发展与进步，所以不管社会如何分化，人是最终目的。但是人的需要是多种多样的，政治、经济、社会、文化等社会领域基本上能够满足人的大部分需求，但并不能完全覆盖人的所有需要，也就是说，上述诸领域之间还存在"三不管"的社会空白。现代社会组织在社会诸领域之间能够发挥一种灌缝补漏和拾遗补阙作用，弥补诸领域之间的空白之处，使诸领域之间的关系更加协调。

一　现代社会组织可以协调诸领域之间的关系

我国的社会转型在一定程度上就是一个从"诸领域合一"的社会结构状态向"诸领域分离"的社会结构状态转变的过程。[①] 现代社会结构的诸领域分离状态也并不是不需要诸领域之间相互交流，相反，现代社会诸领域之间需要密切沟通。而现代社会组织在沟通诸领域之间关系上发挥着重要作用。

---

① 参阅王南湜《从领域合一到领域分离》，山西教育出版社，1998。

1. 现代社会组织协调政治系统与经济系统之间的关系

古典自由主义认为，政府应该扮演"守夜人"的角色，不应该过多涉足经济领域，但自由资本主义的发展实践证明，纯粹的市场竞争无法解决个别企业生产的有组织性和整个社会的无政府状态之间的矛盾，资本主义经济危机的频频发生促使凯恩斯主义的出现，对经济进行必要的干涉已经成为每个政府的基本职能之一了，为了经济的发展，政府制定了相关的经济政策。可以说，在古典经济学那里，经济系统和政府系统之间的关系比较简单，而现今时代经济系统和政府的关系则十分密切，政府的方针政策对经济发展影响巨大，发展经济成为很多政府的基本职能；而市场领域也对政府有很多的期待。二者之间有很多沟通渠道，其中现代社会组织是这些渠道中的一种。

现代社会组织把经济中的利益诉求传达给政府。一般而言，行业内部的利益问题可以由行业协会协调解决，而且事实证明，行业组织也能够较好地协调本行业内部不同企业之间的利益，发达国家行业组织的发展也证明了这一点。但是当涉及不同行业之间的利益协调，或者是需要政府层面来协调利益的时候，行业协会的作用就会受到限制，这就需要提请政府来协调。政府对经济问题的觉察缺乏及时性，很多问题明显表现出来的时候政府才能够发现。而市场中的行业组织则具有敏锐的洞察力，本行业或者涉及本行业发展的经济运行中出现了问题，它们都能够及时地察觉到。尤其是一些有损本行业利益的问题，它们更是能够及时发现，而且它们也能够及时地向政府提出利益诉求，并通过各种手段敦请政府部门予以解决。利益维护是众多现代社会组织成立的初衷，而政府则是控制、协调利益的最高系统，所以很多事情需要现代社会组织组织起来请求政府予以协调。在一些资本主义国家中，一些"院外压力集团"就是通过民间组织向议会施压，以推动有利于某一群体利益的政策的通过和实施。我国的现代社会组织也完全可以通过合法的渠道向人民代表大会、政府提出自己的利益请求，以期问题得到合理的解决。现代社会组织在这里实际上发挥了一个信息传导的作用。

现代社会组织还可以把政府有关经济发展的方针政策落到实处。虽然现代政府已经抛弃了古典自由主义那种"守夜人"的小政府职能，而开始承担越来越多的经济社会职能，但是政府在承担经济社会职能的同时也恰守着一个基本原则，那就是政府影响经济的方式必须符合、尊重市场规律，政府负责宏观调控，对于经济发展只负责重大方针政策的制定，而不干预经济的微观运行。也就是说，政府主要是担当"掌舵者"而不是"划桨人"的角色。政府只制定发展原则，而不染指某个企业的具体情况。那么政府方针政策的执行除了一些政府部门需要承担起其监管职能外，一个重要的方面就是行业组织对政府的方针政策的落实。行业组织落实政府的方针政策的作用可以归纳为如下两点。首先，行业组织把政府的方针政策信息传递给各个企业，尤其是对于那些事关本行业发展的大政方针政策，行业组织会及时地向本行业的企业传达。比如"十二五"规划涉及某个行业的发展，该行业的行业协会可能会比其他组织更及时地把这些信息传递给本行业的企业。其次，采取具体措施落实政府的方针政策。为了落实政府的相关经济政策，行业协会也会统筹协调本行业的发展。比如对于降低污染、节能等政策，行业协会就可以采取一些具体措施努力使本行业的企业做到符合政策的要求，比如制定行业标准、实行行业自律，等等。

总之，现代社会组织可以协调政治系统和经济系统的关系，既能够充分发挥政府的宏观调控优势，又要发挥现代社会组织对市场"微观调控"的优势，使得政治系统和经济系统和谐发展。

2. 现代社会组织协调经济系统与社会系统之间的关系

经济与社会的关系也是十分密切的，经济发展是社会建设的物质基础，而社会建设又是经济发展的前提保障。现代社会组织在沟通经济与社会之间发挥着重要的桥梁作用。

现代社会组织在一定程度上可以把经济系统的财富转移给社会。经济的快速发展为我国创造了巨大的财富，而将经济系统中所积累的财富转移到社会建设上来则是社会和谐发展的重要方面。因为经济健康发展离不开社会建设，否则经济自身的发展也会受到影响。政府在这一财富转移过程中无疑是最重要的角色，但是现代社会组织也发挥着重要的作用，它的功能的主要实现途径是将富人的财富通过募捐的方式转化成为现代社会组织中的善款，然后再用这些善款去救助那些需要救助的人，而这是社会建设的重要方面。比如为了更好地帮助处于弱势与困境中的儿童，解决其医疗、成长、教育等问题，2011 年 6 月 15 日，壹基金与金立手机达成战略合作伙伴关系，共同启动了儿童救助专项项目，致力于为困难儿童提供健康成长环境，创造公平发展机会。大量类似的现代社会组织都是一种转移财富、促进社会建设的民间机制，将财富转移到外来务工人员的子女教育上，转移到留守儿童、空巢老人、因病致贫的农民人口等急需救助的人身上。

现代社会组织可以把社会建设的支持作用传递给经济建设。现代社会组织将社会建设的支持作用传递给经济建设的途径有：首先，一些贫困落后地区农民外出打工实际上主要靠其他老乡介绍，一个农民工外出打工了，其他人就会效仿，或者直接跟着他出去打工。他们在异地他乡实际上就是一个老乡会组织，在这个群体中，他们彼此熟悉，相互照应。这样的组织看似十分松散、草根，但实际上组织内部有高度的认同感和信任感，这对于背井离乡的农民工来说也可以算是一种精神和生活上的安慰。而就是这样的草根组织把一些偏远落后地区的农民组织起来，为东部沿海地区经济快速发展提供大量的劳动力，为城市第三产业的发展提供大量的人员。其次，现代社会组织靠组织的力量增加劳动者与资方博弈的筹码，以平衡劳资双方的力量，这有利于社会公正的实现（这一点前文已经阐述过，此不赘述），也有利于经济的健康发展。

3. 现代社会组织协调政治系统与社会系统之间的关系

社会建设是现代政府的一项重要职能。在我国，党和政府也明确地提出要推进社会建设，而且现实的情况也表明，社会建设已经成为现阶段我国一项十分重大的任务。

现代社会组织把社会中出现的问题传达给政府。现代社会组织是化解社会问题的重要途径，也是推动社会建设的重要力量，但社会问题单靠它们也不可能彻底地解决，很多问题需要政府解决。而现代社会组织可以辅助政府在这方面发挥重大作用：首先，一些民间研究机构能够及时地把对社会问题的研究反馈给政府。学术研究一般都有前瞻性，能够觉察到一些尚处于萌芽状态的问题，也能够透过众多的社会现象看出问题的实质，找出解决问题的根本性途径。一些民间研究机构实际上已经在做这些工作了，比如北京太平洋国际战略研究所的基本宗旨是"以国际战略问题为主要研究领域，致力于对世界各国的国家安全战略与外交政策、军事制度与军事技术、经济安全战略与经济对策、地区与企业发展战略以及政府公共行政管理等综合性问题，进行深入的分析和研究，以期对中国国际问题研究这一学科研究水平的提高，对政府政策制定的科学化、多元化，特别是对中国国家安全战略决策的科学化做出应有的贡献"。[①] 这一民间学术机构聚集了大量高层次的学者，这些条件决定其宗旨是可以实现的。其次，一些现代社会组织把民众的利益诉求反映给人民代表大会等权力机关。一些现代社会组织本身就能够维护弱者的利益，但就转型期的我国而言，问题的根本解决还是需要将问题反映到政府，以促使政府完善相应的制度、法规，从根本上解决问题。比如，2003 年北京大学 3 名法学博士上书人民代表大会建议修改《城市流浪乞讨人员收容遣送办法》；2009 年北京大学 5 名法学教授上书人民代表大会要求修改《城市房屋拆迁管理条例》等，这都是民间提出修改法律制度的建议。现代社会组织在政府和社会之间扮演着十分重要的角色，如果扮演得好，它会在社会和谐发展中贡献重要力量。

现代社会组织可以放大政府的社会政策。在我国，现代社会组织和政府的关系是密切的，甚至在一定程度上现代社会组织可以辅助政府提高其绩效，社会建设就是重要的方面。前文已经探讨过，现代社会组织在社会建设方面发挥着重要的作用，一方面，现代社会组织自己所开展的公益活动本身就有益于社会建设，比如数量众多的慈善组织，还有各种助学基金、扶贫组织等都有利于社会建设。这些组织只需要得到政府或者社会的少量经费资助，就能够把这些资助用在最需要救济的地方，使得社会建设效应充分彰显。另一方面，现代社会组织还会辅助政府将政府的社会建设政策放大。在社会建设上，政府与现代社会组织合作开展活动将会收到良好的效果，政府购买现代社会组织的服务，由现代社会组织具体开展活动，这样政府既能降低成本、提高效率，现代社会组织也得到了政府的物质资助，社会建设的效果要比单靠政府来做更好。这一点前文已经涉及，此不赘述。

二 现代社会组织可以凝聚社会资本发挥社会黏合剂作用

社会资本是近年来比较热的学术话题，社会资本概念的出现主要是针

---

① 吴忠泽、李勇、邢军：《发达国家非政府组织管理制度》，时事出版社，2001。

对原子式个人主义泛滥所导致的问题，比如"在普特南看来，个人的原子化状态背离了西方社会，尤其是美国的互助的共同体传统，造成了美国'社会资本'的衰落，进而使美国的民主制度背离了托克维尔时代的状态"。① 托克维尔时代的美国民间组织十分活跃，人们参与公共事务的热情非常高。但是现时代美国个人的原子化状态导致了一盘散沙式社会的出现，缺乏应有的黏合度，社会几乎不能成其为社会，托克维尔时代的民主状态不再存在了。另外，东亚的成功也给社会资本研究者提供了借鉴，东亚之所以在短时间取得惊人的成就，重要的原因是，整个社会在经济发展目标上达成了共识；以家庭为核心的社会伦理观和社会关系结构；以及国家与社会之间的相对和谐关系，东亚发展的成功为社会资本的研究提供了动力和丰富的实证材料。② 这为社会资本理论的丰富和发展提供了良好的契机。另外，现有社会发展理论的缺陷也是社会资本理论出现的重要原因，新自由主义、现代化理论、依附理论以及世界体系理论在解释社会现象时虽然各有优势，但是都忽略了对社会本身、文化、理性以及社会与国家之间关系的重视和深入研究，往往对这些重要问题采取存而不论或者简单化界定的态度，把它们看作研究框架中的外生变量，或者置于分析框架之外。③ 因此一些学者提出了社会资本概念，以创新研究范式。对于社会资本研究作出重要贡献的学者主要包括詹姆斯·科尔曼、皮埃尔·布迪厄、罗伯特·帕特南、林南等。关于社会资本的概念，皮埃尔·布迪厄认为："（社会资本是）真实或虚拟资源的总和。对于个人和团体来说，由于要拥有的持久网络是或多或少被制度化了的相互默认和认可关系，因而它是自然积累而成的。"罗纳德·波特提出："（社会资本是）朋友、同事和更普遍的联系，通过它们你得到了使用（其他形式）资本的机会……企业内部和企业间的关系是社会资本……它是竞争成功的最后决定者。"罗伯特·帕特南则这样界定社会资本："社会资本……指的是社会组织的特征，例如信任、规范和网络，它们能够通过推动协调的行动来提高社会的效

① 杨雪冬：《社会资本：对一种新解释范式的探索》，载李惠斌、杨雪冬主编《社会资本与社会发展》，社会科学文献出版社，2000，第28页。

② 杨雪冬：《社会资本：对一种新解释范式的探索》，载李惠斌、杨雪冬主编《社会资本与社会发展》，社会科学文献出版社，2000，第29页。

③ 杨雪冬：《社会资本：对一种新解释范式的探索》，载李惠斌、杨雪冬主编《社会资本与社会发展》，社会科学文献出版社，2000，第29~30页。

率。"亚历山德罗·波茨认为："社会资本指的是，处在网络或更广泛的社会结构中的个人动员稀有资源的能力。"①

由上述学者的研究可以看出，所谓社会资本就是镶嵌于社会关系中的潜在的资本，这种潜在的资本可以转化为现实的资本，社会资本主要包括信任、规范和网络等。社会资本是研究社会发展的一个新的范式，它比较侧重于人际关系、社会规范等文化方面的内容。社会资本具有十分重要的意义。比如，诚信就是一项重要的社会资本，美国思想家本杰明·富兰克林曾言，时间就是金钱，如果你是以谨慎、诚实而为人所知的，那么6镑可以给你带来100镑的用场。而一次失信，就会使你的朋友的钱袋永远向你关闭。虽然诚信对于一个人来说还不是现实的资本，但是只要有适合的机会，这种潜在的"资本"就可以转化为现实的资本。社会关系、社会规范也都具有这样的功能，比如社会规范不管是正式的社会规范还是非正式的社会规范，只要能在现实中真正起作用，都有可能简化交易过程中的一些繁杂程序，降低交易成本，所以社会资本对于社会发展是非常重要的。但是社会资本并不专属于政治领域，或者经济领域、文化领域、社会领域，而是同时属于这些领域。社会关系网络可能属于社会领域，但它更多的是群体长期存在的结果，是和特定地域文化传统存在密切关系的，也对经济发展产生重要影响。社会资本属于"跨领域"的社会范畴，是存在于政治、经济、文化、社会等领域之中和之间的一种潜在资本。现代社会组织对于社会资本具有十分重要的促进作用。

（1）现代社会组织有利于诚信的形成。在经济领域，以行业协会、商会为主的现代社会组织就是诚信建设的重要平台。诚信是一种公共产品，每个企业都需要，但是在制度不完善、诚信水平低的情况下，理性的个人都会把对方想象成为缺乏诚信的人。"每一个人从理性的角度都会预计，另一方会背叛，让自己做傻子，承担苦果。"② 这是低水平诚信的结果。行业协会等行业组织在规范市场、促进诚信方面具有重要的作用，为了让本行业的人都获益，它制定了相关的行规、行约，以规范本行业的市场秩

---

① 引文均转引自杨雪冬《社会资本：对一种新解释范式的探索》，载李惠斌、杨雪冬主编《社会资本与社会发展》，社会科学文献出版社，2000，第30～31页。

② 〔英〕罗伯特·D. 帕特南：《使民主运转起来》，王列、赖海榕译，江西人民出版社，2001，第191～192页。

序。而且行业协会为诸多的会员企业提供了面对面交流的机会，这种交流对于企业来说也是一个社会资本积累的过程，它可以扩展人际圈，可以让更多的人了解自己，在现代社会组织的平台上，人们也比较容易形成彼此互信的氛围，帕特南在《使民主运转起来》一书中也证明了这一点。

（2）现代社会组织有利于促进规则意识的形成。规范就是一种制度，是一个社会的游戏规则，是对人类行为的约束，是在资源稀缺的环境中为了节约交易成本从而更有效地利用资源而出现的规则，它是人与人之间长期博弈的结果。[①]　这是一种社会资本，如果社会具备健全的规范、制度，那么交易将会是低成本的。规范（制度）可以分为正式规范和非正式规范，正式规范包括政治规则、经济规则和契约；非正式规范是人们在长期的交往中无意识形成的价值观念、伦理规范、道德观念、风俗习惯等。正式规范是硬性的规范，非正式规范是软性的规范，没有强制力；正式规范来源于非正式规范，合适、有效的制度安排必定是正式规范和非正式规范的有机统一。[②]　而非正式规范则是社会资本的核心，对于社会中的人来说，受到的非正式规范制约要比受到的正式规范制约多得多，人们的习惯、传统、道德观念、价值观念等，都在无形中制约着人们的行为，非正式规范将是社会极其重要的资源。现代社会组织对规范的影响最主要体现在对非正式规范的影响上面。[③]　这种影响主要体现在两个方面：一方面是现代社会组织的活动对参加者的影响。现代社会组织是非营利性组织，它的活动不是为了一己的私利，而是为了整体。这种行为无疑是对极端利己主义、拜金主义等不良风气的对抗，涤荡人们的心灵，这本身就是对社会资本的促进。现代社会组织的参与者不是社会的少数，在成熟的现代社会里，大多数人都会参加各种社团组织，而且有的人还参加不止一个社团组织。他们在组织的活动中净化了心灵、提升了境界，从而积聚了社会资本。如果社会大多数的人都参加社团，都受到影响，那么对社会来说，这将是一笔可观的社会资本。另一方面是对于非组织成员的影响。在健全的公民社会里，现代社会组织的影响是很大的。它们的行为不仅影响了成员，而且还

<hr />

① 张宇燕：《经济发展与制度选择》，中国人民大学出版社，1992，第117页。
② 王廷惠：《非正式制度、社会资本与经济发展》，《开放时代》2002年第3期。
③ 对正式规范也具有一定的影响，比如对国家法律的制定、修改，对市场秩序的规范，对行业组织制定行规、行约的影响。

影响了那些非成员，促使他们改变观念，甚至促使他们参加组织。比如，环保组织的行为会触动人们的心灵，强化人们爱护环境的意识；慈善组织的行为促使人们形成尊老爱幼的道德观念；等等。这也促进了社会资本的积累。

（3）现代社会组织对社会关系的影响。张其仔在《社会资本论——社会资本与经济增长》一书中认为，社会资本是以亲缘网络、地域网络等为主的社会网络。有些社会网络是松散的，"是经常变动的、非组织化的、非正式化的，采取朋友、同事和邻居间相互交叠、相互连锁的网络的形式。比如，那些在当地酒馆不期然相遇的人们、那些加入本地橄榄球球迷俱乐部的人们、那些在学校外接孩子时或在超市或在教堂中照面的家庭主妇和邻居群体所结成的网络，都是联结松散的非正式的网络"。有些网络的联系则是密切的，比如"通过俱乐部、协会和组织串联起来的高度组织化的、紧密联结的群体"。[①] 关系密切的组织和关系松散的组织都能够积累社会资本，而且对个人来说，关系不密切的弱关系有时能够给人带来比强关系更多的利益，因为弱关系能够提供强关系所不能提供的一些新信息，而这些新信息对人们来说是非常有用的。现代社会组织的活动是为了公益，但是在维护公益的同时，人们也变成了志同道合者，建立了关系。对于一个人来说，他所拥有的关系越丰富，异质性越高，那么他所能调动的资源就越多。现代社会组织能够丰富人们的人际关系，人们一般都生活在一定邻里关系、朋友关系、亲戚关系等关系之中，而现代社会组织则在这些关系的基础上增加一些关系，而且这一关系有时候还很广，比如一个组织的成员可能遍布大江南北，不管多远，他们都有可能在某次活动中相遇而成为朋友，产生人际关系。从社会总体上来看，现代社会组织的多寡对社会关系网络结构具有重要的影响。现代社会组织不发达的社会，存在关系多为邻里关系（在一些大城市甚至邻里关系也很淡薄）、朋友关系、亲戚关系、同事关系、同学关系，等等。但是在现代社会组织发达的社会中，人们的关系就不止这些了，人们可以拥有大量的关系资本，而且这些关系资本还有很大的发展空间，甚至有出现倍增的可能性。这不仅能够为

---

① 〔英〕肯尼斯·纽顿：《社会资本与现代欧洲民主》，冯仕政译，载李惠斌、杨雪冬主编《社会资本与社会发展》，社会科学文献出版社，2000，第384～385页。

个人带来一定的好处，还可以促进人与人之间的相互理解，增进感情，有利于社会的和谐发展。

三　现代社会组织可以增进社会认同

社会认同是我国社会转型过程中遇到的一个重大问题。那么什么是社会认同呢？涂尔干认为，认同是一种被称为"集体意识"的东西，是将共同体中的个体团结起来的凝聚力。[①] 认同最直接的表现就是对于共同体或者文化的一种归依，它最主要地表现为个体的某种心灵倾向，这种心灵倾向是一种自然而然的，甚至可以说是人的某种自发的想法。当然这种自发的想法是文化涵化的结果，共同的文化在潜移默化之间内化为个体的某种心理品质，这种心理品质是把共同体凝聚起来的无形力量。这种聚合力就是"集体意识"，而这种"集体意识"是一个共同体在长期的共同生活中逐渐培育起来的。社会认同已经成为我国现实中的一个重大问题了，丁元竹先生指出，文化是人类强大的黏合剂，"我们需要时刻认识到，心灵的东西非常重要，也最容易为人们忽视，维系一个民族、社会、社区长期发展和存在的往往是人们内心的价值积淀，但是我们在谈以人为本时却很少考虑到"。[②] 现阶段我国的社会认同已受到了强大的冲击，所谓社会认同实际上就是针对"他者"的存在和刺激而言的，有学者指出，"无论哪种类型的认同，其实都包括两个最基本的因素，即归属于某个群体的精神纽带以及作为对立面存在的他者"。没有他者就无所谓认同了，就国家认同而言，"国家认同就是在有他国存在的语境下，人们构建出归属于某个国家的'身份感'。对个人来说，国家认同是指个人在心理上认为自己归属于该政治共同体，意识到自己具有该国成员身份的资格"。[③] 没有"他者"的刺激，认同就不会存在，因为没有差异就没有同一，认同实际上就是差异中的同一。但是当差异、他者非常多，刺激程度非常大的时候，社会认同就会受到冲击。社会转型期，我们的经历可以用日新月异来形容，在这样

---

① 〔德〕埃米尔·涂尔干：《社会分工论》，上海三联书店，2000，第42页。

② 丁元竹：《社会认同：心与心相距多远》，《人民论坛》2011年第7期。

③ 任勇：《从嵌入到断裂：中国社会认同的轨迹变迁》，《内蒙古社会科学》（汉文版）2009年第4期。

瞬息万变的社会变迁过程中，人们如何形成社会认同、文化认同，确实已经成为一个重大社会问题了。比如，在城市新开发的小区中，虽然大家都入住这个小区，但是彼此可能来自天南海北，所接受的教育、所形成的生活习惯等都不尽相同，社会认同程度很低，甚至邻里之间彼此不认识，这种现象在一些社区是很常见的现象，这就需要培育社会认同。就总体而言，我国现阶段所面临的认同度的下降主要表现为原有传统社会的那种高度认同正在逐渐地被消解，滕尼斯意义上的"共同体"社会正在逐渐地转变为"社会"，也就是从传统的那种高度整合、高度统一、高度认同的社会状态转变为现代的相对较为松散的社会状态。滕尼斯指出："一切亲密的、秘密的、单纯的共同生活，（我们这样认为）被理解为是在共同体里的生活。社会是公众性的，是世界。人们在共同体里与同伴一起，从出生之时起，就休戚与共，同甘共苦。人们走进社会就如同走进他乡异国。""人类的社会被理解为相互独立的个人的一种纯粹的并存。""共同体是古老的，社会是新的，不管作为事实还是作为名称，皆如此。""共同体本身应该被理解为一种生机勃勃的有机体，而社会应该被理解为一种机械的聚合和人工制品。"① 原来"共同体"式的社会已经逐渐被"社会"的状态所代替，但并不是说社会就不需要认同了；相反，社会仍然需要认同，只是现代社会所需要的认同，不像传统的"共同体"社会那样强烈。现代社会中，虽然每个人都是独立的个体，但独立的个体还是需要社会认同的，因为人是社会性的动物，没有认同的"纯粹的并存"只是一盘散沙，而不能称之为社会。在转型过程中认同危机有很多表现，典型的表现之一即随着社会转型以及城市化向纵深方向的发展和人员流动性的增强，进入城镇的新公民需要培养其对城市这个新家园的认同。在东部沿海城市中，很多进城务工人员，他们实际上已经成为这个城市的一员，不但他们的大部分生活都是在城市度过，而且他们的后代几乎就是在这个城市出生、长大的。但是这些新公民在很大程度上缺乏对这个新家园的认同，在他们心目中，虽然自己长期居住于此，但这个地方从来都不是自己的家园，而且以后也不大可能成为他们的新家园。一个重要的表现就是很多外来务工人员

---

① 〔德〕裴迪南·滕尼斯：《共同体与社会——纯粹社会学的基本概念》，林荣远译，北京大学出版社，2010，第43~45页。

不爱护所在城市的公共设施，甚至个别人员还蓄意破坏公共设施，因为他们认为自己只是这个城市的匆匆过客，这里不是自己的家，所以他们也不会把这里当家来爱护。

以宗族共同体为主体的传统宗族社会已经被历史所抛弃，现代性的社会结构逐渐形成，传统认同的消解已经成为历史的必然，任何试图恢复传统宗族共同体认同的做法都无异于螳臂当车，拖历史的后腿，顺应历史进程的关键所在是尽快形成现代性的社会认同。相对于传统社会，现代社会的认同度可谓低下，但是这并不是说现代社会缺乏社会认同，现代社会仍然需要社会整合、需要社会认同，只是现代社会的认同不同于传统社会而已。而在现代社会认同形成过程中，现代社会组织发挥了重要的作用。

第一，社区民间组织有助于社区认同的形成。如前所述，城市中新建立的小区中的居民可能来自四面八方，大部分是本地人，少部分可能是非本市的，可能还有来自外省的人成为小区的居民。当然，在不同城市的小区中，居民成分的差异性不尽相同，但不管是本市人也好，本省人也好，新入住的居民对这个小区大都缺乏认同感，虽然已经住进了这个大家庭，但是仍然彼此视同陌路。大家平时见面可能也会微笑甚或打个招呼，但彼此了解不深，甚至邻里之间不认识的情况也常有。但如果一个小区的民间组织比较多，开展的活动比较丰富，该小区的社区认同就会提升，社区凝聚力就会增强。比如，小区的业主委员会就是一种民间组织，属于现代社会组织范围之列，业主委员会在一定程度上是维护小区居民权益的组织，尤其是一些社区物业部门做得不到位的时候，业主委员会可以代表小区业主同物业部门交涉，以维护其利益。共同的利益把小区业主凝聚在了一起，在所开展的各种活动中，大家彼此逐渐熟悉，彼此接纳为自己的邻居、好朋友。除此之外，小区之中可能还有种类繁多的民间组织，比如一些社区的妇女，尤其是退休妇女组成业余舞蹈队，晚上在小区中的空地跳舞以锻炼身体；还有一些钓鱼协会、登山协会、旅游协会等，有的社区多一些，有的社区少一些，但不管怎么样，这些组织都会扩大社区人员之间的交流，增加彼此的认同，也增加对社区的认同。社区是社会的重要细胞，社会的和谐离不开社区的和谐，社区认同有力地促进了社区和谐。

第二，一些草根组织对于城市认同的形成发挥着重要的作用。比如，在福州市的西湖公园每天晚上都活跃着 1~3 个民间业余歌唱团，每天至少有一个歌唱团在唱歌，组织者提供乐器和扩音器，并有人演奏乐器和担任指挥，演唱者都是公园周围社区中的居民，有退休的、有年轻人，有天天来的，也有偶尔才来一次的，但人数相当多。大家围成一个圈子，指挥者在中间不仅指挥乐队演奏，也指挥大家唱歌，偶尔也会有一些比较专业的领唱。所唱歌曲大都是 20 世纪八九十年代流行的歌曲，也有新歌，但不多。这种歌唱团是一种草根组织，组织十分松散，指挥和乐器演奏者比较固定，歌唱者不固定。经调查，福州市很多公园都有这种业余歌唱团，除了歌唱团之外，还有业余的闽剧演唱组织，这类组织以老年人居多。这些组织的存在不仅在很大程度上丰富了人们的业余文化生活，锻炼了身体，而且提升了对城市的认同度，因为你参与了这个城市中的基本生活方式，这就意味着你已经融入这个城市的生活之中了，已经把这个城市中大多数人的业余文化生活方式作为自己的生活方式了，这是融入这个城市的表现，也是对这个城市认同的表现。事实上，在一些城市，这样的草根组织很多，它们大多属于娱乐、休闲型的松散民间组织，但就是这些松散的民间组织及其所开展的活动促进了彼此的交往和了解，提升了社会认同度。

第三，现代社会组织所开展的公益活动有助于提升政治认同度。现阶段的我国处于矛盾凸显期，众多的社会矛盾集中呈现，而且有的矛盾表现得还相当激烈，这容易引发社会对党和政府的认同危机。而民众的认同是政治合法性的根基，所以党和政府要领导广大人民群众建设和谐社会，就需要打造坚实的合法性根基。现代社会组织虽然是民间组织，但是它所开展的活动有助于提高党和政府在民众心目中的地位。现代社会组织的活动是公益性的，在一定程度上说，它们也是在提供公共产品。中国国情决定，现代社会组织是配合政府来提供公共产品的，而且现代社会组织发挥作用离不开党和政府的支持，这样接受帮助的人群不仅感激现代社会组织，也感激党和政府，提高对党和政府的认同度。虽然现代社会组织的发展还存在诸多问题，甚至有些问题还严重制约了现代社会组织的发展，但不可否认，现阶段民间组织已经发挥了巨大的作用，汶川大地震、玉树大地震中的民间救灾组织，还有近年来众多的志愿者组织等，已经让人们感受到了民间社会的巨大力量。饮水思源，这些民间组织之所以能够发展壮大，根本原因还是国家的政策适应了社会发展的需要。过去的计划经济时代没有民间公共空间，不可能存在这样的民间社会，是国家的改革开放政策释放了民间公共空间，现代社会组织才能够发展壮大。党和政府不但为民间社会的发展提供了广阔的空间，提供了减免税收等优惠政策，而且还支持民间组织的发展，比如党和政府对现代社会组织予以资金支持、政策支持、道义支持，等等。晋江市慈善总会从 2002 年成立至今就已经募集善款 10 多亿元，其成功的重要原因之一就是政府的支持。晋江市政府 2004 年 10 月出台的《关于命名表彰慈善事业突出贡献人士的决定》规定，捐赠累计达 300 万元以上至 500 万元以下者，授予"慈善大使"称号；捐赠 500 万元以上（含 500 万元）者，授予"慈善家"称号；一家三代以内直系亲属有二人以上（含二人）累计捐赠 1000 万元以上（含 1000 万元），授予"慈善世家"称号。2007 年 12 月 5 日，晋政文〔2007〕283 号文件就授予许书典等 12 人"慈善世家"称号、柯文托等 33 人"慈善家"称号、林世钢等 13 人"慈善大使"称号。除此之外，还有《晋江市慈善总会对捐赠者的奖励办法》对捐赠者予以鼓励和奖励。晋江市慈善总会的成功离不开政府的大力支持，实际上现阶段很多成功的现代社会组织都离不开政府的大力支持。所以，在一定程度上，现代社会组织所开展的活动是在为政府争取民心，提高社会认同。

补充　现代社会组织积极作用的限度

本书的主要目的是探讨现代社会组织在促进社会和谐发展中的积极作用，所以整个行文有可能给人一个印象：现代社会组织的作用十分巨大，大到甚至可以取代政府。这实非笔者本意，在笔者看来，现代社会组织是社会和谐发展中的一支重要力量，但它不可能代替政府，它只能是政府的有益补充，如果政府和现代社会组织相辅相成，那社会和谐发展的促进力量将会是强大的。所以现代社会组织不是万能的，其积极作用也是有限度的，甚至还有可能产生一些负面作用。

现代社会组织积极作用的限度可以从两个方面来讲：一个方面是，成熟的、健全的公民社会也存在不足；另一个方面是，现阶段我国不健全、不成熟的公民社会更加存在不足。

一　成熟现代社会组织作用的限度

在一个公民社会相对成熟的国家，现代社会组织的作用也是有限度的。这具体表现在：

（1）"志愿失灵"。如前文所述，现代社会组织被视为弥补"政府失灵"和"市场失灵"的制度创新，但殊不知，同"政府失灵"和"市场失灵"一样，现代社会组织也存在失灵之处，即"志愿失灵"。"志愿失灵"具体表现在四个方面：第一，志愿供给不充分。现代社会组织无法像政府一样靠强制征税来增加收入，也不能像企业一样靠盈利来增加收入，而只能靠志愿捐助来增加组织收入，志愿捐助的收入存在严重的不足。萨拉蒙主持的对 22 个国家的研究表明，在 1995 年的非营利组织的收入中，服务性收费占 49%，政府公共部门的资助占 40%，私人慈善捐赠只占 11%。① 而且现代社会组织所提供的服务多为公共产品或准公共产品，公共产品的非排他性决定"搭便车"行为将成为普遍的选择，人们普遍倾向于享受服务而不承担成本。这就使得现代社会组织的支出多、收入少，其提供服务的能力受到限制。第二，志愿服务的特殊主义。现代社会组织只关注社会中的特殊群体（一般是弱势群体），这是现代社会组织的专长，也是其存在的理论依据。但不同的现代社会组织有不同的资源获取能力，这会导致有的群体能够享受到良好的志愿服务，而有的群体则无法享受良好的志愿服务。也就是说，现代社会组织提供志愿服务的特殊主义会导致志愿服务的不均等性，无法满足所有弱势群体的需求。第三，家长制作风。虽然现代社会组织以民主、平等为基本的运作原则，但由于现代社会组织的运作需要有专业人士来控制，而且解决具体的社会问题也离不开专业人士，所以大多数的组织都会将组织的控制权授予那些有专业才能且控制着组织重要资源的人，而这些人多为富人，他们在提供服务的时候容易受他们的偏好影响，而忽略了组织的宗旨。第四，组织的业余主义。现代社会组织的服务对象往往需要很专业化的服务，如救助残障儿童、保护环境等，但由于组织资金有限，无法吸引更加专业的人才，这势必会影响现代社会组织的服务质量。② 上述四个表现是"志愿失灵"的一般表现，具体到中国语境，还有一些中国式的"志愿失灵"，具体表现在：第一，社会的志愿观念不成熟，"各扫门前雪"的个人主义是大多数人的行为方式，缺乏奉献精神。第二，相应的制度环境不成熟，一些法律制度已经不适应现代社会组织的发展了，需要修改和完善，这抑制了现代社会组织的发展壮大。第三，现代社会组织自身的发展还不成熟，现代社会组织的素质有待提高，能高效地提供志愿服务的组织还不太多，自身还存在公信力低、组织结构不合理、缺乏人才等问题。这些问题的存在就更加凸显了"志愿

① 〔美〕莱斯特·萨拉蒙：《全球公民社会——非营利部门视界》，社会科学文献出版社，2002，第 28 页。
② 任金秋、刘伟：《我国非政府组织志愿失灵问题探讨》，《内蒙古大学学报》（哲学社会科学版）2008 年第 2 期。

失灵"之处。当然,"志愿失灵"并不意味着现代社会组织根本无法存在,现代社会组织还是大量存在的,其积极作用也是不可小觑的,只是其作用是有限度的。

(2)现代社会组织的作用是零碎的,每个组织只负责某一个领域,缺乏整体的系统性。政府的优势是宏观性、系统性和整体性,它可以通盘考虑整个社会的经济社会发展;而现代社会组织则相对比较碎片化,每个组织只负责一个方面,组织与组织之间缺乏政府官僚体制所具有的系统性和整体性。虽然数量众多的现代社会组织可以涵盖社会的所有方面,不留空白,但毕竟现代社会组织缺乏统一管理、缺少协调。

(3)现代社会组织还有可能演变成为社会的消极甚或破坏力量。现代社会组织的作用并不都是积极的,在缺乏有效管理的情况下,一些组织有可能演变为以现代社会组织为名进行违法犯罪活动的组织,甚至演变为反政府组织。在格鲁吉亚的"玫瑰革命"、乌克兰的"橙色革命"、吉尔吉斯斯坦的"郁金香革命"等"颜色革命"中,现代社会组织就起到了推波助澜的作用,而且它们大都被境外势力收买,进而走向街头,破坏社会正常秩序。这些例子说明,现代社会组织的作用不都是积极的。

二 我国不成熟现代社会组织存在的不足

为了说明这个问题,我们先来看几个例子。

2000年,国内9家彩电生产企业联合发起的"彩电峰会"事件闹得沸沸扬扬,试图组建价格联盟,这一举动遭到各界诘问,并由于成员宣告降价而导致价格联盟的破裂,接下来便爆发了彩电业历年来最为严重的价格大战,彩电市场陷入降价的泥潭中无法自拔。

2002年,名噪一时的某烟具协会在应对欧盟的打火机反倾销案中胜诉,然而这一所谓的胜利并没有持续多久,只是延迟了旧的以价格为壁垒的CR法案的通过而已。2006年5月,新的以技术为壁垒的CR法案通过并于2007年3月11日实施,据业内人士估计,新的CR法案将造成当地30%的打火机生产企业倒闭,损失巨大。从总体情况来看,目前中国已成为世界贸易中反倾销的最大受害国和主要指控对象，近10年来的败诉率高达80%。

2006年，某音像领域的行业协会开始向全国的KTV企业收费，这遭到了上海、广东等地相关行业协会和企业的纷纷抵制，并引起了知识产权和部门利益等种种话题，至今仍纠纷不断。

2007年，浙江省接连叫停了数起行业协会提价事件。某包装技术协会宣布包装企业要将瓦楞纸箱纸板价格在原基础上统一上调10%~15%，某地区22家电动车生产厂家通过其行业协会作出决定将该地区的电动车在原有的价格体系上统一涨价50~80元/辆。如今从房地产涨价到客运票价涨价等，几乎都是由行业协会牵头发起的。

2007年，由于涉嫌对牙膏生产企业"违规认证"并谋求非法的商业利益，全国牙病防治指导组（简称牙防组）事件被不断曝光，2006年3月，上海律师的一场公益诉讼，使牙防组从1992年开始的违法认证行为被广泛关注，牙防组直接卷入一场信任危机，随即引来媒体及公众的全面质疑；2006年11月，国家认监委和卫生部共同叫停牙防组的非法认证活动；2007年4月卫生部决定撤销牙防组。

2008年的三鹿奶粉事件引发了奶业整体的行业危机，并折射出行业协会所存在的不足：其一是行业协会严重缺乏危机意识以及足够的应急能力。事前既没有建立及时的行业预警机制，事后也没有有效的应急处理机制，尤其在行业诚信跌至低谷的时候没有主动出面承担相应责任并进行自我救赎。其二是行业协会的行政化和官僚化问题严重。不管是中国乳业制品工业协会还是中国奶业协会，无一例外都是等国家公布相关检查结果、处理措施并出台正式文件后，行业协会才发布通知进行表态影响政府，行动迟缓、措施不力、效果微弱。①

上述组织的负面作用在相当程度上是因为我国现代社会组织发展还不成熟，个别组织的短视行为影响了其积极作用的发挥。

总而言之，现代社会组织不是万能的，它的积极作用是有限度的。对现代社会组织促进社会和谐发展的作用的定位应该是：它是社会和谐发展的重要力量，是政府的有力助手。

---

① 孙春苗：《论行业协会——中国行业协会失灵研究》，中国社会出版社，2010，第6~7页。

参考文献

（一）中文译著类

〔美〕莱斯特·M. 萨拉蒙：《全球公民社会——非营利部门视界》，贾西津、魏玉等译，社会科学文献出版社，2002。

〔美〕罗伯特·D. 帕特南：《使民主运转起来》，王列、赖海榕译，江西人民出版社，2001。

〔英〕洛克：《政府论》下篇，叶启芳、瞿菊农译，商务印书馆，1964。

〔德〕黑格尔：《法哲学原理》，范扬、张企泰译，商务印书馆，1961。

〔法〕孟德斯鸠：《论法的精神》，张雁深译，商务印书馆，1959。

〔法〕卢梭：《社会契约论》，何兆武译，商务印书馆，1980。

〔法〕邦雅曼·贡斯当：《古代人的自由与现代人的自由》，阎克文、刘满贵译，商务印书馆，1999。

〔荷〕伯纳德·曼德维尔：《蜜蜂的寓言——私人的恶德 公共的利益》，肖聿译，中国社会科学出版社，2002。

〔英〕弗格森：《文明社会史论》，林木椿、王绍祥译，辽宁教育出版社，1999。

〔德〕马克斯·韦伯：《新教伦理与资本主义精神》，于晓、陈维纲译，三联书店，1987。

〔美〕塞缪尔·P. 亨廷顿：《变化社会中的政治秩序》，王冠华等译，三联书店，1989。

〔美〕彼得·雷森博格：《西方公民身份传统——从柏拉图至卢梭》，郭台辉译，吉林出版集团有限责任公司，2009。

〔美〕明恩溥：《中国人的特性》，匡雁鹏译，光明日报出版社，1998。

〔德〕康德：《历史理性批判文集》，何兆武译，商务印书馆，1990。

〔美〕丹尼尔·贝尔：《资本主义文化矛盾》，赵一凡、蒲隆、任晓晋译，三联书店，1989。

〔法〕托克维尔：《论美国的民主》上、下卷，董果良译，商务印书馆，2003。

〔美〕加布里埃尔·A. 阿尔蒙德、西德尼·维伯：《公民文化——五个国家的政治态度和民主制》，徐湘林等译，华夏出版社，1989。

〔美〕约翰·罗尔斯：《正义论》，何怀宏、何包钢、廖申白译，中国社会科学出版社，1988。

〔美〕乔治·霍兰·萨拜因：《政治学说史》上、下册，〔美〕托马斯·兰敦·索尔森修订，盛葵阳、崔妙因译，商务印书馆，1986。

〔德〕裴迪南·滕尼斯：《共同体与社会——纯粹社会学的基本概念》，林荣远译，商务印书馆，1999。

（二）中文著作类

邓正来、〔英〕J.C. 亚历山大编《国家与市民社会——一种社会理论的研究路径》，中央编译出版社，1999。

邓正来：《市民社会理论的研究》，中国政法大学出版社，2002。

俞可平等：《中国公民社会的兴起与治理的变迁》，社会科学文献出版社，2002。

俞可平主编《治理与善治》，社会科学文献出版社，2000。

俞可平等：《中国公民社会的制度环境》，北京大学出版社，2006。

何增科主编《公民社会与第三部门》，社会科学文献出版社，2000。

何增科：《公民社会与民主治理》，中央编译出版社，2007。

资中筠：《财富的归宿——美国现代公益基金会述评》，上海人民出版社，2006。

汪晖、陈燕谷主编《文化与公共性》，三联书店，2005。

郭湛主编《社会公共性研究》，人民出版社，2009。

王新生：《市民社会论》，广西人民出版社，2003。

王名、刘培峰等：《民间组织通论》，时事出版社，2004。

王名主编《汶川地震公民行动报告——紧急救援中的 NGO》，社会科学文献出版社，2009。

王名主编《中国民间组织 30 年——走向公民社会》，社会科学文献出版社，2008。

赵黎青：《非政府组织与可持续发展》，经济科学出版社，1998。

孙立平：《断裂——20 世纪 90 年代以来的中国社会》，社会科学文献出版社，2004。

孙立平：《重建社会——转型社会的秩序再造》，社会科学文献出版社，2009。

吴忠民：《社会公正论》，山东人民出版社，2004。

吴忠民、韩克庆等：《中国社会政策的演进及问题》，山东人民出版社，2009。

丁元竹主编《建设健康和谐社会》，中国经济出版社，2005。

丁元竹等主编《中国志愿服务研究》，北京大学出版社，2007。

田霍卿、刘锦棠、王树新、郑燕燕：《内耗论》，经济管理出版社，1996。

马长山：《国家、市民社会与法治》，商务印书馆，2002。

马长山：《法治的社会根基》，中国社会科学出版社，2003。

高丙中、袁瑞军主编《中国公民社会发展蓝皮书》，北京大学出版社，2008。

王南湜：《社会哲学——现代实践哲学视野中的社会生活》，云南人民出版社，2001。

秦晖：《变革之道》，郑州大学出版社，2007。

秦晖：《政府与企业以外的现代化——中西公益事业史比较研究》，浙江人民出版社，1999。

郭道晖：《社会权力与公民社会》，译林出版社，2009。

郁建兴、江华、周俊：《在参与中成长的中国公民社会——基于浙江温州商会的研究》，浙江大学出版社，2008。

秦树理等主编《公民意识读本》，郑州大学出版社，2008。

陆学艺主编《当代中国社会阶层研究报告》，社会科学文献出版社，2002。

陆学艺主编《当代中国社会流动》，社会科学文献出版社，2004。

陆学艺主编《当代中国社会结构》，社会科学文献出版社，2010。

郑也夫：《走出囚徒困境》，光明日报出版社，1995。

梁启超：《新民说》，黄坤评注，中州古籍出版社，1998。

茅于轼：《中国人的道德前景》，暨南大学出版社，2008。

景天魁：《社会公正：理论与政策》，社会科学文献出版社，2004。

邱本：《市场法治论》，中国检察出版社，2002。

于建嵘：《抗争性政治：中国政治社会学基本问题》，人民出版社，2010。

王浦劬、〔美〕莱斯特·M.萨拉蒙等：《政府向社会组织购买公共服务研究——中国与全球经验分析》，北京大学出版社，2010。

王绍光：《民主四讲》，三联书店，2008。

黄晓勇主编《中国民间组织报告（2008）》，社会科学文献出版社，2008。

黄晓勇主编《中国民间组织报告（2009～2010）》，社会科学文献出版社，2009。

黄晓勇主编《中国民间组织报告（2010～2011）》，社会科学文献出版社，2011。

黄晓勇主编《中国民间组织报告（2011～2012）》，社会科学文献出版社，2012。

孙春苗：《论行业协会——中国行业协会失灵研究》，中国社会出版社，2010。

徐宇珊：《论基金会——中国基金会转型研究》，中国社会出版社，2010。

孙学致：《唯契约自由论——契约法的精神逻辑导论》，吉林人民出版社，2006。

萧延中、谈火生、唐海华、杨占国：《多难兴邦：汶川地震见证中国公民社会的成长》，北京大学出版社，2009。

余晓敏：《NGO参与汶川地震灾后重建研究》，北京大学出版社，2009。

韩俊魁：《境外在华NGO：与开放的中国同行》，社会科学文献出版社，2011。

陈健民：《行业组织与社会资本——广东的历史与现状》，商务印书馆，2008。

李景鹏：《中国政治发展的理论研究纲要》，黑龙江人民出版社，2003。

谈志林：《走向公民社会：地方社团发展的制度分析——以北京市、温州市、哈尔滨市社团为例》，中国社会出版社，2010。

郑也夫：《信任论》，中国广播电视出版社，2001。

中国（海南）改革发展研究院编《中国农民组织建设》，中国经济出版社，2005。

吴玉章主编《中国民间组织大事记（1978～2008）》，社会科学文献出版社，2010。

萧今：《生态保育的民主试验——阿拉善行记》，社会科学文献出版社，2013。

杨鹏：《为公益而共和——阿拉善 SEE 生态协会治理之路》，中信出版社，2012。

李景鹏：《挑战、回应与变革——当代中国问题的政治学思考》，北京大学出版社，2012。

王名主编《中国 NGO 口述史》第一辑，社会科学文献出版社，2012。

方长春、陈友华：《向死？向生？——中国公益观察2012》，中国社会科学出版社，2012。

康晓光、冯利主编《中国第三部门观察报告（2012）》，社会科学文献出版社，2012。

北京师范大学、中国慈善事业研究中心：《2001～2011 中国慈善发展指数报告》，北京师范大学出版社，2012。

韩俊主编《中国农民专业合作社调查》，上海远东出版社，2007。

孔祥智等：《中国农民专业合作社运行机制与社会效应研究——百社千户调查》，中国农业出版社，2012。

黄孟复主编《中国商会发展报告（2011）》，社会科学文献出版社，2012。

基金会中心网编《中国基金会发展独立研究报告（2012）》，社会科学文献出版社，2012。

中山大学公益慈善研究中心：《中国公益发展报告（2011）》，社会科学文献出版社，2012。

（三）中文论文类

何志平：《慈善观念为新》，《南风窗》2011年第7期。

李佃来：《哈贝马斯市民社会理论探讨》，《哲学研究》2004年第6期。

蔡勤禹：《社会转型期慈善组织公信力建设探析》，《江苏大学学报》（社会科学版）2013年第1期。

陈如、曹源：《我国慈善组织公信力弱化的因素与对策——以汶川大地震为例》，《唯实》2010年第3期。

尤琳：《提升我国慈善组织公信力的法律思考》，《求实》2008年第10期。

徐柳：《我国志愿者组织发展的现状、问题与对策》，《学术研究》2008年第5期。

刘月平：《公民权利意识培育与中国民主政治发展》，《前沿》2008年第9期。

刘涛：《冲突中的渐进和谐：利益群体多元化的发展趋向》，《山西高等学校社会科学学报》2010年第1期。

林国华：《私法自治原则的基础》，《山东大学学报》（哲学社会科学版）2006年第3期。

曾鲲、程建华：《人性假设的进化轨迹》，《企业改革与管理》2004年第8期。

陈娟娟、祝建兵：《公共精神的价值与培育》，《党政干部论坛》2005年第11期。

李萍：《论公共精神的培养》，《北京行政学院学报》2004年第2期。

高奇琦：《公民社会与民主巩固：东亚政治实践对西方经典理论的检验》，《晋阳学刊》2009年第2期。

方巍：《社会排斥和融合视野下的弱势群体与社会稳定》，《浙江工业大学学报》（社会科学版）2010年第2期。

陈永森、黄新建：《资本主义生态危机及其出路——评奥康纳的"生态危机理论"》，《科学社会主义》2008年第1期。

杨正喜、唐鸣：《论新时期农民利益表达机制的构建》，《政治学研究》2006年第2期。

吴忠民：《论和谐社会建设的基本内容》，《中共中央党校学报》2007年第2期。

顾肃：《当代西方政治哲学中的社会公正理论》，《河北学刊》2007年第6期。

曲光华：《罗尔斯与诺齐克的正义之辨及其对解决我国社会公正问题的启示》，《北方论丛》2008年第4期。

王学东：《对马克思主义社会公正观的运用和发展》，《科学社会主义》2007年第6期。

万俊人：《社会公正为何如此重要?》，《天津社会科学》2009年第5期。

课题组：《关于统筹城乡发展的思考与建议》，《中国党政干部论坛》2009年第12期。

袁喜禄：《我国区域发展不协调的实质》，《中国经贸导刊》2006年第11期。

李业才：《广义生态危机省思》，《前沿》2009年第8期。

江立华、胡杰成：《"地缘维权"组织与农民工的权益保障——基于对福建泉州农民工维权组织的考察》，《文史哲》2007年第1期。

张祥明：《宽容：庄子的认识论精神》，《齐鲁学刊》1998年第6期。

杨楹：《宽容：现代政治的伦理内蕴》，《哲学动态》2005年第11期。

戴卫平：《论利益表达与构建和谐》，《攀登》2005年第5期。

于建嵘：《当前农民维权活动的一个解释框架》，《社会学研究》2004年第2期。

赵晓芳：《非政府组织的界定及其参与扶贫的战略分析》，《兰州学刊》2010年第4期。

陈廷辉：《民间环保组织在环境保护中的作用》，《中山大学学报论丛》2003年第4期。

古小刚、任金玲：《从温州打火机案看行业协会在应对国际贸易壁垒中的作用》，《河南财政税务高等专科学校学报》2007年第3期。

马超、娄亚：《塑造公民文化——联邦德国的政治文化变迁》，《德国研究》2005年第1期。

许江桥：《公民能力浅析》，《中国特色社会主义研究》2005年第4期。

冯一凡：《政府购买服务走向PPP》，《新理财（政府理财）》2010年第 12 期。

罗明空：《谈经济自由与诚信约束》，《商业时代》2004 年第 3 期。

世奇：《大陆农业有必要借鉴台湾农会成功经验》，《南方都市报》2011 年 4 月 23 日。

任金秋、刘伟：《我国非政府组织志愿失灵问题探讨》，《内蒙古大学学报》（哲学社会科学版）2008 年第 2 期。

谢维雁：《宪政与公民社会》，《四川师范大学学报》（社会科学版）2002 年第 6 期。

钱乘旦：《艰难的发展——论现代化过程中的失误现象》，载邓正来主编《中国社会科学辑刊》1995 年夏季卷。

叶海涛：《共和主义：从古典到现代的嬗变》，《江海学刊》2006 年第 4 期。

俞可平：《中国公民社会：概念、分类与制度环境》，《中国社会科学》2006 年第 1 期。

赵静：《公民意识教育初探》，《党政干部论坛》2009 年第 8 期。

范可：《全球化时代的公民意识与认同政治》，《云南民族大学学报》（哲学社会科学版）2009 年第 3 期。

高兆明：《社会和谐：契约精神与历史精神》，《哲学动态》2005 年第 6 期。

马俊锋、袁祖社：《中国"公民社会"的生成与民众"公共精神"品质的培养与化育》，《人文杂志》2006 年第 1 期。

刘鑫淼、林春逸：《培育公共精神　构建和谐社会》，《毛泽东邓小平理论研究》2005 年第 8 期。

陈永森：《和谐社会与公民的公共精神》，《思想理论教育》2008 年第 23 期。

李军：《私法自治的基本内涵》，《河北法学》2005 年第 1 期。

潘强恩：《论公共精神》，《光明日报》2003 年 11 月 5 日。

胡象明、唐波勇：《危机状态中的公共参与和公共精神——基于公共政策视角的厦门 PX 事件透视》，《人文杂志》2009 年第 3 期。

黄富峰：《论志愿者精神的伦理内涵》，《东岳论丛》2009 年第 5 期。

王乃圣：《公民社会：现代民主政治制度的社会基础》，《中国特色社会主义研究》2008 年第 1 期。

马立诚：《交锋：当代中国的八种思潮》，《同舟共进》2010 年第 1 期。

付洪：《关于当代大学生责任意识培养的一些思考》，《道德与文明》2008 年第 6 期。

蒋传光：《公民社会与社会转型中法治秩序的构建——以公民责任意识为视角》，《求是学刊》2009 年第 1 期。

陈大伙、高永蓉：《大学生责任意识培养应紧扣专业特点——以民航类大学生责任意识的培育为例》，《天府新论》2010 年第 3 期。

陈欣：《责任意识新探：基于行为博弈论视角》，《南京师大学报》（社会科学版）2009 年第 6 期。

柯卫：《法治与法治意识》，《山东社会科学》2007 年第 4 期。

柯卫：《法治意识与人的现代化》，《内蒙古社会科学》（汉文版）2007 年第 2 期。

丰存斌：《民间组织在促进公民参与中的作用分析》，《理论探索》2008 年第 6 期。

黄治东：《从利益视角认识和应对群体性事件》，《当代世界与社会主义》2010 年第 1 期。

张传鹤：《我国群体性事件的最新发展态势、成因及对策研究》，《山东社会科学》2010 年第 5 期。

陈潭、黄金：《群体性事件多种原因的理论阐释》，《政治学研究》2009 年第 6 期。

姚旭：《正确认识"共同富裕"进程中的"贫富差距"》，《清华大学学报》（哲学社会科学版）2008 年 S1 期。

马戎：《经济发展中的贫富差距问题——区域差异、职业差异和族群差异》，《北京大学学报》（哲学社会科学版）2009 年第 1 期。

唐钧：《贫富差距：事实与原因》，《中国党政干部论坛》2010 年第 6 期。

杜治洲、刘树彪：《从县委书记腐败案看反腐制度建设》，《安徽师范大学学报》（人文社会科学版）2010 年第 2 期。

王荣红、杜明才：《转型时期弱势群体的政府政策支持》，《社会主义研究》2010 年第 3 期。

陶传进：《市场经济与公民社会的关系：一种批判的视角》，《社会学研究》2003 年第 1 期，

李景鹏：《政府职能与人民利益表达》，《中共中央党校学报》2006 年第 3 期。

董成：《论利益表达机制及其功效》，《湖南社会科学》2007 年第 5 期。

王臻荣、常轶军：《论社会主义和谐社会视野下的公民利益表达》，《政治学研究》2007 年第 2 期。

李尚旗：《当前我国农民利益表达的困境和出路》，《中国延安干部学院学报》2007 年第 1 期。

丛日云、庞金友：《西方公民社会理论的复兴及特点》，《教学与研究》2002 年第 1 期。

郭湛、王维国：《公共性论纲》，《兰州大学学报》（社会科学版）2004 年第 6 期。

吴晓晴、梁巨龙：《和谐视野下弱势群体问题分析——以利益表达为视角》，《广西社会主义学院学报》2009 年第 1 期。

吴忠民：《失去社会公正意味着什么》，《理论视野》2008 年第 4 期。

吴忠民：《关于中国共产党社会公正观的初步研究》，《马克思主义研究》2006 年第 11 期。

史文媛：《完善以社会公正为目标的社会政策体系》，《河北学刊》2008 年第 1 期。

吴忠民：《立足于社会公正，优化社会结构》，《社会学研究》2007 年第 2 期。

傅金珍：《对实现社会公正的若干思考》，《东南学术》2006 年第 5 期。

冯颜利：《社会公正与和谐社会的构建》，《重庆社会科学》2009 年第 8 期。

吴忠民：《中国现阶段的社会公正问题》，《河北学刊》2008 年第 2 期。

吴忠民：《关于"效率优先，兼顾公平"的争论》，《探索与争鸣》2007 年第 6 期。

安贞元：《我国城乡差距扩大问题的政治考量》，《求索》2010 年第 7 期。

杨楹、王福民：《论现代政治哲学视野中的"宽容"》，《社会科学辑

刊》2007年第1期。

骆群：《宽容：刑事政策演进中的增量因素》，《河北法学》2010年第4期。

茅于轼：《为什么要有非政府组织：一个经济学的解释》，《发展导报》2002年4月9日。

商木林：《走访台湾民间组织》，《中国社会报》2003年12月26日。

于建嵘：《改革制度使民众不抱怨》，《南风窗》2009年第18期。

姜涛、孙玉娟：《非政府组织对农民工维权的影响与制约》，《南京农业大学学报》（社会科学版）2008年第1期。

于建嵘：《利益表达、法定秩序与社会习惯——对当代中国农民维权抗争行为取向的实证研究》，《中国农村观察》2007年第6期。

清华大学课题组：《以利益表达制度化实现长治久安》，《学习月刊》2010年第9期。

于建嵘：《化解劳资矛盾要实现工农利益组织化》，《农村工作通讯》2010年第13期。

杨炼：《论非政府组织与社会弱势群体的利益表达》，《湖北社会科学》2008年第10期。

于家琦：《民间组织在舆情信息机制中的作用》，《理论与现代化》2007年第3期。

袁金辉：《完善农民的利益表达机制》，《学习时报》2010年11月1日。

彭向刚、袁明旭：《论转型期弱势群体政治参与与社会公正》，《吉林大学社会科学学报》2007年第1期。

崔恒展、高灵敏：《非营利组织与社会公正》，《山东社会科学》2005年第9期。

王宏伟：《发挥非政府组织在我国农村扶贫中的作用》，《经济师》2009年第10期。

黄春蕾、呼延钦：《非政府组织的扶贫机制及其政策启示——基于宁夏扶贫与环境改造中心的研究》，《经济与管理研究》2009年第10期。

黄浩明：《国际民间组织合作与中国扶贫开发事业》，《学会》2008年第4期。

陈丽华：《论村民自治组织在保护农村生态环境中的权力》，《湘潭大学学报》（哲学社会科学版）2007 年第 3 期。

龚维斌：《中国社会结构变迁及其风险》，《国家行政学院学报》2010 年第 5 期。

邱海平、王娟：《西方发达国家社会结构的新变化与政治经济学的创新》，《经济纵横》2010 年第 7 期。

〔日〕田中重好、〔中〕朱安新：《中国社会结构变动和社会性调节机制的弱化》，《学习与探索》2010 年第 4 期。

《警惕面对群众诉求的"制度休眠"》，《人民日报》2011 年 1 月 27 日。

万军：《大力推进政府购买公共服务：公共治理变革之道》，《新视野》2009 年第 6 期。

何哲：《民主与集中的分界——基于交易成本的新制度经济学视角》，《学术界》2011 年第 2 期。

汤鹏飞：《我国农产品市场交易成本的状况分析及其中介组织研究》，《华商》2007 年第 24 期。

柯华庆：《集体谈判：博弈论视野下的劳资关系》，《学习时报》2010 年 9 月 13 日。

陆学艺：《目前形势和社会建设、社会管理》，《中共福建省委党校学报》2011 年第 4 期。

江锦军：《社会管理创新应避免政府侵蚀社会》，《学习时报》2011 年 5 月 16 日。

丁元竹：《社会认同：心与心相距多远》，《人民论坛》2011 年第 7 期。

任勇：《从嵌入到断裂：中国社会认同的轨迹变迁》，《内蒙古社会科学》（汉文版）2009 年第 4 期。

（四）学位论文类

程华：《宪政的社会基础》，武汉大学博士论文，2001。

盛冰：《社会资本与学校变革》，北京师范大学博士论文，2004。

李珍刚：《当代中国政府与非营利组织互动关系研究》，中山大学博士论文，2003。

陈曙光：《论我国公民社会的生成及其政治意蕴》，华侨大学硕士论文，2003。

魏万宏：《中国公民社会问题研究》，郑州大学硕士论文，2004。

吉涛：《第三部门与法治》，中国政法大学博士论文，2005。

高峰：《当代视野中的市民社会研究》，苏州大学博士论文，2006。

李劲：《社会转型视域中的中国公民社会问题》，中央党校博士论文，2008。

杜保友：《中国特色社会主义公民社会若干重要问题研究》，中央党校博士论文，2009。

贾玉娇：《利益协调与有序社会》，吉林大学博士论文，2010。

刘思敏：《我国公民社会的建构路径》，上海大学博士论文，2011。

王洪松：《当代中国的志愿服务与公民社会建设》，中国政法大学博士论文，2011。

后　记

　　本书是在我博士毕业论文的基础上修改而成的，我2006年博士毕业的时候，论文字数只有15万字左右，而现在的规模已今非昔比了，这一变化过程中的甘苦只有自己知道。

　　2006年我毕业于中央党校研究生院马克思主义哲学专业，之后就到福建省委党校哲学部工作。那年的7月22日，我和我的爱人郭彩霞带着两大包行李——这就是我们的全部家当——到福建省委党校来报到。我是河北人，我爱人是黑龙江人，虽然我们在福建举目无亲，但我们在这里并不孤单，我们的同事非常热情地帮助了我们。记得刚到福建省委党校，有一天夜里，我爱人上吐下泻，可能是因不适应这里的气候。早晨5点多钟，我们准备去医院，一位退休的老师在校园晨练，看到我们的样子就来问是怎么回事。她一看就明白是怎么回事，说，你们不用去医院，就喝藿香正气水，保准管用。这位老师还特意回到家里取来藿香正气水送给我们，因为早晨5点多药店都还没开门。果然，喝了药几个小时后就好了。至今想起这件事，仍感念那位热情的老师。

　　我的博士毕业论文题目是"公民社会组织与社会和谐发展"，2008年我以我的博士毕业论文为题申报了国家社科基金青年项目，并获得立项，项目名称就是"公民社会组织与社会和谐发展"（项目编号是08CKS007）。由于我还没有副教授职称，按照当时的规定，必须有两位教授推荐，哲学部郑镇教授和林默彪教授作为推荐人，给予了大力推荐，

423

对他们的帮助，我由衷地表示感谢。应该说，自从博士毕业论文的准备阶段（大约 2004 年秋）开始，一直到现在，我的主要研究方向就是社会组织。需要说明的是，在论文即将出版之际，在出版社和林默彪教授的建议下，我将论文题目改为"现代社会组织与社会和谐发展"，虽然名称改变了，但其实际所指没变，我在研究中所用的公民社会组织概念几乎可以和现代社会组织概念画等号，所以我很喜欢修改后的这个名字。虽然博士毕业论文即将出版，但仍有大量的有关社会组织的问题还没有得到深入的研究。本书也必然存在诸多浅陋之处，敬请各位读者不吝赐教。

本书虽然以博士毕业论文为基础，但并非只是对博士论文的修修补补，而是几乎重写了博士论文。虽然本书的核心结构和博士毕业论文大致相同，但具体的展开则远远超出了博士论文，单从规模来看，字数已经是毕业论文的两倍多了。在完成国家社科基金青年项目的过程中，我曾深入一些具体的社会组织掌握第一手材料，也搜集了大量的有关社会组织研究的资料，对那些热情地接待我们的社会组织负责人和相关著作、论文的作者，我表示由衷的感谢。

本书的核心结构及一些具体的观点是在我的博士生导师丁冬红教授的悉心指导下形成的。丁老师治学严谨，对我的毕业论文进行了仔细的推敲。我的师弟杨月如、敬海新、周治伟、李劲也对我的毕业论文修改给予了很大的帮助。论文开题的时候，北京师范大学的劳凯声教授，中央党校侯才教授、毛卫平教授、郭大伟教授曾给予指导和点拨。毕业论文答辩的时候，北京大学李中华教授，军事科学院袁德金教授，中央党校郭大伟教授、阮青教授、毛卫平教授提出了许多很好的修改意见，我在完成国家社科基金青年项目的时候，也吸收和消化了答辩委员会给我提出的修改意见。对他们的帮助，我表示由衷的感谢。

福建省委党校哲学部是一个和谐的学术共同体，同事们给予我很大的帮助。我的硕士生导师冯相红教授以及恩师修毅教授时时激励我上进，还有我的很多同学也都给了我很大的帮助，对他们我表示由衷的感谢。最后我要谢谢我的妻子郭彩霞女士，没有她的默默支持，这本书不会成为现在这个样子，为了让我专心读书，她承担了照顾孩子的任务和所有的家务劳动。儿子李浩墨是我的精神动力，是他让我的生活更加快乐和幸福。感谢岳母，自从儿子出生，她就一直帮我们带孩子，虽然她不懂得我天天在搞什么东西，但她默默地支持着我的工作。

李永杰

2014 年 3 月 2 日

图书在版编目（CIP）数据

现代社会组织与社会和谐发展 / 李永杰著 . —北京：社会
科学文献出版社，2014.8
（哲学与社会发展文丛）
ISBN 978 - 7 - 5097 - 6138 - 0

Ⅰ.①现… Ⅱ.①李… Ⅲ.①社会组织管理 – 研究 – 中国
Ⅳ.①C916

中国版本图书馆 CIP 数据核字（2014）第 126502 号

·哲学与社会发展文丛·

现代社会组织与社会和谐发展

著　　者／李永杰

出 版 人／谢寿光
出 版 者／社会科学文献出版社
地　　址／北京市西城区北三环中路甲 29 号院 3 号楼华龙大厦
邮政编码／100029

责任部门／社会政法分社　（010）59367156　　　　责任编辑／单远举　关晶焱
电子信箱／shekebu@ ssap. cn　　　　　　　　　　责任校对／王立华
项目统筹／王　绯　　　　　　　　　　　　　　　　责任印制／岳　阳
经　　销／社会科学文献出版社市场营销中心　（010）59367081　59367089
读者服务／读者服务中心　（010）59367028

印　　装／三河市东方印刷有限公司
开　　本／787mm×1092mm　1/16　　　　　　　　印　　张／27.25
版　　次／2014 年 8 月第 1 版　　　　　　　　　　字　　数／446 千字
印　　次／2014 年 8 月第 1 次印刷
书　　号／ISBN 978 - 7 - 5097 - 6138 - 0
定　　价／98.00 元